삶과 수행은
둘이 아니네

宗達 이희익 老師 입적 20주기 기념

삶과 수행은 둘이 아니네

生修不二

박영재 엮음 | 서강대 물리학과 교수 · 선도회 지도법사

종달 이희익 노사 입적 20주기 기념사

노사님의 숨소리 한 번 듣지 못했습니다.
노사님 눈빛 한 번 받아보지 못했습니다.
때문에 저로써는 당신을 정녕 모릅니다.
이 점이 억울한 점이요. 죄송한 점입니다.

그러나,
당신의 법제자 법경 박영재 법사님을 뵙고
당신의 숨결을 조금이나마 느낄 수 있었고
당신의 눈빛을 충분히 읽을 수 있었습니다.
이 점이 참으로 행운이요, 감사한 점입니다.

뿐만 아니라,
당신이 사랑하신 제자들로 인해 손 제자들 늘어가고
당신의 아름답고 선명한 발자국에 이끌려
길마다 문명의 상징 차바퀴가 굴러다니는 현실 속에서도
당신께서 일러주신 이 길
무문관(無門關)을 온 몸으로 투과하고
정법안장과 열반묘심을 증득하여
당신과 하나 된 이 많으니
얼마나 흐뭇하시옵니까?
이 점이 참 부럽고 존경스런 점입니다.

노사님! 오늘 20주기 기념사에 밝히듯
억울한 점 죄송한 점 감사한 점 부러운 점을
똘똘 뭉쳐 향상(向上)의 길 가려는 이들을
바로 이끌어 주시옵소서! 이끌어 주옵소서!
이끌어 주시옵소서!

통방정곡 합장

들어가는 글

이 책은 (사)선도성찰나눔실천회(이하 줄여서 선도회라 함) 초대 지도법사이셨던 고부헌辜負軒 종달宗達 이희익李喜益 노사老師님의 입적 20주기(2010년 6월 7일 새벽)를 기리기 위해 편찬하였으며, 모두 3부로 구성되어 있다.

제1부는 선도회 제2대 지도법사를 맡고 있는 엮은이가 종달 노사님의 일대기를 중심으로 한 선도회의 성립과정, 선도회 간화선풍의 핵심요체인 종달 노사의 가르침, 그리고 쏜살같이 흐르는 세월에 걸터앉아 세월을 자유자재로 부리며 살고 있는 선도회 법사들과 더불어 행한, 지난 10여 년간의 선도회의 활동을 언론 자료들을 중심으로 집필하였다. 참고로 노사 입적 이후 10여 년에 대해서는 10주기를 기리기 위해 편찬한 〈이른 아침 잠깐 앉은 힘으로 온 하루를 부리네〉(운주사, 2001)에 잘 기술되어 있다.

제2부는 선도회 문하생들 가운데 '무문관無門關'을 투과하고 삶과 수행이 둘이 아님을 온몸을 내던져 나투면서 간화선풍看話禪風을 일으키고 있는 선도회 법사들의 글과, 선도회에 입문해 현재 수행 중인 문하생들 및 입문한 지 얼마 안 된 초심자들이 간화선 수행을 통해 현 시점에서 각자가 뼈에 사무치도록 몸소 체득하고 느낀 점들을 모은 글들로 구성되어 있다.

제3부에서는 한국 재가선의 첫새벽을 연 종달 노사께서 선을 지도하면서 좌선 공부하는 데 가장 필요한 책을 일생 동안 혼신의 힘을 다해 16권 저술하셨는데, 머리글을 중심으로 노사께서 왜 이 책들을 저술하셨는지 그 핵심요지를 함께 살피고자 한다. 아울러 노사 입적 10주기 기념집인 〈이른 아침 잠깐 앉은 힘으로 온 하루를 부리네〉, '선도회 간화선 읽기' 및 '〈선 속에 약동하는 인생〉에 대한 일고찰' 도 함께 다루기로 하겠다.

전체적으로 이 책은 바르게 간화선 수행을 지속했을 때, 재가와 승가 및 남녀노소를 불문하고 누구나 체득할 수 있는 가능한 모든 상황을 진솔하게 있는 그대로 드러내고 있다. 따라서 오래 수행했으나 별 진전이 없는 분들이나 새로 선가禪家에 입문하고자 하는 다양한 직업에 종사하고 있는 분들 모두에게 각자의 수행의 현 위치를 잘 파악할 수 있게 하며, 이를 바탕으로 앞으로 어떻게 나아가야 할지를 분명하게 알 수 있게 하는데 좋은 이정표가 되리라 확신한다. 부디 쏜살같이 흐르는 세월 속에 허송세월하지 말고, 코드가 맞는 좋은 스승과 더불어 각자의 본래면목을 있는 그대로 드러내는 깊은 통찰체험과 함께 나눔 실천의 삶을 죽는 날까지 지속적으로 살아가기를 간절히 바라는 바이다.

끝으로 어려운 불교 출판 상황에서도 흔쾌히 출판 승낙 및 좋은 책이 나오도록 편집에 심혈을 기울이며 애써 주신 본북 관계자 여러분께 진심으로 깊은 고마움을 전한다.

단기 4343년(불기 2554년, 서기 2010년) 5월
무난헌無難軒에서 법경法境 박영재 합장

차 례

종달 이희익 노사 입적 20주기 기념사 |5
들어가는 글 |7

제1부 종달 노사의 생애와 가풍, 그리고 선도회

1. 종달 노사의 생애와 선도회의 성립 |12
   해방 이전 / 해방 이후
   선도회의 성립
   언론에 비친 종달 노사

2. 종달 노사의 세 가지 핵심 가르침 |35
   세 분 스승께 귀의하기
   지속적으로 입실점검 받기
   잠깐 앉은 힘으로 온 하루 부리기

3. 종달 노사의 세 가지 발원 |41
   남북통일 / 선원 건립 / 전집 발간

4. 입적 10주기 이후 선도회의 전개 |50
   사단법인 출범 이전 / 사단법인 출범 이후

제2부 문하생들의 수행 체험기

5. 선도회 법사들 |122
6. 선도회 회원들 |200

제3부 선수행에 요긴한 노사의 저서들

7. 저서들의 머리글을 중심으로 |314
8. 선도회 간화선 읽기 |386
9. 〈禪 속에 약동하는 인생〉에 대한 일고찰 |467

마무리하는 글 |485
부록 선도회 법사단 및 사무소 |490
  스승을 보내며 부른 노래 |496
  종달 이희익 노사 입적 20주기 제문 |498

제1부

종달 노사의 생애와 가풍, 그리고 선도회

1. 종달 노사의 생애와 선도회의 성립

불교 언론·출판계에서는 이희익(李喜益, 1905-1990) 거사居士로, 재가선在家禪의 세계에서는 선도회禪道會 제1대 지도법사 고부헌皐負軒 종달宗達 노사老師로 알려진 이류중행異類中行의 달인達人이었던 그는, 1905년 2월 18일(음력) 함경남도 함흥에서 매우 엄격하셨던 만석꾼 이용우李溶禹의 12남매 가운데 막내로 태어났다. 엮은이는 그의 생애를 중심으로 그가 불교 언론·출판 분야와 재가의 선풍禪風 진작에 얼마나 큰 발자취를 남겼는지를 함께 조명해 보고자 한다.

해방 이전

수학 시절

그는 함흥 제일공립 보통학교를 졸업하고 18세에 함흥 상업학교에 입학했다. 상업학교가 성격에 맞지 않았던지 2학년 때부터는 공부는 뒷전이고 친구들과 어울려 놀기를 좋아하다 보니 꼴찌로 겨우 졸업하였다. 함흥상업을 졸업한 이튿날 대부분의 형님들처럼 일본 유학길에 올랐다. 처음에는 오사카(大阪)에 있는 나니와 상업학교에 입학했다가 그 다음 해

봄, 동경에 있는 법정대학 상과에 입학했으나 일본대학 철학과 마쓰바라 교수가 쓴 〈철학개론〉을 읽고 일본대학으로 옮겼다. 그러면서 대정대학에 다니던 안종호를 비롯한 몇몇 유학생들과 교분을 가졌다.

불교계 입문

일본 대학을 졸업하고 귀국 후 처음 취직한 곳은 도청 기관지 역할을 하던 함남일보사였다. 한두 달 다녔는데 일에 흥미를 느끼지 못해 첫 직장을 미련 없이 그만두고 그 무렵 가장 가까이 지내던 친구 안종호와 상의했다. 조선 불교단朝鮮佛敎團이란 단체에서 지원한 돈으로 유학했던 안종호 씨가 불교재단의 유학생들이 모여 불교청년회관을 세운다고 하니, 서울에 가 보자고 했다. 그는 안 씨와 함께 함흥을 떠나 바로 상경했다. 안 씨는 이사로 그는 평의원이 되어 매일 모임에 참석했다. 그러는 가운데 그는 바른 길에 들어섰다는 느낌이 들었다. 그 일 자체가 어느 정도 그의 성격에도 부합되는 것 같았다. 기대와는 달리 회관 건립 추진이 지지부진하던 어느 날 조선불교재단의 상무이사였던 나까무라(中村) 씨로부터 '조선불교' 잡지에서 일해 보지 않겠느냐는 제안이 들어왔다. 원고 청탁, 교정, 발송이 그의 일이었다. 편집만은 발행인인 나까무라씨가 했다. 편집은 경험이 필요했기 때문이었다. 그는 편집을 열심히 배웠다. '조선불교'는 매월 발행되는 월간지인데 몇 달 해 보니 편집도 할 수 있게 되었다. 한두 해 하는 동안 잡지 발행에 익숙해졌고, 더우기 불교에 대한 상식도 늘어, 불교의 문외한이라는 말은 면하게 되었다. 이때의 경험은 훗날 그가 '법시'란 불교잡지를 흑자를 내며 성공적으로 운영할 수 있는 바탕이 되었다.

운수雲水 시절

한편 나까무라 선생은 '삼소三笑'라는 거사호까지 받은 참선의 고사高師로, 일요일이면 노사老師의 법문을 들으러 가자고 그에게 자주 권유했다. 그러다 어느 일요일 그를 따라나섰다. 이 날은 그의 인생에서 일대 전기를 맞이한 날이 되었다. 그의 저서 〈인생의 계단〉에서 이 부분을 인용하면 다음과 같다.

"나까무라 선생의 뒤를 따라 대문에 들어섰다. 마당이 깨끗이 청소되어 신선세계에 온 기분이 들었다. 법당에 들어가 자리에 앉았다. 이윽고 종소리가 칠七·오五·삼三타로 요란히 울리고 큰 북소리가 둥둥 울렸다. 10여 명의 젊은 승려들이 입장하여 자리에 질서 있게 앉는다. 이어 안내 승의 인도를 받으며 40세가 좀 넘어 보이는, 보통 키에, 볼그스름한 얼굴에 화사한 가사 장삼을 입은 스님이 정중한 걸음으로 들어왔다. 이 스님이 이미 준비해 놓은 강좌대에 앉자 종소리가 나고 독경소리가 우렁차게 퍼졌다. 독경이 끝나자 강좌대의 스님의 엄숙한 어조로 설법을 시작한다. 설법이 끝나고 스님이 퇴장하자 또 종소리가 요란하게 나고 대중과 설법 듣던 신도들이 와르르 종 앞에 달려가 질서 있게 앉는다. 나까무라 선생도 그 중의 한 사람이었다. 종소리가 그치더니 멀리서 방울소리가 들린다. 이 방울소리에 맞춰서 한 사람씩 방으로 들어선다. 무얼 하느라고 그러는지 알 수가 없었다. 나중에 알고 보니 좌선 때 개별적으로 입실入室하는 것이었다. 이렇게 일요일 설법 강좌가 끝났다. 나는 생전 처음 보는 광경이었다. 그 행사가 질서 정연하고 매우 엄숙하여 깊은 감명을 받았으며 마치 별세계에 온 듯했다. 세상에 이런 곳도 있는가 싶었다."

동경 도림사 주지 시절의 종달 노사님 진영

   그는 그 분위기에 깊은 감명을 받았다. 집에 돌아오자마자 그는 나까무라 선생에게 간청했다. 그 별원에 들어가서 그 노사에게 공부하고 싶다고 했다. 며칠 후 노사의 승낙을 얻었다. 얼마 후 경도에서 가사 장삼이 도착하였다. 그는 미련 없이 삭발하고 가사장삼을 입고 나까무라 선생을 따라 별원에 갔다. 노사는 그의 이름을 묻고 법명法名을 '종달宗達'이라고 지어 주었다. 그의 나이 27세 때 일이다. 그는 조석으로 입실했는데 처음에 '무無'자 공안公案을 받았다. 그런데 자나 깨나 '무'자! '무'자! 하고 나름대로 열심히 공부했으나 만족할 만한 결과가 없었다. 그러는 가운데 12월이 되었다. 12월 8일은 부처님께서 성도하신 날이라고 1일부터 8일 새벽까지 용맹정진勇猛精進한다고 했다. 이번에 깨치지 못하면 목숨을 내놓는다고 대중들이 수군거렸다. 그도 이번 용맹정진 때 '무無' 자를 꼭 해결해야겠다고 속으로 다짐했다. 12월 1일이 되었다. 긴장감 돌았다. 보통 때와 같이 재가 신도도 합세했다. 환종 소리만 나면 그는 기를 쓰고 입실했다. 그러나 조금의 진전도 없었다. 입실하면 노사는 두어 자 되는 끝이 꼬부라진 단단한 나무막대인 여의如意로 어깨를 때리고 발로 차고 했다. 12월 8일 새벽, 마지막 입실인 총참總參 시간이 되었다. 총참이란 법회에 참석한 사람이 빠짐없이 입실하는 것을 말한다. 총참이니 직일이 밀어 넣지 않아도 그 스스로 입실해야 했다. 일주일을 실랑이를 벌이다가 이 총참에서 노사의 인가가 있었다.

그 후 그는 열심히 수행했다. 그러기를 3년, 그는 나까무라 선생의 주선으로 비구승이 되었다. 승적에도 입적했고 불명佛名은 종달宗達, 도호道號는 의현義賢이다. 스승 하나야마(華山) 노사는 일본 제3고등학교를 거쳐 동경제국대학을 졸업한 고승이었다. 그는 더욱 열심히 공부했다. '하루 일주一炷 앉지 않으면 한 끼 먹지 않겠다.'는 각오로, 9시에 소등하면 법당 불전함 앞에 향을 한 대 피우고 앉았다. 매일 이렇게 했다. 두어 달 계속하던 어느 날 밤, 건넌방에서 사람들의 말소리가 들리는 순간 갑자기 희열喜悅을 느꼈다. 필자도 체험했지만 이런 경계는 좌선하는 사람은 남녀노소를 불문하고 누구나 경험 가능한 일이다.

어느 여름, 말미를 얻어 금강산을 두루 행각行脚하고 건봉사를 거쳐 서울로 돌아와 다시 또 수행에 열중했다. 조석으로 입실하며 어느덧 8년의 세월이 흘렀다. 그런데 스승 하나야마 노사가 일본 경도 남선승당南禪僧堂의 조실을 겸임하게 되어, 한 달은 경성별원에, 한 달은 경도에 가게 되었다. 이 기회에 그도 남선승당에 가 있게 되었다. 경도는 일본 불교의 중심지였다. 여러 종파와 선종의 사찰과 선방이 몇 군데 있었다. 그 무렵 그동안의 수행을 인정받아 그는 남선승당에서 일본 임제종 최대 파인 묘심사파의 한국 개교사라는 사령장을 받았다. 자격은 받았으나 개교의 일선에 나서기는 아직 일렀다. 그 후 그는 동경 월계사에 있으면서 그 절의 조실인 도오가이(東海) 노사에게 조석으로 입실하였다. 그러면서 노사가 경도에 와 있을 때는 그도 경도에 가 있었다. 당시 참선수행을 요필한 선지식으로 존경하던 스즈끼(鈴木) 거사에게도 입실했다. 온 힘을 다해 도력을 배양하는 데 게으르지 않았다.

당시 도쿄(東京)에는 우리나라 학승들이 80여 명 정도 유학하고 있었다. 그들 대다수는 일반 하숙집에서 공부하고 있었는데, 동경 같은 화려한 곳에서 3년쯤 지내다 보면 완전히 속화되어 졸업 후에는 거의 대부분 환속하였다. 그의 생각에 그들을 한 당(堂)에 기숙시켜서 조석으로 예불도 하고 수시로 좌선하면 환속을 막을 수 있을 것 같았다. 고민하던 중 신숙구 도마하시쪼오에 있는 묘심사 소속의 다 쓰러져 가는 도림사道林寺라는 절이 떠올랐다. 경성별원에서 참선법회할 때마다 참석했던 도반이었던 경기도 지사 스츠가와(鈴川) 씨의 도움으로 일주일 만에 거금 4만 원이 모여 즉시 도림사 수축에 착수했다. 대략 수축을 끝내고 '동광수련도량'과 '재일동포포교원'이라는 간판을 대문짝만하게 달았다. 그 다음 학생들 수용에 착수했다. 전쟁 중인데다 학도병 징집 때문에 모두들 피신 중이라 주소를 알 길이 없어 80여 명 중 10여 명밖에 모이지 못했다. 그는 실망하지 않고 꾸준히 노력했다. 일요일엔 좌선법회도 하고 저명인사를 초청하여 강연법회도 열었다.

세 번의 죽을 고비

한편 그 자신도 징용장徵用帳이 언제 나올지 몰랐다. 하루는 한 친구가 자기 친척이 동경 근교의 오꾸다마에 사는데 거기에 가면 막걸리를 마실 수 있다고 해서 오랜만에 집에서 양조한 막걸리를 밤새도록 마시고 그 이튿날 동경에 돌아왔다. 웬일인지 다리며 얼굴이며 온통 퉁퉁 부어 걷기가 매우 불편했다. 겨우 절에 들어서니 징용장이 나와 있었다. 다음날 출두하여 신체검사를 받으라는 것이다. 이튿날 부기가 내리지 않은 채로 출두하여 신체검사를 받는데 담당의가 왜 부었느냐고 묻는다. 다년간 각기병으로 고생했는데 최근에 더욱 심해졌다고 둘러댔다. 이래서 막걸리 덕으로 징용을 면하게 되었다. 그러고는 서울에 잠시 귀국했는데 그때 도림사가 폭격으로 전소되었다는 전갈을 받았다. 또 한 번 목숨을 건진 것이다. 그리고 1945년 8월 14일 도청 회의실에서 천황의 특별 담화가 방송된 직후 노사를 만나니, 처음에는 "일본으로 귀환할 때 너도 같이 가자."고 하시다가 생각을 바꾸어 "너는 조선 사람이니 네가 이 절을 맡으라!"고 하셨다. 그리고 노사는 바로 한국을 떠나게 되었는데 노사가 탄 배가 하까다만에 접근하면서 기뢰에 걸려 파선되어 결국 익사하고 말았다.

인간의 운명은 묘한 것이다. 이처럼 그는 세 번의 죽을 고비를 잘 넘겼는데, 이는 결국 선도회의 지도법사로서 엮은이를 포함해 선도회 문하생들과 만나기 위한 필연이 아니었나 생각된다.

해방 이후

해방과 이류중행

동경 도림사도 타서 없어지고, 경성별원은 해방 직후 고아들을 데리고 들어온 한 여인에게 빼앗겨 그는 갈 곳이 없어졌다. 이때 그의 나이 43세였다. 26세에 출가하여 17년 동안 수행했던 것이다. 그는 곰곰이 생각해 보았다. 일본으로 갈 것인지, 한국 절에 남을 것인지 고민했다. 그는 이미 일본 임제종臨濟宗 한국 개교사開敎師라는 발령을 받았기 때문에 한국에서 일하는 것이 옳다고 생각했다. 그는 우선 교육계로 진출하기로 결심하고 상업학교 교사로 4년, 진주 해인대학海印大學 교수로 3년 재직하다 평소에 해 보고 싶었던 위인전 출판에 관한 일을 추진하기 위해 다시 서울로 올라왔다. 동국대학교에서 선학禪學 강의도 하고 선린 상업고등학교 야간부에도 나가면서 한편으론 낮에 활동할 시간이 충분하여 계획한 일에 착수했다. 사업체는 '교양문고 간행회'라고 이름지었다. 사계의 저명한 인사들로 필진을 구성하고 먼저 중고등학생을 대상으로 한 책을 펴내기로 하고 제일착으로 서울 여자상업 중고등학교 교장이던 김도태 선생에게 세종대왕 전기를 부탁했다. 원고가 지지부진해 매일 같이 재촉하여 겨우 탈고하여 인쇄할 수 있었다. 발행인이었던 김법린 씨의 소개장을 가지고 몇 학교를 돌아다녔으나 학생들에게 읽히는 것은 강제가 되므로 학교용으로 한 부만 사겠다고 했다. 서울에서의 반응이 이와 같았으므로 지방에는 손도 뻗치지 못했다. 이 책이 소비되어야 전기를 계속 발행할 터인데 여의치 않으니 용기가 나지 않았다. 결국 중단할 수밖에 없었다.

월간 〈대한불교〉 발간

고향 선배인 추담 스님이 비구승 측에 가담하여 활동하고 있었다. 후에 법주사, 전등사와 같은 대사찰의 주지를 역임했다. 추담 스님이 어느 날 그를 한의사 김춘강씨에게 소개했다. 김춘강씨는 불교의 독신자였다. 그와 조계종단의 기관지를 발간할 것을 의논했다. 신문 반 장 크기의 〈대한불교大韓佛敎〉가 청담 스님 이름으로 이미 발행되기는 했지만 인가도 없이 발간했었다. 이를 인수하여 재창간하기로 했다. 출자는 물론 모든 일을 김춘강 씨가 도맡기로 했다. 삼 년이나 계속했다. 김춘강 씨의 신심에 경탄하지 않을 수 없었다. 이를 확장하려고 영등포 노상에 야시장 허가를 얻어 그 수입을 이에 충당하기로 했으나 결국 운영난으로 부득이 손을 떼게 되었고 마침 이한상이라는 건축업자가 인수하였다. 이씨는 건축업으로 부자가 된 사람이다. 자식이 없던 그는 조계사에 백만 원을 시주하고 기도 끝에 남자 쌍둥이를 얻어 불심이 깊은 분이었다. 이씨가 인수하면서 면수面數도 늘리고 급기야 주간으로까지 발전하였으며, 그 후 조계종 총무원에서 인수하여 오늘에 이르고 있다.

법시사法施舍 참여

'법시사'라는 불교단체가 있었다. 사단법인으로서 이호성 씨가 부이사장으로 박진환 씨가 상무이사로 있었다. 그런데 박진환 씨가 갑자기 작고하자 이호성 씨가 하루는 그를 찾아와 법시사를 맡아 달라는 것이다. 그가 맨주먹으로 어떻게 맡느냐 하니 일해 나가노라면 타개책이 생길 수도 있지 않겠느냐며 간곡히 권유해 상무이사직을 수락했다. 법시사를 어렵사리 꾸려가던 어느 일요일 홍사단 강당을 빌어 법회를 했는데 성황을 이루었다. 법회가 끝난 뒤에 정종원 씨가 수고한다고 하면서 그의 손을 잡고는 법시사를 도와주겠다는 의사를 표명해 정종원 씨를 모시고 월간 '법시法施' 발간에 착수했다. 찬조회비 만 원 이상, 특별회비 2천 원, 보통회비 천 원인 회비 수입금은 '법시'를 내고도 남아돌았다. 그래서 사무실도 얻고 전화도 가설하면서 살림을 잘 꾸미게 되었다. 이는 모두 정종원씨의 원력願力이었다. 그도 몇몇 친구에게 부탁하여 회비를 염출했으니 날로 살림이 늘어 갔다. 이때가 1966년이었다. 불교잡지로는 '법시' 하나뿐이었다. 그러다 보니 인기를 독점했다. 그리고 월례 행사로 사계의 저명인사를 초청하여 설법회도 가졌다.

한 가지 유감스러운 일은 정종원 씨가 염불종念佛宗을 신앙했고, 그는 선종이었기 때문에 같은 불교라고 하지만 신앙의 방향이 달랐다. 그는 선에 관한 글을 쓰려고 했으나 선은 정 이사장의 구미에 맞지 않았다. 그럼에도 불구하고 그는 '법시' 발행에 최선을 다했다. 처음에는 천 부를 찍다가 돈의 여유가 생기자 2천 부를 찍어 배포했다. 그때에는 보통 단행본도 2천 부를 찍는 일이 없었다. 그러면서도 그의 근검절약으로 돈은 점점 불어났다. 그러다 1976년 그는 '법시사'에서 손을 뗐다. 이때의 재고가 8백여 만 원이 되었다. 매달 2천 부를 찍으면서 8백여 만 원을 저축했다는 것은 놀라운 일이 아닐 수 없었다. 그는 법시사를 맡아 13년간이나 종사했으나 결국 선 포교와 직접 관련된 일을 하고 싶은 의욕 때문에 법시사를 그만두었다.

최초의 한국 선 전문지 월간 〈선문화〉 발행

그 무렵 봉투 인쇄업을 하던 이완규라는 절친한 친구가 있었다. 선禪에는

〈선문화〉 창간호

문외한이었지만 선의 전문지 발간에 대해 의논을 했다. 조판, 인쇄, 제본을 자기가 담당할 터이니 종이만 대라고 했다. 당신의 인쇄 시설로는 월간지를 인쇄 못한다고 여러 번 다짐도 하고 했으나 활자는 얼마든지 살 수 있으니 조금도 염려 말고 원고를 가져오란다. 4·6판에 최소 34면으로 천 부를 발행하자면 적지 않은 돈이 든다. 이를 부담하겠다고 하니 그의 숙원사업이 성취되는 것이었다. 그래서 〈선문화禪文化〉라는 제목으로 일에 착수했다. 문화공보부에 등록을 마치고 창간호를 냈다. 창간호를 내 보니 힘도 들거니와 적지 않은 비용으로 이완규는 다음 호를 못 내겠다고 했다. 생각다 못해 선도회禪道會 몇 사람과 상의하여 월 회비로 만 원, 5천 원, 2천 원씩을 걷기로 하고 종이 대금은 친구인 홍성표 씨가 부담하고, 대구에 있는 제자인 임재호 씨가 매달 만 원을 보내 주어 17호까지 간행하였다. 우리나라에서 유사 이래 선의 전문지로는 처음이었다. 매달 천 부를 인쇄하여 큰 절과 각계에 배포했으나 대금은 하나도 들어오지 않았다. 그는 어떻게 해서라도 선풍禪風을 일으켜 보려고 했으나, 결국 운영난으로 〈선문화〉 발행을 중단하지 않을 수 없었다.

군더더기 : 엮은이는 이 무렵 그의 문하에 입문해 〈선문화〉 원고 교정도 봐 드리면서 참선 수행을 시작했는데, 늘 공금은 오른쪽 주머니에 넣으시고 사적인 찻값은 왼쪽 주머니에서 꺼내 지불하시던 모습이 지금도 눈에 선하다.

선도회의 성립

그의 전공은 선이다. 자나 깨나 선을 잊어본 적이 없다. 그러나 사회가 혼란기였기 때문에 그는 그의 정체를 드러내 놓지 않았다. 드러내 보았자 호응하는 사람도 있을 것 같지 않아 속으로 냉가슴만 앓고 있었다. 그는 사실 일본 임제종 '한국 개교사'여서 참선을 지도해야 하는 의무를 가지고 있었다. 그러나 뜻대로 되지 않아 허송세월만 하였다. 교육계에 10여 년 있었고, '교양문고'를 간행한다고 했으나 이들은 그의 본의가 아니었다. 역시 좌선 지도를 했어야 했다. 그러나 그것은 용이한 일이 아니었다. 선은 들기 어려운 점이 있고, 지식층이나 부유층은 선을 외면하였다. 기회를 보는 동안 백성욱 박사님의 소개로 김순가 씨와 결혼하였다. 이 부인의 헌신적인 후원이 없었으면 오늘날의 선도회는 불가능했을 것이다.

선도회 제1호 제자 철심 이창훈

어느 날 이창훈이란 청년이 찾아왔다. 좌선을 지도해 달라는 것이었다. 신심이 견고해 보이는 청년이었다. '무無'자 공안公案을 주었다. 매일 아침 찾아왔다. 그의 집과 청년의 집은 1km쯤 되는데 비가 오나 눈이 오나 매일 온다. 6개월 후 '무無'자를 봤다. 그는 이 군 때문에 일반인도 참선 수행이 가능하다는 것을 깨닫고 드디어 조계사 법당을 빌려서 이희익 거사가 아니라 고부헌 종달 노사로서 당당히 일반인을 위한 참선 지도를 시작했다. 그러나 그 후 재가수행자들의 참선 모임을 색안경을 끼고 보는 사람들로 인해 장소를 여러 곳으로 옮겨 다녀야 했다. 성약사, 백우정

햇살 따뜻한 어느 날 오후, 목동 자택에서 종달 노사님

사, 불심원, 다시 백우정사, 백운암, 원각회 등으로 옮겨 다니며 선도회 참선 법회를 계속하다 결국은 입적하기 전까지 목동 그의 자택에서 참선 모임을 가질 수밖에 없었다. 선 수행의 생명은 입실入室 지도에 있다. 그래서 노사께서는 이곳저곳 장소를 빌려 참선법회를 하면서 입실방을 못 구하는 경우에도 입실지도를 포기하지 않았다. 추운 겨울날에도 헛간에 가마니를 깔거나 시민선방의 경우 화장실 변기에 걸터앉으시면서까지 입실을 받으셨으며, 입적하시기 직전 급격히 몸이 쇠약해 가는 와중에도 누워서까지 입실을 받아 주시던 모습이 아직도 기억에 생생하다.

종달 노사께서 입적할 때까지 지난 25년간 재가선풍의 진작에 온몸을 던지신 결과, 입참자 천여 명 가운데 비록 '무' 자를 보고 거사호나 대자호를 받은 사람들은 겨우 65명에 지나지 않으나 다행히 이 가운데 〈무문관〉을 끝까지 투과해 법사의 자격을 갖춘 사람이 10인에 이르러 이제 재가선 지도에 새로운 전기를 마련하게 되었다.

선서禪書의 저술

제3부에서 구체적으로 다시 다루겠지만 종달 노사의 저술은 모두 선 공부하는 데 반드시 구비해야 할 것들이다. 물론 미흡한 점이 많으나 이는 선도회의 법사들이 차차 보완해 나갈 것이다. 해방 후 교육계에 십여 년 있었던 것을 제외하고는 선을 지도하면서 좌선 공부하는 데 가장 필요한 선서禪書들을 저술하며 평생을 보낸 노사의 저서는 다음과 같다.

〈無門關〉,〈生活 속의 禪〉,〈禪宗四部錄〉,〈禪林句集〉,〈禪定思想史〉,〈禪과 科學〉,〈禪 속에 약동하는 인생〉,〈생활 속의 반야심경〉,〈좌선〉,〈禪과 韓國文化財〉,〈法語〉,〈頌古集〉,〈人生의 階段〉,〈佛敎의 敎團生活〉,〈十牛圖〉,〈벽암록〉.

종달 노사의 법맥法脈

종달 노사의 임제종 법맥은 다음과 같다. 잘 아시다시피 인도에서의 전법傳法은 석가세존께서 마하가섭에게 법을 전하여 반야다라까지 법이 전해졌고, 중국은 인도로부터 법을 가져온 달마로부터 임제의 후손인 제51세世 밀암함걸로부터 제52세 송원숭악을 통해 제54세 허당지우까지 이어진 법은 제55세 남포소명을 통해 일본으로 전해졌다. 제73세 백은혜학을 통해 일본 임제종의 중흥기를 거치고, 제81세 화산대의를 통해 한국의 제82세 의현종달로 이어져 오늘에 이르고 있다. 한편 송원숭악과 법형제인 제52세 파암조선을 통해 제56세 석옥청공까지 이어진 또 다른 법의 갈래는 제57세 태고보우를 통해 한국으로 전해져 오늘에 이르고 있다. 특히 임제종 선도회 법맥과 관련된 제47세인 오조법연 선사부터 자세히 살펴보면 다음과 같다.

석가세존釋迦世尊 → 〈인도〉 1세 : 마하가섭摩訶迦葉 → (26대 생략) → 〈중국〉 28세 : 보리달마菩提達摩 → (4대 생략) → 33세 : 육조혜능六祖慧能 → (4대 생략) → 38세 : 임제의현臨濟義玄 → (8대 생략) → 47세 : 오조법연五祖法演 → 48세 : 원오극근圓悟克勤 → 49세 : 호구소륭虎丘紹隆 → 50세: 응암담화應庵曇華 → 51세 : 밀암함걸密庵咸傑 → 52세 : 송원숭악宋源崇岳 → 53세 : 운암보암運庵普巖 → 54세 : 허당지우虛堂智愚 → 〈일본〉 55세 : 남포소명南浦紹明 → (17대 생략) → 73세 : 백은혜학白隱慧鶴 → (5대 생략) → 79세 : 독담잡삼毒湛匝三 → 80세 : 무해고량霧海古亮 → 81세 : 화산대의華山大義 → 〈한국〉 82세 : 의현종달義賢宗達

52세 : 파암조선破庵祖先 → 53세 : 무준원조無準圓照 → 54세 : 설암혜랑雪菴慧朗 → 55세 : 급암종신及庵宗信 → 56세 : 석옥청공石屋淸珙 → 〈한국〉 57세 : 태고보우太古普愚

군더더기 : 덧붙여 종달 노사께서는 입적하실 때까지 일본 임제종 승적僧籍을 유지하셨기 때문에 한국에서의 환속 유무에 상관없이 수행승으로서의 삶도 사셨다. 참고로 노사 입적 직후 기록 정리를 하기 위해 일본 묘심사파 소속 법계로 법형제가 되는 혜광惠光 노사와 입적 사실을 알리며 교신하는 과정에서 다음과 같은 극진한 예우의 서신 내용을 통해, 한국개교사 직을 부여받을 정도로 임제종 내에서도 인정받으셨던 노사의 사가師家로서의 면모를 엿볼 수 있다.

'(중략) 1990년 6월 7일 오전 7시 15분 어서거御逝去하셨다는 통보를 받았습니다. 대단히 고맙습니다. 긴 세월 동안 우리들이 바른 수행자가 되도록 어지도御指導해 주셔서 어고덕御高德을 흠모해 왔습니다. 다른 도우道友들에게도 이 슬픈 사실을 알려드려서 불도수행자로서 마음에서 우러나오는 어공양御供養을 하도록 하겠습니다.(중략)'

종달 이희익 노사 주요 약력

1905년 함흥 출생

1927년 일본대학 철학과 수료

1928년 월간 〈조선불교〉 취업

1928년 일본 임제종 남선사파南禪寺派 화산華山 노사 문하로 출가

1932년 월간 〈조선불교〉에 '처음으로 선에 입문하며'를 기고

1941년 일본 임제종 묘심사파妙心寺派 한국개교사

1941년 일본 동경 도림사(한국불교유학생 기숙도량) 주지

1953년 해인대학(현 경남대학교) 교수

1956년 동국대학교 강사

1960년 월간 〈대한불교〉(현 불교신문) 창간

1963년 조계종 교무부 포교사

1964년 월간 〈법시〉 편집장

1965년 선도회禪道會 초대 지도법사

1966년 사단법인 〈법시사〉 상무이사

1974년 〈무문관〉 제창

1975년 월간 〈선문화〉 창간

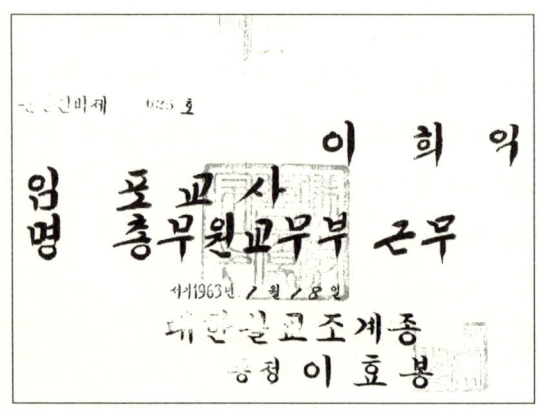

조계종 종정이셨던 효봉 선사로부터 받은 조계종 교무부 포교사 임명장

1983년 시민선방 지도법사
1988년 〈벽암록〉 제창
1990년 입적入寂

언론에 비친 종달 이희익 노사

재가자에 선 수행 가르친 '거사선'의 거두

간화선은 예나 지금이나 최고의 수행법으로 알려져 있다. 요즘엔 출가자뿐만 아니라 재가자 중에서도 간화선 수행을 하는 사람들이 적지 않다. 물론 한국전쟁 이후 오랜 시간이 흐른 뒤의 일이다. 조선시대를 거치는 동안 한국의 선맥은 단절된 것과 다름없었다. 몇몇 스님들이 근근이 이어 오던 선수행의 맥이 재가자에게까지 미칠 여력이 한국불교에는 없었다. 그런 상황과 분위기 속에서 종달宗達 이희익(李喜益, 1905-1990)은 외롭게 재가자 수행의 필요성을 부르짖었다. (중략)

선수행에 대한 신심이 남다른 종달이었지만 해방과 전쟁 등의 혼란 속에서 선풍을 일으키기란 쉽지 않았다. 더구나 재가자의 신행활동이 보편화되지 않은 시기라 어려움은 더 컸다.

대신 그는 문서포교에 뛰어들었다. 〈대한불교〉, 〈법시〉, 〈선문화〉 등 잡지를 통해 불교대중화에 앞장선 것이다. (중략)

그는 또 최초의 한국 선 전문지인 월간 〈선문화〉를 발행했다. "전공이 선"이라고 말했던 그는 선을 대중화하고 싶은 열망이 누구보다 컸다. (중략)

불교잡지를 발행하면서 그의 선수행은 계속됐다. 재가자들을 직접 지도하기도 했다. 처음엔 조계사에서 한두 명 모이던 것이 점점 늘어 수십 명이 모이는 자리가 됐다. 종달은 이들과 선도회禪道會를 조직했다. 이렇게 시작한 수행모임은 그가 입적하기 전까지 계속됐다. 몸이 쇠약해 누워 있으면서도 후학들을 점검해 줬다. 선과 관련해 책도 폈다. 〈무문관〉을 비롯해 〈선림구집〉, 〈생활 속의 선〉, 〈선정사상사〉, 〈좌선〉, 〈벽암록〉 등이 그것이다.

종달은 평생을 '무無' 자와 더불어 살면서 수행에 매진했다. 근기가 예전만 못함을 안타깝게 생각하던 그는 요즘 시대에 맞는 선수행법인, 간화선을 통해 사람들 눈이 트이길 기대하며 30여년을 한결같이 지도했다. 동양이건 서양이건 선풍이 불 날을 학수고대한 그였다. "무자 하나를 겨우 얻어 일평생 쓰고도 다 못 썼다"며 아쉬워했던 종달. 어쩌면 '제2의 부설'이 되고 싶었는지도 모른다. 불교와 인연 맺은 후, 수행으로 시작해 수행으로 마무리한 그의 일생은 바쁘다는 핑계로 수행을 게을리 하는 일부 불자들에게 큰 가르침이 아닐 수 없다. (중략)

선도회는 재가불자의 선수행 모임으로 1965년에 조직됐다. 선도회가

엮은이가 석사과정 시절 노사님을 모시고 道心 거사님, 法元 거사님과 함께 찍은 사진

발족되는 데에는 한 청년의 영향이 컸다. 종달이 〈대한불교〉를 발행할 무렵의 일이다. 어느 날 그에게 좌선을 지도해 달라며 한 청년이 찾아왔다. 청년에게 종달은 무無자 공안을 주었다. 그의 집에서 1km쯤 떨어진 곳에서 사는 청년은 눈이 오나 비가 오나 매일같이 찾아왔다. 종달의 회고다.

"신심이 견고해 보이는 청년이다. 나는 그 덕분에 용기를 얻었다. 한국에도 좌선을 하려는 청년이 있다는 것을 알게 된 것이다."

이것이 계기가 됐다. 종달은 조계사 법당을 빌려 좌선을 지도했다. 매주 일요일 오후 6시부터 시작해 30분간 참선하고 한 시간 동안 설법을 했다. 처음에는 학생 한두 명이 나오더니 여성 불자들도 나오기 시작해 매주 10여 명이 모였다. 모임은 성황을 이뤄 수십 명씩 모이게 됐다. 마침내 재가수행 모임인 선도회가 탄생했다. 선도회 법회는 남송시대 무문혜개無門慧開 선사가 쓴 〈무문관無門關〉 원문을 읽고 제창하는 것으로 시작했다. 또 정기적으로 점검을 받아야 한다. 진도가 얼마나 나갔는지 스승에게 점검받는 이 과정은 수행에 있어서는 빼놓을 수 없는 것이기도 하다. 종달은 입실지도를 몸져누워서까지 이어 갔으며 한 겨울 방을 못 구할 때는 헛간에 가마니를 깔고 공부를 점검했다. 선도회를 조직해 이끌어 온 25년의 시간은 그야말로 '고난의 길'이었다. 재가수행자들의 참선 모임이 생소했던 때라 자리를 선뜻 내주는 사찰이 많지 않았다. (중략)

결국 선도회 회원들은 종달의 집으로 모였다. 그가 입적하기 전까지 10여 년 동안 목동 그의 집은 수행도량이 됐다. 재가자를 위한 수행공간이 없는 것을 아쉬워했던 종달. "선은 도량에서 엄격한 청규 하에 지도해야 하는데 그렇지 못해" 후학들에게 늘 미안해 했다. 회고록 〈인생의 계단〉(선도회 문인 일동, 1984)에서 그는 아내에게 이런 말을 남겼다.

"평생 선 속에 살았고 30년간 선을 지도했지만 재가선在家禪을 지도할 터전도 마련하지 못하고 떠남을 슬퍼합니다. 바라건대 남은 재산이 있다면 선도회를 사단법인으로 만들고 신심이 깊은 사람을 선발해 선 전문도량으로 유학을 보내도록 하시오. 인재를 양성해 놓으면 다음 일은 저절로 될 것입니다."

선도회에 대한 그의 애정을 확인할 수 있는 대목이다.

종달 입적 후에도 많은 사람들이 종교와 종파를 초월해 참선수행에 동참했다. 현재 서강대 물리학과 박영재 교수가 그의 뒤를 이어 선도회 법회를 지도하고 있다. 박 교수는 1994년 3월부터 가톨릭 신자들을 주축으로 한 서강대 견주굴見主窟 참선모임을 시작했으며, 최근 서강대 수학과 박성호 교수가 뒤를 이었다. 이외에도 종달의 가르침을 받은 재가자들이 목동, 신촌, 정릉, 광주, 성남, 인천, 대전 등에서 참선법회를 열고 간화선 대중화에 앞장선다. 선도회는 또 간화선 수행체계를 쉽게 정리할 계획이다. 종달 노사가 그토록 원했던 선도회 전문선원 건립도 추진 중이다. (중략)

- 〈불교신문〉(2141호) 어현경 기자(2005. 06. 28)

활안 스님의 내가 만난 선지식 : 법시사 편집장 이희익 대선사
〈법시〉는 1972년 조흥은행장 정종원 거사께서 명자 그대로 '진리의 베풂'을 위해서 창간한 잡지다. 사단법인으로 허가가 났기 때문에 부이사장 이호성, 김인식을 비롯하여 김현갑, 김선필, 조서희, 김종오, 강창근, 전병극, 허복, 박두원, 송금엽, 백충흠, 이인식 씨 등 재계 경제계에 뛰어난 인물들이 한데 모여 〈법시〉를 운영하고 있었는데, 이희익 선사는 상임이사로 〈법시〉의 편집장을 맡고 있었다.

오랜 세월을 두고 〈법시〉에 글을 쓰다 보니 막역한 처지가 되어 자주 만나 공양도 하고 차도 마시게 되었는데 그의 모습은 일본 선종 그대로였다. 일본에는 임제종과 조동종 두 가지 선종이 주류를 이루고 있는데 조동종은 위빠사나를 중심으로 한 묵조선默照禪이고 임제종은 간화선看話禪을 배경으로 한 화두선이다.

당시 우리나라에는 선에 관심은 많았어도 실제 선에 대한 이론이 거의 없었다. 그런데 선사께서 〈신심명信心銘〉, 〈증도가證道歌〉, 〈십우도十牛圖〉, 〈좌선의坐禪儀〉 등 〈선종사부록〉을 내고, 또 — 조사어록이 다수 포함된 〈송고집頌古集〉 영인본 발간을 통해 — 〈임제록臨濟錄〉을 직접 제창提唱함으로써 선에 대한 바른 이해를 돕게 되고, 삿된 길 마군이 길을 막게

되었다. 선방에 가서 한 철만 나도 도인을 자처하고 선사들 근처에 갔다가 한 말씀만 들어도 한 소식 얻은 것처럼 자랑하고 다니던 사람들이 선사를 만나면 쥐 죽은 듯 조용히 앉아 귀를 기울인다. 옛날에 전혀 듣지 못한 소리를 듣고 보지 못한 경계를 이해할 수 있었기 때문이다. 까만 장삼에 황금빛 찬란한 낙자를 매고 단정하였고 사람을 대하는 마음도 느긋해졌다.

"법사님은 언제 어떻게 선을 접하였습니까?"
"1956년 송광사 삼일선원에서 살았는데 보조국사의 〈수심결〉, 〈정혜결사문〉을 보고 발심하였습니다."

"영가진각 대사의 〈증도가〉나 곽암 스님의 〈십우도〉를 보면 마음의 경계를 바로 이해할 수 있을 뿐만 아니라 깨달음의 단계를 알 수 있습니다. 누구나 앉으면 그냥 한 소식 얻은 것 같은데 소식도 여러 가지가 있으니 사람 소식인지 부처 소식인지 판가름할 수 있는 능력이 있어야 할 것 아닙니까!" 하고 〈선종사부록〉(보련각, 1971)을 주셨다.

'지극한 도는 어렵지 않지만 오직 가리는 취사선택하는 것을 꺼린다. 미워하고 좋아하는 생각만 없으면 훤하게 밝아지리라.' 3조승찬 대사의 〈신심명〉은 무엇을 믿고 어떻게 닦아야할 것인가를 간단명료하게 이렇게 밝혀 주고 있다.

또 영가현각 대사의 〈증도가〉는 "배움이 끝난 도인은 망상을 제하지도 않고 참을 구하지도 않는다. 무명실성이 곧 불성(無明實性卽佛性 : 무명의 성품이 곧 불성)이고 환화공신이 곧 법신(幻化空身卽法身 : 허깨비 같은 빈 육신이 곧 법신)이기 때문이다."하여 깨달음의 경지를 분명히 밝히고 있다.

〈십우도〉의 첫 장면은 잃은 소를 찾는 데서부터 시작한다. 소를 찾기 위해 나선 사람이, 그 발자국을 보고, 소를 보고, 찾아, 소를 먹인다, 소를 타고 집으로 돌아오는 장면과, 집에 돌아와서는 소를 잊고, 사람도 잊고, 본래의 상태로 돌아왔다가, 다시 세상을 향하여 포교하러 나가는 장면이 두드러지게 부각된다.

그런데 만일 이렇게 되지 못했으면 어떻게 앉아 무슨 생각을 하고 도를 닦을 것인가 하는 문제를 가르친 것이 좌선이다. 사람들이 흔히 선을 "불립문자직지인심견성성불(不立文字直指人心·見性成佛 : 문자를 세우지 않으며 곧 바로 마음을 가리켜 성품을 보아 부처를 이룬다)"이라고 하니 전혀 문자를 버리고 생각만으로 추정하는 경향이 있는데 불립문자의 경지라도 문자를 통해 그 경지를 인증하고 나면 선지식을 찾아뵙는 것도 쉽게 될 것이다.

"사람마다 신발을 바르게 정리하는 모습은 모든 사람들이 본받아야 할 습의習儀가 아닌가 생각됩니다."

오신 손님들의 신발을 나란히 정리하여 나갈 때 편하게 신을 수 있도록 정리해 놓으시는 이희익 스님. 항상 조심스럽게 법도에 맞게 말하며 털끝만한 실수도 용납하지 아니했던 대선사의 향취가 새삼스럽게 다가온다.

― 〈현대불교신문〉(2009. 08.019)

군더더기 : 참고로 여기서 활안 스님은 한정섭 법사로 더 널리 알려져 있는데, 선도회 종달 노사님에 대한 초창기 기록을 엿볼 수 있게 해 주신 것에 대해 이 지면을 빌어 깊은 감사를 드린다. 신발을 바르게 정리하는 전통은 선도회 법회가 열리는 곳마다 지금도 잘 이어지고 있다.

2. 종달 노사의 세 가지 핵심 가르침

노사께서 입적하신 다음 엮은이가 선도회 지도법사직을 이어받으면서, 노사 문하에서의 수행체험을 면밀히 살핀 결과 선도회의 핵심 수행 가풍 家風은 다음의 세 가지로 집약할 수 있다.

세 분 스승께 귀의하기 (귀의삼사歸依三師)

선도회의 수행 가풍 가운데 하나는 단적으로 말해 세 분 스승께 귀의하는 '귀의삼사'이다. 여기서 세 분은 부처(佛)이신 석가세존釋迦世尊과 진리 (法)의 정수를 담고 있는 공안집 〈무문관無門關〉을 저술한 남송 시대의 무문혜개 선사, 그리고 선도회 문하생들과 이 시대를 함께 하셨던 스승(僧) 종달 이희익 노사이다. 노사께서는 선도회를 조직하신 이후, 한평생 문하생들에게 석가세존과 역대조사들의 종지宗旨를 온전히 드러낸, 혜개 선사께서 지으신 〈무문관〉 48칙을 한국에서는 해방 이후 최초로 제창하시며 문하생들을 이끌고 오셨다., 한글 세대였던 엮은이의 경우 1975년 갓 입문했을 때 비록 노사께서 〈무문관〉 원문을 한 구절씩 읽고 친절히 제창을 하셨으나 무슨 말씀을 하시는지 도무지 이해가 되지 않았었다.

무문혜개 선사 진영

그러나 돌이켜 보면 이런 과정을 통해 지속적인 참선수행을 위해 매우 중요한, 선종문헌 원문들을 자연스럽게 친근감을 가지고 대할 수 있는 계기가 되었다고 판단된다.

특히 노사께서는 마치 우리가 지하철을 이용해 약속 장소 근처에 있는 처음 가 보는 역에 내렸을 때 헤매지 않고 약속 장소까지 정확히 제시간에 가기 위해서는 반드시 현 위치를 지도에서 확인하고 약속 장소와 제일 가까운 출구를 통해 나아가듯이, 도처에서 수행자의 현 위치를 일깨워 주고 있는 〈무문관〉을 제자들의 근기에 맞게 자유자재로 활용하셨다.

지속적으로 입실점검 받기(입실점검入室點檢)

남녀노소를 불문하고 누구나 할 수 있는, 선도회의 화두점검 체계는 세 과정으로 구성되어 있다. 초심자를 위한 첫 번째 과정은 '시작하는 사람들을 위한 화두들'이란 점검 과정이다. 여기에는 '외짝손소리(척수성隻手聲)', '동산수상행東山水上行' 등 초심자들이 붙들고 씨름하기 쉬운 20여 개 정도의 화두들로 구성되어 있다. 이 과정을 마치면 입실 시 스승을 경외하던 심적 초긴장 상태는 사라지고, 법호法號를 받고 〈무문관〉에 있는 48개의 화두들을 본격적으로 점검 받는 두 번째 과정으로 들어간다. 대개 이 점검 과정을 마치면 스승 없이도 혼자 지속적인 선수행이 가능한 경지에 이르게 된다. 끝으로 세 번째 마무리 과정에서는 〈벽암록〉을 포함해 조사어록에 있는 화두들을 가지고 스승과 거의 대등한 관계에서 법전法戰을 벌이게 되는데, 이 과정을 마치면 노사로부터 인가(印可 : 학문의 경우 독자적인 연구와 교육 능력을 인정하는 박사학위에 비교됨)를 받게 된다. 그런데 이때가 되면 자연스럽게 제자들을 입실지도할 수 있는 법사로서의 역량을 나름대로 갖추게 된다.

한편 입실점검의 중요성은 〈서장書狀〉을 통해서도 잘 알 수 있다. 즉, 대혜 선사가 스님들이 아닌 주로 사대부들과의 서신 교류(서신 입실)를 통해 간화선 수행 체계를 확립했다는 점에서 오늘날 사대부에 해당되는 전문 지식인들이 입실점검을 해 줄 수 있는 스승을 제대로 만나기만 하면 간화선 수행이 매우 효과적일 것이라는 것은 자명하리라.

참고로 노사께서는 이곳저곳 장소를 빌려 참선법회를 주관하시면서 입실방을 못 구하는 경우에도 입실지도를 포기하지 않았다. 추운 겨울날에는 헛간에 가마니를 깔거나 시민선방의 경우 화장실 변기에 걸터앉으시면서까지 입실을 받으셨으며, 입적하시기 직전 급격히 몸이 쇠약해 가는 가운데에서도 누워서까지 입실점검에 온 힘을 쏟으셨다. 노사의 이런 노력에 화답하듯, 현재 광주 모임 법사인 조선대 혜정 김인경 교수는 대개 30초에서 1분 정도밖에 걸리지 않는 입실점검을 받기 위해 여러 해 동안 매주 토요일 비행기를 타고 상경하였다. 문하생들의 이러한 치열한 구도열은 오늘날까지도 지속되고 있다.(요즈음은 제주도에서 입실하러 오시는 분도 있다.) 사실 오늘날 간화선이 쇠퇴일로를 걷고 있는 것의 중요한 원인 중의 하나도 이런 입실지도의 전통이 사라졌기 때문이다.

무엇이 혜정 거사로 하여금 비행기를 타고 입실하게 만들었는가에 대한 질문에 그가 다음과 같이 술회한 적이 있다.

"일주일에 한 번씩 스승의 방으로 입실할 때면, 마치 온몸과 정신이 속속들이 발가벗겨지는 기분이 드는데, 반복되는 과정을 통하여 그동안 자신을 옥죄었던 온갖 욕심과 불안 열등감 등이 서서히 풀려나감을 느끼면서 같이 공부하는 이들이 그렇게 정답고 환하게 보일 수 없었다."

단지 중생을 위해 자신의 몸을 돌본다

간화선의 생명은 입실入室이다. 따라서 건강 유지의 목적은 세속의 즐거움을 누리기 위해서가 아니다. 스승이 건강을 오래오래 유지해야 제자들이 자유로이 입실지도를 받을 수 있다.

엮은이의 경우 〈무문관〉 48칙을 점검받는 도중인 1983년 2월 서강대에서 박사학위를 받고 1983년 3월부터 춘천에 있는 강원대학교 물리학과 강의를 맡으면서 온 가족이 춘천으로 이사를 가게 되었다. 그래서 그

전처럼 일주일마다 선도회 참선법회에 정기적으로 참석할 수 없게 되자 노사께서 서울에 올 일이 생기면 언제든지 입실을 하라고 배려해 주셨다. 그리하여 서강대에 세미나가 있을 때마다 노사의 목동 자택으로 찾아 입실지도를 청하곤 했는데, 노사께서는 건강을 유지하기 위해 시간을 정해 놓고 매우 규칙적으로 산책을 하시는 것을 목격하곤 하였다. 언젠가 산책 도중 거리 한 가운데에서 노사와 마주쳤는데 그 자리에서 절을 받으시고 입실지도를 하시고는 '잘 가게' 하시고는 산책을 계속하셨다. 비오는 날에도 사시는 아파트 복도를 왕복운동하시며 산책시간을 철저히 지키시는 모습을 자주 목격하였다.

지나고 곰곰이 생각해 보니 세상을 뜨셔도 될 몸을 끊임없이 입실지도를 청하는 제자들을 위해 조금이라도 단련시키고자 하셨던 치열한 자비의 몸짓이었다고 확신한다. 사실 현재 선도회의 입실지도 책임을 맡고 있는 엮은이의 경우 좀 쉬고 싶은 생각이 일어나다가도 노사의 이런 모습을 떠올리면 다시 새롭게 나에게 주어진 책임을 다하고자 다짐하곤 한다.

잠깐 앉은 힘으로 온 하루 부리기(좌일주칠坐一走七)

'좌일주칠'이란 선어禪語가 지닌 뜻을 유추해 보면, 우리가 잠자는 시간을 충분히 잡아도 8시간 정도이므로 깨어 있는 시간은 16시간 정도가 된다. 따라서 깨어 있는 시간의 1/8은 2시간이므로 2시간 정도 좌선하고 7/8인 나머지 14시간은 '주어진 하루 일과에 100% 뛰어든다(走)'라는 뜻이 된다. 엮은이의 경우 '하루 향 한 대 타는 시간 앉지 않으면 한 끼 굶는다.' 라는 가풍을 한평생 선양한, 종달 노사 문하에서 매주 주말마다 입실점검과 더불어 매일 아침에 일어나자마자 '하루의 계획 및 1시간 좌선'(일상의 원동력), 저녁에 잠자리에 들기 직전 '하루의 반성 및 1시간 좌선'(숙면의 원동력)을 통한 간화선 수행을 지속한 결과, 10년 정도 지나면서부터 가슴에 맺혀 있던 모든 의심이 일시에 사라지고, '이른 아침 잠깐 앉은 힘으로(坐一走七)' 늘 있는 그 자리에서 엮은이가 속한 공동체(가정, 직장, 선도회)의 구성원들과 '더불어 함께' 주어진 일에 차별적인 분별심分別心 없이 온전히 투신할 수 있게 되었다.

군더더기 : 참고로 이른 아침의 좌선이 건강에 미치는 부수적인 효과를 말씀드리면 다음과 같다. 1시간 정도 참선을 마치면 장이 정리되면서 화장실로 직행해 쾌변을 보게 되어 상쾌한 몸 상태로 하루를 뛰어들 수 있다. 그리고 지속적인 좌선은 우리 몸으로 하여금 자동적으로 알맞은 음식량을 받아들이게 한다. 그 결과 참선을 시작한 이후 엮은이의 몸무게는 2kg 이상 변한 적이 없다.

3. 종달 노사의 세 가지 발원

남북통일

종달 노사께서는 일찍이 남북통일에 관한 원願을 세우시고 늘 선도회 참선법회를 마칠 때마다 반야심경, 신묘장구대다라니, 묘길상신주 및 사홍서원을 문하생들과 함께 염송하신 후 마지막 회향을 다음과 같이 하셨다.

> 남북통일속성취南北統一速成就

참고로 노사의 간절한 염원 때문만은 아니겠지만, 오늘날 바야흐로 남북교류가 시작되면서 통일을 향한 발걸음을 옮기기 시작한 것은 사실이나 정치적인 이해득실을 따지며 조급하게 물량공세를 취하며 행동해서는 곤란하다고 판단된다. 사실 남북통일의 지름길은 온 국민이 선수행하는 간절한 자세로 한마음이 될 때 남북통일의 발걸음은 한 걸음 한 걸음 지혜롭게 앞으로 나아갈 수 있을 것이리라. 덧붙여 오늘날의 북한 상황은 경제력이 취약하기 때문에 다른 어떤 지원보다 우선해 경제력을 기를 수 있는 시간적 여유와 생산력의 향상을 위한 기술 지도 및 자본 지원이 절실하다고 생각된다. 비유컨대 고기를 잡아다가 줄 것이 아니라 고기 잡는 법을 가르쳐 스스로 고기를 잡을 수 있게 해 줌으로서 어느 한쪽의 비극적인 흡수 통일이 아닌, 양쪽 모두 기꺼워할 수 있는 진정한 통일을 앞당기는 지름길이라 판단된다.

군더더기 : 아래 글은 지난 해 엮은이가 담당했던 '자연과 인간'이란 과목을 수강했던, 북한을 탈출한 한 서강대생이 엮은이가 과제로 낸 '인생지도'에 대해 제출한 과제물이다. 또한 기말에 다른 수강생들의 인생관을 접하게 하기 위해 수강 학생들 모두, 3분씩 각자의 인생지도를 낭독하게 했는데, 가장 박수를 크게 받은 글이기도 하다. 엮은이의 견해로는 종달 노사의 '남북통일속성취'란 염원을 구체적으로 이행할 수 있는 한 방안이 이 글 속에 잘 담겨 있다고 판단되어 함께 깊이 성찰해 보고자 여기에 게재하였다.

탈북한 한 대학생의 인생지도 : "어제 그리고 내일"
저는 1987년 3월 평안남도 평양시(북한에서는 특별시로 칭함)에서 태어났습니다. 열 살까지 평양에서 유복하게 지내다가 북한의 정치적 변화로 온 가족이 함경북도 경성군으로 추방되었습니다. 열 살 전인 평양에서의 삶은 잘 기억이 나지 않지만 추방 이후의 생활은 생생히 기억납니다. 추방 이후의 생활은 저의 인생에 가장 큰 변화를 가져다 주었습니다. 이 시간 저는 저의 인생 지도를 짧은 이야기로 그려 보겠습니다.

"도둑질과 싸움질은 나의 주특기였다. 도둑질과 싸움은 나쁜 것이다. 하지만 내게 그것은 사막에서 버티기 위한 도구였다. 나는 피를 흘릴지언정 눈물은 흘리지 않았다. 친구들은 나를 대장이라고 불렀고 안면만 있는 사람들은 나를 독종이라고 불렀다. 내 주위에는 친구들이 항상 많았다. 비록 도둑질과 싸움으로 뭉친 아이들이지만 나에게는 그들이 부모

형제였다. 나는 열한 살 중반에 모든 것을 잃었다. 가족, 집, 꿈, 학교. 열한 살 아이로서 가져야 할 모든 것을 잃은 셈이다. 식량을 구하러 아버지 어머니가 집을 나간 후, 나는 졸지에 고아(꽃제비-거지)가 되었다. 아무것도 없는 내게는 죽음의 사늘함만 엄습해오고 있었다. 내게 가장 시급한 문제는 굶어 죽지 않는 것이었다. 나는 배고픔을 해결하기 위해 무작정 집을 뛰쳐나와 친구의 집으로 갔다. 친구도 나와 처지는 비슷했다. 친구와 나는 먹을 것을 찾아 거리로 나가기로 결심하고 우리와 처지가 비슷한 아이들을 모았다. 총 일곱 명이었다.

그때부터 인생의 사막에서의 새롭고 두려운 삶이 시작되었다. 우리는 서네 명이 한 조가 되어 시장에서는 소매치기를 하고, 감자철과 강냉이 철에는 협동농장 또는 개인 터밭을 습격했다. 도둑질이 나쁜 것임을 어려서부터 아버지에게서 교육을 받았다. 마찬가지로 친구들도 도둑질이 나쁘다는 것을 모두 알고 있었다. 그럼에도 불구하고 나와 친구들은 도둑질을 계속할 수밖에 없었다.

왜냐하면 나에게는 두 가지 길밖에 없었다. 앉아서 굶어 죽느냐 아니면 도둑질을 해서 먹고 사느냐? 나는 후자를 택했다. 도둑질을 하다 잡히면 죽도록 맞는다. 하지만 매질은 배고픔보다 아프지 않았다. 나는 배고픔이 더 아프고 두려웠다. 굶어 죽는 사람들을 봐서 그런지는 몰라도 굶는 것은 나에게 곧 죽음의 문턱에 한 발 들여놓는 것이었다. 그리고 나는 나의 약함보다 강함을 보여주기 위해 두렵지만 싸워서 어떻게 해서든 이겨야만 했다. 이 모든 것이 어찌 보면 단순히 배고픈 것과 힘자랑이 아닌 죽음에 대한 두려움에 기인한 것이었다.

소설가 까뮈는 사막에서 버티라고 했고, 소설가 서영은은 사막을 건너가라고 했다. 서영은의 말처럼 나는 사막을 건널 결심을 했다. 나는 저

너머에 있을 오아시스를 찾아 사막 위에 나의 길을 만들기를 갈망한다. 그리고 그 길이 사막에서 길을 잃은 사람들에게 나침반 같은 역할을 하길 진심으로 소망한다. 비록 지금까지 걸어온 길이 앞으로 나에게 도움이 안 된다고 할지언정 나는 나의 지도를 따라 계속 걸어갈 것이다."

교수님! 저를 소개하겠습니다. 1987년 3월 11일부터 2002년 10월 23일까지 북한에서 살다가 2002년 10월 23일 남한에 먼저 오신 아버지가 보낸 브로커를 통해 두만강을 건너 일주일간 중국에서 체류하다, 2002년 11월 1일 인천공항에 도착했으며, 2002년 11월 7일경에 국정원에서 근 5년 만에 아버지를 다시 만났습니다. 2004년 8월에 중졸 검정고시에 합격 그리고 다음해인 2005년 3월에 부산에 있는 지구촌 고등학교에 입학하여 2008년에 졸업, 그리고 한 해를 재수한 후 2009년 3월에 서강대학교에 입학해 현재 재학 중에 있습니다.

저의 꿈은 이러한 문제를 해결하고 우리 민족의 염원인 통일을 준비하고 그래서 상처와 갈등의 통일이 아닌 우리 모두가 원하는 통일, 작은 둘이 합쳐서 더 큰 하나가 되는 통일을 이루는 데 일조하는 것입니다. 구체적으로 저의 꿈은 언론인이 되는 것입니다. 그래서 끊어진 우리 민족의 허리를 연결하는 다리 역할을 하는 것입니다. 저의 꿈은 크게 '통일 전'과 '통일 후'로 나누어 볼 수 있습니다.

통일 전에는 제가 경험했던 북한의 현실을 남한 사회에 사실대로 알리는 것입니다. 그래서 남한이 북한을 바로 알고 다가올 우리의 미래인 통일을 철저히 준비하도록 하는 것입니다. 그리고 기아와 억압에서 벗어나기 위해 북한을 탈출할 수밖에 없었던 북한 난민들, 중국을 비롯해 10개국 이상에 흩어져 있는 최소 20만 이상의 북한 난민들, 고향에 다시 가고 싶어도 갈 수 없고 그렇다고 대한민국에 쉽게 올 수도 없는, 가족과 민족을 모두 잃은 채 국제 고아가 되어 버린, 타국에서 자유도 누리지 못하고 여기저기에 숨어 살면서 짐승 취급을 받고 있는 가장 낮고 불쌍한 자, 바로 우리 북한 동포들을 대한민국과 세계로 연결해 주는 역할을 하고 싶습니다.

통일 후에는 남과 북의 허리에서 스펀지 역할을 하는 것입니다. 우리가 아무리 준비를 철저히 한다고 해도 남과 북의 큰 파도가 부딪치면 그 사이에는 소용돌이가 생기기 마련입니다. 그 소용돌이의 피해를 최소화하고 남과 북을 더 큰 새로운 하나로 만드는데 언론의 역할이 매우 크다고 생각합니다. 언론은 사회의 문제를 파헤치고 건강한 사회를 만드는데 큰 역할을 합니다. 마찬가지로 통일이 되면 초창기에는 적지 않은 사회적 문제에 직면하게 될 것입니다. 그 과정에서 사회의 문제를 올바로 진단하고 모두가 원하는 방향 그리고 우리에게 가장 좋은 사회로 이끄는 것이 언론이라고 생각합니다. 그래서 우리 민족을 더 큰 하나로 새로운 하나로 만드는 데 기여하는 언론인이 되고 싶습니다.

남과 북의 언론은 본질적으로 다릅니다. 통일이 되면 이러한 문제로 인해 언론 체계가 혼란스럽게 되고 사회의 혼란도 가중될 것입니다. 이러한 문제를 해결하고 우리 민족의 염원인 통일을 준비하고 그래서 상처와 갈등의 통일이 아닌 우리 모두가 원하는 통일, 작은 둘이 합쳐서 더 큰 하나가 되는 통일을 이루는 데 일조하는 것이 저의 '비전'입니다.

선원 건립

종달 노사께서는 혼탁한 이 세상에서 중생들을 하나라도 더 건지기 위해 매우 시급한 좌선도량 건립에 관한 원을 세우시고, 월간 〈선문화禪文化〉 1976년 3월호에 다음과 같이 좌선도량 건립에 관한 권선문을 게재하셨다.

좌선도량 건립 권선문

세계 어느 구석을 돌아보아도 분쟁이 없는 곳이 없다. 즉 어느 국가건 이웃과 분쟁 관계에 있지 않은 나라는 거의 없다고 해도 지나친 말이 아닐 만큼 전 세계는 분쟁터로 화하고 있다.

이는 무엇을 말하는가? 그들의 개개 집단 내에는 그들 나름대로의 이유가 있을 것이다. 이를 대국적 경지에서 볼 때 사상상思想上, 생활상의 일대 전기轉期에 부딪히고 있다고 볼 수 있다. 이 변국變局을 잘 다루어 우리는 선조 이래의 정신적 동력動力을 새 세계 문화의 건설에 이바지하고 싶다. 이 동력이란 다만 물物의 힘도 아니고 공허한 관념적 독선의 힘도 아니다. 실로 물物과 심心을 초월하여, 이 둘 위에 구체적이고 실증적實證的으로 활약함에 있다. 이를 불타근본정신佛陀根本精神에서 구하려고 한다.

그런데 대도大道를 일탈逸脫하고 소경小徑에 빠진 근대 문화는 괜히 방자성放恣性을 발휘하여 전체로서의 통일을 저버리고 있다. 더욱 종교는 전체로서의 근원적 통일을 사명으로 함에도 불구하고 늘 역사적 현실을 무시하고 과학적 지성까지도 포용하지 못했다. 새로운 문화를 건설하는 통일 원리는 과학적 지성을 용납하여 이를 지도할 수 있는 자기 발견의 종교 정신이 아니면 아니 된다. 즉 자각 못한 종교가 현대인에 부하負荷된 근본 과제를 해결하기는 불가능할 것이다.

그의 근본 과제는 능히 세계관 구성의 기반을 확립하고 진정한 자각적 인간을 양성함에 있다. 우리는 타가他家의 보장寶藏을 구하여 오랫동안 진경塵境에 거래去來한 감이 없지 않다. 그래서 각하脚下를 조고照顧할 시기는 이미 이 땅에 다다른지 오래다. 불타의 근본 사상은 초개超個의 체험을 근저로 하는 동양 사상이 남긴 일대 문화재다. 그는 과거에 삶과 동시에 현재 우리들에 연관되는 하나의 현실체이다. 세계에 자랑할 수 있는 이 문화재는 수처에 꽃을 피우고 결실을 보였던 것이다. 따라서 '기己'를 '공空'으로 하여 '물物'의 진실에 가까이하는 그의 참뜻은 지해리관知解理觀을 초월하여 인간 존재의 구경적 체험을 강조함에 있다. 그런데 이러한 일체의 문화를 세속적인 것이라고 하여 이를 부정하려고 하지만, 그러나 그의 세계 초월은 세계 내재內在와 상즉상응相卽相應되고 인간 부정은 동시에 인간 긍정을 말하는 것이다. 근대의 종교 생활성이 문화의 통일 원리를 이루지 못한 것은 부정적인 면에만 치우쳤기 때문이다. 이 결함을 보충함에는 나를 '공空'으로 하면서 현실에 살려고 함에 있다. 문화나 과학의 절대 부정을 뒤바꾸어 그들의 절대 긍정에 전환한다. 반야는 이를 진공묘유眞空妙有라고 했다. 진공을 내용으로 한 반야의 지智는 논리적인 지식이 아니고, 주객의 전 존재를 근원적으로 체험하는 것이다.

멸사滅私의 입장에서 창조되고 무아의 정신으로 형성된 문화, 이것이야말로 진정한 문화의 가치일 것이다. 즉 무아無我로서의 무한 활동으로 현실에 약진한다. 분별지分別智에 의하여 대상적對象的으로 생각된 신심身心을 탈락하여 비로소 생생한 행도行道가 가능하여 그의 전기全機를 형성한다. 그래서 우리들은 그의 깊은 근저根底에 있어서 배양된 참 정신으로 사회의 현실 면에 가동稼動한다. 불타의 근본 사상은 신심을 들어 행하는 실천을 그의 근기根基로 하는데 그가 깊은 생명의 진리로서 구체적일수록 사상 면에도 강력히 표현된다. '실實의 행行'은 능히 '이理를 구究'하고 '진眞의 이理'는 깊이 '행行'에 철저할 것이다. 생각건대 고전적 성격을 가진 전통은 과거에 소원함을 항시 요구한다. 그런데 그가 영원히 전달되어 잘 보존되려면 반대로 청신淸新한 현대 의식과 부단히 결합하지 않아서는 아니 된다. 그래서 이 정신은 역사의 전환기에는 늘 고조되어 민족정신을 부각 약동케 하는 활력이 되었던 것이다.

대체 세계의 대소사를 막론하고 그 일 본래의 뜻을 충분히 수행遂行하려고 할 때 선행되는 것은 정사靜思일 것이다. 그래서 동서고금을 통하여 정치, 경제, 철학, 예술, 종교, 문화 등 그 부문의 어느 사람을 불문하고 훌륭한 공을 세운 사람으로서 정려靜慮함을 소홀히 했다는 이야기를 듣지 못했다. 고요하고 깊은 사려思慮를 위한 방법 가운데 가장 순수한 것으로서 좌선坐禪을 들 수 있다. 좌선은 시대가 경조부박輕佻浮薄일수록 이를 요구한다. 다시 말하면 질실강건質實剛健에 나아가 추상론의抽象論義로부터 진일보하여 구상具象 생활에 철저하려고 할 때, 특히 요구된다. 이 좌선에 의하여 인생의 빛을 첨앙瞻仰하고 현실 생활의 참뜻을 철저히 함으로서 인생관 그리고 사생관死生觀 등이 해라該羅되어 우리들의 일상생활을 더욱 빛나게 한다.

이에 좌선수련도량坐禪修鍊道場을 건립하여 사상과 실제 생활의 원동력인 활소活素를 배양함을 목적으로 하고 나아가 흥선홍법興禪弘法에 이바지하고자 권선지勸善志를 환기하는 바이다.

1976年 三月○日/能林精舍 東光修鍊道場建立期成會/

道場主 李喜益/建立委員 韓基昌 金潤泰/그밖에 禪道會 會員 一同

전집 발간

앞에서 '선서의 저술'이란 제목으로 다룬 글에서 종달 노사께서 지으신 저서들은 모두 선 공부하는 데 반드시 구비해야 할 요긴한 내용을 담고 있다고 했는데, 노사께서 입적하시기 전, 직접 엮은이에게 언젠가는 수행자들로 하여금 쉽게 접할 수 있도록 저서 모두를 전집으로 발간해야 한다고 말씀하신 적이 있다.

엮은이는 앞으로 선도회의 법사들과 '전집간행위원회'를 구성하여 노사 입적 30주년 기념사업의 일환으로 전집 간행을 추진할 계획이다.

물론 노사께서 저술할 당시의 세로쓰기와 문체는 21세기를 살아가는 현대인들에게 보다 친근하게 느껴질 수 있도록 문체를 다듬고 가로쓰기로 바꿀 것이다. 특히 거의 말년의 저작 가운데 하나이며, 〈무문관〉과 쌍벽을 이루는 선 수행자의 필독서인 〈벽암록〉의 경우 매우 쇠약해진 상태에서 노구를 돌보지 않으면서 저술한 저서라 손볼 곳이 꽤 많다. 노사의 선지禪旨는 손상시키지 않되 현대인에게 맞게 대폭 손질을 해 다시 세상에 내놓을 예정이다.

4. 입적 10주기 이후 선도회의 전개

입적 10주기까지의 기록은 〈이른 아침 잠깐 앉은 힘으로 온 하루를 부리네〉(운주사, 2001)에서 잘 다루고 있다. 따라서 이 장에서는 종달 노사 입적 이후 수행결사修行結社인 선도회禪道會의 제2대 지도법사를 맡고 있는 엮은이가 선도회 법사분들과 함께 더불어 행한, 입적 10주기 이후 지난 10여 년 간의 활동을, 주로 언론 · 잡지에 비친 선도회 관련 자료들을 중심으로 사단법인 선도성찰나눔실천회 출범 이전(2000.06.07-2009.08.13)과 이후(2009.08.14-2010.06.06)로 나누어 기술하기로 하겠다. 선도회의 역할을 한눈에 알 수 있게 기사를 잘 정리해 주신 언론 · 잡지 관계자 여러분께 이 지면을 빌어 다시 한 번 깊은 감사를 드린다.

사단법인 출범 이전

이 시대 부처님 — 선도회 광주지부

이 시대의 부처님을 만나기 위해 절로, 재가선방으로, 거리로 나갔다. 오가는 사람들이 생각하는 부처님과 그들의 번뇌를 물었다. "부처님 오신 날요? 그럼 놀겠네."라며 철없이 깔깔거리는 청년들이 있는가 하면, 그 날도 벌지 않으면 살기 빠듯해 사찰 대신 집에 연등을 달고 부처님 오심을 기뻐하는 보살도 있었다. 부모 형제로부터 버림받고 부처님 품에 안긴 장애인 수용 시설의 '부처님'은 정상인보다 더 해맑은 얼굴로 부처님 오심을 반겼다. 다시 한 번 "이 시대 부처님은 어디 있는지" 묻는다면, 우리 모두가 부처님이다.

대나무와 정자의 고향 담양. '비 개인 하늘의 상쾌한 달', 제월당霽月堂이라는 도가적이고 풍류가 넘치는 누각을 짓고 자연과 벗하며 학문을 연마했던 이 고장 사람들이 선방을 열고 5년째 참나 찾기에 몰두하고 있다.

대나무 부대끼는 소리가 싱그러운 담양 창동마을. 청와헌青蛙軒 현판이 눈에 들어온다. 스스럼없이 청개구리를 자청하는 이 집 주인은 조선대 미대 부학장 김인경 교수.

그와 부인(허난숙, 조각가)이 공동으로 쓰는 작업장 안쪽 선방에는 매주 토요일이면 광주와 담양 인근에서 온 도반들이 가부좌를 튼다. 아침 9시 30분. 김 교수의 죽비 소리에 맞춰 두 줄로 마주 앉은 10여 명의 '선객'은 서서히 무념으로 빠져든다.

선도회 광주지부. 한 주일 일상 속에서 각자 공부하다, 오늘은 모두 모여 모임을 이끌고 있는 김인경 교수로부터 한 주간의 공부를 점검받는 날이다.

늦깎이로 사법고시에 합격, 곧장 변호사의 길에 들어선 지도 벌써 12년. 갈수록 경쟁이 치열해지는 법조계의 현실도 예전 같지 않다. 며칠 후면 몇몇 변호사들과 손잡고 개설한 합동법률사무소가 문을 연다.

지성 거사(46, 본명 양차권). 절에서 고시 공부한 인연을 시작으로 5년째 참선공부에 매진하고 있는 고참이다. 토요일 반나절이면 사건 수임을 하나 더 맡을 수 있는 시간이다. 한때는 그랬다. 한 건이라도 더 맡으려고 이리 뛰고 저리 뛰며 애를 태웠다. 변호사가 가져야 할 최상의 미덕은 사건의 실체를 떠나 의뢰인에게 승리를 안겨 주는 것이라고 새기며……. 그러다 5년 전 김 교수를 만났다. 그렇게 해서 들어선 참선공부의 길.

'나는 누구인가?' 한 번도 의문을 가져 본 적이 없는 생각이 물밀 듯 밀려들어 왔다. 그러나 생각은 늘 현실을 떠나지 않고 잡념만 머릿속을 흔들었다. 3년을 망상과 싸우자 이제 화두가 곁을 떠나지 않는다. 생각만 해도 소름이 오싹해진다. 하마터면 귀한 인생 내가 누군지도, 눈 뜬 장님인지도 모른 채 갈 뻔했다. 그는 아직 눈을 뜨지覺 못했다. 이제 겨우 눈 뜬 장님임을 알았을 뿐이다. 언젠가 눈뜨리라.

지공거사. 그도 초기 회원이다. 클래식 기타 연주가인 그는 광주에 커피숍을 차렸다. 연주도 하면서. 주인은 그러나 객들과 술과 음악에 취해 장사는 뒷전이었다. 결국 빚만 진 채 문을 닫았다. 그러나 성과가 없지는 않았다. 옛날 선원 자리였다는 그 커피숍에서 그는 인생의 대전환을 마련한다. 함께 어울리는 사람 중에 김 교수가 있었던 것이다. 생활은 여전히 빠듯하지만 예전처럼 조급해 하거나 망상에 시달리지 않는다. 음악을 연주할 때면 늘 괴롭히던 번뇌도 사라졌다.

"참선공부를 하면 삶의 틀이 생깁니다. 중생들은 살면서 허둥대고 조급해 하는데 공부를 하면 본래 공하다는 것을 깨달아 어떤 어려움이 있더라도 잘 대처할 수 있지요. 음악 연습하면서 잡생각이 많았고 조바심도 냈었는데 이제 모두 옛날 이야기가 됐습니다." 기자가 찾아간 날 그는 오랜만에 기타를 들었다. 봄바람에 대나무 이파리가 사각대는 소리에 맞춰 애잔한 '로망스' 음률이 청와헌을 감쌌다. 공부 틈틈이 도반들과 만나는 토요일 오전. 함께 마시는 차 한 잔만으로도 세상 부러울 것이 없는데 뜻밖의 음악은 눈물이 나도록 행복감을 안겨 준다.

모두 이런저런 사연을 안고 살며 희노애락하는 '평범한' 사람들이다. 남을 원망하기도 했고 더 잘살기 위해 몸부림치기도 했다. 그러나 선도회에서 공부를 하면서부터 이들은 달라졌다. 자신이 눈 뜬 장님임을 알게 되면서 인간으로 태어나 진정 가야할 길은 남들보다 잘 먹고 잘사는 것이 아니라 자신을 찾는 일임을. 이들이 청와헌을 나서 만나는 사람들은 이렇게 말한다.

"많이 변했습니다."

실제보다 10년은 젊어 보이는 맑고 평화로운 얼굴. 망상 대신 화두를 안고 사는 '수행자'의 향기가 봄바람을 타고 대나무 숲 사이로 퍼져 나갔다.

마음공부 길에 들어선 지 20년이 넘었다. 회원들에게 화두를 주고 참선을 지도한다. 매주 토요일 아침 한 주간 얼마나 화두를 끊지 않고 충실히 공부했는지 점검하는 것도 김 교수의 중요한 역할 중 하나. 2시간여의 참선이 끝나면 한 명씩 인터뷰를 통해 막힌 것이 있으면 뚫어 주고 공부를 게을리했으면 경책을 잊지 않는다.

스스로 청개구리라 부를 정도로 '자유인'인 그는 걸림이 없다. 공부에서는 스승이지만 회원들과 만나 스스럼없이 술도 마시고, 농담도 즐겨 한다. 결코 세련된 언어나 어려운 용어를 구사하지 않는다. 처음 보는 사람들에게도 편하게 대한다. 대학 부학장이라는 사회적 지위를 내세워 권위를 부리지도 않는다. (중략)

— 〈불교신문〉 박부영 기자 (2002. 02. 15)

37년 전통 재가수행모임 선도회 — '一香 타는 시간 앉지 않으면 不食'

"360개 뼈마디와 8만 4000여 개 털구멍으로, 온 몸으로 의단을 일으켜 밤낮으로 '무無'자를 참구하라. 그러다 갑자기 뭉쳐졌던 의심 덩어리가 대 폭발을 일으키면 하늘이 놀라고 땅이 진동할 것이다. 이것은 마치 관우 장군의 대도를 빼앗아 손에 넣은 것과 같아 부처를 만나면 부처를 죽이고, 조사를 만나면 조사를 죽이는 것과 같고, 생사의 기로에 섰을지라도 자유자재를 터득하여, 어디서 어떻게 태어나든지 마음대로 행하여도 해탈무애解脫無礙한 참된 삶을 누릴 수 있을 것이다."(남송 무문혜개 선사)

수행도 이제는 하나의 상품처럼 고르는 시대가 됐다. 스승이 제자에게 비밀스럽게 전해 주던 사자상승師資相承의 전통은 고리타분한 옛 유물이 돼 버렸다. 남방에서 수입돼 각광을 받고 있는 위빠사나에서, 쉽고 간편하게 깨달음을 얻을 수 있다는 무슨 무슨 수행법들. 이제 화두 타파를 통해 깨달음을 얻는다는 전통 수행법인 간화선은 고리타분하고 효용의 가치가 떨어진 수행의 대명사가 돼 버렸다. 오죽하면 간화선이 한국불교를 망치고 있다는 비난까지 일고 있을까?

서강대 물리학과 박영재 교수가 지도법사로 활동하고 있는 선도회는 세간의 이러한 평가에도 불구하고 오로지 화두 타파를 통해 깨달음을 얻는 간화선을 고집스럽게 이어 오고 있는 재가 수행 단체다. 1965년 종달 이희익 노사로부터 시작됐으니, 햇수로도 벌써 37년째. 재가 참선모임으로 적지 않은 세월이다.

긴 역사만큼 수행력이 높은 사람도 많다. '무無'자 화두를 타파해 거사호와 대자호를 받은 회원이 60여 명에 이르고, 〈무문관〉을 끝까지 투과해 인가를 받고 법사 자격을 갖춘 사람이 10여 명이나 된다. 이런 결과를 놓고 보면 간화선만큼 쉬운 수행도 없을 듯싶다.

화두 타파는 바로 견성을 말하기 때문이다. 선도회가 일반 선원에서도 만나기 힘든 수행력이 높은 인물을 많이 배출할 수 있는 이유는 스승과 제자간의 사자상승의 전통을 변함없이 이어 오고 있기 때문이다.

입실지도로 불리는 전통 수행법이 그것이다. 입실지도는 제자가 스승과 일대일로 만나 끊임없이 수행력을 점검받는 것. 오늘날 간화선이 쇠퇴일로를 걷고 있는 것도 이런 입실지도의 전통이 사라졌기 때문이라고 한다. 큰 수행단체의 경우 1년에 수천 명의 회원이 거쳐 가는데 비해, 선도회가 40년 가까운 역사를 가졌음에도 1000여 명의 입참자밖에 받지 않았던 것도 이런 입실지도의 어려움 때문이었다.

"만약 화두에 진척이 없다면 이는 제자의 문제가 아니라 스승의 문제입니다. 스승은 제자의 근기와 상황에 맞는 지도로 끊임없이 제자를 분발시키고, 발전을 이뤄내야 합니다. 오늘날 간화선이 어렵게 느껴지는 것도 개별적으로 입실지도를 해 줄 수 있는 눈 밝은 스승을 만날 수 없기 때문입니다. 제대로 된 스승만 만난다면 간화선만큼 빨리, 그리고 간결하게 깨달음으로 갈 수 있는 수행도 없을 겁니다."

선도회의 가풍은 간단하다. "하루 향 한 대 타는 시간 동안 앉지 않으면 한 끼를 굶는다." 이 가풍 아래 전국적으로 서울 목동, 정릉, 서강대, 인천, 대전, 광주 등 6곳에서 5명의 법사들의 지도 아래 70여 명의 회원들이 화두 타파에 전념하고 있다. (중략)

선도회 회원들의 직업은 다양하다. 교수, 대학생, 벤처 사업가, 예술가, 가톨릭 신부와 수녀 등 각계각층의 사람들이 참여하고 있다. 이들은 하나같이 간화선을 통해 삶의 의미와 행복을 찾고 있다.

선도회 회원들은 자신들의 일상을 이렇게 말한다. 수행이 쌓이면서 일의 경중을 헤아리는 힘이 생기고, 한 가지 일에 잡념이 없이 몰두할 수 있게 된 것. 그래서 매일 매일이 즐겁다. 또 날이 갈수록 하루가 단조롭고 규칙적으로 변하지만, 항상 오는 오늘이 아니라 언제나 활기와 생기가 넘치는 오늘이다. 선도회에 수십 년을 함께 수행해 온 도반이 어느 모임보다 많은 것도 이런 수행의 효과 때문이다.

좌일주칠坐一走七. 원오극근 선사의 〈원오불과선사어록〉에서 하신 말씀이다. 하루 2시간 좌선하면 나머지 하루 일과를 어떤 잡념 없이 온전하게 뛰어든다는 뜻이다. 그리고 이 경지는 선도회의 문을 두드리는 순간 자신의 삶 속에 걸어 들어올 것이다.

"간화선은 일상생활과 수행을 함께 해야 하는 재가자들에게 가장 적합한 수행입니다. 간결하고 명징할 뿐만 아니라 장소에 구애받지 않고 할 수 있지요. 간화선이 힘들고 어렵다는 주장은 그래서 절대 옳지가 않아요."

1990년 초대 지도법사인 종달 이희익 노사의 뒤를 이어받아 선도회를 이끌고 있는 서강대 물리학과 박영재 교수는 "스승만 제대로 만나면 간화선만큼 쉬운 수행이 없다."며, "한 가지 일에 집중해야 하는 전문직 종사자에게 가장 적합한 수행"이라고 밝혔다.

박 교수는 또 "향이 한 대 타는 시간 동안 어떤 잡념도 없이 호흡에 집중할 수 있도록 철저한 수식관을 통해 힘이 길러졌을 때 화두를 받아야 온전하게 몰두할 수 있다."며, "화두를 통해 길러진 집중력은 번잡한 생활 속에서도 마음의 중심을 잃지 않도록 하는 힘이 된다."고 말했다.

"달라이라마의 법문은 많은 사람들에게 감동을 줍니다. 그러나 감동을 받은 사람들이 티베트 불교 수행을 시작한다고 해도 달라이라마와 같은 경지에 오르는 것은 아주 어려운 일입니다. 달라이라마가 네 살부터 치열한 수행을 했다는 사실을 간과한 것이지요. 그러나 간화선은 늦게 시작했다 하더라도 단시일에 깨달음에 이를 수 있도록 다양한 배려를 하고 있습니다. 그것이 바로 화두, 즉 공안이지요."

"남송 시대 무문혜개 선사가 편찬한, 선종 최후의 공안집이라고 할 수 있는 〈무문관〉을 소의경전으로 수행을 하고 있다."는 박 교수는 "간화선이 불교 수행의 골수만을 모아 새롭게 제창한 가장 발전된 수행임에도 불구하고 남방불교국가에서 옛 수행법들을 다시 역수입하고 있는 현실이 안타깝다"고 말했다.

선도회는 작지만 알찬 계획을 마련하고 있다. 일반인도 누구나 쉽게 간화선을 할 수 있도록 전문 재가 선원을 건립하는 일과 종달 이희익 노사의 10여 권이 넘는 저작들을 모아 새롭게 발간하는 일이 그것이다.

– 〈법보신문〉(647호) 김형규 기자 (2002. 03. 13)

향 한 대 타는 시간 참선 마음의 찌꺼기도 함께 탄다 — 박영재 교수

2003년 1월 28일 서울 마포구 신수동 서강대학교 과학관 465호, 박영재(48) 교수의 연구실. 한밤중인데도 연구에 여념이 없다. 역시 바쁘다. 박 교수는 서강대 자연과학대학장이자 재가 수행의 선구자 격인 선도회를 이끄는 지도자다. 그가 화두처럼 던진 〈두 문을 동시에 투과한다〉라는 제목의 그의 책이 떠오른다. 일과 수행을 함께 투과하려니 어찌 한가할 수 있을까.

외모는 전형적인 책상물림이지만, 그의 자세에선 차분함과 강인함이 느껴진다. 5녀 사이의 2대 독자로 태어났으니, 그는 어려서부터 이런 차분함이나 강인함과는 거리가 멀었다. 너무 민감한 성격이어서 시험이 다가오면 밥조차 먹을 수 없었고, 통학 버스에 여학생이라도 타면 그가 내릴 때까지 붉은 얼굴을 들지도 못할 정도였다.

그런 형편없는 마마보이와 같은 삶에 일대 전환이 온 것은 서강대 물리학과 2학년이던 20살 때였다. 근대 선지식인 효봉 선사의 후원으로 1965년 선도회를 결성해 일반 불자들에게 참선을 지도하던 종달 이희익 노사를 만났다. '하루 향 한 대 타는 시간(30분~40분가량) 동안 앉지 않으면 한 끼를 굶는다.'

선도회의 엄격한 가풍에 따라 그는 잠자리에 들기 전 한 시간, 일어나서 한 시간씩 어김없이 수행했다. 점차 주말엔 시간을 잊고 앉아 있곤 했

다. 그러자 자신도 모르게 삶이 변화되었다. 조그만 일도 마음에 걸려 못 견디던 그가 예전 같으면 한 달 속 끓일 일이 1주일이 못 가 사라지고, 점차 1주일 걸릴 일이 하루가 못 가 풀어졌다. 참선한 지 10년쯤 지날 무렵 가슴에 맺혔던 것이 송두리째 사라졌다.

그는 87년 마침내 중국 남송 때 무문혜개 선사의 공안집인 〈무문관〉 48칙을 모두 투과해 종달 노사로부터 깨달음의 상징인 '인가'를 받았다. 그는 "인가는 혼자서도 충분히 수행해 갈 수 있다고 여기는 '박사학위증'에 해당한다."고 말한다. 그런데도 반드시 부처님과 같은 대각을 해야만 선을 지도할 수 있다는 일부 견해 때문에 일반인들이 참선의 맛을 보기 어렵게 된 것을 아쉬워한다. 종달 노사는 모두 10명을 인가해 재가 선풍의 밑거름을 다졌다. 박 교수는 90년 입직한 종달 노사로부터 선도회 법사직을 이어받아 스승이 했던 것처럼 '입실지도'를 하고 있다. '입실지도'란 제자와 일대일로 만나 수행을 점검하는 것인데, 해방 전까지 우리나라 선가에도 이런 전통이 흔히 있었다.

매주 화요일 아침 7시가 되면 서강대 안 성당 기도실에서 15명 정도가 참선을 한다. 이곳은 종교의 벽도 없다. 외국인 신부와 수녀도 함께한다. 그는 조부 때부터 천주교 집안에서 태어났고, 그의 아내도 천주교 신자다. 그는 이 수행터를 주인공 또는 천주님을 본다는 뜻인 '견주굴見主窟'이라고 이름 붙였다.

견주굴 수행이 일과 시간이 시작되는 9시를 넘기는 법은 없다. 일할 때는 철저히 일하도록 하는 것이 그의 가풍이다. 향 한 대가 탈 시간 동안 어떤 잡념도 없이 참선하면 온종일 투신할 수 있다는 것이다. 그가 여러 가지 일을 동시에 하면서도 국외 학술지에 가장 많은 논문을 발표하는 물리학자 가운데 한 명인 것도 이를 뒷받침한다. 수행과 일. 그에게

두 문은 한 문이다. 이제 그가 수고로이 통과할 한 문마저 없다. 다만 매 순간의 '투신'이 아름답다.

– 〈한겨레신문〉 조연현 기자 (2003. 01. 30)

불교 남편, 가톨릭 부인 김인경 · 허난숙 부부

호남선을 타고 달려 길 끝에서 만난 작은 이층집. 광주에서 40분 거리인 담양 대밭 한가운데 자리 잡은 설죽헌은 1층이 김인경 교수 부부의 공동 작업실, 2층이 살림집이다.

홍익대에서 조각을 전공한 김 교수는 1988년 조선대 미대로 부임했다. 부인 허난숙씨도 조각가. 부인의 작품은 천과 나무를 다루는 설치 쪽에 가깝다. 부부는 작품 경향만 다른 게 아니라 종교도 다르다. 남편은 불교, 부인은 가톨릭 신자다.

김 교수는 근대 재가 선禪운동을 주도했던 이희익 선사의 직계 제자. 스승의 가르침을 따라 지난 20년간 정진해 온 그는 담양 선도회를 지도하고 있다. 매주 토요일, 서울을 제외한 전국의 회원이 그의 담양 집에 모인다.

"스승이 주신 유언대로 하고 있습니다. 공부를 끝내고 밖으로 나가라고 하셨지요. 예나 지금이나 스승에게 배운 그대로 한 시간 참선을 합니다. 그 다음 입실을 합니다. 스승과 제자 사이의 경계를 점검하는 것이죠." 마치 고승과 마주 앉아 있는 느낌이다.

종교가 다른 그들이 어떻게 부부의 연을 맺었을까. 갈등은 없었을까.

"서른 살 때 친구를 따라 선방에 갔다가 이희익 선사를 만났어요. 아내는 그 전에 알았죠. 참선도 중요했지만 사랑이 먼저였습니다. 사랑이 있다면 종교가 문제되지 않지요. 그런데도 '출가'란 말에는 언제나 흔들립니다. 언젠가 출가한 대학 후배를 만났는데 얼마나 부럽던지……."

출가 대신 사랑을 선택한 그는 부인의 뜻대로 명동지요에서 혼배성사를 올렸다. 교리를 공부하고 아이를 낳으면 하느님께 인도하겠다고 약속까지 했다. 부부간 종교는 달랐으나 서로 방해가 된 적은 없었다. 아마도 사랑이 있기에 가능했을 것이다. 부인 허씨는 가톨릭 신자. 다섯 살 때부터 명동성당에 다녔고, 아직도 그곳에 교적이 있다. 영세명은 비아. 담양에 이사 온 뒤부터 집 근처 공소에 나가지만 서울에 있을 땐 딸 집에서 가까운 평창동 성당에 다닌다.

그들은 '평등의 종교'를 추구한다. 남편은 성당에 큰 행사가 있으면 부인과 함께 나가 헌금을 하고, 부인은 남편을 따라 초파일 등의 절 행사에 참석한다. 대학생 딸은 영세를 받았다. 종교 문제로 이혼한 부부 얘기를 꺼내자 부인은 이렇게 말했다.

"잘 산다는 건 나와 신의 관계에서 출발합니다. 아침에 눈을 뜨면 오늘 살아 있음에 감사부터 해요. 종교 문제로 불편한 사이가 된다면 천주교인이 양보하라고 하고 싶어요. 포기는 헌신이거든요. 하느님은 상처를 주는 분이 아니니 우리도 그렇게 해야지요. 친정 부모님은 제가 절에 가는 것에 대해 거부반응을 보이시지만 우리 딸은 양쪽을 다 다닙니다. 나중에 딸이 제사도 지내 주고, 연미사도 올려 주겠죠."

그들의 신앙생활은 '따로 같이'다.

조각이라는 공통분모 때문일까. 두 사람은 서로 간섭하지 않고, 오히려 다름을 존중한다. 또 그게 인간의 삶이라고 강조한다. 근본적으로 한쪽이 옳고, 한쪽이 그르다는 마음이 없다. 모두 이런 마음이라면 세상이 얼마나 평화로울까. 서로 존중하는 마음, 그곳이 천국일 것이다.

김 교수에게 선을 물었다.

"선은 앉아 있는 이 자리로 돌아오는 먼 여행입니다. 먼 여행을 갔다가 집에 돌아오면 반갑듯이 내 코끝을 확인하기 위해 목전의 현실로 돌아와 티 없이, 걸림 없이 사는 것, 그런 마음으로 참선을 합니다."

부인은 다른 식의 참선을 한다. 바로 관상기도다. "하느님을 직관하면서 하느님과 자신을 일치시키는 기도입니다. 하느님께 완전히 의탁하고 청원하는 은밀한 관계인데 마음과 정신을 하느님께 몰두하면 하느님의 현존을 느낄 수 있어요. 하느님께서 제게 원하시는 것을 깨닫게 됩니다."

부부는 선승처럼, 또 수녀처럼 항상 공부 중이다. 인생 자체가 커다란 공부라고 했던가.

- 〈중앙일보〉 김나미 작가의 '한 지붕 두 종교' (2004. 12. 04)

선도회 박영재 법사가 말하는 〈무문관〉 공부법

2005년 1월 22일 오후 5시, 선도회 겨울 철야정진이 열리던 서강대 성당 211호 기도실에서 박 법사를 만나, 무문관 수행법이 무엇인지, 어떻게 하는지를 물었다.

'화두 하나만을 타파하면, 1천7백 공안에도 막힘이 없는가?'

간화선 재가수행자모임 선도회를 16년간 지도해 온 박영재 법사는 '그렇다.'라고 말했다. 단, 전제조건을 달았다. 〈무문관〉 공안 48칙을 하나하나 타파할 것과 스승과의 지속적인 화두점검이었다.

그럼, '하나가 곧 모두가 된다.(一卽多)'는 것과 〈무문관〉 48가지 공안은 어떤 상관관계가 있을까?

박 법사는 '체體'와 '용用'의 원리로 설명했다. 즉 〈무문관〉 1칙 조주 무자든 공안 하나를 타파하면, 다른 공안들을 통해 투과한 그 화두의 활용 능력을 점검할 수 있다는 것이다. 때문에 〈무문관〉 48칙은 타파한 처음의 화두를 다양한 관점에서 세밀히 점검하는 '공안 예제例題'가 된다. 또한 수행자들에게 다양한 공안들을 제시, 근기에 맞는 공안 선택의 폭을 넓혀 주기에 박 법사는 〈무문관〉 48칙이 피상적으로 알고 있는 '사다리' 선수행법이 결코 아니라고 강조했다.

〈무문관〉 화두공부법은 무엇인가?

〈무문관〉 수행법은 따로 있는 것이 아니다. 간화선 수행 전통을 그대로 살려 오늘날 현실에 맞게 활용한 수행법이다. 〈무문관〉은 중국 송대의 무문혜개(無門慧開, 1183-1269) 선사가 1700여 칙則의 공안 가운데 가장 핵심이 되는 48개의 공안을 가려 화두참구의 사례를 제시하고 있는 책이다. 여기에는 동시대를 함께 호흡했던 선배 선사들의 핵심 공안들도 포함되어 있다. 이 48칙 공안의 본칙本則과 평창評唱, 송頌 등의 원문을 읽고 해석하며 이원적 분별심으로는 결코 헤아릴 수 없는 공안들을 하나하나 타파하는 것이 〈무문관〉 화두공부법이다. 때문에 〈무문관〉은 '간화선 수행의 나침판'이라 할 수 있다.

그런데 한국 선 전통에서는 단계별 공안 공부를 인정하지 않는 분위기다. 〈무문관〉은 화두의 순차적 타파를 강조한다. 왜 그런가?

〈무문관〉 수행은 사다리를 밟아가는 공부가 아니다. 수행해서 체득한 바를 여러 가지 관점에서 점검하는 것이다. 무문혜개 선사가 지은 〈무문관〉은 자기 힘으로 공안을 타파할 수 있도록 안내하는 간화선 지침서다. 그래서 사다리 공안이라고 할 수 없다. 일제 시대 경허·만공 선사의 일대기에서도 이를 확인할 수 있다. 경허 선사는 만공 스님이 화두공부에 막혀 있을 때, 다른 화두를 주고 점검했다. 수행자에게는 인연 닿는 화두가 있다는 의미다. 인연이 아니라고 생각하면, 화두를 바꿔줘야 한다. 〈무문관〉 공안집은 남송 시대 무문혜개 선사가 수행자의 수기隨機, 즉 수행자의 개성에 맞는 공안을 3~4개 줘 점검하며 수행자들을 인도하다가 어느덧 48개가 쌓여 이를 책으로 엮은 것이다. 경허 선사가 만공 스님에게 그랬던 것처럼 말이다.

〈무문관〉 48칙을 다 투과하면, 다른 공안에도 막힘이 없게 되는가?

〈무문관〉 48칙을 투과하면, 다른 공안도 한 꼬치에 꿸 수 있다. 원리는 간단하다. 〈무문관〉 수행법의 핵심은 선의 체와 용의 측면에 있기 때문이다. 즉 지혜의 체득과 활용이다. 〈무문관〉 48칙은 선의 활용에 대한 능력을 제대로 갖췄는지를 다양한 관점에서 점검하는 데 쓰이며, 점검을 마치면 다른 어떤 공안에도 막힘이 없게 된다. 좀 더 부연 설명을 하자면 중국 남송 무문혜개 선사가 집대성한 48칙 공안집 〈무문관〉은 유기적인 구조를 갖고 있다. 제1칙 조주 선사의 무자공안(趙州狗子)이 나머지 47칙을 이끈다. 조주의 무자공안을 제대로 체득을 했는지 47개 공안으로 점검하는 것이다. 달리 말하면, 〈무문관〉의 1칙인 조주의 무자공안이 전형적인 모범문제라면, 나머지 47개는 그것을 제대로 잘 체득했는지를 다시 한 번 여러 가지 관점에서 풀어보는 예제 문제라는 설명이다.

그럼 〈무문관〉 수행법이 초심자에게 효과적인 화두공부의 길을 제시하는 셈인데, 일상 속에서 〈무문관〉 화두공부법을 어떻게 할 수 있는가?

자기 맡은 일에 100% 뛰어드는 것, 즉 '삶과 수행이 둘이 아님(生修不二)'을 알면 된다. 먼저 〈무문관〉 수행에 앞서 '수식관數息觀'을 해야 한다. 수를 세면서 호흡하는 무문관의 예비수행법이다. 온갖 번뇌 망상에 시달리는 현대인들이 화두를 들려고 해도 들 수가 없다. 잠깐 들리다가도 온갖 잡념이 춤을 춘다. 그럴 때, 수를 세면서 호흡에 집중해 그 망상을 제어해야 한다. 수라는 강력한 망상 하나만 일으키는 것이다. 수식관은 화두를 철저히 붙들 수 있는 힘을 키우는 첫걸음이다. 수식관을 통해 붙드는 힘, 즉 집중력을 키우는 것이다. 그 다음에는 찰칙察則이다. 선사들의 서로 주고받는 선문답 가운데에서 군더더기들을 다 빼고, 화두에만 의심을 일으킬 수 있는 간소화된 화두다. 화두 붙드는 연습을 시키는 것이다. 마치 태권도 선수의 체력 단련이 수식관이라면, 찰칙은 연습 게임에 해당된다. 그리고 나서 본격적으로 〈무문관〉 48칙 수행에 들어가게 된다.

선도회 무문관 수행법의 특징은?

'입실점검入室點檢'이 수행의 핵심이다. 입실점검은 그동안의 화두공부 과정과 그 정도를 점검하는 것이다. 또 흐트러진 자기 자신을 돌이켜 보는 계기가 된다. 이 같은 〈무문관〉의 입실지도 전통으로 이미 중국 남송 시대부터 행해온 독참獨參과 총참總參 두 종류가 있다. 독참은 혼자서 조실 스님 방에 들어가 자유롭게 점검을 받는 것이고, 총참은 선원에 기거하는 수행자 전원이 점검을 받는 것이다. 이때는 병상에 누워 있는 사람도 업혀서 들어가야 한다. 그러면 조실 스님의 주장자에, 발길질에 채이면서 초긴장 상태에서 화두를 들게 된다. 그 상태에서 입실점검을 하니 공부가 안 될래야 안 될 수가 없게 된다. 이런 입실점검이 궁극적으로 화두공부의 지름길이 된다.

선도회는 입실지도를 통한 공부점검을 강조한다. 왜 그런가?
비유하면, '박사학위와 인가'로 들 수 있다. 지도교수가 학생에게 박사학위를 줄 때의 시점이 언제냐면, 혼자서 독자적인 연구를 할 수 있는 능력을 갖추고, 또 이제는 제자를 받아서 제자에게 학위를 줄 수 있는 능력을 갖췄을 때다. 노벨 물리학상을 받았을 때, 박사학위를 주는 것이 아니다. 인가라는 것은 석가세존처럼 대각을 이뤘을 때 주는 것이 아니다.

이제는 샛길로 빠지지 않고 혼자서 철저히 지속적인 선수행을 할 수 있고, 또 그렇게 할 수 있는 제자를 육성할 수 있는 능력을 갖췄을 때 인가를 하는 것이다. 때문에 입실지도 점검이 중요하다.

— 〈현대불교신문〉 (2005. 01. 22)

생활 속 뿌리 내린 간화선

죽비나 손으로 일격을 가해 깨우침을 주는 행위까지 날린다. 법거량의 이 같은 '파격성'은 '응병여약(應病與藥)'의 원리에 있다. 즉 말, 행동, 소리 등 다양한 방식으로 수행자가 앓고 있는 병(의심)에 맞춰 약(점검)을 주는 것이다. 상대방의 근기에 따라 직지인심의 기연을 제자에게 만들어 주는 것이 법거량의 핵심이다.

　법거량은 수행자에게 화두참구의 필수 조건인 3심(의심, 신심, 발심)을 일으킨다. 스승이 제자에게 발심의 기회, 신심 증대, 의심 해소 등의 기폭제를 준다. 이를 통해 공부의 진척을 이끌어 내는 것이다.

　법거량의 이 같은 가르침은 중국 임제 선사가 스승 황벽 선사에게 맞은 '30방(棒)'에서도 엿볼 수 있다. 3년을 넘게 공부를 했지만 아무런 진척이 없자, 임제 선사는 황벽 선사에게 "어떠한 것이 부처입니까?"라고 세 번 찾아가 세 번 묻는다. 하지만 족족 30방을 맞는다. 영문도 모른 채 얻어맞은 임제 선사는 고한의 대우 선사를 찾아가 자초지종을 말한다. 임제 선사는 "황벽이 그렇게 자비스러운 법을 편다."는 대우 선사의 말을 듣고, "황벽의 불법도 몇 푼어치 안되는구나!" 하고 확철대오한다.

　황벽 선사의 30방은 제자에게 강한 의심을 불러일으켜줬다는 점에서 시사하는 바가 크다. 보통 사람들에게는 알듯 말듯 하지만 법거량이 주는 강렬한 메시지가 바로 여기에 있는 것이다.

봉화 각화사 선덕 고우 스님은 "법거량은 법에 대해 정확히 이해하고 있는가를 문답을 통해 시험하는 것"이라며, "법의 궁금증을 일으켜 공부하려는 의지를 북돋아 줘 조사선 수행점검법의 핵심이 된다."고 말한다.

재가불자 간화선 수행모임 선도회 박영재 지도법사는 "법거량은 일종의 '응용공안'"이라고 말한다. 즉 법거량은 역대 조사들이 주고받은 공안, 선어록 등의 내용인 만큼 그것들을 화두참구하듯 공부하는 것이다.

박 법사는 특히 질문의 주체에 따라 법거량의 유형이 달라질 수는 있지만, 먼저 대기설법을 연원으로 한 법거량을 통해 자신의 견해를 밝히고 그 한계와 문제점을 확인해야 한다고 말한다.

때문에 박 법사는 공부의 깊이를 헤아려 본다는 측면에서 법거량을 바라봐야 한다고 주문한다. 수행이 깊지 못한 사람들이 '왜 마음공부에 미숙했는지'에 대한 반성조차 화두참구의 대상이 된다는 것이다.

또 이를 통해 수행자는 늘 스스로 여법한 자리에서 법을 올바르게 드러내고 경계나 말을 쫓는지 그렇지 않은지를 시험·점검해야 한다고 박 법사는 말한다.

이를 위해 박 법사는 수행자들은 우선 스승을 부단히 대면하면서 정기적인 입실지도를 받아야 한다고 강조한다. 그래야만 실질적인 실참이 이뤄지고, 궁극적으로는 선교쌍수禪敎雙修가 된다는 것이다. 또 법문이나 경전, 선어록 등을 통해 불법에 대한 안목을 키워야 한다고 말한다.

— 〈현대불교신문〉 (2005. 04. 06)

사이버 禪공부, 어떻게 할까?

〈무문관〉 수행을 하고 있는 선도회에서도 지난 1989년부터 대구, 제천 등 전국 6곳에 거주하는 6명의 재가수행자를 대상으로 '사이버 전자 입실점검'을 해 오고 있다. 현재 이처럼 사이버상에서 수행문답이 이뤄지는 사이트는 대략 20여 곳. 이 가운데 전통 조사선의 선문답 형식에 따라 수행문답을 하고 있는 사이트는 무불선원, 무심선원, 선도회, 우곡선원, 보림선원 등이 대표적이다. (중략)

선도회 지도법사 박영재 서강대 물리학과 교수는 "사이버 수행은 시·공간에 제약 없이 그 자리에서 즉문 즉답으로 공부경계를 점검할 수 있는 장점이 있다."며, "이런 공부원리는 간화선 수행을 확립한 대혜종고 선사가 당대 지식인들과 서신왕래를 통해 공부를 점검했던 〈서장〉에서 비롯된 것으로, 단지 매체가 편지에서 이메일로 대체됐을 뿐"이라고 말한다. (중략)

선수행의 대중화·생활화 측면에서도 사이버 선공부의 필요성은 대두되고 있다. 그간 선어록에서나 볼 수 있는 수행문답이 더 이상 수행자들만의 전유물이 아니라는 인식이 재가자들 사이에서 불기 시작했다는 평가다. (중략)

사이버상에서 문답을 통한 수행점검에서 주의할 점은 없을까? 대부분의 수행 지도자들은 정기적인 선지식과의 '면대면面對面' 점검이 전제돼야 한다고 입을 모은다.

부산 무심선원 김태완 원장은 "사이버 수행자들이 본격적으로 수행을 시작하는 과정, 그 속에서의 경험들을 '생생하게' 들여다볼 수 있다는 점에서 순기능이 분명히 있다."면서도, "적어도 1년에 몇 차례는 직접 수행지도자를 만나 공부를 점검받아야 한다."고 강조한다.

선도회 지도법사 박영재 교수도 마찬가지 지적을 내놓는다. 익명성을 속성으로 하는 사이버 공간이 갖는 한계성을 확실히 인식해야 한다는 것이다. 실명이 공개되지 않는 수행문답은 자칫 '불성실한 질문, 엉뚱한 대답'으로 이어질 소지가 다분히 있다는 설명이다. 때문에 사이버 수행 지도를 원하는 재가불자들은 반드시 수행 지도자를 정기적으로 만나, 초긴장 상태에서 공부점검을 받아야 한다는 것이다.

우곡선원 장명화 원장은 "사이버 수행이 주가 되면 안 된다."고 강조한다. 사이버 수행은 보조 역할에만 국한돼야 한다는 지적이다. 또 사이버 상에서 떠도는 수많은 수행 관련 정보들이 반드시 '올바른 수행 내용'이 될 것이란 맹신도 버려야 한다는 주문이다.

– 〈현대불교신문〉 김철우 기자 (2005. 11. 25)

육조의 本來無一物이 참선으로 이끌었죠! — 조선대 김인경 교수

1982년 오랜 방황을 하고 있던 김인경 교수는 우연히 친구를 따라간 선방에서 평생의 스승인 종달 이희익 선사를 만났다. 그의 푸른 안광은 김 교수로 하여금 평생 참선 수행자의 길을 걷도록 했다.

조선대 미술대학 김인경(慧頂, 53) 교수는 미술계의 주목받는 중견 조각가다. 해남 대흥사의 초의 스님 동상도 그의 작품이다. 특히 지난해에는 한국문화예술진흥원이 선정하는 '2004 올해의 예술상' 시각예술부문 수상자로 선정되기도 했다. 이런 그가 개인 선원까지 마련해 가며 20년 넘게 참선 정진을 하고 있는 선객임은 그리 알려져 있지 않다. 특히 〈무문관〉 48관문을 모두 투과한 참선의 '고수'라는 사실은 더욱 그러하다.

김 교수가 수행자의 길을 걷기 시작한 것은 지난 82년, 대학 때 친구를 따라 처음 선방을 찾으면서부터다. 당시 무종교였던 그가 선뜻 친구를 따라나선 건 암울하고 황량했던 시절 술과 온갖 시름으로 오랫동안 방황하고 있던 탓도 있었지만, 대학시절 선배와의 도시탈출 여행 중 흔들리는 기차 안에서 들었던 육조 혜능 스님의 '본래무일물本來無一物'은 충격으로 다가왔다. 본래 한 물건도 없다는 구절은 70년대 초 휴교령이 반복되던 압제의 시대, 패배감에 가득 찬 그에게 희열에 가까운 후련함과 수행에 대한 막연한 동경을 심어 주었다.

대학친구가 김 교수를 데리고 간 곳은 서울 목동의 한 재가선방이었다. 어두컴컴한 실내, 한 노인이 나오며 그를 쳐다보았다. 김 교수는 그 순간 정신이 확 빠져나가는 듯한 깊은 충격을 받았다. 그 노인의 눈에서 내뿜는 푸른 코발트빛 안광이 자신을 향해 내리꽂혔기 때문이다.

종달 이희익 노사. 일본에서 오랜 세월 뼈를 깎는 수행정진으로 임제종 법통을 이은 그는, 1965년 선도회를 조직해 입실지도하는 등 재가의 간화선풍을 위해 혼신의 노력을 기울이고 있었다. 이후 김 교수는 그곳에서 좌선하다가 자신의 차례가 되면 입실을 하곤 했는데 그에게 스승은 두려움 그 자체였다. 입실 방에만 들어서면 진땀이 흐르고 입이 딱 붙어 버렸으며, 마치 발가벗겨진 채 끌려와 앉아 있는 기분이었다. 김 교수는 결국 '단념 잘하는 내 성격에 뭐 그렇지.' 라며 두 달 만에 포기하고 말았다. 그렇게 한동안을 보내는데 불쑥불쑥 선방의 모습이 떠오르고, 가끔 꿈에 스승이 나타나 아무 말없이 바라보기도 했다.

1984년 겨울, 그는 마침내 이번에는 절대 물러서지 않으리라는 각오로 다시 목동선방을 찾았다. 역시 스승은 무섭게 느껴졌다. 그러나 화두에 집중하면 할수록 그 역시 조금씩 바뀌어 갔다. 마치 앓던 이가 쏙 빠지는 기분, 그를 옭죄던 세상이 부드럽게 풀어지고 장작개비처럼 뻣뻣하던 마음이 아늑히 풀려 옴을 느꼈다. 또 든든해지는 아랫배의 힘은 시간이 지날수록 그토록 두려웠던 스승의 멱살마저 잡아 집어던져 버릴 수 있을 것 같은 자신감을 불어넣어 주었다.

끝이 보일 것 같지 않은 칠흑 같은 어둠 속에서 선은 그에게 한 줄기 빛이었다. '위없는 깊고 깊은 미묘한 법, 백천만겁 오랜 세월 만나기 어려워라(無上甚深微妙法 百千萬劫難遭遇)'라는 경전 구절보다 김 교수의 마음을 더 적절히 표현하는 말이 있을까? 그토록 엄격하게만 보이던 스승에게서 한없이 깊은 자비가 느껴졌다. 오로지 스승 한 분만 믿고 대들고 물러서고 했으며, 참선 중에 너무 좋아 킥킥 웃음이 나오기도 했다. 스승 앞에서는 모든 게 안심이었다. 스승의 말이라면 팥으로 메주를 쑨다고 해도 믿을 것이며, 행여 스승이 죽으라고 한다면 당장 그 자리에서 머리를 돌바닥에 내칠 수 있으리라 자신했다.

스승으로부터 〈무문관〉 48개 공안 하나하나를 점검 받고 있던 김 교수는 그 무렵 광주에 있는 조선대에 자리를 잡게 됐다. 무문관은 그 공안을 모두 투과할 경우 옛 조사들의 뱃속을 훤히 들여다보게 될 뿐 아니라 1700여 가지의 공안을 하나로 꿰뚫을 수 있는 안목을 갖추게 된다고 일컬어지는 만큼 결코 호락호락하지 않은 '검수도산(劍樹刀山)'의 난관들이었다.

이런 까닭에 스승은 늘 화두참구가 마치 빨갛게 달군 쇠구슬을 삼킨 것과 같아서 토해 내려 해도 토해 낼 수 없는 경계에 이르러서야 비로소 답을 찾을 수 있을 거라고 했다. 그는 매일 새벽 다섯 시 참선으로 하루를 시작하였다. 밥을 먹을 때나 길을 걸을 때도, 조각을 할 때나 잠자리에 들 때조차 머릿속에서 화두가 떠나질 않았다.

그런 김 교수가 스승으로부터 점검을 받기 위해 매주 토요일마다 서울로 향했던 것은 어찌 보면 당연했다. 심지어 차표가 없을 때는 이른 새벽 서울로 향하는 시장 상인의 차를 얻어 타기도 했다. 가족이나 동료교수들도 토요일이면 으레 그가 서울 가는 날로 여겼다. 그렇게 몇 해 동안 단 한 번도 빠지지 않고 노력한 결과 마침내 그는 스승으로부터 〈무문관〉을 모두 투과했다는 인가를 받을 수 있었다. 이제 김 교수 홀로 나아갈 수 있을 만큼 공부가 됐다는 그에 대한 스승의 믿음이었다.

그러던 1990년 6월 7일 새벽, 제자들의 공부를 위해 전심전력을 기울이던 스승이 마침내 입적했다. 김 교수는 자신을 떠받치던 큰 기둥이 일시에 무너지는 듯했고 하루아침에 어미 잃은 망아지가 된 것 같았다. 그러나 하염없이 슬퍼하고만 있을 수는 없었다. 입적하기 1년 전 스승이 그에게 광주에서 인연 있는 사람들에게 참선 지도를 해 보라는 마지막 당부가 떠올랐기 때문이다.

이후 그는 좁은 연구실에서 대학원생에게 참선을 가르치기 시작했다. 특히 94년 지금 살고 있는 담양군 장산리 대나무 숲 속에 작업실과 함께 선원을 짓고 나서는 이곳에서 토요철야정진 등 대학생들과 일반인들을 대상으로 꾸준히 참선을 지도해 오고 있다.

모든 이들이 서로 도반이 되어 이끌어 주고, 끝없이 맑은 강물처럼 열반의 바다로 흐를 날을 꿈꾸는 김 교수. 선도회 광주지부 지도법사로 죽는 날까지 초발심으로 정진해 나가겠다는 그는 오늘도 진리에 목말라하는 이들의 도반이 되어 '선이란 일상을 떠나지 않고 나를 지극히 보고 나를 잊는 일' 임을 온몸으로 보여 주고 있다.

― 〈법보신문〉(834호) 이재형 기자 (2005. 12. 28)

바쁜 일상 중의 불교수행 — 가는 곳마다 주인공 되기/박영재 교수

〈열반경涅槃經〉에 보면 '모든 중생들에게 제각기 불성이 있다(一切衆生悉有佛性)'라는 글귀가 있는데, 바로 이 불성 때문에 누구나 수행을 하면 깨달아 부처가 될 수 있다는 것이 불교의 핵심 가르침이다. 다만 우리가 중생으로 살아가고 있는 것은 온갖 번뇌 망상 때문에 그와 같은 자기 자신의 본래 참모습을 깨닫지 못하고 있기 때문이다.

또 육조단경에 보면 중국 영남 출신의 육조혜능六祖慧能이 성불成佛하고자 하북 황매산의 5조홍인五祖弘忍 선사를 처음 찾아갔을 때, 홍인은 혜능에게 "남쪽 오랑캐가 어찌 성불을 할 수 있겠느냐?"고 묻는다. 이에 혜능이 "사람에게는 남북이 있지만, 어찌 불성에 남북이 있겠습니까?"라고 응대했는데, 이 불성문답을 통해서도 우리 중생들은 남녀노소 모두 차별 없는 불성을 가진 소중한 존재라는 것을 잘 알 수 있다.

한편 이에 대해 불교신자가 아닌 분들이 "이는 불교인들의 신앙일 뿐이지 우리와는 관계없는 일이다."라고 말할 수도 있다. 그래서 그런 분들을 위해 내 전공인 과학(경전 외 비유의 또 다른 보고寶庫)의 관점에서 이 점을 부연 설명하면 다음과 같다.

우리가 살고 있는 우주는 그 역사가 약 150억 년이 된다. 중생들은 인간의 일생을 피상적으로 칠, 팔십 년으로 생각할지 모른다. 그러나 세밀히 살펴보면, 만일 오늘날에 이르기까지 우주의 조건이 조금이라도 달라졌다면, 현재의 우리 모두는 지금 이 순간, 무수히 많은 별 가운데 하나인 이 지구상에 존재할 수도 없는, 그야말로 150억 년의 역사를 간직한 신비롭고 소중한 존재라는 것이다.

물론 누구나 한두 권의 책을 읽거나 한두 번의 법문을 들으면 이에 대한 이해는 가능하나, 이는 단지 이해의 차원에 머물러 있는 것이며, 실제 삶에는 별 도움이 되지 않는다. 사실 중요한 것은 우리 모두 부처의 성품을 갖춘 소중한 존재라는 것을 온몸으로 체득하는 일이다. 그러면, 어떻게 하면 이를 제대로 체득할 수 있겠는가?

나의 스승이셨던 종달 이희익 노사께서 80세 때 쓰신 자서전을 보면 출가 시절에 대해 다음과 같이 회고한 구절이 있다.

"나는 더욱 열심히 공부했다. 하루 일주—炷 앉지 않으면 한 끼 굶겠다는 각오로, 9시에 소등하면 법당 불전함 앞에 향을 한 개 피우고 앉았다. 매일 이렇게 했다. 두어 달 계속하던 어느 날 밤, 건넛방에서 사람들의 말소리가 들리는 순간 갑자기 희열喜悅을 느꼈다."

노사께서는 바로 이 체험을 바탕으로 1965년 재가수행모임인 선도회를 조직하고 1990년 6월 입적하시기 전까지 한평생 문하생들에게 '하루 향 한 대 타는 시간 앉지 않으면 한 끼 굶는다.' 라는 정신을 온몸에 각인시켜 주셨는데, 이것이 바쁜 일상 중에서도 지속적으로 수행을 가능케 하는 선도회의 수행 가풍이다.

즉, 선도회 문하생들은 이른 새벽에 향 한 대 타는 시간에 해당하는 한 시간 정도 앉는 것을 수행의 기본으로 삼는다. 이를 지속적으로 실천에 옮길 경우, 누구나 각자의 본업에 철저히 매진, 각자의 전문분야에서 제 몫(밥값)을 다할 수 있다.

엮은이의 경우 불교와 인연을 맺고 선공부를 시작한 것은 1975년 대학 2학년 여름방학이었다. 1년 정도 방황하던 중 〈숫타니파타〉와 독화살의 비유가 담긴 〈불교개론〉을 읽고 석가세존의 가르침을 통해 인생의 방향을 확고히 했다. 이후 종달 이희익 노사 문하로 입문하면서 매일 아침 일어나자마자 1시간, 낮에는 본업(사실은 이것도 선수행)에 전념, 저녁에 잠자리에 들기 직전 1시간 지속적으로 선수행을 하다 보니 어느 사이

엔가 눈에 띄게 변한 것은 없었으나 하루하루가 끊어져 지나가던 것이 이어져 흘러갔으며, 하루하루 아니 순간순간이 새롭고 하루의 중심이 저절로 잡혀졌다.

그렇게 수행을 10년 정도 계속하던 어느 날 가슴에 맺혔던 모든 의심이 일시에 사라지고, 늘 있던 그 자리에서 구성원들과 함께 더불어 주어진 일에 거의 100% 전념할 수 있게 되었다.

참고로 온 나라를 떠들썩하게 했던 입시부정 등으로 서강대가 매우 어려웠던 시기인 2005년 2월 1일부터 2006년 1월까지 1년간(총장 부재 6개월 포함) 팔자에도 없던 서강대 교무처장직을 맡게 되었는데도, 자유로이 교육과 연구에만 전념하던 평교수 시절과 다름없이 하루하루 어려운 상황들을 평상심을 잃지 않고 온몸으로 마주 받아넘기고 있는 내 자신을 꿰뚫어 보면서, 매일 향 한 대 타는 시간 동안 꾸준히 좌선을 해 왔던 수행의 힘을 다시 한 번 확인하는 계기가 되었다.

따라서 내 경험에 비추어 보건대 어느 누구라도 발심하여 바른 스승 밑에서 1년쯤 제대로 앉으면 그 다음부터는 누가 시키지 않아도 앉게 되며, 이런 상태가 한동안 지속되다 보면 언젠가는 임제 선사께서 제창했던 '가는 곳마다 주인공이 되면, 있는 곳마다 진실이 그대로 드러나네.(隨處作主 立處皆眞)'라는 가르침을 몸소 실천하며, 언제 어느 위치에 있든지 이웃과 함께 더불어 걸림 없이 세상을 활보하고 있는 자신(佛性)을 문득 만나게 될 것이다.

(누구나 구족하고 있는) 이 불성! 반드시 한 번은 친견해야만 하나,
(그러나 억지로) 친견하려 한다면 이미 둘로 나뉘고 만다.
者箇佛性 直須親見一回始得 說親見 早成兩箇

– 월간 〈불광〉 2006년 4월호

서강대 박영재 교수의 참선 특강 — 하루하루가 기적을 낳는다

최근 대학의 강의는 '틀'을 벗어던졌다. 예전에는 볼 수 없었던 다양하고 말랑말랑한, 하지만 여러모로 일상생활에 도움이 되는 강의들이 속속 개설되고 있다. '자신을 수련하는 시간'. 서강대의 '참선' 강의는 그런 면에서 높은 인기를 얻고 있다. 서강대 학생들에게도 그렇지만 최근 삼성경제연구소가 기업 임직원들을 대상으로 벌인 설문조사에서 CEO들은, '다시 학생이 되면 가장 듣고 싶은 수업' 1순위로 이 강의를 꼽았다. 서강대는 이번 학기에 스포츠경영 연계전공으로 '참선' 과목을 개설했다. 지난 4일에는 이를 '특강' 형식으로 일반에 공개하는 자리도 마련했다. 특강은 물리학과 박영재 교수가 맡았다.

4일 오전 10시 서강대 공학관. 언뜻 보기에도 범상치 않은 옷차림의 박영재 교수(물리학)가 교실로 들어섰다. 선도회 지도법사로 활동 중인 박영재 교수는 조용히 칠판에 '서강과의 만남'이라 쓰고는 학생들을 바라보았다. "만약 여러분 할머니가 다른 할아버지의 구애에 넘어갔더라면 여러분과 저는 만나지 못했을 겁니다."(웃음) 자못 엄숙했던 교실은 박영재 교수가 말문을 떼자 술렁였다.

이야기는 박 교수의 대학시절로 흘러갔다. 박 교수가 "서강대에 입학한 후 보름이 지나니까 시험을 본다고 했다. 대학에서의 꿈과 낭만은 완전히 날아가 버렸다."며 반복되는 시험에 탈진해 방황하던 대학 2학년 때 '선'을 만났다며 말을 이어 갔다. 그리곤 칠판에 다시 또박또박 '1975. 10. 18(土)'라고 썼다. 바로 박 교수가 고뇌와 방황에서 벗어나 인생의 방향을 전환한 날이다. "독화살에 맞았을 때 '누가 날 쐈는가'를 고민하다 보면 독이 퍼져 죽지요. 먼저 화살을 빼고 치료를 한 다음에 범인을 찾아야 합니다. 일에는 순서가 중요합니다. 저는 대학 2학년 때 〈숫타니파타〉란 책을 접한 후, 대학생으로서 제게 중요한 일이 무엇인지 깨달았습니다. 그리고 참선과 함께 원 없이 공부했습니다."

박 교수는 참선을 했던 게 오히려 물리학 연구에도 도움이 됐다고 강조했다. 박 교수는 "날씨가 좋은 날에는 아이디어를 모으고, 오늘처럼 흐린 날에는 계산하는 작업에 몰두했다"며 참선이 일과에 활력을 준다고 말했다. 박 교수는 일반인들이 쉽게 참선할 수 있는 방법을 제시하기도 했다. 하루 90분씩 사고를 집중해 마음을 담는 시간을 가지라는 것. 그는 "대부분의 사람들이 근무시간 이후 저녁 6시부터 아침 9시까지의 시간을 낭비하고 있다."며 일침을 가했다. 참선을 통해 일의 우선순위를 정하고, 반성을 하다 보면 불필요한 시간 낭비를 줄일 수 있을 것이라고 했다. 처음 참선을 시작하는 사람들은 베넷의 〈하루 24시간 어떻게 살 것인가〉와 홍자성의 〈채근담〉을 읽어볼 것을 권했다.

마지막으로 박 교수는 "하루하루를 밀도 있게 쓰면 언젠가 좋은 결과가 있을 것"이라며 칠판에 긴 문장을 쓰는 것으로 강의를 마무리 지었다.

날마다 좋은 날, 달마다 좋은 달,
해마다 좋은 해, 삶마다 좋은 삶
日日是好日, 月月是好月,
年年是好年, 生生是好生

- 〈한국대학신문〉 유종수 기자 (2006. 04. 05)

불교, 젊은 수좌 나서야 미래 있다

서강대 물리학과 교수이자 재가수행단체인 '선도회' 지도법사를 맡고 있는 박영재 교수를 황수경 동국대 선학과 강사가 만나 물리학과 불교, 불교의 나아갈 길 등에 대한 그의 생각을 들어 봤다.

2008년 무자년이 밝았습니다. 교수님이 맞이하는 새해, 어떤 의미가 있을까요.

선수행을 10년 이상 한 이후부터는 '지난해다' '새해다' 라는 분별이 없어졌습니다. 1년 365일 어느 하루도 소중하지 않은 날이 없었습니다. 일일시호일日日是好日이라고 하지요.

저는 연말에 하는 망년회의 망忘자를 바라볼 망望이라고 말합니다. 지난 한 해를 돌아보면서 개인을 성찰하고, 새해에는 나 자신을 새롭게 성찰하고 바라보고, 힘차게 살아가는 한 해를 만들자는 의미입니다.

교수님이 불교를 접하게 된 계기는 무엇이며, 물리학과 불교의 유사점은 무엇인가요.

유복한 집안의 2대 독자로 아무 부족함 없이 자랐습니다. 저는 과학자의 길을 가기 위해 서강대 물리학과에 입학해 1년을 보낸 후 학문과 삶에 관한 가치관이 흔들려 괴로운 시기를 보냈습니다.

학부 2학년 때 우연히 〈숫타니파타〉를 읽게 됐는데, 답답했던 마음이 시원해짐을 느껴 다양한 불서佛書를 섭렵하기 시작했습니다. 이후 불교학생회 선배를 따라 1975년 10월, 선도회의 지도법사이셨던 종달 이희익 노사를 만나게 되었지요. 새벽 6시에 일어나 참선으로 하루를 열고, 밤 10시까지 도서관에 있다가 집으로 돌아와 참선으로 하루를 닫는 삶이 만들어졌습니다. 선도회의 지도법사를 하고 있는 지금까지의 기본 틀이 이때 만들어진 것이지요.

불교와 물리학을 공부하며 느낀 점은 과학과 불교는 엄연히 다르다는 것입니다. 하지만 과학은 불교의 어려운 부분을 쉽게 풀어 주는 보조적인 역할을 할 수 있습니다. 체득의 종교인 불교를 과학은 쉽게 이해할 수 있도록 도와줄 수 있다는 것입니다.

석·박사시절 선수행을 하며 물리학의 어려운 난제들을 푼 적도 있었습니다. 연구 주제를 받고 문제가 풀리지 않으면 좌선을 했습니다. 그렇게 좌선을 하다 잠이 들어도 그 문제를 끝까지 붙잡고 있다, 아침에 눈을 뜨며 문제의 꼬리를 잡곤 했습니다. 즉 논문의 주제가 화두가 됐던 것입니다. 벽을 넘기 위해 고정관념을 타파해야 한다는 점이 불교와 물리학의 유사점이라 볼 수 있습니다.

현재 교수로서, 재가수행자를 지도하는 법사이신데, 스승의 역할은 무엇이라고 생각하십니까.

제 스승님은 화두를 던져 주고 다음 시간까지 풀어 오라고 주문하곤 했습니다. 그러면 다음 입실점검 시간까지 초긴장 속에 그 문제를 풀려고 노력하곤 했지요. 스승은 한계 상황을 만들어 주며 지도해야 합니다. 그래야 제자들은 긴장을 하고 문제를 풀려고 노력을 합니다.

현재 조계종은 간화선을 대중화 시키려고 노력하고 있습니다. 하지만 대중화는 요원한 것이 현실입니다. 그 이유 가운데 하나는 화두를 주고받지만 그것을 점검하는 이가 거의 없기 때문입니다.

재가수행자들의 장점은 무엇이며, 주의해야 할 점이 있다면 무엇일

까요.

편지를 주고받으며 간화선에 대해 논한 〈서장〉을 보면 스님은 두 분이고 다른 분들은 모두 재가자입니다. 그것도 현대의 전문직이라고 할 수 있는 지위에 있는 이들입니다. 바꿔 말하면 간화선은 현대인에게 더 좋은 상황입니다. 그 당시에는 편지 한 통을 주고받는데 시간이 오래 걸렸지만 지금은 이메일 등으로도 얼마든지 입실점검이 가능하기 때문입니다.

재가자들은 일을 해야 하기 때문에 5년 정도는 스승의 지도에 따라 수행의 기틀을 잡아야 합니다. 아침·저녁으로 한 시간 정도씩 참선을 하고 낮에는 일을 해야 합니다. 토요일은 스승에게 점검을 받고 일요일은 일주일을 정리하는 형태로 말이지요. 특히 저녁에 회식이 잦은 직장인의 경우 기상시간을 규칙적으로 하고, 회식 자리에서 수행자임을 잊지 않고 1차로 끝을 내야 합니다.

특히 간화선의 궁극적인 목적은 화두타파가 아닙니다. 십우도의 마지막 단계인 '입전수수(入廛垂手, 저자거리에 들어가 중생을 돕다)', 즉 화두타파를 통한 깊은 통찰체험을 바탕으로 나눔의 실천적 삶을 사는 것입니다. 결코 그걸 잊어서는 안 됩니다.

수행 지도를 하다 보면 어려운 점이 있을 것 같은데요.

어려운 점이라기보다 젊은 사람들과 나이 들어 입문한 사람들 간에 차이가 있다고 봐야 할 것 같습니다.

젊은 층의 경우 때가 묻지 않아 수행의 진도가 빨리 나갈 수 있는 반면 나이가 들어 수행을 시작한 사람들은 젊은 사람들에 비해 2배 정도의 시간이 더 듭니다. 참선의 준비단계라고 할 수 있는 수식관만 보더라도 젊은 층은 3~6개월이면 맥을 잡지만 어르신들은 6개월에서 1년 정도가 걸리는 경우를 많이 봤습니다.

그러나 젊은 층은 절실함이 부족해서인지 용맹정진을 못하고 방황을 많이 합니다. 그래서 절실함이 가득한 어르신들보다 늦는 경우가 많습니다.

그렇다면 초심자들은 어떤 마음으로 수행해야 할까요.

절실함입니다. '내 길은 이 길뿐이다.'는 생각으로 임해야 합니다. 초발심을 낸 그 마음을 항상 간직하고 수시로 자신을 돌이켜 봐야 합니다.

하루의 1/8은 수행을 하고 나머지 7/8은 일에 최선을 다하는 것도 중요합니다. 재가자는 자기 일에 최선을 다하는 것도 수행임을 알아야 합니다.

여성 상위시대라는 말이 있을 정도로 최근 여성들의 사회생활이 활발합니다. 특히 불교계에서는 여성들의 활동이 많은데요. 비구니 팔경법에 대한 교수님의 생각은 어떠신지요?

팔경법이 만들어진 당시의 배경을 봐야 합니다. 비구 승단이 만들어진 후 비구니 승단이 구성됐습니다. 부처님은 나중에 만들어진 비구니 승단이 안정화 될 때까지 비구 승단을 배워야 한다는 의미로 이 같은 법을 만들었을 것입니다. 모든 중생에게 불성이 있다고 한 부처님의 가르침은 사부대중을 넘어 말 그대로 모든 중생에게 적용되는 것입니다.

〈숫타니파타〉를 읽고 불교를 접하게 됐다고 하셨는데요. 교수님이 좋아하시는 경전이 있으신지요.

〈숫타니파타〉와 〈아함경〉을 좋아합니다. 두 경전 모두 석가세존의 향이 깊이 묻어납니다. 각자의 근기에 맞춰 친근감 있게 법문하신 석가세존은 눈높이 교사입니다. 가끔 석가세존보다 조사님들을 앞으로 내세우는 경우를 보게 되는데 깜짝 놀라곤 합니다.

한국 불교가 새해에 나아가야 할 점은 무엇이라고 보는지요?

시급한 일 중 하나는 우리나라도 노령화 사회에 접어들었다는 것을 알고 대비해야 한다는 것입니다. 정년 후에도 오래 사는데 그 세월을 가치관이 바로 선 상태에서 살지 않으면 우울증, 자포자기 등으로 주변 사람들에게 짐이 될 수 있습니다. 자각해서 남은 인생은 수행자적인 삶을 살아야 합니다. 지난해 TV에서 미국에 있는 한 병원을 조명하는 프로그램을 봤습니다. 병원 직원은 400명이었지만 자원봉사자는 500명이었습니다. 자원봉사자들은 대부분 정년퇴직한 이들이었고요. 이들은 자신의 경험을 최대한 살려 자원봉사를 하는 것으로 주위 사람들을 편하게 해주고 있어요. 우리나라도 이제 정년퇴직한 사람들이 자신의 경험을 살려 봉사할 수 있어야 합니다. 불교는 이런 시대적 요구에 부응해 일반대중이 나아가야 할 길을 제시해야 합니다.

더불어 불교계는 젊어져야 합니다. 일제시대 '선禪'이 활발했던 이유를 고민한 적이 있습니다. 경허 선사는 56세 때 모든 걸 놓고 아무도 못 찾는 산속으로 들어갔습니다. 현대적인 표현을 쓰자면 스스로 명퇴를 한 것이지요. 당시 그의 제자였던 만공 선사가 34세였습니다. 지금 34세를 전후해서 '선禪'계를 이끄는 이가 얼마나 있나요? 옛 선사들처럼 한국불교의 큰스님들은 젊은 수좌들이 앞으로 나설 수 있도록 힘 있게 이끌어 줘야 합니다. 30대부터 50대 선승들이 전면에 나서야 하는 것입니다.

향후 계획이 있을 것 같습니다.

제가 소속된 단체인 '선도회'의 숙원 사업은 사단법인화 추진과 함께 본원을 건립하는 것입니다. 기숙하며 수행도 할 수 있는 다목적 시설로요. 선도회 법사들이 정년 후 기거하며, 수행·지도도 할 수 있는 공간을 만들 생각입니다.

<small>대담자 황수경 동국대 강사는 1991년 이화여대 교육학 석사, 2002년 동국대 선학과 박사 수료, 및 현재 동국대 선학과 강사, 불교인재개발원 이사, 불교여성개발원 상임위원, 불교상담개발원 연구위원으로 있다.</small>

— 〈금강신문〉 (2008. 01. 11)

수행의 현장 — 선도회 3박 4일 여름 수련회

눈을 뜨고 보면 두두물물 삼라만상이 그 모습 그대로 부처요, 저마다 제 역할을 하고 있는 소중한 존재들이라고 하는데 우리 눈에는 그것이 안 보인다. 눈 뜬 장님으로 살아갈 것인가. 눈을 뜨고 제대로 볼 것인가.

화두참구로 우리의 본래면목을 찾아가고 있는 선도회는 종달 이희익 노사가 대혜 선사에 의해 제창된 간화선 수행법을 진작시킨 데서 비롯되었다. 특히 종달 노사는 1965년 재가자들을 대상으로 혜개 선사가 지은 〈무문관〉 48칙을 제창하며 입실지도를 통해 문하생들을 이끌어 왔다. 참고로 〈무문관〉은 혜개 선사가 1700여 칙의 공안 가운데 가장 핵심이 되는 48개의 공안을 가려 화두참구의 사례를 제시하고 있는 책이다.

종달 노사의 뒤를 이어 제2대 지도법사를 맡고 있는 법경 박영재 교수를 중심으로 43년째 간화선 수행의 가풍을 잇고 있는 재가선 단체인 선도회에서는 매년 광복절을 전후로 3박 4일 여름수련회를 갖고 있다.

선도회 여름 수련회에서 〈무문관〉을 제창하는 모습

최소 6개월 이상 지속적으로 공부해 온 전국의 회원들이 한자리에 모여 참선을 중심으로 한 집중수련회를 갖게 되는 것이다.

올해는 전남 담양군 대덕면 장산리 청와헌靑蛙軒에서 열렸다. 높푸른 하늘을 찌를 듯 쭉쭉 뻗은 대나무로 둘러싸인 청와헌은 선도회 광주 모임의 주관법사이자 조선대학교 미술대학 조소과 혜정 김인경 교수의 자택 겸 작업실 겸 선방이 있는 집의 이름이다.

짧게는 1년 남짓한 신참 선객에서 30년 넘은 고참 선객에 이르기까지 이번 참가자는 27명. 이른 새벽부터 늦은 밤까지 죽비 소리에 맞춰 가행 정진의 끈을 늦추지 않는다. 참선과 108배, 울력, 하루 한 번 입실점검도 필수다. 울력 시간을 이용해 잠깐 선도회 회원들의 그동안의 수행담을 들어 본다.

지엄 최성철(43세, 한국소비자보호원) 거사가 선도회에 입문해 화두참선을 시작한 것은 지난 해 8월 말. 월정사 순례 중 법장 권영두 법사(79세, 선도회 독립문 모임)에 대한 기사를 현대불교신문에서 우연찮게 접하고부터다. 그 다음날 법사님을 찾아가게 되었고, 그의 참선공부는 곧바로 시작되었다.

하루 향 한 대 타는 시간, 즉 아침 1시간, 저녁 1시간을 앉지 않으면 밥을 굶으라는 가르침을 지키지 못하면 밥을 굶었다. 그리고 매주 금요일 법사님께 받는 입실점검은 철칙으로 삼았다. 법사님 말씀은 그대로 법이었다.

"망상 대신 화두가 잡히면서 사업자와 소비자 간의 분쟁도 객관적으로 볼 수 있게 되어 중립적인 입장에서 중재를 하게 되니 문제가 훨씬 원활하게 풀렸습니다. 또 남 앞에 설 때면 늘 자신감이 없었는데 마라톤 동호회와 불교모임의 회장을 맡게 되었어요. 배짱이 생긴 거지요. 제 자신의 변화에 제가 놀라고 있습니다."

완묵 서광일(40세, 출판미술), 초성 서수일(36세, 불교합창단 지휘) 자매는 선도회에 입문한 지 3년째. 서로에게 탁마가 되는 도반이다. 화두공부를 하다 보니 산만함이 줄고 집중력이 생겼으며, 섬세함과 아울러 상대에 대한 배려심이 생겼다. 무엇보다 혼자 있어도 무료하지 않은 것이 변화라면 큰 변화라고 말한다.

지명 조아라(47세, 전 치과의사) 님은 '바람과 같은 사람' 이었다고 스스로 말한다. 웬만한 영성, 명상프로그램은 기웃거리지 않은 것이 없을 정도였다. 그런데 2000년 6월 서강대 서명원 신부님의 피정(천주교의 묵상 수련회)지도를 받게 되면서 신부님으로부터 선도회를 소개받았고, 선도회 광주 모임에서 공부를 시작하게 되면서 한눈팔지 않고 '공부의 끈' 을 이어오고 있다.

물리화학을 공부한 전원電元 조영준 법사(제천모임 지도)가 처음 화두를 받은 것은 2003년. 박영재 교수께 전자입실(이메일 점검)을 통해 〈무문관〉을 투과했다.

"화두공부는 얼마나 꾸준히 계속하느냐와 무엇보다 동기(자극)가 중요합니다. 계속적인 동기유발을 위해서는 1주일에 한 번은 꼭 입실점검을 받아야 해요. 특히 전자입실電子入室은 더욱 자기와의 약속을 꼭 지켜야 합니다. 그리고 이렇게 수련회나 철야정진에 참여해 도반들과 함께 하며 수행 가풍도 배우고 직접 입실도 하면서 정진의 힘을 키워 가는 것이 중요하지요."

입실점검과 함께 '하루 향 한 대 타는 시간 앉지 않으면 한 끼 굶는다.' 이것은 선도회의 또 하나의 수행 가풍이다. 선도회 회원들은 이른 새벽 한 시간, 그리고 잠들기 전 한 시간 앉는 것을 기본으로 삼는다. 〈벽암록〉으로 유명한 원오극근 선사의 '좌일주칠坐一走七' 정신과도 일치하는 이 가풍은 우리가 잠자는 시간을 제외한 시간 가운데 팔분의 일인 두 시간 정도 좌선을 하고 팔분의 칠은 본업에 철저히 매진하면, 각자의 전문분야에서 놀랄 만한 성취를 체득할 수 있다는 것이다. (중략)

선도회 회원들은 전문직에 종사하는 사람들이 대부분이다. 종교의 벽도 초월해 있다. 서강대만 하더라도 세 개의 모임이 있다. 박영재 교수로부터 인가를 받은 천달 서명원 신부를 비롯해, 천흠 박성호 교수(수학과)와 천보 박형상 교수(화공생명공학과)가 학교 내 성당기도실에서 매주 화요일, 수요일, 금요일 참선법회를 이끌고 있다.

선도회에 입문하면 먼저 〈무문관〉 수행에 앞서 '수식관'을 해야 한다. 수를 세면서 호흡하는 〈무문관〉의 예비수행법이다.

"온갖 번뇌 망상에 시달리는 현대인들은 화두를 들려고 해도 들 수가 없습니다. 수식관은 화두를 철저히 붙들 수 있는 힘을 키우는 첫걸음이

지요. 그 다음에는 찰칙입니다. 선사들이 서로 주고받는 선문답을 다 빼고, 화두에만 의심을 일으킬 수 있는 간소화된 화두입니다. 화두 붙드는 연습을 시키는 것이지요. 그러고 나서 본격적인 48칙 〈무문관〉 수행에 들어가게 됩니다."

〈무문관〉에 있는 48개의 화두들을 점검 받는 과정을 마치면 스승 없이 혼자서도 지속적인 선수행이 가능한 경지에 이르게 된다. 그리고 〈벽암록〉을 포함해 조사어록에 있는 화두들을 가지고 대등한 위치에서 스승과 법전法戰을 벌이게 되는데, 이 과정을 마치면 노사로부터 인가(印可: 학문의 경우 독자적인 연구와 교육 능력을 인정하는 박사학위에 비교됨)를 받게 된다. 그런데 이때가 되면 자연스럽게 제자들을 입실지도할 수 있는 법사로서의 역량을 나름대로 갖추게 된다. 이렇게 배출된 법사가 24명이다. 종달 노사로부터 10명, 박영재 교수와 다른 법사들로부터 모두 14명.

"흔히들 간화선을 어렵다고 합니다. 그러나 발심해서 제대로 된 스승을 만나 꾸준히 입실만 하면 누구나 경지에 도달할 수 있습니다. 입실지도가 제대로 갖춰지면 저절로 해결되는 것이지요. 간화선만큼 빨리, 그리고 간결하게 깨달음으로 가는 수행도 없을 것입니다. 화두를 참구할 때 가장 중요한 것은 적어도 일주일에 한 번은 스승에게 입실해 그동안의 경계를 제시해야 합니다. 제시한 경계가 맞고 틀리고는 중요한 것이 아니고 그 과정 자체가 중요하지요."

입실지도는 제자가 스승과 일대일로 만나 끊임없이 수행력을 점검받는 것이다. 스승과의 정기적인 만남(독참, 입실점검, 전자입실, 이메일 문답)으로 도움을 받으면서 하기 때문에 의욕만 있다면 수행은 저절로 된다는 얘기다. 입실지도는 무문관 수행의 핵심인 셈이다.

간화선이 어렵다고 하지만 제대로 된 스승을 만나 시시때때로 점검을 받고, 쉬지 않고 하기만 하면 누구나에게 깨달음의 문, 즉 〈무문관〉을 열고 투과하기, 아니 본래 열려 있음을 체득하기 마련이라고 한다. 그리고 두두물물이 본래 그 자리에서 자리이타自利利他하며, 저마다의 일을 하고 있음을 확연하게 보게 되는 것은 자명한 일인 듯싶다.

아침저녁 바람이 선선하다. 여름의 끝자락이 보이기 시작한다. 가을이 멀지 않았다. 청와헌, 바람에 일렁이는 대나무 사이로 세찬 매미소리와 함께 높푸른 하늘 뭉게구름이 두둥실 떠간다. 이 얼마나 아름다운 삶이며 조화인가.

- 월간 〈불광〉 2008년 9월호 남동화

생활 속 수행의 달인 – "재가자 수행은 본업 전념"

"재가자의 수행은 근무시간에 화두를 들거나 아무 때고 참선삼매에 빠지는 것이 아니라 자신의 본업에 100% 전념하는 것입니다."

서강대 물리학과 박영재 교수는 SCI등재 국외학술지에 142편의 논문을 게재하고 13명의 박사를 양성한 한국 물리학계에서 이름 있는 열심인 학자이다. 재가수행단체인 선도회 지도법사를 맡아 11명의 법사도 배출했다. 한 사람이 평생 해도 다 못할 업적을 이뤘다는 주변의 평가에 박 교수는 "모두 선정력에서 나온 것"이라며 참선수행의 힘을 강조했다.

그는 교수와 법사를 오가며 30여 년간 하루도 거르지 않고 잠에서 깨어나 한 시간, 잠들기 전 한 시간 수식관으로 산란한 마음을 잡고 화두를 든다.

"참선을 마치는 5분은 꼭 하루 일과를 계획·정리합니다. 작은 습관이지만 지혜가 생기고 정신 집중 효과로 매사에 100% 매진할 수 있습니다." 선수행 10년 후부터는 분별 망상이 사라졌다는 그에게 수행과 생활은 둘이 아니다. 박 교수는 연구 중 문제가 생기면 화두로 삼고 아무 곳에서나 두 다리를 틀고 앉아 심호흡을 하고 화두를 참구한다.

박 교수는 유복한 집안의 2대 독자로 태어나 어린 시절 독실한 가톨릭 신자인 어머니와 성당을 다녔다. 그가 불교와 인연 맺은 것은 서강대에 입학하면서부터였다. 이공대학을 수석으로 입학한 1년 후 "나란 무엇인가, 인생은 무엇인가, 학문은 무엇인가."라는 풀리지 않는 의문들의 타파가 절실했다. 해답을 찾고자 서점의 모든 책을 섭렵해 갈 즈음 우연히〈숫타니파타〉를 접했다. 이후〈숫타니파타〉는 진정한 간화선의 세계로 이끌어 준 첫 경전이 됐다. 박 교수는 여러 불서를 섭렵하고 서강대 불교학생회 '혜명회慧命會'에서 활동하며 선도회 종달 이희익 노사와 인연을 맺었다. 박 교수는 종달 노사 입적 후 스승의 유지를 이어 현재까지 선도회 제2대 법사로 간화선 수행과 포교에 앞장서고 있다.

"사회생활 하는 재가수행자는 1년 정도는 선지식의 지도를 받아 수행의 기틀을 잡아야 합니다. 수식관 수행을 스스로 할 수 있게 되면 입실점검, 이메일 문답 등 지속적인 점검을 통해 누구나 불조佛祖와 같은 영적 스승의 삶을 살아갈 수 있습니다."

박 교수가 말하는 수행은 어떤 것일까? 그는 "수행은 주어진 상황에서 주인공이 돼 분별심을 버리고 더불어 사는 깨어 있는 삶 자체"라 말했다.

박 교수가 가르치는 서강대 참선 과목은 10년 장수 과목이다. 취업난 등으로 학생들의 스트레스 지수가 극에 달할 때 '웰빙수업'으로 호응이 크다. 박 교수는 "과거, 현재 및 미래의 전망이 담긴 인생지도 그리기를 과제로 부여하면서 수업을 시작한다."며, "지도를 갖고 있어도 자신의 현 위치를 알지 못하면 목적지를 찾을 수 없듯 참선은 살아가는 순간순간 현 위치를 확인해 가치 있는 삶을 살도록 이끌어 준다."고 설명했다.

요즘 박 교수는 높은 수행 법력으로 소문난 인기 강사가 됐다. 최근 동국대 불교대 최고경영자 과정에서 '전문직을 위한 생활참선'을 강연한 것을 비롯해, 2007년 7월부터 올해 2월까지는 서울불교대학원대학교에서 '명상과 과학' 강의를 진행해 대중들의 이목을 집중시켰다. 자타불이自他不二, 줄탁동시 啐啄同時, 수처작주隨處作主 등 경전에 나오는 수많은 불교의 가르침이 최근 경제 현실을 해결하는 키워드라는 설명이다.

"과학은 체득의 종교인 불교를 쉽게 이해할 수 있도록 도와줍니다. 물리학자들은 우주 역사 150억 년 동안 하나의 조건이라도 달랐다면 오늘날 인류는 존재하지 못했을 거라고 합니다. 불교에서 말하는 '백천만겁난조우百千萬劫難遭遇'를 설명하고 있는 것이지요."

"지금 숨 쉬고 있는 자체만으로도 우리는 신비롭고 소중한 존재임을 온몸으로 체득하고 있는 사람이라면 1년 365일 좋은 날이 된다."고 말하는 그에게서 자상한 아버지와 같은 따뜻함이 느껴진다.

"상인은 장사를 잘해 돈을 버는 것이 선禪이다. 농부는 좋은 작물을 키우는 것이 선이고 학생은 열심히 공부하는 것이 선이다."

일본 세키 보꾸오 선사의 말처럼 화두나 공안, 참선 그 자체가 목적은 아니다. 일상생활에서 자신의 능력을 자유자재로 나투면서 100% 본업을 수행하게 하는 수단이 선이라는 게 박 교수의 수행관이다.

— 〈현대불교신문〉 이상언 기자 (2008. 10. 15)

환희의 붓다 나라 꿈꾸는 시대의 건달바 — 서수일 지휘자

부처님을 찬탄하는 노래에는 예의와 정성을 다해야 한다는 서수일 씨. 순수 봉사 음성공양 단체의 지휘자인 그의 열정이 아름답다. 무엇인가 간절히 원하는 것을 꿈꿔 본 적이 있는가. 꿈만 꾼 꿈은 꿈이 아니다. 움직이지 않고 하늘에 떠 있는 별에 불과하다. 가질 수도 없고 따 보려고 시도조차 못하고 쳐다만 봐야 한다. 부처님의 법음을 음악에 담아 모두에게 전하고 싶은 꿈도 화석처럼 박힌 별로 둬야 할까. 일 때문에, 시간 때문이라는 핑계는 대지 말자. 해 보고 싶은 것을 하지 않는 것은 비겁하게 도망치는 것뿐이다. 진정 원하는 것을 해 보려는 노력이 바로 꿈이다. 부딪혀 보면 또 다른 새로운 길이 열리는 법이다.

'더할 나위 없이 수승한 환희로 가득한 동방의 부처님 나라' 아비라테 앙상블의 지휘자 서수일(36·超聲) 씨는 다시 마음을 다잡았다. 새롭게 출발하려는 아비라테 앙상블을 추슬러야 했다. 부처님 가르침에 대한 믿음과 신심을 바탕으로 상 내지 않고 음성공양을 올릴 수 있는 단원들이 필요했다. 빡빡해진 규율에 20여 명이 넘었던 단원들이 9명으로 줄었다. 몇몇 인연 있는 곳과 스님들이 공연을 요청해 왔다. 그러나 단원이 부족했다. 막막한 심정에 그는 음악에 대한 자신의 과거를 돌이켜 봤다. 부처님 가르침을 전하려는 열정을 되새김질했다.

말을 떼기 시작할 때부터 노래를 하겠다는 소녀가 있었다. 소녀는 지치지도 않고 신명나게 노래했다. 초등학교 어린이합창단을 거쳐 중학교 시절 대전 시립 소년소녀합창단에서 노래했다. 주위에선 천재라고 추켜세웠다. 소녀는 자신감보다는 자만이라는 아상에 사로잡히기 시작했다. 더 높은 곳을 원했고, 소녀의 재능을 눈여겨본 음악가의 도움으로 개인 레슨도 받았다. 집안 형편이 어려웠지만 계원예술고에 입학해 성악가의 꿈을 차곡차곡 키워 갔다. 개인 레슨을 해 주던 선생님은 장학금이 필요했던 소녀에게 교회 성가대를 권했고, 소녀는 성악가의 꿈을 위해 마다 않고 성가대에서 노래했다.

경원대 성악과로 진학해 본격적으로 자신을 담금질 했다. 조금씩 그가 그리던 미래에 다가가고 있다고 믿었다. 그러나 암으로 아버지를 여읜 그에게 또 다른 시련이 그를 나락으로 밀어냈다.

독실한 불자였던 어머니가 직장암 말기 판정을 받은 것이다. 이 시련이 그가 불교와 인연을 맺게 된 계기가 될 줄이야. 만사 제쳐 두고 투병 중인 어머니를 간호했다. 6개월 동안 어머니 곁에서 불교방송을 함께 듣고, 처음으로 보현행원이란 찬불가를 어머니를 위해 불렀다. 그리고 그는 여러 불교서적을 읽어 주며 차츰 불교에 녹아들기 시작했다.

그의 간절한 간호에도 어머니는 결국 세연을 접었다. 어머니의 부재가 실감나지 않았다. 집에 덩그러니 놓인 어머니의 물건들은 그대로인 것을. 어머니가 당장 방문을 열고 들어올 것 같았다. 그러나 어머니는 없었다. 그는 웃음을 잃었다. 사소한 일에 투정부리던 일이 생각나고 더 잘하지 못한 자신이 밉고 후회스러웠다. 우울증에 대인기피증까지 생겼다. 거리에 나서면 갑자기 옆을 지나는 사람이 칼을 들고 찌를 것만 같았다.

"어머니가 돌아가신 후 왜 살아야 하나, 삶은 무엇인가에 대한 문제들을 진지하게 고민하기 시작했어요. 그러다 어머니 49재를 위해 대구 관음사를 찾았죠. 예절을 몰라 짧은 반바지에 맨발로 절에 발을 들였지만 우학 스님이 따뜻하게 대해 주셨어요. 정말 고마웠어요. 관음사에서 음악봉사를 하고 싶다는 발심을 했고 그게 아비라테로 이어졌네요."

우학 스님의 자비심은 언니와 그를 불법으로 이끌었다. 그는 삼보에 귀의한 뒤 어머니의 기일에 맞춰 참회의 1080배를 올렸다.

뭔가 부족했다. 아비라테 앙상블을 창립하고 나니 능력의 부족함을 절실히 느꼈다. 참회기도로 절 수행을 하다가 단체를 이끌기 위한 지혜를 얻고자 참선수행의 문을 두드렸다. 언니(甄墨, 서광일)와 함께 법경 박영재 법사가 지도하는 선도회에서 참선을 시작했다.

매일 아침 1시간, 저녁 1시간 참선하며 하루를 열고 닫은 지 2년이 지나자 우울증이 사라졌다. 순간순간 직장 일과 아비라테를 지휘하는데 수행의 효과가 톡톡히 나타났다. 자신이 최고라는 아상은 내려놓은 지 오래였고, 불쑥 치고 올라와도 다시 참회로 내려놓았다.

그가 부처님 법을 음성으로 공양하겠단 서원을 세우고 2004년 8월 창단한 아비라테는 소프라노, 알토, 테너, 베이스 등 혼성 4부 합창단이다. 그의 원력에 음악을 통한 봉사에 뜻을 둔 불자들이 뭉쳤던 것이다. 그러나 2008년 말 보다 신심 있고, 봉사에 대한 원력이 있는 단원들을 원하자 단원들이 줄었다. 사실 외양보다 중요한 것은 내실 아닌가. 여느 합창단에 견주어도 뒤지지 않을 화음이 필요했고 무엇보다 중요한 것은 신심이었다.

그래도 여법한 음성공양에의 갈망은 단원들을 매주 월요일 저녁과 토요일 오후 서울 옥수동 미타사 미타 유치원에 모여 들게 했다. 그리고 찬불가는 물론 찬불가요, 가요, 민요, 동요, 코믹합창까지 다양한 레퍼토리를 가미하여, 내공을 쌓고 있다.

조화로운 음정의 춤사위야말로 무엇보다 수승한 부처님 법에 대한 예의이자 공경의 마음인 법. 음정의 작은 흐트러짐도 용납할 수 없다. 지난 3월 16일 저녁 연습 때도 그랬다. 목 풀기로 시작한 발성연습에도 음이 틀리면 피아노 반주가 멈췄고 그의 지적은 날카롭게 번뜩였다.

"사찰 합창단의 음성공양이 미처 닿지 않는 곳을 찾아 법음을 전하고 싶어요. 군법당, 요양원, 합창단이 없는 작은 사찰 등에서 지난 4년 동안 공양 올린 것이 그 이유죠. 아비라테가 자리를 잡으면 장학회도 만들어 음악을 꿈꾸는 가난한 청소년들을 도와 불자 음악가를 키울 거예요. 또 아비라테 어린이합창단도 만들고, 찬불가도 작곡해 보급하고 또 ······."

따야 할 별들이 많다. 사실 기독교에서는 성가대를 주축으로 소정의 장학금을 주며 음악가들을 키우고 있다. 그에 비해 불교 음악환경은 열악하기 그지없다. 니르바나오케스트라나 풍경소리 등 여러 단체들이 노력하고 있지만 그네들에게 못 미치는 것이 현실이다. 거기에 아비라테가 힘을 더하고 싶은 것이다.

그래서 소리를 뛰어넘어 더 큰 것을 이웃에게 전하고 싶어 하는 그의 마음이 어여쁘다. 그의 마음 위에 마음을 보탠 아비라테 단원들의 마음이 고맙다.

서울 옥수동 미타사 미타 유치원에서 발길을 돌리자 까만 하늘에 별들이 반짝반짝 박혀 있었다. 마침 아비라테의 간절한 발원이 유치원 문틈으로 새어 나왔다.

"미물의 신음소리까지 모두 들으시는 관세음보살님. 고통 속에 있는 이웃들을 위해 부처님 법을 저희가 입을 열어 노래하며 공양 올릴 때 노래 안에 자비로 나투시어 그들의 마음을 어루만져 주세요."

기막힌 밤이다.

— 〈법보신문〉(991호) 최호승 기자 (2009.03.23)

이 사람은 수행 중 — "하루 2시간 참선······"
서울 신수동 서강대 리치과학관 10층에 있는 자연과학부 박영재 교수[54]

의 연구실. 책으로 빼곡한 서가 사이로 한문 족자와 십자고상十字苦像이 벽에 걸려 있다. 족자는 중국 선불교의 3조 승찬대사가 지은 〈신심명信心銘〉의 첫 구절과 마지막 구절을 적은 것인데 십자고상과 함께 걸려 있으니 이채롭다.

"〈신심명〉첫 구절은 '지극한 도는 어렵지 않으니 오로지 간택함을 꺼릴 뿐이네(至道無難 唯嫌揀擇). 미워하고 사랑하지만 않으면 통연히 명백하리라(但莫憎愛 洞然明白)' 라는 말로 시작하는데 이원적 분별심만 버린다면 깨달음의 세계에 이를 수 있다는 것이죠. '내 수행법이 최고다, 내 종교가 최고다.' 하는 생각은 분별심에 사로잡힌 겁니다. 간화선(화두선)은 십자가의 길을 통해서도 지극한 도에 이를 수 있으니, 〈신심명〉과 십자고상이 함께 있다고 해서 이상할 게 없지요."

박 교수는 서강대 물리학과 2학년 때인 1975년 종달 이희익 노사 문하에 입문한 이래 34년째 아침, 저녁으로 한 시간씩 화두를 들고 참선하는 생활 속의 수행자. 원래 조부 때부터 가톨릭을 믿었던 집안이라 어릴 땐 성당에 다녔으나 대학 입학 후 삶에 대한 의문과 고민으로 방황하다 법정 스님이 번역한 〈숫타니파타〉에서 석가모니의 삶을 통해 불교를 접했고, 종달 노사를 통해 간화선 수행의 길로 들어섰다.

박 교수는 수행한 지 12년 만에 스승의 인가를 받았다. 이후 숭산 노사께 입실점검을 받기도 했다. 스승이 입적한 뒤로는 일반인들의 간화선 수행모임인 선도회의 제2대 지도법사로서 수행자들을 지도하고 있다. 입자물리학을 전공한 학자로서 학생을 가르치고 연구하는 일만 해도 바쁠 텐데 어떻게 지도법사 역할까지 하고 있을까. 박 교수는 "참선을 하면 집중력이 높아져서 본업을 수행하는 데 오히려 도움이 된다."고 말했다.

"재가자(스님이 아닌 일반 신자)의 수행은 근무시간에 화두를 들거나 본업과 가족을 팽개친 채 참선에만 몰두하는 게 아니라 아침에 잠깐 참선한 힘으로 하루를 힘차게, 최선을 다해 사는 겁니다. 재가자라고 해서 선방에서 하루 종일 참선하는 스님들보다 수행시간이 부족한 건 아닙니다. 늘 지금 이 자리에서 깨어 있는 주인공으로 살면 각자 하는 일이 바로 수행이기 때문입니다."

박 교수의 삶이 이를 입증한다. 그는 매일 잠에서 깨자마자, 잠들기 직전 한 시간씩 호흡을 관찰하는 수식관으로 산란한 마음을 가다듬고 화두를 든다. 수식관은 배꼽 아래 단전에 힘을 모으고 숨을 들이쉬었다가 내쉬면서 '하나, 둘, 셋……' 하고 마음속으로 헤아리며 마음을 가라앉히는 수행법이다. 연구 중에도 집중이 되지 않으면 연구실 안쪽에 있는 '1인용' 선방에서 반가부좌를 한 채 선정에 든다.

그 결과 교수생활 26년 동안 SCI(과학기술논문 인용색인)에 등재되는 해외 학술지에 147편의 연구논문을 실었다. 꾸준히 연구하는 교수들이 보통 1년에 두 편 정도 게재하는 데 비해 두 배 이상 많은 수치다. 또 지난 10년간 대학 내 교수업적 평가도 교무처장을 맡았던 해를 빼고는 거의 매년 상위 20% 안에 들었다.

"수행한 지 6개월이 지나면서 놀라운 집중력이 생겨 공부 속도가 빨라졌을 뿐만 아니라, 한 번 본 것은 마치 각인된 것처럼 잊어버리지 않게 됐어요. 평소 5시간 공부할 내용을 1시간이면 끝냈으니까요. 그래서 대학 3학년 때 두 학기 모두 만점(4.0) 학점을 받았죠. 10년쯤 수행했을 때 제 가슴에 답답하게 맺혔던 것이 모두 사라지고 텅 빈 체험을 하게 됐어요. 그 후로는 힘든 일이 닥쳐도 그 일을 무심하게 바라볼 뿐 일 때문에 힘들어하지 않는 '스트레스 제로(0)' 상태를 지속하고 있지요."

그래서 박 교수가 이끄는 선도회에는 대학생, 교수, 교사, 주부, 예술가 등 각계각층 200여 명이 회원으로 등록했고, 이 중 80여 명이 정기모임에 지속적으로 나와 수행한다. 또 박 교수처럼 독자적으로 수행할 뿐만 아니라 다른 수행자를 지도할 수 있는 법사로 인가받은 사람도 김인경 조선대 미대 교수 등 18명이나 된다.

성철 스님의 선 사상을 연구해 박사학위를 받은 예수회 서명원 신부도 금요일 아침마다 서강대 성당 기도실에서 참선모임을 갖는 선도회 멤버다. 또 박 교수가 1999년부터 해마다 교양과정에 개설하는 '참선' 과목은 대표적인 인기 강좌다.

박 교수는 "간화선 수행은 지도자의 점검을 지속적으로 받는 것이 중요하다."고 강조했다. 그는 '선도회의 또 다른 가풍은 잠자는 시간 8시간을 빼고 깨어 있는 16시간 가운데 8분의 1은 좌선하고 나머지는 본업에 매진하는 좌일주칠坐一走七'이라며 '각자 깊은 수행체험을 바탕으로 자신의 일에 최선을 다할 때 걸음걸음마다 맑은 바람이 일 것(步步淸風起)'이라고 덧붙였다.

— 〈한국경제신문〉 서화동 기자 (2009.07.22)

군더더기 : 위 글은 한국경제신문의 서화동 기자와 2시간 이상 인터뷰한 내용 가운데 직장인들을 위해 정리한 기사 내용의 최소한의 수정본이다. 사실 인터뷰의 주제는 '통찰과 나눔'이었는데 주로 자기 문제 해결에 급급한 직장인들을 위해 통찰 부분만 언급하게 된 것으로 판단된다. 나눔에 대한 내용은 선도회의 다른 자료들을 참고하시기 바란다.

우리에게 잃어버릴 꿈은 있는가?

지난 주말 〈잃어버린 꿈을 찾아서〉(우봉규 지음, 김영장 그림)란 동화책을 읽었다. 이중섭을 모델 삼아 가난하지만 그림 그리는 꿈을 가진 바닷가 소년이 부모님의 반대로 자신의 꿈을 포기해야 하는 위기를 극복하고, 결국 현실에 안주하지 않고 그 꿈을 실현한다는 이야기다. 어린이뿐만 아니라 어른이 읽어도 좋을 동화책이다.

과연 우리에게 잃어버릴 꿈은 있는가라고 반문하게 하는, 최근 우리 주변에 있었던 몇 가지 일들을 함께 성찰해 보고자 한다. 1년 전 박사학위 최종 심사 도중 영국 옥스퍼드대 기숙사에서 돌연 죽음의 길을 선택했던, 한 불교학도의 1주기 기사. 자기 꿈에 도전해 보지도 못한 채 부모의 뜻에 따라 안정된 직장을 찾고 있는 한 대학생의 인터뷰 기사. 아이 생일 파티로 1천만 원을 쓰는 일부 부유층의 과시용 생일문화가 담긴 기사 등이다. 호주 원주민 '참사람 부족'은 〈무탄트 메시지〉(말로 모건 지음/ 류시화 옮김)란 책에서 생일의 의의에 대해 이렇게 말한다. "단지 생일을 축하하는 것이 아니라 작년보다 올해 더 지혜로운 사람이 됐다는 걸 축하하는 것이다."

사실 엮은이가 1990년 종달 이희익 노사 입적 이후 선도회를 맡아 지금까지 혼신의 힘을 다해 힘써 온 일은 남녀노소를 불문하고 엮은이와 만나는, 백천만겁난조우의 인연으로 이 세상에 태어난 모든 분들께 잃어버린 꿈을 일깨워 주거나, 꿈이 없는 분들에게 꿈을 갖게 하는 일, 허황된 꿈은 버리게 하는 일 등 '일인일몽一人一夢' 갖기 운동이다. 그 가운데 가장 최근의 한 사례는 다음과 같다.

선도회에는 지난 7월 25일 3년간 치열하게 간화선 입문과정을 마치고 '완묵翫墨'이란 대자호大姉號를 받은 여성분이 있다. 이 분이 엮은이에게 보낸 인생지도가 담긴 편지는 다음과 같다.

"장녀로서 꿈은 있었지만 가정형편으로 인해 간직하고만 있던 시절에 대한 이야기는 여기서는 생략하겠습니다. 앞으로 선공부를 통해 지혜가 담긴 어린이 그림책이나, 부처님의 가르침을 만화작업을 했던 경험을 살려 그림과 글로 쉽게 전달하는 책을 만들고 싶습니다. 또 하지 못한 미술 공부에 대한 아쉬움으로 순수 회화 창작 작업도 꾸준히 할 계획입니다. 72세에 처음 그림을 그리기 시작해 80세에 첫 개인전을 열었음에도 세상 떠나는 101세까지 1,600점에 달하는 따뜻한 감동을 주는 작품을 남기신 미국 화가 그랜마 모제스처럼, 일상에서 선공부를 통한 지혜로 제가 가진 작은 재능을 살리고 싶습니다. 지금의 저는 참선공부를 할 수 있음이 그 어떤 재력과 학벌을 가진 것보다도 소중합니다. 언제나 성실한 자세로 공부해서 저 또한 필요한 분들에게 나누어 드릴 수 있기를 소망합니다. 또한 법사님의 법은에 보답할 수 있는 사람이 되겠습니다. 감사합니다."

이 편지에 대해 엮은이가 보낸 답글은 다음과 같다.

"보내주신 인생지도 잘 읽었습니다. 지금까지의 삶의 여정이 대자님으로 하여금 다른 이들보다 더 깊이 삶을 성찰하게 한 것 같습니다. 앞으로 지금처럼 수행과 더불어 그림 작가로 하루하루 신바람 나게 걸어가다 보면 언젠가 반드시 그랜마 모제스 이상으로 누구에게나 감동을 주는 명작을 세상에 드러낼 때가 올 것으로 확신합니다. 그래서 무심히 먹(墨)을 가지고 신바람 나게(翫) 그리다 보면 어느 때인가 불후의 명작이 탄생되리라는 확신 속에 '완묵(翫墨)'으로 대자호를 지었습니다. 그동안 수고 많았습니다."

– 〈금강신문〉 (2009. 08. 07)

사단법인 출범 이후

자아성찰과 나눔은 하나

재가 참선단체인 사단법인 선도성찰나눔실천회는 2009년 8월14일부터 16일까지 안성 도피안사에서 성찰과 나눔을 주제로 여름 수련회를 개최했다. 대표적인 재가 참선단체인 선도성찰나눔실천회(회장 이창훈, 이하 선도회)는 최근 문화체육관광부로부터 사단법인 인가를 받았다. 8월 14일 사단법인 설립인가를 받은 선도회는 종교와 종파를 초월해 일상생활 속에서 지속적인 좌선수행과 나눔 실천 문화의 삶을 선도하는 본보기가 될 전망이다.

사단법인 설립 인가 이후 더욱 활발한 활동을 예고하고 있는 선도회는 14일 '성찰과 나눔'을 주제로 여름수련회를 개최한데 이어 8월 22일 성남시립 정성노인의집에서 위문 음성공양, 생필품 전달 및 유쾌한 노년을 위한 특강을 실시했다.

선도회는 전국적인 지부 확장을 통해 사회문화 공동체 기반 조성에도 나설 계획이다. 서울 목동 본회를 중심으로 서울 8곳, 인천, 충북 제천, 전남 담양, 광주에 이어 대구, 부산, 경기, 강원도 지부를 설치한다는 방침이다.

특히 창립목적에 따라 성찰실천운동 및 나눔실천운동 전개에 진력할 예정이다. 귀의삼사歸依三師, 입실점검入室點檢, 좌일주칠坐一走七 수행 가풍을 이어 정기 좌선모임과 지부 간 네트워크 활성화로 성찰실천운동에 앞장선다.

선도회는 또 각 지부별 성찰과 관계된 음성공양, 미술 전시, 결식아동을 포함한 소외계층 돕기 등 나눔 실천 분야를 특화해 나눔 실천의 노하우 공유, 나눔 문화 진작 등을 선도할 예정이다.

그 밖에도 선사상 및 선문화의 연구, 전통 종교 및 타종교와 대화·협력, 선수행 공동체 운동, 시민운동 단체 및 봉사 단체 지원 활동, 성찰·나눔 실천문화의 홍보 및 출판 등을 전개한다.

선도회의 박영재 지도법사는 "사단법인 인가는 종달 이희익 노사의 유훈 하나를 해결한 것으로 이제부터가 시작"이라며, "삶 속에서의 지속적인 성찰 실천은 바른 통찰체험으로 이어지고, 이 통찰체험을 원동력으로 나눔 실천이 이어지지 않으면 통찰체험은 무의미"하다고 말했다. 이어 박 법사는 "지도법사로서 남녀노소를 불문하고 선도회와 백천만겁난조우의 희유한 인연으로 만난 모든 분들에게 잃어버린 꿈을 일깨워 주거나, 꿈을 갖게 하는 일, 허황된 꿈은 버리게 하는 일을 지속적으로 해 나갈 것"이라고 다짐했다.

선도회는 1963년부터 조계종 소속 단체로 출발해 철야정진, 정기 참선법회, 정기 수련회 등을 통해 선불교 수행 전통을 이어 오고 있다. 현재 제1대 지도법사인 종달 이희익 노사의 유지를 받아 법경 박영재 교수가 제2대 지도법사로 활동 중이며 17명의 법사와 200여 회원이 정진하고 있다. 종교와 종파를 초월해 선종어록인 〈무문관〉을 수행의 나침반으로 좌선수행을 통해 생로병사와 사회 제반의 문제를 선불교 수행 전통의 시각에서 깊이 통찰하고 새로운 방향을 제시하고 있다.

– 〈현대불교신문〉 이상언 기자 (2009. 8.27)

불교진흥원 — 불교신문 '신년대법회'

〈세상을 위한 불교, E-GREEN BUDDHA의 세계로 — 경인년 신년대법회 — 불교가 세상을 위해 가야 할 방향〉이라는 주제로 서울 마포 다보빌딩 3층 대법당에서 9명의 스님과 재가 인사를 초청 개최하였다. 위 주제로 열린 '신년대법회'는 2월 11일 회향되었고, 이 법회에서 2월 10일 강연한 법경 법사의 강연 내용은 다음과 같다.

통찰과 나눔은 둘이 아니다. 나눔은 보시이므로 '통보불이洞布不二'라고 할 수 있다. 통찰체험을 바로 했을 때, 그에 대한 점검은 나눔을 하느냐 여부에 달려 있다. 통찰과 나눔에는 지속적인 자기성찰이 밑바닥에 깔려 있다. 지속적인 자기성찰을 통해서 깊은 통찰체험을 하게 되고 깊은 통찰체험이 바탕이 되면 나눔 실천의 삶은 저절로 이뤄진다.

'나는 일상 속에서 지속적인 자기성찰을 통해 통찰체험할 것을 서원한다.' '나는 통찰체험을 바탕으로 죽는 날까지 함께 나눔 실천할 것을 서원한다.' 사홍서원을 들여다보면 통보불이가 들어 있다. 이를 보편적인 언어로 풀이하면 두 가지 서원으로 정리할 수 있다.

각자의 코드에 맞는 수행을 하게 되면 깊은 통찰체험을 할 수 있다. 그러면 우리가 보시해야 한다고 떠들지 않더라도 자연스레 나눔 실천적 삶을 살게 된다. 통찰과 나눔 실천을 통한, 함께 더불어 바람직한 21세기 E-그린 붓다 시대를 만들어 가야 한다. '그린'은 환경 청정이라는 뜻도 있지만 이전에 마음 청정이 우선이다. 청정한 마음을 바탕으로 실천적 삶을 살면서 각자 자기가 종사하는 전문직에서 깊은 안목을 갖고 노력하다보면 청정세계는 저절로 이뤄지게 된다.

불제자와 외도는 둘이 아니다. '불외불이', 21세기 E-그린 붓다의 시대에서는 '불교가 최고다.', '다른 종교보다 우월하다.'는 분별이 있어서는 더불어 실천적인 삶을 살 수 없다.

〈화엄경〉을 보면, 선재동자가 53선지식을 만나는데, 그 가운데 외도도 있다. 외도라고 해도 마음을 깨친 이라면 실질적인 불제자라는 의미다. 내가 불교를 믿는다고 입으로 말한다고 불제자가 되는 것이 아니라 깊은 통찰체험을 해야 진정한 불제자라 할 수 있다. 승복을 입었다고 혹은 재가불자라고 불제자는 아니며, 비불자라도 통찰체험을 경험했다면 불제자이며 도반이라 할 수 있다.

〈무문관〉 제32칙 '외도문불(외도가 부처님에게 묻다)'이라는 공안을 보면, 부처님은 겉껍데기로 불제자와 외도를 가리지 않았다. 되레 외도가 깨달은 것을 이해하지 못한 아난존자에게 일침을 놓았다. 통찰체험이 얼마나 중요한지 알 수 있는 대목이다.

21세기는 다문화 다종교 시대다. 이제는 한민족, 이민족을 가를 때가 아니다. 불교도 마찬가지다. 불제자니 외도니 하는 피상적인 구분은 의미가 없다. 통찰체험을 통해 더불어 사느냐에 달린 것이다.

스승의 잣대는 깊은 통찰체험을 했다면 더불어 나누는 삶을 일상생활 속에서 살고 있는가를 따져 보면 된다. 그것이 없으면 선에서는 일컬어 마른 지혜만 머릿속에 붙어 있다고 한다.

수레가 바퀴가 두 개여야 잘 돌아가듯이, 통찰과 나눔은 함께 해야 하는 것이다. 세계의 갑부들은 기부하는 모습을 손자들이 보게 한다. 어려서부터 교육 받으면 심오한 사상을 모르더라도 나눔 실천하는 삶을 살아간다.

    누구나 할 수 있다. 여성들은 옷을 살 때 성찰해 꼭 사야 하는지 따져 보고, 남성들은 저녁 회식 때 반주 한두 잔으로 마치겠다고 서원하면 된다. 그것을 절약하면 얼마든지 나눔 실천을 할 수 있다. 부모들이 보시행을 실천하는 자리를 자주 접하면 팔만대장경, 조사어록, 화두가 없이도 어릴 때부터 깊은 통찰체험을 할 수 있게 된다. 이렇게 자란 아이들은 위대한 영적 스승이 돼 21세기에 중요한 기여를 할 것이다.

- 〈불교신문〉(2599호) 김하영 기자 (2010. 02. 17)

    군더더기 : 자세한 내용은 대한불교진흥원에서 발행하는 월간 〈불교문화〉 2010년 4월호에 실려 있다.

인생지도 그리기와 나의 현재 위치 파악 — 박영재 선도회 지도법사

    인생지도 그리기와 나의 현재 위치 파악하기, 간단하게 말해서 각자 자신의 주제 파악에 대해서 오늘 법문을 이어 갈까 합니다.

    서울은 지하철을 이용하면 참 쉽고 비교적 정확하게 약속 시간에 맞추어서 갈 수 있습니다. 예를 들어 신촌의 현대백화점에서 3시에 만나자고 약속했다면, 지하철을 타고 신촌역에 내려서 몇 번 출구에 현대백화점이 있는지 개찰구에서 나오면 신촌역 주변 지도가 있어서 쉽게 찾아갈 수 있습니다. 인생의 지도는 나 자신에게 주어진 시간 동안 어떻게 하면 좀 더 유용하게 나의 삶을 살아갈 수 있을까 성찰하고 그것을 미리 그려 보는 것이지요.

    보통 우리의 인생은 70~80년, 의학의 발달로 100년도 가능하다고 합니다. 하지만 우주의 나이는 몇 살입니까 약 150억 년 이상 흘렀다고 합니다. 우주의 나이에 비해 우리 인간의 일생은 전부가 아닌 걸 알 수 있습니다. 현재 우리는 부모님이 안 계셨다면, 또 부모님의 부모님이 안 계셨다면, 현재 우리의 만남은 없었을 것입니다. 그러므로 신비롭고 소중한 우리의 인생을 신비롭고 소중한 존재에 걸맞는 인생을 살아가야 하지 않겠습니까?

신비롭고 소중한 존재에 걸맞는 인생을 이해하고 실천해 나아가기 위해서는 벤치마킹, 즉 롤 모델을 정해서 인생의 지도를 시대의 흐름에 따라 세밀히 완성해 나아가야 할 것입니다. 벤치마킹의 모델로 스스로의 삶을 조명해 보고 인생의 지도를 그려서 실천해 나아가야 하겠습니다.

저의 스승님은 세 분입니다. 첫째로는 당연히 석가세존이시고, 두 번째는 〈무문관〉을 지으신 무문혜개 선사님이시고, 세 번째는 이를 수행의 나침반으로 삼으시고 실천해 나가신 종달 노사님이 저의 스승님이자 롤 모델입니다. 저에게는 인생의 전환점이 있었습니다. 중·고등학생 때의 저는 아주 소심하고 보잘것없는 마마보이의 전형이었습니다. 그런데 대학에 진학을 하고, 대학 2학년 여름방학 10여 일을 남겨두고 있을 때 우연히 한 권의 불교서적을 접하면서 저의 인생은 큰 전환점을 갖게 되었습니다. 얼마 전에 입적하신 법정 큰스님께서 번역하신 〈숫타니파타〉였습니다. 제가 대학 다닐 때 큰 서점은 종로서적이었는데 서점에서 〈숫타니파타〉라는 책을 만난 이후 불교서적 코너에서 살다시피 하며 저의 수준에 맞는 책들을 찾아서 읽기 시작했습니다. 인간 석가의 체취를 느끼고 번뇌를 타파하려고 치열하게 노력했습니다. 〈아함경〉에 독화살의 비유라는 대목이 있습니다. 우리가 살아갈 때 독화살을 맞거나 등산을 하다가 독사에게 물렸을 때 어떻게 해야겠습니까? 우선 독이 온몸으로 퍼지지 않도록 한 후에 후속 조치를 해야겠지요. 당황하여 어쩔 줄 몰라 그냥 있으면 독이 온몸으로 퍼져서 결국엔 죽겠지요. 우선 시급한 것이 무엇인지를 생각해서 시급한 것을 먼저 해결하고 나중에 순차적으로 일들을 해결해 나아가야 합니다.

여러분들은 현재 군인입니다. 낮에는 맡은 바 임무를 다하고 밤에는 미래를 설계해야 합니다. '일출즉작일몰즉식日出則作日沒則息', 즉 해가 떠 있는 낮 시간에는 맡은 바 임무를 최선을 다해서 수행하고, 해가 진 이후 휴식(休息= 人 +木 +自+心, 사람이 자연 속에서 자기 마음을 깊이 성찰하는 것)을 취하는 저녁 시간에는 앞으로 전역을 해서 어떠한 삶을 살 것인가에 대한 성찰을 해야 합니다. 얼마 전 양평에 있는 정곡사라는 사찰에 계신 정곡 스님을 뵙는데 이 스님은 "정신 차려!"라는 주제로 늘 법문을 하시는 분입니다. 여러분들도 군 생활을 아무 생각 없이 할 것이 아니라 정신 차리고 어떻게 하면 더 알차게 할 수 있을까 깊게 생각을 해야 합니다. 더 나아가 이제 대한민국의 위상이 세계적으로 급속히 높아지고 있는 이때, '호국불교護國佛敎'를 넘어 지구촌을 구하고 평화를 유지하는 '초국불교超國佛敎', 즉 나라의 경계를 초월하여 전 세계적으로 어려운 나라들을 도우며 국제평화를 유지할 수 있는 그런 삶들을 살기 위해 미래를 설계해야 합니다.

최근에 출간된 법정 스님의 〈일기일회一期一會〉라는 제목의 책이 있습니다. 저도 1996년에 제가 지은, 생활선生活禪을 위한 〈두 문을 동시에 투과한다〉란 책에서 이미 '일기일회'란 제목의 글을 다루고 있는데, 그 뜻은 일생에 단 한 번의 시간, 일생에 단 한 번의 만남이란 뜻입니다. 사실 지금의 만남과 시간이 한두 달 흐른 후 우리가 다시 만날 때 특별히 달라진 것이 없다고 생각하겠지만 이미 계절이 바뀌고 여러분과 저와의 사이에는 미묘한 것들이 분명히 달라져 있을 것입니다. 그렇듯 여러분들의 군 생활도 지금 당장은 힘들겠지만 항상 만남은 일생에 단 한 번의 만남이라는 것을 가슴 깊이 새기고, 이러한 만남을 잘 살려서 미래를 잘 설계해 나간다면 좋을 듯합니다.

덧붙여 영국 수상 처칠에 대한 일화를 소개하겠습니다. 처칠경의 소년시절 스코틀랜드에서 휴가를 보내게 된 일이 있었다고 합니다. 무더운 여름 수영을 하다 깊은 곳에 빠져 익사할 뻔하였는데, 밭일을 하던 동네 시골청년이 소년 처칠을 구해주었다고 합니다. 이 사실을 아버지께 말씀드리니 그 당시 영국에서 큰 부자셨던 아버지는 그 시골청년에게 소원이 있으면 한 가지를 들어주겠노라고 하시며 물어보라고 하셨답니다. 시골청년은 너무도 가난하여 공부할 기회가 없었는데 공부해서 의대에 진학해 의사가 되는 것이었다고 합니다. 처칠의 아버지는 그 시골청년의 학비를 의사가 될 때까지 아무런 조건 없이 후원했다고 합니다. 이 시골청년은 알렉산더 플레밍으로 항생제의 일종인 페니실린을 발견해 제2차 세계대전 당시 많은 사람들의 목숨을 구했으며, 처칠 또한 어느 날 폐렴에 걸려 사망에 이를 정도로 심했으나 항생제(페니실린)을 복용하고 처치를 잘 받아 살아났다고 합니다. 이렇게 남에게 배풀고 좋은 일들을 많이 하면 그러한 이로움들이 다시 나에게로 돌아옵니다. 이를 불교에서는 '자리이타自利利他'라고 합니다.

끝으로 조금 전에 꼬마 도현이가 나와서 부른 음성공양 곡 '참 잘했지'라는 제목의 노래 가사 가운데, '그때 꽃씨를 뿌리길 참 잘했지'라는 대목 기억하시죠. 이 노래처럼 여러분들도 넓은 안목을 키워서 소중한 세월을 허비하지 말고 오늘 저의 깊이 간직하시길 바랍니다. 앞으로 20~30년 후 뒤돌아봤을 때 내가 군 생활을 할 때 어떤 법사님이 법문을 해 주셨는데 그때부터라도 열심히 준비해서 잘했으면 지금보다 좀 더 나은 생활을 하고 있지 않았을까 하는 후회를 하는 장병들도 있을 것이고, 법문을 듣고 가슴 깊이 새기며 실천을 잘 하신 분들은 도움이 되었다는 생각을 하게 될 것입니다. 사실 석가세존께서 깨달음을 얻기 위해 출가하신 때는 29세 때의 일입니다. 따라서 여러분들은 석가세존보다 훨씬 어린 나이이기에 석가세존보다 더 유리한 입장에서 보다 쉽게 큰 깨달음에 도달할 수 있습니다. 끝까지 경청해 주셔서 감사합니다. 이만 법문을 마치도록 하겠습니다. 법경 합장

군더더기 : 이 글은 선도회가 2010년 3월 21일(日) 오전 10시 경기도 포천군 기갑부대 철갑사(군포교당, 주지 지일 스님)에서 아비라테합창단과 공동 주관한 위문공연에서 엮은이가 군장병 180명을 대상으로 30분간 행한 법문 내용으로 이 지면을 빌어 이 법문 자료를 정리하시느라 애쓰신 합창단 혜문 거사께 다시 한 번 감사를 드린다.

세계일보 창간 21주년 특집 한국의 플럼빌리지를 찾아서 ─ '나에게로 가는 길' 수행결사 '선도회'

성직자도 없고, 교회나 법당도 따로 없이 45년째 이어 온 자발적인 수행 공동체가 있다. 재가수행자를 위한 선禪 모임인 '선도회'다. 지도법사는 무보수로 이곳에 나와 수행을 이끌고, 수행자들은 현직에 종사하며 둘째, 넷째 토요일 새벽 시간을 이용해 모여든다. '생활 속 통찰(깨달음) 체험'을 기치로 내건 선도회답게 장소는 서울 목동의 작은 아파트 거실. 1965년 '선도회'를 창설한 고 종달 이희익 노사의 자택이 그대로 수련장으로 쓰인다.

지난 2010년 3월 13일 토요일 아침 7시 30분, 이 아파트 거실에 10여 명이 참선삼매경에 빠져 있다. 그 사이 거실 옆 작은 방에서는 지도법사인 박영재 교수와 수행자 간의 일대일 입실지도(화두점검)가 한창이다.

"선도회는 각자의 신앙 아래서 지속적인 자기성찰과 통찰체험을 도와주는 모임입니다. 자각각타(自覺覺他 · 자신도 깨달음에 도달하고 남도 깨달음을 얻도록 함)의 가풍을 선양하도록 합시다."

1시간의 참선 시간에 이어 수행자들은 박 교수가 〈무문관〉을 비롯, 조사 어록의 구절들을 설하는 법문을 경청한다. 선도회는 불교 선종 공안집인 〈무문관〉을 중심으로 화두참구를 기본으로 하는 간화선 수행 전통을 잇고 있다. '좌일주칠(坐一走七 · 하루 중 8분의 1은 좌선을 하고 나머지 시간은 본업에 매진하라)'의 수행 가풍 탓에 종교와 종파를 초월한 직장인들은 매일 '하루 향 한 대 타는 시간 앉지 않으면 한 끼를 굶는다.'를 실천한다.

제1대 종달 이희익 지도법사의 유지를 받아 박 교수가 제2대 지도법사로 활동 중이며 서울 목동, 정릉, 서강대, 인천, 대전, 광주 등 11개 지부 모임에서 200여 회원이 정진하고 있다. 지도법사와 참가자들은 종단과 종파를 초월한다. 인가를 받은 20명의 법사 중 서강대 박형상, 박성호, 서명원 교수가 서강대 성당기도실을 빌려 매주 화, 수, 금요일 선도회 참선모임을 이끌고 있다. 이들 중 서 교수는 가톨릭 신부, 다른 두 교수는 가톨릭 신자이다.

선도회의 특징은 스승과 제자가 선문답을 나누는 '입실지도'다. "간화선이 어렵다고들 하지만 스승을 제대로 만나 꾸준히 정진한다면 간화선만큼 빨리, 그리고 간결하게 깨달음으로 갈 수 있는 수행법도 없다."는 이유에서다. 수행자가 2주일간 참구해 온 화두의 경계를 제시하면 지도법사는 "버려라" "방향은 제대로 잡았지만 세밀하게 다듬어라." 등 수행의 방향을 제시해준다. 요즘은 회원들의 해외 근무나 직장 이동 등 사정에 따라 인터넷을 통한 전자입실이나 문자 메시지로 화두점검을 하는 경우도 있다. 박 교수는 "화두점검은 스승과 제자 사이에 체험을 바탕으로 한 커뮤니케이션"이라면서 "언구에서 자유로워지면 된다"고 설명했다.

서광일(42·충남 당진·일러스트레이터)·서수일(37·성남시·불자봉사합창단장) 자매는 "4년째 입실점검을 빠짐없이 받고 있는데 공부를 안 하면 안 오고 싶어질 만큼 부담스럽다. 하지만 입실점검을 통해 화두를 투과하거나 공부의 방향을 바로잡고 나면 생활이 향상됨을 느낀다."면서, "걸으면서, 설거지하면서도 화두를 참구하는 습관을 들이다보니 이젠 하루라도 '좌일주칠' 하지 않으면 삶의 실타래가 더 얽히는 경지"라고 소감을 밝혔다.

선도회는 지난해 사단법인 인가를 받았다. "삶 속에서의 통찰체험이 나눔 실천으로 이어지지 않으면 통찰체험은 무의미하다."고 강조해 온 선도회답게 좌선수행과 나눔 실천 문화의 삶을 선도하겠다는 다짐이다. 다리 틀고 앉아 하는 화두타파는 과정일 뿐, 어려운 저잣거리에 다가가는 것이 수행의 이유라는 것. 박 교수는 13일 법문에서 "통찰체험을 했는데 더불어 나누는 삶을 살고 있지 않다면 선에서는 마른 지혜만 머릿속에 붙어 있다고 일컫는다."면서 통찰(깨달음)과 나눔(보시)은 두 개의 수레바퀴처럼 함께해야 하는 것이라고 강조했다. 더불어 앤드루 콜먼 레스터대 교수의 연구내용을 수행자들이 함께 읽고 공유하는 시간도 가졌다. "한 종에서 유전적으로 다른 여러 개체가 존재하는 경우, 이들 중 일부가 우연히 선의를 보이면 다른 개체들이 이를 따라 하기 시작한다. 실험상 이 같은 전파 구조는 선한 행동뿐 아니라 악한 행동에도 똑같이 적용

되며 사회 전체로 확산됐다."는 내용이다.

지난 21일 포천 군 법당에서 나눔 행사를 가진 선도회는 다음달 10일에는 성남 시립요양원에서 나눔 행사를 갖는다. 박영재 교수의 법문과 함께 회원들이 물품 보시 등을 한다.

— 〈세계일보〉 김은진 기자 (2010. 03. 23)

'선도회' 이끄는 지도법사 박영재 교수

"서양 개신교에서는 깨달음 대신 통찰이라는 표현을 씁니다. 선불교만이 수행의 방편이라는 생각은 옳지 않습니다. 통찰과 헌신(나눔)은 모든 종교를 초월한 공통된 목표지요."

박영재 서강대 물리학과 교수는 '참선을 통해 자기 삶의 자리에 충실하라' 는 선도회의 지도법사이자 역할 모델이다. 종달 이희익 노사 문하에 입문한 지 35년째, 선도회 제2대 법사로 선도회를 이끈 지 20년째다. 물리학 교수와 법사를 오가는 그의 서강대 연구실은 두 칸으로 나뉘어 있었다. 한쪽은 연구 공간, 나머지 한쪽은 방석이 놓여진 참선 공간이다. "연구 중 머리가 지끈지끈해질 때마다 참선에 든다."는 그는 "내성적이고 소심했던 내가 참선 5년을 하니 한 달 가슴에 맺힐 일이 5일이면 사라지고, 10년 참선 후 돌이켜 보니 분별 망상과 함께 가슴에 맺힌 일이 다 사라졌더라."고 했다.

박 교수는 이론물리학 분야에서 나름대로 열심인 학자이다. SCI(과학기술논문 인용색인) 등재 국제학술지에 그가 낸 논문만 150편. 교수생활 30년간 연간 5편의 논문을 낸 셈이다. 최고 전성기의 인류학자들이 평균적으로 연간 2~3편을 발표하는 것에 비하면 놀랄 만한 성과다. 이에 대해 그는 "참선수행을 통해 집중력이 좋아지고 공동 연구를 잘해 낼 수 있게 돼 가능했다."고 수행의 힘을 강조했다.

자신의 성찰을 사회 속에서 나누는 데 관심을 쏟고 있는 그는 수행자다운 삶의 자세를 견지한다. "높은 직위와 좋은 직업을 가진 사람일수록 권력을 이용한 부정부패를 조심해야 한다."고 말한 그는 "월급 이외의 부수입은 손대지 않는다는 원칙을 지키면 된다."고 일렀다.

20세에 불교 수행에 입문한 그에게는 학업과 연구가 수행의 일환이었다. 의사였던 부친의 2대 독자로 태어나 전형적인 마마보이였다는 그는 이공대 전체 수석으로 입학하면서 쫓기는 입장에 시달리며 혼돈의 시절을 보냈다. 그러다 법정 스님이 번역한 〈숫타니파타〉를 접한 이후 붓다의 삶에 감명 받아 온갖 불서 섭렵 끝에 '선도회'에 입문했다. 스승인 종달 이희익 노사가 1990년 6월 입적하면서 스승의 유지에 따라 현재까지 선도회 제2대 법사로 간화선 포교에 앞장서고 있다. 매월 1, 3주 금요일 저녁에는 불교 언론 출판 관계자를 위한 참선 지도도 한다. 요즈음 재가자는 물론 스님 한 분도 그에게 입실지도를 받고 있다.

서강대에서 10년간 '참선' 강좌를 해 왔던 그가 현재 학부생들을 대상으로 열고 있는 교양 수업 '자연과 인간'도 인기다. '나의 인생지도를 쓰라'는 숙제를 내 주는 이 강의에서는 석가세존은 물론 예수그리스도, 유대교 랍비의 삶 등을 삶의 나침반으로 제시한다. 그에게 종교 간의 경계는 의미가 없다. 연구실 벽 한가운데 예수의 십자가상과 불교 선어록인 〈신심명〉 구절이 새겨진 족자를 나란히 걸어둔 그는 "예수회 창립자인 이냐시오 로욜라 성인(신부)도 '토굴 수행자'였다."면서 "동굴에서 기도 정진하며 마을에서 탁발하는 가운데 깊은 통찰체험을 한 성인"이라고 설명했다.

모든 분별심을 버림으로써 평상심과 집중력의 힘을 키운다는 그에겐 "과학도 불경이나 성경처럼 또 다른 비유의 보고"이다.

"제 법문의 서두는 늘 '우주의 역사는 150억년'이라는 이야기로 시작됩니다. 150억 년의 세월 속에 조금의 조건이라도 달랐다면 지금 내가 이 자리에서 호흡할 수 없기 때문에 더할 나위 없이 소중한 존재라는 것이죠. '불성'이란 말을 끌어들이지 않고 단순한 과학적 사실만으로도 인간이 얼마나 소중한 존재인지 인식하고 어떻게 가치 있게 살아가야 하는지 인식할 수 있습니다"

— 〈세계일보〉 김은진 기자 (2010.03.23)

유쾌한 노년을 위하여 — 박영재 선도회 지도법사

1. 가문에 대한 자긍심 가지기

- 이 지구상에 나와 똑같은 사람은 한 사람도 없다.(어르신들 따라 하기) 150억 년의 우주 역사상 똑같은 사람은 단 한 사람도 없으며 어르신들은 거의 0인 확률로 이 지구상에 태어난 매우 소중한 존재들입니다.
- 젊은 시절 우리는 국가 발전에 크게 기여했다.(어르신들 따라 하기) 정말 어르신들은 대한민국의 그 어려운 시절을 굳세게 견디며 국가발전에 크게 기여하셨습니다.
- 우리 자녀들은 현재 국가 발전을 위해 크게 기여하고 있다.(어르신들 따라 하기) 그러니 자주 방문하지 못하는 자녀를 두신 어르신들의 경우 자주 찾아오지 않는다고 너무 원망하지 마십시오. 자녀들이 국가 발

전에 더 많이 기여하고 있다고 믿으세요. 실제로 그렇고요. 오히려 자주 찾아오면 가문의 명예를 걸고 맡은 일에 소홀히 하지 말라고 야단을 치십시오.

2. 늘 감사한 마음과 나누는 마음 가지기

● 그래도 우리는 성남시민과 정성노인의집 여러분들의 도움으로 현재 잘 지내고 있다.(어르신들 따라 하기) 정말 좋은 시설에 좋은 봉사자 여러분들의 보살핌 속에 지내고 계십니다. 참고로 음성 꽃동네를 있게 한 최귀동 할아버지의 경우 40여 년 동안 무극천 다리 밑에서 지내며 자기보다 거동이 불편한 분들을 위해 걸식을 하며 베풀었습니다. 그러면서 이 분이 남긴 명언이 있습니다. "얻어먹을 힘만 있어도 주님의 은총입니다." 이와 같이 어르신들은 복 받은 분들이시니 늘 감사한 마음을 잃지 마시고 잘 간직하십시오.

● 생각날 때마다 100원이나 500원 짜리 동전을 나눔통에 넣어, 우리보다 어려운 처지에 계신 분들을 돕겠다.(어르신들 따라 하기, 함께 한 분들 동참하기)
어르신들께서 생활하시다가 생기는 동전들은 꼭 이 나눔통에 넣으셨다가 연말에 원장님과 함께 보다 어려운 처지에 계신 분들을 방문해 도와주십시오.

3. 뇌 기능 활성화하기

● 나는 늘 즐겁고 유쾌했던 추억만 떠올린다.(어르신들 따라 하기) 항상 젊은 시절의 즐겁고 유쾌했던 좋은 추억만을 떠올리십시오

● 나는 좋아하는 명상 기도문을 읽고 외우겠다.(어르신들 따라 하기) 좋은

명상기도문 등을 아침저녁으로 읽고 외우려고 노력해 보십시오. 오늘날 뇌과학 연구를 통해 입증되고 있는데, 기도나 노래 부르기 등이 건강한 뇌를 오래 유지시켜, 치매 진행을 더디게 하는 데 효과적입니다.

4. 건강한 몸 유지하기
● 나는 매일 가능한 규칙적으로 힘들 때까지 운동하겠다.(어르신들 따라 하기) 우리 몸, 특히 근육은 사용하지 않으면 노년에 접어들수록 급격히 퇴화합니다. 특히 팔 근육 운동, 복근 운동, 다리 운동이 건강 유지에 필수적이기 때문에 이 점에 신경쓰셔서 더욱 열심히 하십시오.

좋은 기도문 소개 1 : 아프리카인의 기도
아이들을 보살펴 주소서. 그들은 가야 할 길이 멉니다.
노인을 보살펴 주소서. 그들은 먼 길을 걸어왔습니다.
아이도 노인도 아닌 사람들을 보살펴 주소서. 그들은 살림을 책임지

고 있습니다.

좋은 기도문 소개 2 : 네 가지 한량없는 마음(사무량심四無量心)
- 모든 존재가 행복하소서. 더하여 행복의 인연을 짓게 하소서.
- 모든 존재가 괴로움에서 벗어나소서. 더하여 괴로움의 인연을 짓지 않게 하소서.
- 모든 존재가 고통을 넘어 행복으로 가게 하소서. 더하여 다시는 행복에서 멀어지지 않게 하소서.
- 모든 존재가 좋은 것은 가까이하고, 싫은 것은 멀리하려는 마음을 넘어 오로지 평등심에 머물게 하소서.

– 〈유마경〉 '불국품'에서 발췌

좋은 기도문 소개 3 : 인디언 기도문
위대한 영이시여, 제 스스로 제 일을 잘해 나갈 수 있게 하소서.

저로 하여금 언제나 저 자신의 일을 성찰하게 하시고,
저로 하여금 침묵할 좋은 기회를 놓치지 않게 하소서.
제가 고통을 겪어야만 할 때는 잘 자란 동물들을 본보기 삼아
멀리 가서 저 혼자 제 고통을 견딜 수 있게 하시어
제 불평으로 다른 사람들을 힘들게 하지 않게 하소서.
만일 제가 성취할 수 있다면 성취할 수 있게 도와주소서.
하지만 위대한 영이시여, 특별히 부탁을 드리건대
만일 제가 성취할 수 없는 운명이라면 적어도 기꺼이 받아들이게 하소서

— E. T Seton의 〈인디언의 복음〉에서

좋은 기도문 소개 4 : 기도의 시
저로 하여금 위험을 모면하게 해 달라고 기도하지 말게 하시고
다만 두려움 없이 위험을 마주할 수 있기를 기도하게 하소서.

저로 하여금 제 고통 누그러지게 해 달라고 간청하지 말게 하시고
다만 마음으로 그 고통을 정복할 수 있기를 간청하게 하소서.
저로 하여금 삶이라는 이 전쟁터 속에서 타협하지 말게 하시고
다만 제 자신의 힘으로 길을 찾아 극복해 나가게 하소서.

저로 하여금 두려움 속에서 근심하며 구원받기를 갈구하지 말게 하시고
다만 인내로써 제 자신의 자유를 얻어 내기를 희망하게 하소서.
저로 하여금 제가 성공했을 때에만 자비를 느끼는 그런 겁쟁이가 되지 말게 하시고

실패 속에서 자비의 손길을 보게 하소서.

— 라빈드라나드 타고르 시집 〈열매 모으기〉에서

군더더기 : 이 자료는 2010년 4월 10일 성남시립 정성노인의집 어르신들을 대상으로 (사)선도성찰나눔실천회와 아비라테합창단이 공동으로 주관한 나눔 행사에서 행한 특강 자료다. 2009년 8월 22일 '성남시립 정성노인의집'에서 했던 특강 내용의 개정판으로 대부분의 내용은 복습에 해당하나, 널리 읽히고 있는 좋은 기도문들의 추가와 어르신들께서도 100원에서 500원 짜리 동전이 생기면 나눔통(준비해 간 저금통)에 보시하시어 연말에 어르신들보다 더 어려운 처지에 계신 분들을 도울 수 있다는 것을 일깨워 드리도록 새롭게 추가하였다.

제2부

문하생들의 수행 체험기

5. 선도회 법사들

법사단 현황

지금까지 법사 인가를 받으신 분들 가운데 입적하신 법원法元 조보환 거사, 도심道心 김기린 거사, 법전法田 한기창 거사와 개인 사정으로 쉬고 계신 법철法徹 정희종 거사 및 종정을 지내셨던 혜암 노사님 문하로 출가하신 법천法泉 문상택 거사를 제외하고 현재 모두 18명의 법사가 활동하거나 준비 중에 있는데, 여러 가지 사정으로 인하여 글을 직접 제출하지 않은 법사들의 글은 이전 자료에서 발췌해 게재하였다. 인가를 받은 순서대로 기명하면 다음과 같다.

    철심鐵心 이창훈 거사(회장)
    법경法境 박영재 거사(목동모임, 인사동모임)
    법등法燈 정경문 거사(성북모임)
    법장法藏 권영두 거사(독립문모임)
    혜정惠政 김인경 거사(광주 · 전남모임)
    법성法性 조주호 거사(광주 · 전남모임)
    혜봉慧峰 김승진 거사(준비 중)

혜연慧淵 한갑수 대자(퇴계원모임)

혜운慧雲 윤희운 거사(준비 중)

지천智川 홍치원 거사(인천모임)

천흠天欽 박성호 거사(신촌제1모임)

천보天堡 박형상 거사(신촌제2모임)

현암玄岩 심상호 거사(성북모임)

지관智觀 조성환 거사(광주 · 전남모임)

천수天秀 박창환 거사(사무총장)

천달天達 서명원 신부(신촌제3모임)

전원電元 조영준 거사(제천모임)

지초智初 이영배 거사(준비 중)

참고로 종정을 지내셨던 서암 노사님의 전법제자이시고 정곡사 주지로 계신 통방정곡 선사께서 2009년 말부터 엮은이와 선도회 공안 점검 체계에 대해 깊은 교감을 나눠 오다가 2010년 3월부터 정곡사에서 참선 불교학교를 열면서 실질적으로 선도회 법사로서 경기 · 양평모임을 이끌고 계신다. 한편, 아직 법사직을 부여받지는 못했지만 전성電惺 금주연 거사께서 〈무문관〉 점검을 마치고 2009년부터 부법사副法師의 자격으로 경북 · 영천모임을 이끌고 계신다.

선도회 법사 자격에 대하여

몇몇 분들이 최근 〈무문관〉 점검을 마쳤다는 연락을 여러 법사님으로부터 받았는데, 2010년 1월 3일 개최된 법사단 회의에서 선도회가 사단법인화 되면서 법사들의 역할이 더욱 막중해지는 시점에서 우선 4명의 법사추천위원회(法境, 法燈, 慧頂, 智川, 간사 天秀)에서 종교와 종파를 초월해 법사 후보자 분들이 현재 〈무문관〉 점검을 통해 체득한 깊은 통찰체험을 바탕으로 적극적인 나눔 실천의 삶을 살아가고 있는가에 대한 면들을 다각적으로 검토한 다음, 충분히 법사 자격을 갖추어 추천할 만하다고 의견이 모아질 경우 법사단 전체 회의를 통해 법사 인가를 확정하기로 의결하였음을 이 지면을 빌어 밝히고자 한다.

큰 웃음 허공으로 터지는데

철심鐵心 이창훈 선도회 회장/능인선원 현 법사

1964년 때인가 우연히 호흡법에 관한 책을 읽게 되었는데 열심히 수련하면 희로애락을 초월한 부동의 경계에 도달하며 신선이 될 수 있다는 내용이었다. 나는 무조건 수련을 시작했다. 그 후 몸이 좋지 않아 한의원에 갔더니 한의사가 맥을 짚으며 불교와 인연이 많다고 했다. 1950년 6·25동란 때 집안이 파탄이 나서 말할 수 없는 물질적, 정신적 어려움을 겪었던 나는 부동不動의 경계를 얻고 싶고, 인간의 행복과 불행을 결정하는 어떤 공식이 있나 찾고 있다고 했더니, 한의사는 그것이 곧 불교의 목적이라고 하였다. 이에 깊은 감명을 받았고 이것이 불교에 입문을 하게 된 계기가 되었다. 대구시 대명동 진각종 포교당에 다니면서 대구 시립 도서관에 나가 닥치는 대로 불교 서적을 읽었다.

그 후 구독하던 〈대한불교(현 불교신문)〉 주간으로 계시던 이희익 노사님께서 호흡법에 관한 기사를 쓰셨는데, 호흡법으로 이미 엄청난 수련을 해 온 나는 복부에 이상이 생겨 기회가 오면 노사님을 뵈리라 생각했다.

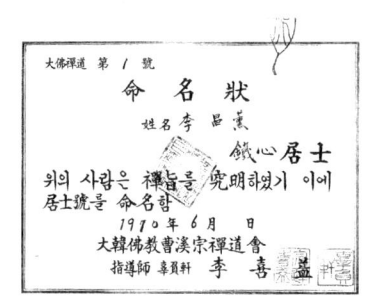

서울에 올라온 후 돈암동 녹야원에서 반야심경 강의를 하시던 노사님을 찾아뵙고 호흡에 관한 질문을 드렸다. 대화는 자연히 불교로 이어졌다. 내가 '조주무자'도 읽은 것을 노사께서는 대단히 기쁘게 생각하시며 걸으면서 즉시 경계를 제시해 보라 하셨다. 내가 "끊어져 없습니다."하니 아니라고 하시면서 다음에 만날 때마다 경계를 제시하라고 하시니, 이것이 노사님과의 인연이 맺어진 시초이다.

우연히 멀지 않은 곳에 사시던 노사님 댁을 거의 매일같이 찾아뵙고 입실해 6개월 후 1966년 6월 경 처음으로 '무' 자 화두를 투과하기에 이르렀다. 그 후 십수 개의 화두들과 〈무문관〉 48칙을 통과한 후 1983년 후학을 지도하라는 허락을 받았다. 한편 뜻한 바 있어 능인선원에서 수년 간 교육프로그램을 수료하고, 현재 포이동 능인선원 법사로서 새로 불문에 들어오는 도반들을 이끄는 데 일조함과 동시에 능인선원 지원인 대원정사에서 2010년 4월부터 참선지도를 하기 시작했다.

노사님께선 많은 어려움 가운데서도 인재를 수없이 양성하셨는데 현재 선도회 제2대 지도법사이시며 노사님의 뜻을 받들어 수많은 도반들을 이끌고 계신 법경 박영재 거사님, 서울 독립문모임 법사이신 법장 권영두 거사님, 서울 성북모임 법사이신 법등 정경문 거사님, 전남·광주모임 법사이신 혜정 김인경 거사님, 퇴계원모임 법사이신 혜연 한갑수

수락산 시립노인요양원에 기저귀를 기증하는 철심 거사

대자님, 인천모임 법사이신 지천 홍치원 거사님, 신촌 제1모임 법사이신 천흠 박성호 거사님, 신촌 제2모임 법사이신 천보 박형상 교수님, 신촌 제3모임 법사이신 천달 서명원 신부님, 선도회 사무총장이신 천수 박창환 거사님, 지초 이영배 거사님 그 외에 기라성 같은 도반들이 계시다.

  스승님의 필생의 숙원 사업이던 사단법인 설립도 '선도성찰나눔실천회'란 이름으로 2009년 8월 문화체육관광부로부터 인가를 받았다. 이를 위해 사모님 김순가 여사님의 아파트 사후 희사 공증 및 법장 권영두 거사님의 자택 희사, 법경 박영재 거사님 외 여러분의 현금 기부가 뒷받침이 되었고, 지천 홍치원 거사님의 지속적인 법률자문, 문화체육관광부 창구를 맡은 지만 강보대 거사님의 대활약과 천수 박창환 거사님의 헌신적인 노력이 큰일을 성사시켰다. 여러분의 노고에 머리 숙여 감사를 드린다. 여러분의 추천으로 내가 〈사단법인 선도성찰나눔실천회〉의 회장으로 추대되어 막중한 임무를 부여 받았지만 잘해 나갈지 걱정이 앞선

다. 여러 도반들의 협조를 바랄 뿐이다. 이로서 종달 이희익 노사님의 "위로는 도를 구하고 아래로는 중생을 제도"하고자 하는 틀은 확고히 세워졌으며 앞으로 우리 선도회의 활약은 증대되어 갈 것이다.

끝으로 종달 노사님을 만남으로서 시작된 인연은 1991년 8월 어느 날 터져 나온 다음의 글로서 일단 마무리 지으려 한다.

鐵心 합장

일진광풍 몰아치듯 나와 '無'자 떨어진 곳
밝은 성품 확연하니 한 생각 이전인데
뚜렷하되 옛 놈을 여의지 않네.
소 타고 소 찾는다 그 말이 이 아닌가.
부처는 무엇 하러 평지풍파를 일으키고
제자리 돌아올 걸 나는 왜 헤맸던고.
큰 웃음 허공으로 터지는데
하늘은 높고 땅은 푸르구나.

선사님의 입적 20주기를 맞아

법등法燈 정경문 성북모임 법사/법무사

어느덧 선사님의 입적 20주기가 되었다. 세월의 흐름은 참으로 빠르다. 내가 선사님을 처음 뵈었을 때가 40대 초였었는데 선사님 떠나가신 지가 20년이 되었다. 시쳇말로 강산이 두 번 변하는 시간이었다.

그동안 주위의 풍경도 변해 왔고 끊임없이 이어지는 일상의 수많은 사건들도 기억에서 지워져 가고 있다. 이렇게 말하는 나도 에너지 충만하던 젊은 날과 달리 육체는 늙고 기력은 떨어지며 기억력은 점점 약해지고 있음을 실감하고 있다.

그러나 그 세월 동안 순간순간 자기를 확인하며 무심을 익히고 묵은 카르마(업)를 녹이는 데 애쓰다 보니 지나간 시간들이 결코 긴 것도 아닌 듯 여겨진다. 내가 선을 만나 그 속에 빠져 살 수 있었다는 것은 참으로 행운이었다. 그때 선사님과의 만남이 없었다면 지금 어떻게 지낼까?

요즈음은 팔다리 힘이 전 같지 않고 몸이 무거운데다 머리가 어지러워 아뜩아뜩 쓰러지려고 할 때가 많은데, 그럴 때마다 '나'는 아무데도 의지할 바 없는 '나' 임을 확인하곤 얼마나 다행스러워 하는지…….

法燈 합장

보화존자의 게송에

밝음이 오면 밝음을 치고
어둠이 오면 어둠을 친다
사방팔면으로 오면 선풍으로 치고
허공으로 오면 연가로 친다
明頭來 明頭打
暗頭來 暗頭打
四方八面來 旋風打
虛空來 連架打

어떤 것이 스님의 본래면목입니까?

법등法燈 정경문 성북모임 법사/법무사

1984년 5월 17일 목요일 오후 2시 서울 종로의 법무사회관 8층 불교진흥원 시민선방에서 있었던 이희익 선사님의 좌선지도 시간. 나는 선방에 붙여진 시간표를 보고 이희익 노사님이 어떤 분일까 하는 호기심만을 갖고 참석했다. 법회시간보다 늦게 도착하여 방안에 들어서니 키는 작지만 형형한 눈빛을 내는 노인 한 분이 대중들 앞에 서서 선 지도를 하고 계셨다. 20분간은 가부좌하여 좌선을 하게 하더니 죽비를 치고 가부좌를 풀게 한 뒤 나머지 20분 동안은 휴식하면서 궁금한 사항이 있으면 질문하라고 하셨다.

그때 앞자리에 앉아 있던 50대 초반의 한 불자가 "선생님, 〈무문관〉을 쓰셨지요?" 하고 질문을 던지자 선생님께서 "썼어요."라고 말씀하셨다. 그 불자가 "제가 〈무문관〉을 다 봤습니다."라고 하니, 선생님은 그 불자를 앞으로 나오라고 한 후 그 불자한테 아래와 같은 질문을 하셨다. "〈무문관〉을 보면 조주 스님에게 어느 때 한 스님이 '개에게도 불성이 있습니까 없습니까.' 하고 물으니, 조주 스님이 '무無'라고 했는데 그 '무'가 뭐요?" 그 불자가 "모르겠습니다."하고 얼버무리자 선생님은 "여보! 그건 〈무문관〉을 본 게 아니오!"라고 하셨다.

그 광경을 보자 나는 눈이 번쩍 뜨였다. 그토록 찾아 헤매던 좌선의 스승이 내 눈앞에 계셨던 것이다. 당시 내 나이는 만 40세였는데, 내가 20대 후반에 불교를 만나면서 처음 본 경전이 〈금강경〉이고 그 다음으로 본 책이 〈법보단경〉이었다. 육조 스님이 글자를 모르지만 〈금강경〉 읽는 소리를 듣고 마음이 열렸다는 〈법보단경〉의 구절은 불교에 대한 호기심을 불러일으켰다. 그 후 〈경허 스님 기행록〉과 고형곤 선생님의 〈선의 세계〉를 읽은 후 좌선을 해야겠다는 마음을 굳혔으나 쉽게 스승을 만날 수 없었다. 70년대까지만 해도 재가에서 좌선하는 곳이 드물었고, 주변의 스님들도 선을 잘 모르는 듯했다.

나는 책을 읽으면서 혼자서 좌선을 시도했다. 직장에서 6시에 퇴근하면 집으로 돌아와 저녁밥이 될 때까지 좌선을 한다고 앉아 있곤 했다. 그러던 어느 날 집사람이 방 밖에서 다급한 목소리를 내기에 내가 좌선하는 도중에 황급히 몸을 일으켰더니 상기가 되었는지, 그 순간 불빛이 샛노랗고 가슴이 답답해서 며칠 동안 혼이 났다. 그날 이후부터 누구의 지도를 받지 않고 혼자서는 무서워서 좌선을 할 수가 없었다. 그러다가 이희익 선생님이 지도하는 시민선방이 있다는 소식을 듣고 찾아 나서게 된 것이다.

처음 선방에 입실해서 선생님께 큰 절을 올렸더니 '무無' 자를 보라 하셨다. 선생님으로부터 무자 화두를 받고 약간 흥분되었다. 선사의 육성을 통해 '무자가 뭐냐' 고 물으시면서 건네준 화두엔 생동감이 있었다. 나는 '무' 자를 받자 무엇이 '무' 자인가 하고 골똘히 의심하면서 무자에 빠져들었다. 밥을 먹을 때나 길을 걷거나 육체를 움직일 때도 '무' 자가 무엇인가를 의심하고 있었다. 아랫배에 지긋이 힘을 주고 아랫배 호흡하는 훈련까지 곁들여 해야 하니 다른 잡생각을 할 틈이 없었다.

일하다가 잠시 쉴 때는 물론 앉으나 서나 걷거나 방에 누워서까지 '무' 자를 참구했지만 세월만 가고 무자는 쉽사리 해결되지 않았다. 스승님이 80세의 연세라 얼마나 더 살아 계실지도 모를 일이었다. 나대로 열심히 공부하면서 이것을 '무' 자의 답이다라고 제시해도, 저것을 제시해도 아니라고 하셨다. 나는 앞뒤가 꽉 막혀 버렸다.

'무無' 자 화두를 들 때는 앞뒤가 꽉 막혀 답답했으나 돌이켜 보면 그때가 좋은 시절이었다.

매주 토요일 오후 4시는 스승님께 입실하는 시간이었다. 여기서 입실이란 내가 참구하는 화두의 점검을 받기 위해 스승과 독대하는 순간을 말한다. 나는 토요일은 등촌동 스승님 댁으로 가서 입실했고, 일요일은 정릉 삼보선방에 나갔다. 그러기에 휴일은 자연히 수행정진하는 날이 되었다.

함께 공부하던 법장, 법천 거사와 나는 입실시간에 늘 참석했다. 우리는 평범한 직장인들이었지만 누구 하나 좌선과 입실에 나태하지 않았다. 함께 시작하여 밀고 당겨 줄 도반이 있다는 건 이 공부를 하는 데 있어 더할 수 없는 큰 원군이다. 법천은 1995년 해인사로 출가해 지각 스님으로 모습을 바꾸셨고, 법장 노장은 최근에 〈생활 속의 좌선수련 20년〉이란 책을 내 전국의 젊은이를 상대로 좌선 보급에 심혈을 기울이고 있다.

당시 삼보선원에는 법전 한기창, 도심 김기린, 법원 조보환 거사 등 뛰어난 선배들이 선방을 이끌고 있었다. 우리는 선배들의 지도 아래 신심을 갖고 수련할 수 있었다. 물론 수행의 장소는 집이건 사무실이건 차 안이건 가리지 않았다. 눈은 뜨고 있으나 마음속에는 항상 화두가 맴돌았다. 화두 외의 바깥 사물에 대한 관심이 적어졌으나 가정을 등한시하지는 않았다.

이렇게 좌선공부를 5년쯤 해 나갈 즈음, 스승님이 몸을 가누기 어려울 정도로 노쇠해 가셨다. 병중인데도 토요일 입실 받는 것만은 거르지 않으셨다. 스승님은 말씀하시기가 불편해지자 벽에 기대앉아 손가락 끝으로 옳고 그름을 가려 주셨다. 우리는 스승님의 마지막 순간의 모습까지도 말씀 없는 법문으로 새기면서 스승님의 임종을 맞았다.

당신의 에너지를 한 톨도 남김없이 다 쓰고 가시는 모범을 보이신 그때가 1990년 6월 7일 오전 7시경이었다.

내가 삼보정사에서 좌선하던 때의 일이다. 1989년 5월 21일 오후 3시 50분 두 번째 좌선시간이었다. 죽비소리에 곧 입정했는데 법당 바깥에서 '깍! 깍!' 하고 산새 소리가 천둥치듯 울어 댔다. 그 순간 나라는 존재는 산산조각이 났다. 곧이어 새소리는 본래대로 작게 들려올 뿐이었다.

1989년 6월 4일 일요일 문경 봉암사 조실 서암 스님께 입실했다. 내가 스님한테 "어떤 것이 스님의 본래면목입니까?" 하니, 스님께서 "그대로다." 하셨다. 나는 합장한 후 자리에 앉아 잠시 동안 대화로서 근본자리를 확인한 후 되돌아 나왔다.

한편 1990년 4월 23일 진관사에 들르신 해인사 부방장 혜암 스님을 친견하였다. 스님은 말씀으로 탁마해 주셨는데, 자기 공부는 자기가 잘 안다면서 오매일여가 되어야 한다고 하셨다. 한번 경계를 봐도 행위가 생멸심에 끌려다닌다면 그건 공부가 아니라고 충고하셨다. 나는 나의 스승님 외에 두 분의 큰 스승께 누구한테서도 들을 수 없는 밝은 말씀을 듣고 나의 내면을 되돌아보면서 공부할 수 있어 다행이었다.

선을 수행하는 사람은 아는 것만으로 자위하지 않고 실천이 중요하다. 특히 생활 속의 행위 하나하나가 선 도리를 벗어남이 없다. 외계의 사물에 무심하면서도 지금 눈앞에 전개되고 있는 일에 집중하는 것, 그것은 어디에도 집착하지 않으면서도 성실히 살려는 태도와 같다.

이 글을 읽는 독자에게 한 마디 질문을 던지면서 끝맺고자 한다.

"나(我)는 누구인가?"

― 〈현대불교신문〉 (2004.06.09.16)

참선 수행을 익혀서 살면 언제나 즐겁고 행복하다
법장法藏 권영두 독립문모임 법사/전 대성문화사 대표

나는 세상에 태어나서 45세까지 살면서 불법을 전혀 모르고 오욕락에 젖어 허둥지둥 어리석게 살았다. 그러나 다행히 46세 때 시절 인연으로 불법을 만나 심기일전하여 새로운 삶을 살기 시작했다.

나는 때 늦게나마 불교에 심취하여 나름대로 법회에 참여하고 불교를 열심히 공부하면서 신행하다가 54세에 내가 나를 확실히 좋게 개조하리라 자각하고 어려웠던 생활 속에서 참선 수행을 결행하게 되었다. 당시 급변하던 세태 속에서도 나와 일상에서 가깝게 지내던 주변 사람들과 삶에서 이해득실 관계를 맺고 살던 사람들이 세태에 따라 지나치게 이기적으로 변질돼가는 인심들을 겪으면서 내가 남들보다 먼저 좋게 변해야겠다는 자각하게 된 것이다.

나는 금년에 20주기를 기리게 된 '사단법인 선도성찰나눔실천회'를 설립하시고 초대 법사이셨던 종달 이희익 은사님께 입실지도를 받으면서 〈무문관〉 수행 과정을 익힌 대로 살고 있다. 쏜살같은 세월 속에 작년에 팔순을 넘겼지만 날마다 내 역할을 하면서 살고 있으므로 언제나 즐겁고 행복할 뿐이다. 내 젊은 시절 참선에 인연이 닿지 않았던 것이 못내

한스러웠던 나는 젊은이를 만나면 늘 하루라도 일찍 자기를 도야陶冶하면서 살아보라고 권유한다. 이것은 나의 사명이며 의무이기도 하다. 생활 속에서 참선을 익혀 살면 심신이 어떻게 호전되는가를 진솔하게 밝혀 한 사람이라도 더 우리 선도회에 입문하기를 권유하고자 한다.

나는 은사님의 지도를 받으면서 〈무문관〉 수행과정을 마친 뒤 수행을 익힌 대로 심성心性이 확실히 본래대로 천진스럽게 변화하고 건강이 잘 유지된다는 사실을 실감하면서 살 수 있었다. 마치 즐거운 세상에 새롭게 다시 태어난 것 같은 기쁨을 만끽하면서 살 수 있었다. 생업에 종사할 때 뜻밖에 어려운 일이 닥치면 참선을 익힌 저력으로 돌파하고 언제나 사는 재미를 물씬 느껴 가면서 행복하게 살 수 있었다. 다시 말하자면 참선을 오래 익힌 것이 좋은 습관이 되었다는 것이다. 반대로 나쁜 습관을 오래 익힌 사람은 환자를 치료하는 의사라도 담배와 술에 중독되면 건강에 해롭다는 사실을 잘 알면서도 좀처럼 버리지 못하는 것을 흔히 볼 수 있다.

나는 참선 수행으로 단전丹田에 저력이 든든해져, 예기치 못한 놀랍고 힘겨운 일에도 잘 견뎌 낼 수 있었고, 늘 바른 자세로 당당히 살 수 있었다. 비유컨대 그물에 걸리지 않는 바람과 같이 태연스럽게 평상심으로 잘 이겨 낼 수 있었다는 사실이다. 단전은 배꼽 아래 5cm되는 부위를 말한다. 그곳에 늘 힘을 모으면 몸의 정기精氣가 모여 몸이 건강해지고 장수하는 데 도움이 된다고 한다.

나는 14년 전, 졸지에 너무 일찍 아내와 사별했다. 그럼에도 불구하고 초라하지 않게 언제나 평상심으로 잘 살아왔다. 수행하지 않고 사는 사람이라면 좀처럼 이해하기 어려우리라 생각된다. 그리고 생업에서 물러나기 10여 년 전에 외환위기로 부도가 났을 때도 매우 어려웠지만 몹시 엉킨 실 꾸러미를 되감아 내듯이 평상심으로 차근차근 다 해결하고 자랑스러운 가업을 아들에게 넘겨 맡기고 노후를 즐기게 되었다. 그런 경지를 이해할 수 있도록 자세히 설명할 수는 없지만 나처럼 수행을 익혀 사는 사람끼리라면 설명하지 않아도 이심전심으로 공감할 수 있으리라. 마치 같은 그릇의 물을 함께 마셔 본 사람이라면 설명하지 않아도 그 맛을 잘 알 수 있는 것과 같다. 그러므로 쉽게 성취하기는 어렵지만 초심으로 한결같이 좋은 습관으로 굳히면 어김없이 천진스러운 결과를 만끽하면서 살아갈 수 있다는 말이다. 내가 나를 내 마음대로 좋게 부릴 수 있으니 얼마나 멋진 삶이겠는가!

나는 음식을 무엇이든지 가리지 않고 다 잘 먹는다. 편식하지 않고 아무리 진귀한 음식이라도 탐식하거나 과식하지 않고 알맞게 먹는다. 언제나 무엇을 먹든지 달게 먹기 때문에 한 달에 한두 번 술을 마셔도 역시 꿀맛이다. 그래도 한두 잔 약주로만 마실 뿐이다. 혼자 술을 마시는 어리석은 짓은 전혀 하지 않는다. 당장에는 해롭지 않더라도 자주 오래 익히면 나쁜 버릇으로 굳어져 버리기 때문이다. 그리고 끼니 이외의 간식은 거의 하지 않는다. 밥을 먹을 때는 합장하고 마음속으로 다음과 같은 오관게五觀偈를 읊는 데 역시 좋은 습관이 되었다.

 이 음식은 어디서 왔는고
 내 덕은 바로는 받기가 부끄럽네
 마음에 일어나는 집착을 떨치고
 이 몸을 지탱하는 좋은 약으로 알고
 모두 함께 참나를 찾고자 이 음식을 받는다.

이 오관게는 한문 40자로 된 것을 우리 선도회의 제2대 지도법사인 법경 박영재 선배가 쉬운 우리 글로 다듬어 정해 놓은, 우리들의 식사 때 마음가짐이다. 이런 습관은 동물처럼 감사하는 마음 없이 오직 본능적으로 먹는 데만 열중하기보다 자신을 성찰할 줄 하는 인간만이 누리는 아름다운 식사 문화로 생각된다.

나는 6·25전쟁 때 철없이 남들 흉내를 내느라 담배를 배웠다. 하루에 두 갑씩 피우다가 45세 말쯤에 병상에서 끊어 버렸다. 그리고 자주 많이 먹던 술도 그때부터 끊어 버렸다. 시력은 아직까지 밝은 곳에서 영어사전을 볼 수 있을 정도라 안경은 아예 없다. 그래도 노구인지라 언제 시력이 나빠질는지는 예상할 수 없다.

사물을 보는 견해는 눈에 보이는 것마다 생긴 그대로 순수하게 보므로 보기 싫은 것이라곤 전혀 없다. 편견과 분별심이 없어져 보이는 것마다 생긴 그대로 좋게 볼 뿐이다. 우리 인생은 천차만별로 다양하게 어우러져 각기 제 구실을 하기 때문에 자연계보다 훨씬 더 아름답게 여긴다. 철따라 펼쳐지는 자연도 아름답지만 더불어 함께 살아가는 이 세상도 살 만하다고 수긍하면서 산다. 나는 현실을 극락세계로 여기면서 살아간다. 모든 사물을 편견으로 치우쳐 보지 않으니 보기 싫은 것이라곤 있을 수 없다. 마음속에 자존심을 내려놓고 사니 현실이 늘 살만하다. 만사를 다 내려놓고 살기 때문에 늙으면서도 날마다 새로운 날로 맞으니 날로 오직 좋을 뿐이다. 그래서 나는 우리들의 삶을 자작극이라고 말한다. 다음과 같은 옛 선객의 게송을 실감하면서 즐겨 불러 보기도 한다.

옳거니 그르거니 상관 말고
산이건 물이건 그대로 두게

서방정토에 극락세계가 있느냐 묻지 말게
흰 구름 걷히면 청산인 것을

 이 세상 사람들은 무슨 일이건 서로 소견이 다를 수 있는데도 수긍하지 않고 서로 옳으니 그르니 시비하면서 사는데, 깊이 관여하지 말고 만사를 생긴 그대로 두고 보라는 내용이다. 불교에서는 교화의 방편으로 서방정토에 극락세계가 있다고 하나 바로 확실히 알게 되면 자기 마음의 작품이다. 자기 마음에 번뇌 망상이 없으면 현실이 바로 극락이고 천당이라는 뜻이다. 나는 불교에서 일체는 오직 마음으로 짓는 것이라고 강조한데 공감하면서 살아간다.
 나는 눈에 보이는 것 가운데 볼 필요가 없거나 보아서는 안 될 것을 보았더라도 염두에 두지 않고 즉시 지워 버린다. 그리고 귀에 들리는 소리는 다 아름답게 들을 뿐이다. 생활 속에서 들리는 온갖 소음이라도 다 좋게만 들을 뿐이다. 불필요한 소리와 해로운 소리는 들었더라도 귀담아 두지 않는다. 이웃 어린이의 칭얼대는 소리나 몹시 보채는 울음소리라도 아름답게 들으면 짜증스럽지 않다. 그러므로 모든 것은 자기 마음의 작품이라 말할 수 있다.
 참선 수행을 익혀 탐내고 성내고 어리석었던 나를, 본래의 밝은 모습으로 확실히 바꿔 버렸더니 언제나 좋은 삶이다. 내가 나를 내 마음대로 부리면서 즐겁게 산다는 말이다. 그리고 인격을 도야하는데 참선 수행만이 절대적이라고 고집하지 않는다. 사람마다 시절 인연에 따라 삶이 다르기 때문에 획일적으로 주장할 수 없다고 생각한다. 종교를 갖지 않고도 수행을 하지 않고도 자기가 자기를 마음대로 부리면서 밝게 살 수 있다면 구태여 수행할 필요가 없으니 얼마나 다행스러울까? 나는 아래와 같은 옛 선객의 게송을 실감하면서 즐겨 부른다.

　　물감을 허공에 그린들 허공이 그려지랴
　　칼로 물을 벤들 물에 흔적이 생기랴
　　사람마다 허공과 물같이 안정되면
　　어떤 사물 대한들 밉고 고움 있으랴

　제 아무리 유명한 화가일지라도 허공에는 그림을 그려 낼 수 없을 것이고, 칼로 물을 벤들 흔적이 있을 수 없듯이 우리들의 마음이 허공과 물같다면 어떤 경우에도 마음 상할 리 있겠냐는 내용이다. 수행하지 않고 그렇게 사는 사람도 있을 수 있겠으나 수행이 무르익어 사는 사람은 그렇게 살아간다는 말이다.

　나는 사물을 언제나 좋게만 보고 나쁘게 생각하지 않는다. 내 말에 공감하지 못하는 사람은 나처럼 생활 속에서 훌륭한 스승의 지도를 받으며 꾸준히 수행을 지속하다 보면 의문이 저절로 풀릴 것이다. 나에게는 현대인들이 벗어나기 어렵다는 스트레스 같은 건 있을 수 없다. 왜냐하면 쓸데없는 생각을 하지 않고 망상을 짓지 않고 무심히 살기 때문이다. 스트레스란 자기가 만드는 병폐이기 때문에 바이러스에 감염되어 감기에 걸리는 것과는 전혀 다르다.

　현대의학은 첨단과학의술의 발달로 날로 놀라운 발전을 거듭하고 있지만 숨이 끊어지는 것을 되살릴 수는 없다. 옛부터 훌륭한 의사는 가벼운 감기 몸살부터 암에 이르기까지 병에 걸리지 않도록 미리 예방하는 데 관심을 더 기울였다. 그러나 지식이 많은 현대인들은 마음으로 생기는 수많은 질환을 스스로 만든다는 사실을 잘 알면서도 욕구를 채우려고 자기를 지나치게 학대하면서 살고 있어 보기에 안타깝다.

특히 그 가운데 많은 사람들이 스트레스를 술이나 노래방 등에서 풀고 있다. 이런 풍토인지라 많은 청소년, 대학생들까지 그런 식으로 스트레스를 해소하려고 하는 것 같다. 질병을 미리 예방하는 것처럼 마음으로 생기는 수많은 정신질환을 미리 예방하리라는 생각을 굳혀야 한다. 누구든지 건강할 때 평소에 자기를 다스리면서 살아간다면 저절로 건강을 유지하면서 살 수 있으리라. 그렇다고 해서 늙어서도 병들지 않고 오래 살 수 있다는 어리석은 말은 아니다. 다만 생활 속에서 수행을 익혀 살면 오욕락에서 벗어나 생로병사의 법칙에 순응하면서 번뇌 망상에 걸리지 않고 제 구실을 잘 하면서 저절로 무심한 경지로 살 수 있다는 말이다.

지난 2004년 연초에 늘 은사님을 대하듯이 존경하는 우리 선도회 제2대 지도법사인 법경 박영재 선배로부터 다음과 같은 지시를 받은 뒤부터, 매우 드물게 만나지는 후학들의 입실을 지도하면서 행복하게 살아간다.

그해 4월, 참선 수행을 익혀 사는 것이 너무 좋아 젊은이들에게 널리 알리고 싶어서 〈생활 속의 좌선 수련 20년〉이라는 작은 책을 펴냈다. 그때부터 독자들 가운데 매우 드물지만 자기를 도야하고자 찾아오는 후학들이 있다. 그들을 지도하면서 함께 공부하는 것이 노후의 즐거움이고 행복이다.

우리 선도회는 참선에 입문하는 사람들이 희귀하지만 끊임없이 늘고 있다. 그러므로 세월이 지날수록 놀랍게 발전하리라 확신한다. 힘들고 견뎌내기 어려운 일에는 도전하는 사람이 흔치 않다. 그러나 아무리 힘들고 어려운 일이라도 죽기보다는 쉬울 것이다. 아무리 견뎌내기 어려운 일이라도 오래 숙련하면 마침내 밥 먹듯이 쉬워진다. 그리고 쉬운 것보다 얻어지는 결과가 훨씬 더 많을 것이니 멀리 보고 좋은 습관을 익혀 보자. 나는 생활 속의 참선수행이 자기를 도야하는 수행이므로 건강하게 잘 살 수 있는 첩경이라고도 자신 있게 말한다.

우리 선도회에는 희귀하지만 대범한 사람들을 끊임없이 만날 수 있으므로 언제나 느긋이 기다리고 있다. 누구든지 자기 처지를 확실히 좋게 바꾸려면 바른 목표를 세워 오직 생사를 걸고 10년간 한 결 같이 지속하면 마침내 반드시 성취할 수 있으리라 믿는다. 이는 꾸며낸 말이 아니고 우리 사회에서 실증된 수많은 사실가운데 하나이다.

나는 삶의 모든 것을 다음과 같이 다 내려놓고 오직 한 사람이라도 더 만나서 참선수행을 나누는 데 여생을 보람되게 보낼 뿐이다. 4년 전에는 은사님이 평생토록 숙원하시던 우리 선도회의 선원을 이룩하는 데 내가 먼저 앞장서 초석이라도 놓아야겠다는 원력으로 내가 살던 작은 집을 팔아 선도회에 기증하고 그때부터 선도회 명의로 마련된 거처에서 후학들의 입실지도를 하면서 넉넉히 살고 있다. 그 불씨가 점점 크게 번져 멀지 않아 우리들의 선원이 마련되어 은사님의 유지를 펴는 데 빛나는 터전이 되리라 확신한다. 그리고 나는 작년에 팔순기념으로 언젠가 이 세상을 떠날 때 시신을 의학 연구에 조금이라도 기여하고자 한의과 대학이 있는 경희의료원에 기증키로 자진하여 승낙서를 제출해 놓았다. 나는 이제 평균수명을 넘기고 덤으로 살고 있기 때문에 늘 삶이 흡족하다. 나를 보다 더 자세히 알고자 하는 사람은 내가 작년에 팔순 기념으로 펴낸 〈생활 속의 참선수행 이야기〉라는 작은 책을 읽어 보길 바란다. 그리고 나는 누구든지 생활 속에서 참선수행을 익혀 반드시 자신을 개조하리라는 비장한 각오로 덤벼드는 사람은 언제든지 흔쾌히 만나지만 관심만 가지고 헤매는 사람과는 시간 낭비인지라 만나지 않는다. 내가 살고 있는 주소는 서울 종로구 행촌동 210-189호 3층이며 휴대전화는 011-384-4722번이다.

　　法藏 합장

종달 노사님 입적 20주기에 붙여

혜정惠政　김인경 광주모임 법사/조선대 미대 교수

선생님! 예전처럼 선생님이라고 다시 부르고 싶습니다. 20년 전, 입적하신 선생님의 분골을 산에 뿌리고 내려올 때, 적막한 솔바람 길에서 선생님께서는 제게 "봐라! 뭐가 더 있느냐?"라고 마지막 가르침을 주셨습니다. 그때 즉시 모든 것을 홀연히 내려놓지 못하고, 그 이후에도 저는 항상 앞장서 나서는 자아自我와의 싸움을 계속하였고, 참선이라는 허상과도 오래 다투어야 했습니다.

28년 전, 불안과 패배주의에 빠져 막행막식하던 젊은 예술가가 마치 몸뚱이에 더러운 오물이라도 잔뜩 묻힌 듯한 마음으로 선생님을 처음 뵈었습니다. 두려움에 몸을 사렸던 기간을 빼고 6년여의 세월 동안, 주로 좁은 입실 방에서 선생님 앞에 꿇어 앉아 '함시방숨十方, 토시방吐十方' 하며 죽고 살고 하던 그 시절이 꿈결 같습니다.

저마다의 화두삼매 속에서 핼쑥한 얼굴로 선방 앞 세심정洗心亭에 앉아 여러 계절을 같이 보내던 그때 선후배 도반들도 이젠 모두 학처럼 되었군요.

선생님과의 인연으로 하여 아상我相의 환영이 얼마나 질긴 것인지 알았고, 세세생생의 습기를 얼마나 녹여내기 어려운지도 실감했습니다. 〈무문관〉 48칙이 살벌한 검수도산劍樹刀山이었다가 어느새 흔적도 없이 수류화개水流花開의 봄 동산이 되기도 했으며, 구름 속을 헤매다 문득 우뚝한 봉우리를 보았으나 아차 싶게 다시 구름 속으로 내동댕이쳐지길 여러 번이었습니다.

이제 어느덧 머리에 서리 내리고 빈 배처럼 그리 서두르지 않게도 되니, 비로소 점차 밝아지는 너그러움이 어리석음을 달래 줍니다. 그저 무별사無別事의 안심安心으로 삼라만상에 대하고자 합니다.

선생님, 그렇게 바라시던 재가 선풍 운동이 이제 제대로 자리 잡고 대활약을 하게 된 것 같습니다. 올 여름 법사 법경을 비롯한 여러 제자들이 각처에서 모여 선생님의 입적 20주기를 맞아 성대히 제사를 올리고자 하오니 한마디 하십시오.

"인적 뚝 끊긴 적막강산에 어디로 향하여 제사를 올려야 합니까?"

나무마하반야바라밀
나무마하반야바라밀
나무마하반야바라밀

담양 靑蛙軒에서 慧頂 합장

올덴버그의 빨래집게와 庭前栢樹子

혜정惠政 김인경 광주모임 법사/조선대 미대 교수

1976년, 미국 필라델피아 시민들은 어느 날 시청 앞에 새로 세워진 커다란 조각품을 바라보다가 "아!" 하는 탄성과 함께 서로를 바라보며 매우 즐거워하였다. 그것은 다름 아니라 미국인의 가정엔 어느 집에서나 흔히 사용하는 나무로 만들어진 빨래집게의 형상이었던 것이다. 높이가 무려 13.5m나 되어 실제 빨래집게의 약 200배 크기인 이 작품은 고풍스러운 필라델피아 시청사와 기묘한 대비를 이루며, 이 역사적 도시의 또 하나의 상징이 되었다.

미국 '팝 아티스트'의 대표적 멤버 중의 하나였던 '클래즈 올덴버그' (1929~, Oldenburg, Claes Thure)는 대량소비와 물질숭배, 인간소외의 위기의식이 팽배했던 1960년대 미국사회에서, 가장 미국적인 이미지들을 소재로 작품 활동을 해, 부와 편리성을 추구하며 대중적 이상에 몰두하던 사람들에게 그들이 머무는 일상의 실존을, 해학적이면서도 아이러니컬하게 드러내는 작업들을 진행했다. 그는 미국사람들의 생활 속에 너무 자연스럽게 존재하여 하등 특별할 것 없는 물건들, 즉 타자기, 톱, 햄버거, 커피 잔, 담배꽁초 등을 엄청난 크기로 확대하거나, 본래 딱딱한 물체를 부드러운 천으로 복제하거나 하는 기법으로 그들의 관념적 정체성을 흔들어 놓음으로서 사람들로 하여금 비로소 자신의 일상을 새롭게 돌아보게 하는 '되돌려 놓음'의 효과를 이루어 냈던 것이다.

중국 조주趙州 땅 관음원의 종심(從諗, 778-897) 선사에게 어느 때 한 스님이 묻기를 '어떤 것이 조사의 서래의(西來意)입니까?' 조주스님 말하기를 '뜰 앞에 잣나무(庭前栢樹子)' 라고 대답했다. '조주고불' 이라 불리웠던 당대 최고 선지식의 대답이니 추호도 허튼 말은 아닐 것이다. 아마도 당시 절 앞마당에 잣나무 한 그루가 있었던지 이후로 스님은 누가 무어라 물어도 뜰 앞에 잣나무라고 대답했다고 한다. 스님의 뱃속에 들어가 봐야만 그 뜻을 알 터이지만, 조주 스님이 앵두나무라 하던 세숫대야라고 하던 간에 불법의 당체로 본다면 그 무엇이 어긋나겠는가. 뜰 앞에 잣나무는 늘 그 자리에 있어서 대중이 매일 수없이 그 앞을 지나치지만 특별히 눈 여겨 볼 만한 일이 없었을 것이다. 그러나 활안을 지닌 대 도인의 눈에는 순간순간의 일상사가 곧 성주괴공成住壞空의 크나큰 우주 드라마 일 테니 어제의 잣나무가 오늘과 같을 리 없다.

아무튼 스님의 대답을 받은 제자는 막막한 문제를 부여잡고 의심하고 참구할 것이다. 날이 가고 달이 가면서 마음속 잣나무는 점점 커져서 마침내 수미산만큼 되어 온 우주를 꽉 채우고 나면 나무도 사라지고 나도 사라져 '대사일번大死一番' 의 귀향 길에서 그야말로 '목마름 싹 가신 샘물에 호젓한 산 그림자' 처럼 본래 그 자리에 그렇게 존재하는 싱그런 잣나무를 확인하고는 스승에게 돌아가 스승의 손목을 꽉 깨물어 고마움의 예를 표할 것이다.

어쩌면 수행자에게 있어 탐, 진, 치보다 더한 해독은 일상의 타성에 젖는 일일 것이다. 때문에 수많은 선지식께서 행주좌와行住坐臥 시시각각 눈앞의 현실에 깨어 있을 것을 무던히 설파하셨던 것이다. 올덴버그가 사람들에게 드러내려던 존재의 문제는 21세기의 오늘에도 엄연한 과제로 남아 있다. 정보와 가상현실의 시대인 요즘이지만 자신의 근원과 일상의 본질에 관심을 돌리며 수행하려는 사람들이 점점 늘어나니 한편 반갑고 다행스런 생각이 든다. 이러한 때, 각자 마음속에 청정한 잣나무 한 그루씩 심어 놓으면 어떻겠는가.

- 〈불교신문〉 (2003. 06. 18)

루치오 폰타나와 구지俱胝 스님의 칼 솜씨

혜정惠政 김인경 광주모임 법사/조선대 미대 교수

흔히 화가들은 아무것도 그려지지 않은 화면을 대하면 긴장한다고 한다. 순백의 공간이 주는 막막함과 무언가 채워 넣어야 한다는 관념적 의무감이 그들의 마음을 짓누르는 것인지 모르겠다. 서양에서는 나무로 된 틀에 두꺼운 무명천을 씌우고 흰색의 바탕을 칠한 캔버스에 주로 유화를 그렸는데, 19세기 인상파 이후로 서양의 미술사조는 어쩌면 그들이 그토록 매달렸던 화면인 캔버스와의 싸움이었다고 해도 과언이 아닐 만큼, 당시 전위적 작가들은 이른바 루벤스나 렘브란트적인 거짓의 환영(illusion)을 쳐부수고 회화를 '평면'으로 되돌려 놓기 위해 갖가지 방법들을 동원하고 있었다. 형태의 명암을 없애고 색채를 분석한다거나, 형상을 실루엣 처리하거나 심지어 일상물을 화면에 붙이기까지 하면서 그 동안 사람들이 가지고 있던 화면에 대한 환상의 깊이를 제거하려 하였다.

당시의 많은 화가들이 그렇게 화면의 평면화에 집착을 보이고 있을 때, 이탈리아 태생의 화가이며 조각가인 '루치오 폰타나(Fontana Lucio 1899~1968)'는 단색으로 칠해진 캔버스의 화면을 예리한 칼로 찢어 놓은 일련의 작품들을 발표하였다. '공간개념'으로 불리워진 이 작품들은 화면을 찢어·놓음으로서 화면을 2차원의 평면 상태에서 공간적으로 환기된 3차원의 물체로 환원시키는 효과를 자아낸다. 이는 마치 한참 영화가 상영되는 극장에서 스크린을 찢고 화면 뒤편의 실제사람이 무대로 걸어 나오는 것과 같은 현실적 각성의 경험을 제공한다. 사실 이 작품들로 인하여 화면과 환상의 문제는 종지부를 찍었다고 할 수 있으나, 폰타나에 의해 평면에 대한 자유를 획득한 화가들은 이후로 다시 화면으로 돌아와 비로소 신 표현주의와 같은 자유로운 표현의 경지를 만끽하게 된다. 즉 절대부정 이후의 절대긍정이라고 해야 할 경계를 얻은 것이다.

중국의 구지(850~?) 선사는 누가 무어라고 물어도 다만 손가락을 들 뿐이었다. 어느 때 외인이 동자에게 묻기를 "너희 스님께서는 어떤 법요를 설하던고." 동자 역시 손가락을 들자 후에 스님이 이 말을 듣고 칼로 동자의 그 손가락을 잘랐다. 동자가 아파 통곡하며 달아날 때 스님이 이를 불러 동자 머리를 돌린다. 이때 스님이 손가락을 들어 보이자 동자 곧 깨쳤다. 손가락 하나를 잃고 온 우주를 얻은 행복한 동자의 이야기를 보며, 우리는 구지스님의 취모검吹毛劍 솜씨와 줄탁지교의 작략에 탄복하게 된다.

온 우주와 한 몸 되어 손가락을 들어 올리는 구지 스님을 막연히 따라 하던 동자는 스님에게 손가락이 잘리는 고통 속에서 비로소 손가락과 한 몸이 되어 타성일편이 되었으니, 그때에 들어 올리는 스님의 손가락을 보고 어찌 깨치지 않을 수 있었겠는가. 관념과 타성의 표상을 자르고 제자를 지극한 무념의 궁지로 몰아넣어 단박에 오도의 경지에 이르게 한 구지 스님의 칼 솜씨는 화면을 화두 삼아 끝없이 천착하는 20세기 초반의 화가들에게 화면 자체를 찢어 버림으로써 환상의 굴레를 벗어나게 한

루치오 폰타나의 그것을 생각나게 한다.

   진리의 말씀과 부처나 조사라 할지라도 살아있는 눈으로 보지 못한다면, 다만 화석화된 관념에 지나지 않을 터이다. 어쩌면 간화看話의 바다도 이와 같아서, 그 바다에 온전히 몸과 마음을 던져 본 사람이라면 일상생활 모두가 화두며 공안임을 알 것이니 세상의 시비에 무엇 때문에 상관하겠는가.

- 〈불교신문〉 (2003. 09. 16)

고요한 여행(寂默旅路, Silent Voyage) — 잠재된 의식이 침잠된 세계, 업의 근원으로의 기행

혜정惠政 김인경 광주모임 법사/조선대 미대 교수

   조형이라는 것이 완벽한 창작이어야 한다는 점을 나는 믿지 않는다. 어느 창작 행위자가 다듬어 내는 글이나 음악이나 그림이나 조각 따위를 굳이 새로운 창작이라 한다면, 그것은 단지 이전의 것들과 '다름'일 뿐이라고 생각한다.

   나는 수많은 예술가들 역시 그들이 딛고 선 세상에 대해 끝없이 질문을 던지는 관념 덩어리들일 수밖에 없음을 절감하고 있다. 인과론에 의하면, 태어나면서 어쩌면 그 훨씬 전부터 인간은 그가 체험하는 오감과 그것을 판단하고 행위하며 저장하는 식에 의하여 인생의 잠재적 행로를 지정받는다고 한다.

이번 생에 나는 조각가가 되었다. 조각의 길을 선택하고 창작이라는 행위에 몰두하며 십여 년의 세월을 보냈을 때, 어느 날 문득 나는 내가 만들고 다듬는 조형이라는 결과물들이 새로 만들어지는 것이 아니라 내 의식 깊숙한 어느 곳에서 우러나오고 있음을 깨닫게 되었다.

이후로 나는 외형적 조형의 형식과 미술사적인 위상 등에 신경 쓰기 보다는 내 자신의 깊은 내면에 의식을 보내면서, 때로는 진득하게 기다리기도 하고 혹은 슬쩍 건드려 보기도 하면서 내 자신 속에 침잠되어 있는 형상들이 자연스럽게 떠오르도록 부추겼다. 막대기나 판, 원반이기도 하고, 때론 부드러운 천으로 만들어진 쿠션이나 두터운 캔버스 천으로 된 가방이면서, 그것들 가운데 부분적으로 금속조각이나 매듭, 실 같은 요소가 가미되기도 하는 그 형상들은 분명히 내게 몹시 친숙한 사물들이었는데도 불구하고 처음에 난 그것들의 정체를 쉽게 알아볼 수 없었.

시간이 지나면서 차츰 그것들은 아주 오랜만에 만나는 친구처럼 나를 깨우치게 하였는데 그것들은 유년시절부터 내가 겪어 온 익숙한 질감이며 형상들이었다.

나는 떠오르는 그들의 주된 이미지에 단편적이고 절제된 요소들을 간결한 조형으로 결합시키고 있었던 것이다. 그것들은 내 오랜 의식 속에 잠기어 있던 잘 다듬어진 매끈하고 단단한 책상의 엄격함과 초등학교 교무실에서 선생님이 양초 먹인 원지에 철필로 사각사각 흠집을 내어 글을 새기고 그 위에 로울러로 잉크를 밀어내면 흠집 사이로 잉크가 배어나와 하얀 종이 위에 글과 그림이 찍혀 나오던 신기한 등사용 글판의 촉감이었으며, 빠르게 돌수록 제자리에 정지하는 넓적한 팽이의 고요한 에너지와 철길 옆에 버려진 미군의 무전기 밧데리 속에 빼곡하게 채워져 있는 흑연판들의 질서, 그것을 메고 나서면 세상의 어디로라도 떠날 수 있을 것 같았던 군용 배낭 속의 충만한 존재의 암시 등등이었다. 그들은 성숙해 가는 오랫동안의 정제과정을 거쳐 내 의식 위로 떠올라 마침내 실용의 가치가 배제된 무명의 순수 이미지가 되는 것이다. 그것들의 원래 이름이나 사용처가 무엇이었던 간에 내게 떠오른 이미지들은 그대로 조형이 되는 것이었다.

이후로 나는 나의 작업에 '고요한 여행'(SILENT VOYAGE, 夢幻泡影)이란 제목을 붙이게 되었다. 그 이유는 앞으로 진행되는 나의 작업과정이, 확연하지 않은 내 잠재된 의식의 침잠된 세계, 즉 업의 근원으로까지 펼쳐지는 흥미로운 기행이 될 것이기 때문이다. 그러나 알고 보면 그것은 모든 예술가의 공통된 행로가 아닌가!

군더더기 : 이 글은 혜정 법사께서 2009년 10월 9일부터 2009년 10월 22일까지 '고요한 여행(SILENT VOYAGE, 夢幻泡影)'이란 제목으로 서울에서 전시회를 열었을 때 스스로 술회한 소감문이다. 엮은이의 견해로는 선 수행을 통한 깊은 통찰체험이 그로 하여금 넓은 안목으로 작가적 삶과 수행이 둘이 아닌 삶을 살게 하고 있지 않나 생각한다.

수행은 세상일과 달라 바른 스승 만나야

법성法性 조주호 광주모임 법사/화가

내가 참선을 처음 접하게 된 인연은 조금 별나다. 그때가 대학시절을 거의 마칠 즈음이었을 것이다. 그때 나는 현대미술을 전공하는 학생으로서 그림을 그리며 대학시절을 마무리하는 시절이었다. 그 시절 삼촌께서 내가 살고 있는 집 근처에서 살고 계셨는데, 하루는 찾아오셔서 하시는 말씀이 "내가 참선이라는 것을 하고 있는데 조카한테 정말 필요한 것 같으니, 한번 같이 가 보겠느냐."고 하셨다. 나는 "별로 관심이 없으니 가기 싫습니다."고 했다. 삼촌은 조카의 생활이 조금 불안해 보여서 그러한 생각을 하셨는지 모르겠다.

지금 생각하면 당연히 받아들일 수 있었을 텐데, 그때 나는 불교에 대해서 전혀 관심이 없었다. 그림을 그리며 친구들과 어울려 술을 마셔 대고, 젊은이 특유의 자유분방하고도 무질서한 생활을 하고 있어서 크게 삶의 고민에 빠져 있지 않았기 때문이다.

그 뒤로도 삼촌은 여러 번 참선을 권하셨다. 그래서 한번 따라가 보기로 하였다. 내가 찾아 간 곳은 조그만 아파트였는데, 어떤 할아버지가 문을 열어 주셨는데 눈에서 파란 광채가 나왔다. 아마 현관이 어두워서 그러한 현상이 생겼는지 모르겠다. 그분이 인도하는 대로 따라가 방으로 들어갔는데, 여러 명이 방석 위에 몇 줄로 앉아서 침묵하며 정좌하고 있었다.

그러한 광경을 대한 순간 이상한 기운이 나를 휩쌌다. 나도 그 뒤에 조용히 앉아 그들을 흉내 냈다. 얼마가 지나자 다리도 아프고 몸도 떨려서 괴로워하고 있는데, 한 사람씩 일어나서 옆방으로 들어갔다. 얼마 후 내 차례가 되어 문을 열고 방으로 들어갔는데, 큰 긴장감으로 거의 기어 들어가다시피 하며 무릎 꿇고 그분 앞에 앉았다. 그 분이 무엇 하는 사람이냐? 무얼 하러 왔느냐? 등 몇 가지를 물으셨는데 정신없이 대답하고 물러나왔다.

그 경험은 나에게 인생에 대한 시각을 바꾸게 한 중요한 계기가 無되었다. 그리고 토요일마다 그곳엘 갔는데, 그 뒤로 무無자란 화두를 받고 정진하기 시작하였다. 선생님께서는 서울 종로에 있는 시민선방에서도 지도하고 계셨는데, 어디든 선생님이 계시는 곳은 다 다녔다. 그때는 정말 열심히 공부했다. 일 년이 지나 '무' 자를 겨우 통과하고 '찰칵'이라고 하는 화두를 열두 개 끝냈을 때, 그분은 법성法性이라는 법호를 내려주셨다. 그 후 〈무문관〉 48칙을 겨우 마치고 삼독하였다.

이제 그분은 여기에 계시지 않는다. 내 마음 깊은 곳에 계신다. 자주 생전의 모습이 떠오르는 그분은 바로 종달 이희익 노사님이다. 임제종 묘심사파 경성별원에서 15년 동안 수행하신 후 귀국해 돌아가시는 그날까지 속가에서 후학을 지도하며 선에 관계된 많은 책을 집필하셨다. 단 한 사람이라도 건지려고 돌아가시기 며칠 전까지 제자를 지도하시던 분, 그분은 청규淸規에 의한 전문 선방을 만들고자 하셨는데 그것을 이루지 못하고 가심을 안타까워하셨다. (계속)

뒤돌아 생각해 보면 내가 불교와 인연이 있었다는 것이 당시의 내 성격상 믿기지 않는다. 지금은 나의 법우인 혜정慧頂 김인경 거사와 함께 광주에서 선도회를 이끌어 나가고 있지만, 그때는 무신론자는 아니지만 종교 같은 것에 전혀 관심이 없었기 때문이다. 사람은 항상 알 수 없는 인연 속에 존재하고 있는지 모른다는 생각을 해 본다.

선禪이란 사물과 한 몸이 되는, 다시 말하면 나를 잊는 훈련이다. 나를 망각함으로써 그 힘으로 나에 충실하여 타他를 돌보게 된다. 세상의 이치를 자세히 들여다보면 모든 것이 '나' 위주로 되어 있는 것같이 보이지만, 절대적인 측면에서 보면 너, 나가 없다. '우리는 한 몸이다'는 사실을 금방 이해하게 된다. 그리고 비로소 너는 너, 나는 나를 안다. '천상천하 유아독존'이라는 것도 그와 같은 뜻이다.

이러한 사실을 체득하기 위해서는 참선이라는 행이 필수불가결하다. 단순히 좌포에 앉아서 체득되는 그 기초적 경험에서 나오는 힘은, 변하지 않으며 항구히 지속된다. 아름다운 음악을 듣거나 좋은 책을 읽어 느끼는 감동도 큰 희열이 있지만 그리 오래가지 않는다.

선은 행하기가 어렵다고 한다. 몇 분 앉아 보면 다리도 저리고 별 생각이 다 떠오르니 금방 포기한다. 세상에 쉽게 이루어지는 일은 아무것도 없는데, 하물며 각(覺)을 이루고 자기 본래모습을 찾는 일이 그리 쉽겠는가. 조금 참다 보면 저절로 쉬워지며, 그 희열을 한번 맛보기만 하면 놓을래야 놓을 수 없는, 자신들의 소중한 일이 된다. 면밀한 호흡 아래 화두에 자기 전신을 맡기고 그 흐름에 들었을 때, 세상은 그대로 여여히 드러나게 된다. 그 희열을 금은보화, 높은 직위와 바꾸겠는가.

참선을 해 나가다 보면 어느 때 문득, 자신이 변해 있음을 알게 된다. 나만을 위하던 사람이 남을 생각할 줄 알게 되며 세상을 부정적으로 보던 사람이 사물에 감사함을 알게 된다. 자기 일에 충실하여 자기 발전을 이루게 되며 슬픈 일, 기쁜 일, 괴로운 일 등 세상만사에 슬기롭게 잘 대처하게도 된다.

사회가 복잡하고 정신적으로 위기감을 느끼는 사람들이 많아지면서 참선이나 단전호흡 등에 관심이 많아졌다. 그러나 무엇보다 올바른 스승을 찾아가 공부하는 것이 매우 중요하다. 왜냐하면 이러한 수행법은 세상 일과 달라 한번 어긋나면 모두를 그르치게 하기 때문이다.

바르고 건강한 가정, 옳고 정직한 사회가 이루어지기를 원한다면 바로 나 자신부터 변화돼야 한다. 선은 그 사람을 기다리고 있다. 하루에 몇 분이라도 좋으니 하던 일을 잠시 멈추고 고요히 사색의 세계로 전환하여 작은 자기를 버리고 큰 흐름에 자기를 맡겨 보자. 거기에서는 말이 필요 없는 큰 공덕이 온 세상에 퍼지게 된다. 그 공덕력은 비록 내 자신은 느낄 수 없지만 그 에너지는 산천초목 세상만물에 전파되어 그들을 깨어나게 할 것이다.

— 〈현대불교신문〉 (2003.10.22, 29)

가부좌 틀고 앉으시오

혜봉慧峰 김승진 목동모임 법사/조각가

나는 원래 불교에 관심과 호기심이 많았다. 하긴 우리나라 불교의 역사가 길고 문화유산 역시 불교의 것이 대부분이고 보면 미술학도로서 당연한 일인지 모르겠다. 그러나 구체적으로 신자信者가 되겠다든지 법문法文을 들으러 다닌다든지 어느 절에 다닌다든지 하는 계획도 적극성도 없이 막연히 지냈다. 다만 지나치듯 절에 들러보면 불교학생회 회원들이 절에 묵으며 무슨 수련대회 같은 걸 하는지 저녁에 취침 전 준비로 발 닦고 세수하고 왔다 갔다 하는 것을 보며 '나도 절에서 자 보았으면……' 하는 게 소원이었다.

이런 식의 어린애 같은 단순한 호기심도 인연이었는지 어느 해, 지금은 다시 오랜 도반이 된 친구 법성(法性 조주호)이 내 사는 고장 부천으로 이사를 왔다. 그러니 자연히 또 오랜 친구 도반인 혜정(慧頂 김인경)과도 자주 보게 되었는데 이들에게서 좌선에 관한 이야기를 많이 듣게 되었고, 내심 "내 곁에도 가까이 수행의 길이 열려 있구나." 하며 설레기 시작했다.

그리하여 내 딴에는 연습을 한답시고 한 2주 동안 나름대로 연습을 한 후 하루 용기를 내어 선방禪房엘 찾아갔다. 용맹했는지는 모르나 긴장되고 무섭고 아는 것 없으니 처음부터 실수연발이었다. 처음 간 날 남들은 입실 시작을 알리는 신호를 기다리며 숨소리도 안 들리게 앉아 있는데 다짜고짜 노사님 혼자 계신 방으로 들어가 엉거주춤 절하고 갈팡질팡…… 좌선을 2주 해 봤다는 얘기에 웃으셨다 "20년을 해도 될까 말까 한데…… 가 앉아 봐."

이리해서 선방 출입이 시작되었는데 처음의 용맹은 어디로 갔는지 토요일 선방으로 향하는 발걸음은 무겁디 무거웠고 '무슨 핑계 없나.' 하게 되고, 반면 또 정말로 사정이 있어 빠지게 되는 때에도 다음 시간까지의 일주일이 참으로 맘이 편하지 않았다. 무섭고 긴장되고 '내가 왜 이리 사서 고생을 하나.' 발걸음이 꼬이다가도 한편 입실 직전 마지막 힘을 다 모아 볼 때 '아 이거다!' 확신 있는 답이 튀어 오르면 보기 좋게 앞에 앉은 도반의 등을 치며 하하 웃고 싶을 때도 있었다. 물론 이렇게 입실해도 한마디에 쫓겨나기도 하지만 무진 애를 쓴 끝에 통과되는 때에는 이 근기 약한 중생의 답에도 "그래 그거야!" 하고 환하게 웃으신다. 불경죄일지 모르나 노사님의 미소는 이 안 난 아기의 웃음 같다고 느낄 때가 있었다.

화두를 통과하고 돌아가는 버스 안에서는 나도 모르게 웃고 있는 나를 발견하고 놀라곤 했다. 나야 미약하지만, 어느 스님의 깨달음에 이른 그 순간의 큰 웃음이 옆 동네에까지 들렸다는 일화가 이해되기도 한다.

서산대사께서 "선禪은 부처의 마음이고, 교敎는 부처의 말씀이다." 하셨는데, 교선敎禪을 결국 병행·섭렵함이 마땅하겠으나 나는 내심 '다짜고짜 선으로 뛰어든 것이 내 체질에 맞다.' 고 신이 났다. 신이 나다 보니 태권도를 처음 시작한 사람이 가는 자리마다 태권도 얘기만 하듯이 선에 대해서 '언어가 아니다.' 라는 말도 참 많이 했다. 수행이 나아가면서 저절로 절제 되겠지만 되도록 삼가야 할 일이라 생각한다. 더불어 불교신자여서, 또 불교에 관심이 있다고 해서 틈만 나면 거창한 경전의 얘기를 화제 삼아 우주를 들었다 놓았다 하는 듯 하는 것도 이로운 일이 못 된다 생각한다. 모든 경전도 선지식禪知識의 말씀도 일단 뱃속에 들어가면 원형을 남기지 않도록 소화를 해야 한다는 지적을 되새긴다. 소화 안 된 경전, 위대한 말씀들은 그 자체로는 진리이겠으나 소화불량 때문에 무슨, 소리는 요란하나 제대로 구르지도 못하는 네모난 수레바퀴 같다고나 할런지.

하여튼 기운이 상승했다가 심각해졌다가, 선방에 오가는 것이 습관이 되어가는 중 특이하게 느껴지는 것은 이곳에선 도덕적인 교훈이나 생활 규범에 대한 훈시를 거의 안 한다는 것이다. 그냥 앞에 놓인 화두를 따라 무진 애를 쓰다 보면 저절로 변해가는 나를 느낄 수 있다는 것이다. 겉보기엔 별다른 변화가 없어 보일지 모르나 나날이 정리되고 긍정적이 되어 간다. 내 전공인 조각 작품을 해 나아감에 있어서도 반가운 변화가 많이 생겼다. 망설이며 겉도는 시간이 적어졌고 작업할 때도 잡념 없이 차츰 작업 자체와 내가 나란히 가고 있음을 느낀다.

가끔 '몇 미터를 가더라도 직선으로 간다.' 는 식의 제창을 하기도 했다. 작품의 내용도 뜬구름 같거나 난해한 것, 힘자랑 하는 것 등의 군더더기에서 순화되고 쉬운 것으로, 알맞은 제 크기를 찾는 것으로 변화하여 보는 이들도 친근감을 느끼고 쉽게 이해하는 듯하였다.

같은 학교에 근무하던 도반 네다섯이 일주일에 한 번 정도 함께 3좌坐를 집중적으로 수련하곤 했는데 이것을 끝내고 나갈 때면 늘 뿌듯한 자신감이 차오르는 것을 느낄 수 있었다. 그런데 그 자신감이란 것은 '누구를 이기겠다.' 이런 것이 아니라, 보이는 것마다 있는 그대로 보이는 듯한 느낌이었다.

입문한 지 세월은 길게 지났는데 수행에도 기복이 걱정스러워 '선심초심禪心初心' 이 문구를 자꾸 붙잡아 올리곤 한다. 종교마다 있는 말인 듯한데 이를테면 '처음처럼' 도 그러할 진데 뒤집어 보면 이는 처음의 수행의 열성을, 신앙심을 나중까지도 유지하기가 쉽지 않다는 경계일 것이다.

초보자일 때 노장님들을 따라 철야수련도 해 가며 애쓰던 추억이며, 혼자 눈 덮인 산사를 헤매며 '무無' 자에 골똘하여 적지 않은 헛수고도 불사했던 그 에너지를, 게을러지는 것 같을 때마다 경책으로 삼으리라 한다.

특히 노사님의 말년의 대원력을 기억하면 이 근기 약한 제자는 송구스럽기만 하다. 노환으로 누워 계실 때 도반 몇몇이 함께 문안을 갔더니 누우신 채로 반가이 이런 저런 말씀을 하시다가 갑자기 우리 쪽을 쳐다보시며 "가부좌 틀고 앉으시오!" 해서 놀라 황급히 가부좌로 앉았던 일이나 입적 얼마 전까지도 누우신 채로 종을 흔들어 입실을 받으셨던 모습이 기억에 새롭다.

"흐르는 물소리를 밟아 끊어보라."는 이 화두를 들고 있을 때 내 앉아 있는 주변에 굽이치고 쏟아지던 그 엄청난 폭포들과 함께 때때로 노사님의 그 대원력이 존경의 염으로 추억된다.

노사님 말씀 같이 한 그릇의 물을 다른 그릇에 따르듯이 그대로 불법의 물이 내 그릇에 또 모든 도반들에게 가도록 모두 함께 가고 또 가야하리라.

慧峰 합장

오늘 하루, 얼마나 소중한가!

혜연慧淵 한갑수 퇴계원모임 법사/주부

노사님께서는 마지막 병석에 누워 계실 때도 입실을 받으시면서 한 사람이라도 그대로 돌려보내지 않으시려고 밝은 모습으로 일어나 앉으시어 떨리는 손으로 화두를 손수 써 주셨다. 그때가 엊그제 같이 아직도 생생한데 어느새 20주기라니 세월의 빠름을 새삼 느낀다.

그리고 "'무無' 자를 나의 스승으로 삼고 공부하라.(무자시아사無字是我師)"시던 노사님의 가르침대로 그동안 내가 잘 실천하고 있는지 다시 한 번 나의 삶을 뒤돌아보게 된다. 노사님이 입적하시기 일 년 전에서야 처음 만나 뵙고 참선공부를 시작하게 되어 '무無' 자를 어렵게 투과하고 찰칙을 하나하나 지도를 받아 공부해 가면서 헤매고 힘들어 할 때는 같이 답답해 하시고 투과를 하고 나면 대견하다는 듯이 같이 기뻐하시면서 아기처럼 환하게 웃으시던 그 모습은 지금도 잊을 수가 없다.

좀 더 일찍 노사님 문하에서 참선수행을 하지 못한 것이 후회스럽고 안타까웠지만, 다만 일 년간이라도 노사님의 지도를 직접 받을 수 있었던 것이 다행스럽고 행복했던 순간이라고 생각된다.

화두를 하나하나 투과해 가면서 내가 오랜 세월 불교 공부를 하면서도 느껴 보지 못했던 기쁘고 신비스런 세상을 다 얻은 듯 환희스럽기까지 했던 그 마음은 직접 체험하지 않고는 말이나 글로는 다 표현하기 어렵다.

찰칙도 다 마치지 못한 채 노사님께서 떠나시게 되어 어찌할 바를 모르고 앞이 막막했으나 다행히 노사님의 대를 이어 가실 법경法境 법사님을 만나 다시 지도를 받아 찰칙을 마치고 〈무문관〉을 공부하게 되었다.

10년이 넘는 시간 동안 힘든 고비도 있었지만 그때마다 한결같은 법사님의 열의와 자상하신 지도, 격려의 말씀에 힘을 얻어 좌절하지 않고 무사히 모든 과정을 마치고 법사호를 받게 되었다. 순간순간의 깨달음이 하나가 되어 법경 법사님이 말씀하신 '일출즉작일몰즉식日出則作日沒則息'의 깊은 뜻을 내 나름대로 깨닫게 되었고, 그 후의 나의 삶을 그대로 실천하려고 노력하면서 살고 있다.

참선수행을 하면서 내가 깨달은 바로는 아침에 눈을 뜨고 일어나면서 시작되는 하루의 삶 자체가 바로 참선수행이며, 그 생활 속에서 일어나고 부딪치는 모든 일이 내가 풀어 가야 할 화두이며, 가족을 비롯한 모든 사람이 나를 공부하게 하는 스승임을 알게 되었다. 어떤 어려운 일이 내 앞에 다가와도 평상심을 잃지 않고 피하지 말고 그 문제를 똑바로 직시하고 받아들이면 어떻게 풀어 가야 할지를 스스로 깨닫게 되며, 나를 힘들게 하는 어떤 사람이라도 차별심을 버리고 평등한 마음으로 자비롭게 대한다면 상대방의 마음도 나와 같아진다는 것을 알게 되었다.

특히 가족에 대한 집착과 욕심은 자신을 힘들게 하고 상대에게도 상처를 주며 갈등하는 마음으로 인해 서로가 불행하게 된다. 물건이나 사람에 대해 집착하는 마음, 소유하려는 마음, 나의 뜻대로 하려는 마음을 버리고 나에게 주어진 오늘 하루가 얼마나 소중한 것이며 오늘 내가 해야 할 일이 무엇인가를 바로 알고 나를 필요로 하는 곳이 어디인가를 찾아 그 일에 최선을 다한다면 오늘 하루를 잘 사는 것이며, '일출즉작일몰즉식'의 바른 수행이라고 생각한다.

나는 젊을 때 불법을 만났으나 이론으로만 배워 알려고 했고, 책에 적혀 있는 부처님 말씀대로 살아가면서 이웃에게 전하는 것이 전부라고 생각했었다. 그러나 늦은 나이였지만 노사님을 만나 참선수행을 하고, 법경 법사님의 지도로 공부를 계속하면서 내가 이론으로 알았던 불교의 진리가 꽃이라면 참선수행은 열매라는 생각을 하게 되었다. 이제 참선수행은 불교만이 아니라 모든 종교를 초월한 수행의 장이 되었다. 평화롭고 행복한 삶을 지향하는 우리에게 참선수행은 참다운 삶의 길로 인도하는 실천 수행인 것이다.

앞서 가신 큰 어른들이 말씀하셨듯이 진리로 향해 가는 길은 여러 갈레다. 내가 가는 길만이 반드시 옳다는 편견과 아집으로 대립하는 마음을 버리고 모든 것을 포용할 수 있는 열린 마음으로 살아간다면 참선수행의 최종목표인 대자유인이 되리라 생각한다.

끝으로 참선수행을 시작하는 분들과 중도에서 쉬고 있는 분들에게 당부하고 싶은 것은, 힘들면 쉬다가도 다시 힘을 내어 거북이 걸음이라도 끝까지 포기하지 않고 간다면 언젠가는 열매를 맺을 수 있다는 말을 하고 싶다.

慧淵 합장

나답게 살 수 있게

혜운慧雲 윤희운 성남모임 법사/고교 교감

"너 그렇게 살면서 학생들을 어떻게 가르치겠느냐!"라는 호된 질타로 나를 일깨워 주신 분이 계신다. 한 분은 작고하신 아버지이고, 또 한 분은 역시 입적하신 종달 이희익 노사님이다. 그리고 노사님의 대를 이어받으신 후 나를 이끌어 주신 법경 박영재 지도법사님이다.

먼저 나의 아버님에 관해 몇 자 적어 보겠다. 내가 교직에 처음 들어섰을 때 철없이 무작정 술을 많이 마시고 다녔다.

당시 아버님도 교육 현직에 계셨는데 과음으로 제때에 일어나지도 못하던 나에게 무섭게 "너 그렇게 살면서 학생들을 어떻게 가르치겠느냐!" 하시면서 몹시 꾸짖으셨다. 그때 정신이 번쩍 들었던 기억이 지금도 생생하다.

나의 아버님도 고생을 많이 하신 분이다. 교육 공무원의 박봉으로 7남매를 키우시느라 여력이 없으셨던 분이었다. 자식들이 작은 보답이라도 할 수 있게 되었을 무렵에 불행히 위암으로 투병하시다가 평균수명도 누리지 못하시고 영면하셨으니 박복하신 분이라 더욱 사모하지 않을 수 없다.

내가 생활 속의 참선수행 길에 들어서게 되었던 동기는 남다르다. 아버님의 처절한 투병을 조금이라도 도와드릴 수 없을까 고민하면서 나름대로 별의별 곳을 다 기웃거리고 헤맬 때였다. 그러니까 내가 생활 속에서 참선수행을 익혀 사는 것도 아버님의 큰 덕이라고 생각한다.

참선에 입문하면서부터 세태가 어려울수록 자성을 도야하는 수행이 요긴하다는 사실을 알 수 있었다. 지금도 "너 그렇게 살면서 학생들을 어떻게 가르치겠느냐!"며 질타하시던 아버님의 말씀은 30년이 되는 교직 생활에 밑거름이 되고 있다.

또 한 분은 1986년 4월 참선수행 길에 입문하면서 만난 종달 이희익 노사님이다. 당시 선친의 중환의 고통을 함께 하지 못하는 비통을 극복해 보려고 노사님께 입문한 후, 소극적으로 아까운 세월만 허송할 때 "너 그렇게 살면서 학생들을 어떻게 가르치겠느냐" 하시며 무섭게 꾸짖으시던 말씀이 지금까지 자극제가 되고 있다. 1987년 9월 26일에 노사님으로부터 '무無'자 공안을 받아 들고 '무'자에 열중하면서 좋은 습관이 되도록 열심히 앉았다. 노사님의 지도를 받으면서 꾸준히 수행하였더니 내 모습이 좋게 변하고 있었다.

그리고 몇 년 후 노사님이 이제부터 수행할 수 있겠다는 증표로 나에게 혜운慧芸이라는 거사호를 지어 주셨다. 노사님은 그 무렵 건강이 매우 염려스러울 만큼 악화되셨다. 노사님은 입적하기 전날에도 병석에서 모로 누워 우리들의 입실을 지도하셨던 어른이다. 그러므로 우리들은 그 어른의 투병생활에서도 유형무형으로 많은 교훈을 체득할 수 있었다. 어느덧 쏜살같은 세월이 흘러 내년이면 20주기를 맞이하게 되었으니 더욱 그리워진다. 나는 그 어른과의 인연으로 말미암아 제2대 법경 박영재 지도법사님의 정성어린 지도로 〈무문관〉 수행 과정을 이수하고 2000년 1월 2일에 법사라는 막중한 소임을 맡게 되었다.

선도회에 입문한 이래 20여 년을 생활 속의 참선수행을 병행하며 살았더니 "언제 어디서 무엇을 행하든지 나답게 살 수 있게 되었다." 그러므로 언제나 즐겁고 행복하다. 앞으로도 계속 익힌 대로 수행하면서 살 것이며 내 역할을 다하고자 온 힘을 쏟을 것이다. 그리고 우리 선도회에서 가장 노장 선배이신 법장 권영두 법사님이 오래오래 건강하시면서 한 사람이라도 더 이끌어 주시기를 바라면서 이만 마무리한다.

군더더기 : 이 글은 법장 법사님의 〈생활 속의 참선수행 이야기〉(운주사, 2009)에서 발췌한 내용이다.

재가자의 간화선 수행

지천智川 홍치원 인천모임 법사/법무사

필자는 1989년부터 선도회와의 인연을 시작으로 지금까지 참선을 해 오고 있다.

원래 '선禪'이란 산스크리트어(梵語)인 '드야아나(dhyana)'의 음을 중국에서 '선나禪那'로, 다시 그것을 줄여 '선禪'으로 쓰게 되었고, 그 의미는 '고요히 생각함(靜慮)', '생각으로 닦음(思惟修)'이라고 한다. 생각을 가라앉혀 정신을 집중시킨다 해서 정定이라 번역하고 그 음과 뜻을 합해서 선정禪定이라고도 한다.

이러한 보편적인 선은 달마 대사가 인도로부터 중국에 건너온 후 선종이라는 종파선으로 크게 발달하여 이른바, 오가칠종의 조사선祖師禪이 형성되었는데, 특히 임제의현 스님을 종조로 한 임제종은 간화선을, 동산양개 스님과 그 제자인 조산본적 스님을 종조로 한 조동종은 묵조선默照禪을 표방하며 오늘날까지 그 전통을 이어 오고 있다.

이 가운데 간화선이란 간화(선 수행을 통해 화두를 면밀히 살펴 간파해 버림)를 참선수행의 정문正門으로 하는 선가의 가풍으로서 남송 말기 대혜종고 선사가 사대부들(오늘날의 지식인)을 서신을 통해 점검해 주는 과정을 통해 그 체계를 확립하였으며, 무문혜개 선사의 공안집 〈무문관〉 편찬으로 간화선은 완성 단계를 맞이한다. 참고로 무문혜개 선사가 〈무문관〉을 통해 대혜종고 선사의 가르침의 요체를 계승했듯이 서산 대사 역시 〈선가귀감〉을 통해 대혜 선사의 가르침을 그대로 계승하였고, 그 후 〈선가귀감〉

은 일본으로 전해져 일본 임제종의 선 수행 필독서의 하나가 되었다고 한다.

이렇듯 〈무문관〉은 가히 간화선의 정수精髓이며 결정판이라고 할 수 있다. 1228년 무문혜개 선사에 의해 출판된 이후 중국과 일본에서는 꾸준히 재판되며 널리 유포되었으나, 한국에서는 그 도입 흔적조차 찾아볼 수 없었는데, 1974년 한국에서는 거의 최초로 종달 노사께서 이를 제창하여 출간하게 되었고, 선도회에서는 이 〈무문관〉의 48칙 공안을 가지고 입실지도를 통해 참선수행을 하고 있다.

선 수행에 대한 관심이 지금처럼 일반화된 것도 그리 오래된 일은 아닌 것 같다. 그러나 이처럼 선 수행에 대한 관심이 높아지면서 그 수행방법 역시 다양하게 등장하고 있는 것 같다. 원래 선수행이 선종의 전유물이 아니었듯이 이러한 현상은 어쩌면 당연한 것인지도 모르겠다. 그러다 보니 선종 내에서도 그 수행방법의 차이를 두고 갖가지 주의 주장이 제기되고 있다. 중국선, 한국(문중)선, 일본선 및 남방선 등의 수행방법 차이에 대해, 때로는 과격할 정도의 배타적인 주장도 나오곤 한다.

본인이 몸담고 있는 수행방법에 대한 효율성을 홍보하고 다른 수행방법에 대한 적정한 비판을 하는 것은 바람직하지만, 어느 수행방법이 최고임을 내세우기 위해 잘 알지도 못하는 다른 수행법에 대한 정도를 넘어선 폄하 주장은 이제는 자제해야 할 때라 생각된다. 과연 절대적으로 최고라고 말할 수 있는 성질의 것인지 한번쯤 스스로 자문해 볼 일이다.

전에 검도를 배운 적이 있다. 그 당시 가까이에 검도관이 두 곳 있었는데, 두 검도관은 서로가 정통성과 최고임을 주장하였다. 처음 검도를 배우려는 사람들은 어느 쪽을 택해야 할지 고민에 빠지곤 했다. 필자 역시 처음 검도를 시작하면서 그런 고민에 빠졌었다. 서로가 선전매체를 통해 우수성을 홍보하였는데, 어느 검도관은 몇 개월 정도만 배우면 혼자서도 다수의 상대를 제압할 수 있다는 등의 과대광고를 하기도 하였다.

그러나 그 진위를 떠나 결국 검도는 사람이 검과 얼마나 합일이 되어 자유자재로 검을 부릴 수 있느냐는 것으로, 검법의 차이를 전혀 무시할 수는 없겠지만, 궁극적으로는 검도수련을 하는 사람이 얼마나 열심히 그리고 간단없이 노력하느냐에 달려 있다고 할 수 있다.

참선의 경우도 마찬가지라 할 것이다. 호흡을 통해 몸과 마음을 부동의 상태로 하여 마음을 가라앉히고 정신을 통일해 나가는 것은 대개의 경우 공통적일 것이다. 다만 수행자 자신의 여건에 알맞은 수행방법을 통해 얼마나 쉬지 않고 꾸준한 정진을 하느냐에 그 성패가 좌우된다 할 것이다. 얼마 전 입적하신 법주사 주지와 조계종 선학원 이사장을 역임한 바 있는 남산정일 스님은 생전 법어를 통해, 조사선 수행과 남방불교의 선수행이 궁극적으로 결코 다르지 않음을 역설하신 바 있다.

참선은 몇 날 며칠간의 수행으로 해결되는 것이 결코 아니다. 또 그렇게 서둘러서 단박에 해치우고 마는 그런 일과성의 것도 아니다. 설사 그러한 짧은 기간에 어떠한 경계를 얻었을지라도, 설혹 그것이 대사료필大事了畢의 경지라 하더라도 수행의 고삐를 늦추어서는 안 되는 것이 참선수행이다.

따라서 참선수행에 임하는 사람의 마음가짐은 자신에 대한 철저한 참회의 각오를 그 바탕으로 삼아야 한다. 진정한 참회가 바탕이 될 때 비로소 그 참선수행은 흔들림 없이 지속되어 무르익어 갈 것이다.

엮은이의 경우 참선에 입문한 지 15년이 지난 지금에서야 겨우 매일 거르지 않고 규칙적인 참선을 할 수 있게 된 것 같다. '사홍서원'에 '번뇌무진서원단'이 있다. 그러나 이것은 선정의 상태에서나 가능한 것이지 일상생활에서의 번뇌라고 하는 것은 달마가 다시 태어나도 끊을 수는 없는 것이다. 썰물과 밀물이 조수를 따라 교차되듯이 그렇게 밀려왔다가 밀려가는 것으로 때로는 그 자체로서 반야체를 이루어 용用의 원동력이 되기도 한다. 단지 집착을 꺼릴 뿐이다.

바로 선정의 힘을 바탕으로 집착을 바로잡아 가는 것이 참선수행이며, 현대의 복잡한 생활을 하는 현대인에게는 화두를 참구하는 간화선이 매우 효과적인 참선수행 방법의 하나라고 할 수 있다. 아울러 간화선 수행의 가장 중요한 부분은 입실을 통한 점검이다.

선도회에서는 매주 또는 격주에 한 번씩 입실지도를 하며 이때에 평소 각자 참구한 화두의 경계를 점검받게 되는데, 이러한 수행과정을 통해 〈무문관〉을 마치면 다른 사람을 지도할 수 있는 사가(師家 : 선가귀감에도 나오는 용어로 학인學人을 가르치는 스승) 자격을 갖추게 된다. 엮은이의 경우도 〈무문관〉을 마치고 현재는 〈벽암록〉(원오극근 스님이 100칙의 공안을 모아서 엮은 공안집)을 점검받고 있으며, 다른 한편으로는 인천모임을 이끌고 있다.

인천모임은 엮은이가 몸담았던 직장의 참선동아리 모임으로서 처음에는 마땅한 장소가 없어서 사찰의 시민선방과 포교원 등을 옮겨 다녔는데, 지금은 사옥 내에 동아리 방이 생겨서 참선모임으로서 손색없는 운영을 하고 있으며, 매주 화요일 오후 6시 30분에 정기적으로 모임을 갖고 있다. 또한 회원들의 양해를 얻어 참선수행을 희망하는 일반인들도 함께 참여하고 있다.

참선지도를 하면서, 회원들이 입실점검 시에 한 치의 어긋남이 없는 경계를 제시할 때, 조사선의 전통을 계승 발전시키며 오늘까지 면면히 이어져 내려온 간화선의 저력을 새삼 실감하게 되고, 또한 지도하는 선배 도반으로서 필자 자신 더욱더 참선수행에 정진해야 되겠다는 발심의 계기가 되곤 한다.

분별심을 일으키지 않는 것 자체가 불교의 근본이념인 공관사상이라 할 수 있다. 분별심은 집착으로부터 시작된다. 혹간 출가를 하신 스님들께서 재가자들에 대해 견성은 몇 억겁의 인연이 있어야 되는 것인데 무슨 재가자들이 참선이냐고, 또는 참선수행의 방법에 대해서도 문중선이니, 조사선이니, 일본선이니, 남방선이니 하여 구분을 짓는 것을 주변에서 너무 흔히 접하곤 한다.

〈벽암록〉 제88칙의 본칙에서 현사 스님은 "제방노숙諸方老宿 진도접물이생盡道接物利生 홀우삼종병인래忽遇三種病人來 작마생접作麼生接" — 요즘 세상의 스님들은 모두 발전주의에 관심을 두어 포교 혹은 전도, 사회봉사, 문화강좌, 불교대학 등 무언가를 하여 교화활동을 계획하고 있다. 그렇다면 눈과 귀가 멀고, 말조차 못하는 장애인이 찾아왔을 때 그를 어떻게 교화할 것인가?"라는 물음을 던지고 있다.

진정으로 중생제도와 교화를 위한다면 이제부터라도 재가자들의 선 수행에 대해 승가니 재가니 하는 이원적 분별을 집어던지고 머리를 맞대야 하지 않을까 싶다.

군더더기 : 홍치원님은 1989년 대법원 사무관으로 근무한 바 있으며, 15년 전 참선모임인 선도회에 입문, 현재는 법무사로 활동하며 선도회 인천모임을 이끌고 있다.

– 월간 〈불광〉 2004년 10월호 (불광30주년 기념 연속기획 특집)

항상 찾고 있습니다

천흠天欽 박성호 바오로 신촌제1모임 법사/서강대 수학과 교수

처음 참선을 시작할 땐 막연한 생각으로 그저 하고 싶다는 욕심만으로 시작했다. 그래서인가. 법경 법사님께 지도를 요청하고 한동안 기다리면서도 그 마음이 사라지지 않아 지도를 허락하셨을 때는 기쁘고 즐거운 마음으로 시작했던 것 같다.

 시작하는 화두를 하나하나 법사님의 지도 하에 보아 가면서 때론 공부에 대한 어려움도 있었지만 공부할수록 희열도 커 즐겁게 수행할 수 있었다.

 법사님께서 말씀하신 단전에 힘을 키우느라 열심히 좌선을 하였다. 단전에 힘을 키우는 과정에서 단전에 힘이 느껴질 때, 정신적으로도 힘이 커지고 있다는 느낌을 받았다. 그러면서 자신감도 생기기 시작했다. 단전에 힘이 느껴지기 시작하면서 시간이 날 때면, 출퇴근 전철에서도 몸을 똑바로 하고 단전에 힘을 주면서 호흡하기도 했다. 이것도 보이지 않는 즐거움이었다. 그러나 수식관을 시작하면서 하나부터 열까지 세는 것이 엄청 힘들다는 것을 느끼면서 우리가 쓸데없는 생각을 많이 하면서 살고 있구나 하는 생각을 한 적이 있다.

 법사님으로부터 화두공부 시작을 허락받고 시작하는 사람들을 위한 화두들을 공부하면서 내가 너무 많은 분별심 속에서 나를 붙들고 있었구나 하는 생각을 하였다. 많은 시간을 공부하여 하나의 화두를 본 후 다른 화두를 시작할 때는, 앞 화두에서 붙잡고 있던 분별심을 버리고 새로운

화두를 살필 때는 분별심을 일으키지 않으려고 노력하곤 한다. 그러나 새로운 화두를 볼 때도 어느 순간 보이지 않는 분별심이 나를 사로잡아 움직이지 못하게 꼭 붙들고 있다는 것을 많은 시간이 흘러야 깨닫게 되곤 하였다. 이것은 지금도 마찬가지다. 그러나 시작하는 사람들을 위한 화두들을 공부하면서 참선을 하는 묘미를 알게 된 것 같다.

시작하는 사람들을 위한 화두를 마치고 법사님께서 "천흠天欽"이라는 거사호를 주시며 격려하여 주셔서 힘든 공부 중에서도 큰 힘이 되었다. 나는 가톨릭 신자이고 가톨릭 세례명은 바오로이다. 법사님께서는 초창기 견주굴 모임의 가톨릭 신자들에게 거사호를 지어 주실 때 천天자 돌림으로 지어 주셨다.

〈무문관〉 점검은 시작하는 사람들을 위한 화두와는 다른 느낌이다. 본칙本則 화두를 공부하고 착어著語를 공부하면서 또 다른 점검 받는 과정을 거치는 것 같다. 본칙을 보는 것도 어려웠지만 착어를 찾는 것 또한 나에겐 어려운 일이었다. 안식년을 얻어 외국에 있을 때 많은 시간을 좌선하면서 출국 전에 받은 착어를 찾는데, 거의 매일 이메일을 이용하여 법사님께 점검을 받았다. 매번 답장은 "더 살피십시오."였다. 안식년이 거의 끝나 갈 무렵에서야 "다음 화두를 보십시오."라는 답장을 받았으니 착어를 찾는 데 1년이 넘게 걸린 것이다. 그렇게 오랜 시간이 걸려 얻은 착어는 매번 착어집을 볼 때 보던 것인데 무심히 넘겼던 것이었다. 이것저것 다 퇴짜를 받고 난 후 어느 하나로 통과하고 보니 그 의미를 알 것 같기도 하고 아닌 것 같기도 했다. 그래서 착어로 다시 점검을 하는 것 아닌가 하는 생각이 들기도 했다.

참선을 하면서 나의 생활에도 많은 변화가 있었다. 어떤 어려운 일이 생기면 그 일을 곰곰이 생각하여, 아니 좌선을 하면서 화두처럼 생각하고 좌선을 하면서 해결 방법을 찾거나 원칙을 확인하곤 하였다. 좌선을 하면서 문제의 해결 방법을 생각하면 좋은 것이 좋다는, 아량 넓은 해결 방법을 얻기보다는 원칙에 가까운 방법을 찾게 되는 것 같다. 때론 그 원칙을 지키면서 생각이 다른 많은 사람들로부터 비난을 받기도 했지만 단전의 힘을 빌려 버텼던 것 같다. 어느 땐 원칙에 맞게 일이 해결되고 어느 땐 원칙과 다르게 진행이 되었지만 그 결과를 있는 그대로 받아들이는 자세도 갖게 되었다. 아직도 내 나름 정한 원칙에 충실하게 살아가려고 노력하고 있지만 이 원칙이라는 것도 나의 분별심이 만든 것은 아닌지 반성하기도 한다. 또한 세상을 살면서 내가 만든 분별심에 사로잡혀 남을 평가하게 되는 것은 아직 수행이 덜된 탓이라 여기고 더욱 정진하리라 마음을 다잡는다.

　가까운 지인들은 내가 참선을 한다는 이야기에 참선을 하면 무엇이 달라지는지에 대한 질문을 한다. 질문의 요지는 무엇이 달라졌는지 무엇이 좋아졌는지를 보여주기를 바라는 것이다. 이때 나는 그들이 원하는 답을 찾기가 어렵다. 적어도 나에겐 무엇이 달라졌는지 보여 주기가 힘들다는 것이 솔직한 마음이다. 그럴 때면 나는 어디가 아팠는데 참선을 하면 낫는다든지 어디의 상처가 깨끗해졌다고 이야기할 수는 없지만 한번 해 보라고, 좌선하면서 다리의 아픔을 참고 단전에 힘을 키우면 알 수 있을 것이라고 궁색하게 말하며 불편한 순간을 넘어가곤 하였다. 이런 질문을 받을 땐 참선수행하면 신체의 어느 부분이 변하여 보여줄 수 있다면 좋겠다는 어린아이 같은 생각을 할 때도 있었다. 그러면 그것을 쉽게 보여 줄 수 있을 테니 말이다. 십여 년을 좌선수행하고 있지만 누구에게든 보여 줄 것이 없다는 것이 솔직한 심정이다.

　시작하는 화두를 공부할 때처럼, 매번 같은 분별심을 일으켜서 말에 걸리고 생각에 걸려서 많은 시간이 흐른 뒤 법사님께 〈무문관〉 공부를 마치고 마무리하는 사람들의 화두를 공부하였다. 이는 〈무문관〉에서 공부한 화두를 또 점검하는 과정 같았다. 마무리하는 사람들의 화두를 점검하시고는 〈벽암록〉을 공부하라고 하셔서 벽암록 점검을 시작하게 되었다.

　벽암록을 시작하고 어느 해 종달 노사님의 기일에 선도회 법사 위촉장과 죽비를 주시면서 법사로 위촉하여 주셨다. 이것은 나에게 또 하나의 전기가 되었다. 서강대학교 스포츠 경영학의 한 과목으로 개설되어 법경 법사님께서 강의하시던 참선 수업을 내게 맡기셨다. 한 학기 수업을 한 후 어느 날 법사님께서, "앞으로 서강대 견주굴見主窟 모임(신촌제1모임)을 천흠 법사에게 맡기겠습니다."고 말씀하시어 부족한 내가 견주굴 모임을 맡아 지도하게 되었다.

　법경 법사님께서 지도하는 서강대 견주굴 모임에는 많은 수련생들 — 예수회 신부님, 예수회 수사님, 가톨릭 수녀님, 가톨릭 신자, 학교 학생 등 — 이 있다. 여기서 여러 명의 법사와 많은 거사와 대자들을 배출하였다.

　참선수행과 지도는 많이 다른 것 같다. 수행은 내가 공부한 것을 법사님께 제시하고 점검 받는 과정으로 공부하는 즐거움이 큰데, 참선을 지도하는 것은 학교에서 전공을 강의하는 것과는 또 다른 느낌이다. 전공 강의는 특히 내가 공부하는 수학은 어떤 말이든 맞고 틀림이 확실하다. 그러나 입실 시 제시되는 경계를 점검하는 일은 각 도반마다 그 상황과 말이 다르기 때문이다. 내가 지도를 한다기보다 매번 도반들로부터 배우고 있다. 내가 지도하는 것이 아니라 도반들로부터 매일 지도를 받고 있다. 항상 함께 하는 도반들께 감사드린다.

처음 참선을 시작하여 좌선으로 아픈 다리를 참아 가며 공부하던, 아니 시작하여 허둥대면서 노력하던 그때가 많이 행복하고 즐거웠던 것 같다. 항상 배움은 즐거운 일이다.

끝으로 이 지면을 빌어 부족한 사람을 지금까지 키워주신 법경 법사님께 감사드리고, 아울러 항상 격려해 주시고 도움을 주시는 선배님들과 항상 함께 하는 후배 도반들께도 감사드린다.

天欽 합장

후학 지도는 내 삶에 활력소

천보天堡 박형상 프란치스꼬 신촌제2모임 법사/서강대 화공생명공학과 교수

지난 1994년 2월, 같은 대학에서 물리학을 전공하는 선도회 제2대 지도법사이신 법경 박영재 교수에게 자청하여 참선수행에 입문한 지 벌써 10여 년이 지났다. 그동안 화두를 투과하느라 힘들기도 하고, 때로는 너무 막막하여 포기하고 싶을 때도 있었지만 법사님의 강력한 지도와 편달로 〈무문관〉 수행 과정을 마칠 수 있었다. 그동안의 끈질긴 수행이 좋은 습관이 되어 이젠 오래 앉아도 힘들지 않고 재미를 느끼게 되었다. 참선수행으로 몸과 마음이 더욱 강건해지고 삶에 자신감이 생겼다. 일상사에 쫓기는 가운데서도 오래 익힌 습관대로 살 수 있어 만족스럽다. 그동안 참선수행에 입문할 수 있도록 이끌어 주고 함께 수행한 도반들의 도움에도 감사한다.

작년 1학기부터 대학의 정규과목으로 참선강좌를 한 학기 맡아 서 학생들의 참선 입문에 도움을 주면서 좌선수행을 함께 하고 있다. 그리고 몇 분의 참선 수행자들과 함께 수행의 모임을 이끌어 가고 있다. 내가 그동안 익힌 참선을 후학들에게 지도할 수 있어 뿌듯하다. 또한 학생들과 참선수행 모임에서 개별적으로 입실지도하면서 스스로를 더욱 다질 수 있게 되었다. 그들은 내 삶에 활력소가 되고 있다. 나는 앞으로 참선수행을 지속하면서 후학들 지도에도 소홀하지 않으리라 다짐해 본다.

끝으로 존경하는 법장 노선배님의 황혼기의 멋진 삶은 우리 선도회의 후배들이 본받아야 할 모습이다.

天堡 합장

이 글은 선도회의 노장이신 법장 권영두 법사께서 선도회를 보다 더 널리 알려 한 사람이라도 더 일찍 참선수행에 동참할 수 있도록 하고자 올해 팔순기념으로 펴내시는 책 속에 넣겠다고 천보 법사께 참선수행담을 한 토막이라도 적어 달라고 요청하여 쓴 글로 법장 법사님의 〈생활 속의 참선수행 이야기〉(운주사, 2009)에 게재된 내용이다.

환자를 치료하는 데 눈이 더 밝아져

현암玄岩 심상호 성북모임 법사/정신과 의사

정신과 의사로서 나는 늘 정신치료에 관심이 많았다. 정신과 전문의가 된 후에도 개인 분석(치료)을 선배 정신치료자로부터 받았다. 그리고 1991년부터 한국정신치료학회의 회원이 되면서 이동식 선생님의 지도를 받으며 현재까지 계속 공부하고 있다. 한국정신치료학회의 목적은 서양의 정신분석적 정신치료와 동양의 도(특히 유교·불교·도교)를 융합하는 것이었다. 그것은 내가 정신과 의사로서 공부하고 싶었던 방향과 일치하였다. 그렇지 않아도 이전부터 사서삼경과 노자의 도덕경을 혼자 읽으며 공부하고 있던 참이었다.

돌아보건대 나는 한국정신치료학회에서 1년 정도 공부하고 있었고, 의정부에서 '고려신경정신과 의원'을 개업하고 있었다. 그 무렵이었다. 대학 동문 모임에 참가했는데, 우연히 옆자리의 정경문 선배님과 대화하게 되었다. 대화 중에 참선에 관한 얘기를 나누었고 내가 공부하는 내용들과 비슷해서 관심을 갖게 되었다. 또한 듣건대 참선이 불교 최고의 수행이라 하고 공부하는 곳이 있다고 하였다.

나는 그때 그 참선모임에 참여하겠다고 언약하고 정릉에 있는 삼보정사 약도를 받았다. 그리고 다음 일요일 오후에 막연한 기대를 걸고 삼보선원을 찾아 갔다. 참선수행 모임이 시작되기 전 여유롭게 가서 성찬 거사에게 참선모임에 왔다고 말했더니 친절히 나에게 앉는 방법과 '수식관'을 알려 주었다. 참선시간이 되어 동참하였더니 그 조용한 분위기가 인상적이었다. 나는 남들이 하는 대로 들은 대로 따라할 수밖에 없었다. 두 번 앉은 시간 뒤 밀실에 입실하여 도심 노법사로부터 화두를 받았다.

예불이 끝나고 탁마 시간에 나를 소개하고 참선에 관한 이런저런 얘기를 들을 수 있었다. 당시 도심 노법사님은 85세의 고령임에도 약간 홍안을 띤 밝은 얼굴과 훤칠한 키에 힘 있고 조용하며 인자하신, 깨끗이 늙는 모습이 매우 인상적이었다. 그 매력에 은근히 끌렸던 것 같기도 하다. 그때부터 그 어른의 지도를 받으면서 수행하면 유익하리라 생각했다.

특히 그 모임에서 잡다한 소음이 없는 분위기가 참으로 좋았다. 선방에는 오는 사람 막지 않고, 가는 사람 붙잡지 않는다는 말 그대로였다. 단순히 와서 참선하고 가는 것뿐이었다. 심지어 회비 내라는 말이 없어서 모르고 지내다가 1년 후 회비가 있다는 사실을 알게 되었을 정도다.

나는 참선을 처음 시작할 때 깨달아야겠다는 뚜렷한 생각 없이 시작했다. 참선을 수행하면 좋다고 하여 막연히 시작한 것이다. 입실을 거듭하면서 화두의 경계를 제시할 때마다 아니라고 하니 꽉꽉 막히는 것이 말로써, 이론으로써 안 통하는 뭔가가 있겠구나 하고 느끼는 정도였다. 수개월이 지나도 그 경계를 전혀 바르게 내놓지 못했다. 도심 노법사님은 그런 나를 측은히 여기시고 안타까우셨는지 암시를 주셨다. 마치 줄탁동시라고 해야 할까? 어미닭이 알을 품고 있다가, 때가 되어 알에서 병아리가 막 밖으로 나오려고 나올 곳을 연한 입으로 쭐쭐 빨 때 어미닭이 그 기미를 감지하고 동시에 강한 부리로 그곳을 쪼아 병아리가 알을 까고 나오는 것과 같은 스승의 작용이었다는 것을 훗날 알 수 있었다.

지금 생각해 보면 그때 노법사님이 도와주지 않았더라면 오히려 더 좋았을 것이란 생각이 든다. 그러나 한편으로 그때를 돌이켜 보니 행여 내가 좌절하고 수행을 중단하지 않을까 염려하셨던 것 같고, 어떻게라도 도와주고 싶어 한 후배를 아낀 마음에서 나온 배려였다는 것을 알겠다.

나는 수행을 멈추거나 게으른 적이 없었다. 그런데 수행에 입문한 지 수년이 지나도록 특별히 뭔가 얻었다는 것도 없었다. 단지 좋았던 것은 머리가 복잡하고 걱정 근심과 마음이 편치 않을 때 참선을 하면 좋았다는 것이다. 참선할 때는 만사를 다 제쳐놓고 화두참구만 하면서 쉬는 시간을 가질 수 있었다. 특별히 얻어지는 것이 없다고 느껴도 나중에 뭔가 큰 무엇인가 있으리라 믿으면서 수행하였다.

나는 정신과 의사로서 교육받아야 하는 것들 중에 선배 정신치료자로부터 정신분석적 정신치료를 받는 것이 있다. 정신치료 역시 자신의 마음을 보는 서양식 수도라고 할 수 있다. 이 두 가지를 15년 넘게 동시에 지속하고 있다. 다른 환자를 정신치료하면서도 계속 내 마음을 정신분석적으로 보는 것을 계속해 오고 있다.

내 자신을 살펴볼 때 참선을 시작할 때보다 현재 상당한 마음의 변화가 있다. 그러나 이 두 가지 중에서 어느 것에 영향을 더 받았는지는 알 수가 없다. 동시에 작용했다고 봐야 할 것 같다. 정신치료 측면에서는 구체적인 것들을 조금씩 꾸준히 해 나가는 것이라면, 참선은 뭔가 알 수 없는 영향을 주는 것 같다.

나는 몇 년 전 인간관계와 경제적으로 매우 이겨 내기 어려웠던 일을 겪은 적이 있었다. 최악의 바닥을 실감할 수 있을 정도였다. 그때 내가 위안 받을 수 있었던 것은 참선뿐이었다. 내가 어떤 상황에 처하든 조용히 앉아서 참선할 수 있는 저력을 생각했더니 어떤 어려움이 닥치더라도 괜찮다는 자신감이 생겼다. 또한 그때 그 상황에서 현실을 외면한다면 더욱 나약해지리라 생각했다. 또 내가 이중적인 인간이 되거나 뜻밖에 어떤 질병에 걸릴 것만 같았다. 그래서 참선수행에 보다 더 열중하면서 나에게 부닥친 모든 것을 피하지 않고 정면에서 극복하고자 적극적으로 노력했다. 그리고 그 역경과 시련을 이겨 냄으로써 나는 한 단계 상승했던 것이다. 환자를 치료하는 데 눈이 더 밝아지고 심지어 바둑 급수까지 한 단계 높아졌다.

이처럼 아무것도 가질 필요도 없이 맨몸으로 할 수 있는 일이 있다는 것을, 그리고 그것은 인생에서 가장 요긴한 일이라는 것을 확인할 수 있었다. 자성自性을 깨닫는 것을 이룰 수 있는 길이기도 한 이 참선을 수행할 수 있었다는 것은 큰 복이 아닐 수 없다.

나는 2005년에 도심 노법사님의 뒤를 이어 법등 법사님의 지도로 다행히 〈무문관〉 수행 과정을 마칠 수 있었다. 다음 해에 천달 서명원 프랑스 신부님이 〈무문관〉 수행 과정을 마친 소감으로 "이제 새로 시작하는 것 같다."고 하였는데 나 역시 그러한 느낌이었다. 어떤 것을 형식으로 통과한다는 부담 없이, 남에게 보이거나 의탁하는 것 없이 오직 깨달음만을 위한 참선을 평생토록 끊임없이 계속할 것이다.

군더더기 : 이 글은 선도회의 노장이신 법장 권영두 법사께서 선도회를 보다 더 널리 알려 한 사람이라도 더 일찍 참선수행에 동참할 수 있도록 하고자 올해 팔순기념으로 펴내는 책 속에 넣겠다며 현암 법사께도 참선수행담을 한 토막이라도 적어 달라거 요청하여 쓴 법장 법사님의 〈생활 속의 참선수행 이야기〉(운주사, 2009)에서 발췌한 내용이다.

참선을 익힌 사람답게

지관智觀 조성환 광주모임 법사/개인사업

내 고향 법성포는 예부터 영광굴비로 유명한 고장이다. 그리고 인도의 마라난타摩羅難陀 스님이 중국 진普나라를 거쳐 서기 384년 백제 침류왕 1년에 이곳에 건너와 불법을 크게 펴서 그때부터 백제에 전해졌다고 하는 곳이기도 하다. 법성포法聖浦라는 지명도 그런 연유에서 지어졌다고 한다.

나는 1957년생이다. 어린 시절에는 다복했었다. 부모님은 원래 함평에 사셨는데 내가 태어나기 몇 해 전에 법성포로 이사하셨다고 했다. 아버지는 고모님이 경영하시던 주조장을 인수하여 막걸리를 생산 판매하였기 때문에 비교적 여유로운 생활을 할 수 있었다. 나에게는 형님 두 분과 누님 세 분, 그리고 내 아래로 여동생이 하나 있었는데, 7남매 중 내가 아들로는 막동이였기 때문에 응석을 부리고 사랑을 가장 많이 받으면서 호사롭게 자랐다.

내가 성장하던 시절에는 끼니를 걱정하며 살던 집이 많았는데 우리 집은 의식주가 늘 풍부했다. 어릴 때는 학교 파하기가 무섭게 동네 또래들과 어울려 들로 산으로 바닷가로 다니면서 신나게 노는 게 일과였다. 요즘 아이들이 학교 공부 외에도 사교육에 시달리다가 겨우 TV나 인터넷 게임에 빠져드는 것을 보면 안타까운 생각이 든다. 그리고 우리 집 뒤에 가톨릭 공소가 있었는데 일요일마다 그 성당에 가서 미사와 기도를 드리며 보냈다. 외가는 증조할머니 때부터 가톨릭을 믿었다. 그 영향으로 우리 7남매 모두 유아영세를 받았다.

나는 중학교 입학시험 준비를 하면서 암울해졌다고 기억된다. 명문중학교에 진학하기 위해서는 친구들과 어울려 놀 수 없었고, 밤늦도록 사교육을 받아야만 했다. 나는 그때 공부를 하면서 늘 자신감이 없었고 정신이 나약했고 몸도 견뎌 내는 힘이 허약했다고 생각된다. 내 딴에는 공부한다고 노력은 했지만 마음먹은 대로 잘 되지 않았다. 그뿐만 아니라 자주 아파서 수업을 정상적으로 받지 못했다. 책상에는 오래 앉아 있었지만 결과는 좋지 않았다. 그래서 중고등학교 때 친구들과 즐거웠던 추억이 별로 없다.

대학입학 시험에 실패한 나는 바로 입대했다. 힘들었던 군대생활은 오히려 내 삶에 큰 득이 되었다. 군대생활을 충실히 하면서 제대 후의 삶에 대해 늘 생각했다. 제대하면 농촌에서 영농에 열중할 각오로 나름대로 여러 가지 계획을 그렸다. 그러나 제대하기 한 달 전 아버지가 쓰러지셨다는 비보를 받았다. 아버지는 내가 제대한 뒤 한 달도 못 돼 세상을 떠나셨다. 때문에 군대에서 세웠던 꿈은 시도조차 할 수 없었다.

그 뒤 마음을 정리하고 다시 대학에 진학할 생각을 하였다. 늦었지만 대학입시에 다시 덤벼 서강대학교 국문학과에 진학할 수 있었다. 하지만 나의 대학생활은 지금까지의 내 생애에서 가장 불행했던 시기였다고 생각된다.

1987년 6·29 선언이 있을 때까지 대학은 거의 데모로 얼룩졌던 기억뿐이다. 그와 같은 소용돌이 속에서 제대로 학구에 열중할 수가 없었다. 처음 대학에 진학했을 때는 꿈과 희망을 품고 열심히 공부하리라 다짐했는데 세태에 흔들리다 보니 마음먹었던 대로 공부를 하지 못했다.

나는 대학을 겨우 졸업하고 광주에 내려왔지만 일할 만한 직장도 구하지 못하고 어리석게도 섣불리 시작한 사업에 실패하여 상속받은 귀중한 재산까지 모두 날려 버렸다. 그 후 결혼이라도 하면 생활이 안정될까 싶어 반려자를 만나 결혼했지만 안정된 직업이 없다 보니 늘 맥없이 빈둥빈둥 소극적으로 아까운 세월만 허송하고 있었다. 결혼한 지 5년이 되었을 무렵이었다. 당시 사회생활 중에 알게 된 선배와 가끔 만났는데, 그 선배가 만날 때마다 참선을 수행하는 '청와헌'이라는 조용한 곳이 있으니 함께 가 보기라도 하자는 권유를 받았다. 그러나 내 관심 밖의 일이라 귀담아 듣지 않았다.

나는 어릴 때부터 성당에 다녔기 때문에 불교에는 전혀 관심이 없었다. 그러던 어느 날 그 선배의 끈질긴 권유에 못 이겨 인사치레로 한 번 가 보겠다고 따라나섰던 것이 계기가 되어 참선을 익혀 살게 된 매우 고

마운 인연이 되었던 것이다. 난생 처음 청와헌의 그 모임에 동참해 보니 심신을 도야하는 수행이라는 것을 쉽게 알 수 있었다. 무엇보다 내가 나를 좋게 개조할 수 있으리라는 기대감이 생겼다. 그때부터 자진해서 그 모임에 적극적으로 동참하고, 꾸준히 참선을 익히면서 신나게 살 수 있었다. 그 후 나는 모든 일을 참선에 연결시켜 생각하고 모든 문제는 참선으로 해결할 수 있다고 확신하게 되었다.

참선에 입문하기 전에는 확실한 생업도 없이 무기력하고 사는 게 재미없고 짜증스러웠는데 참선을 익히면서 쓸데없는 망상에서 벗어나니 사는 재미를 느끼게 되었다. 참선을 익혀 살면 자기가 자기를 마음대로 부릴 수 있으니 어찌 통쾌하지 않으랴! "언제 어디서 무엇을 행하건 그것에 열중할 뿐이다. 그러니 자유롭고 평화롭고 행복하지 않겠는가!"

새삼 학창시절을 돌아보니 몸과 마음이 허약해서 제대로 공부할 수 없었던 중고등학교 시절에 참선의 기초 수련인 수식관만이라도 할 수 있었더라면 얼마나 좋았을까 하는, 아니 대학시절에라도 시절 인연이 닿아 참선을 만났더라면 내가 나를 도야하면서 공부에만 몰두할 수 있었을 텐데 하는 아쉬움이 들었다. 하루라도 빨리 참선에 입문했더라면 내 인생길도 일찍기 확정되지 않았을까 하는 안타까움에 부질없는 생각을 해 본다. 그러나 사람의 삶에서 무엇이건 시절 인연이 닿아야지 억지로 되는 건 아니라는 생각이 든다. 내가 나를 도야하는 데 오랫동안 이끌어 주신 혜정 김인경 법사님의 법은에 감사드린다. 또 함께 수행한 여러 도반들의 유형무형의 음덕에도 감사한다. 나는 앞으로 참선을 익힌 사람답게 내 역할을 다하면서 살아갈 것이다.

智觀 합장

군더더기 : 이 글은 선도회의 노장이신 법장 권영두 법사께서 선도회를 보다 더 널리 알려한 사람이라도 더 일찍 참선수행에 동참할 수 있도록 하고자 올해 팔순기념으로 펴내는 책 속에 넣겠다며 지관 법사께도 참선수행담을 한 토막이라도 적어 달라고 요청하여 쓴 법장 법사님의 〈생활 속의 참선수행 이야기〉(운주사, 2009)에서 발췌한 내용이다.

나의 입문시절과 현재의 삶

천수天秀 박창환 선도회 사무총장/고교 수학 교사

나에게도 선도회에 입문한 후 오랫동안 '무' 자를 참구하던 초보 시절이 있었다. 나는 틈만 나면 아랫배에 힘을 주고 내 짧고 오동통한 다리로 결과부좌를 하며 적지 않게 고통을 감내하기도 하고 — 지금은 반가부좌로 공부함 — 어떨 땐 저려오는 다리의 고통을 즐기기도 하면서 수식관과 '무' 자!, '무' 자! 를 거듭하면서 '무' 란 무엇인가를 참구해 보았다.

그리하여 '무'에 대해 떠오르는 그 무엇을 입실을 통해 점검하길 8개월을 했지만 '무' 자 화두를 투과하지를 못했다. 그 후부터 나는 입실해서 경계를 말할 그 무엇도 없고, 입실 자체가 법사님에게 우둔한 내 모습을 적나라하게 보여 주는 것 같아 창피하기도 하고, 너무 많은 거짓말(?)을 하는 것 같아 죄송스럽기도 하거, 두렵기도 하여 입실 시간이 거북한 시간이 되어 버렸다.

그렇지만 그동안 쌓아 온 단전의 힘인지 얼굴에 제법 철판을 깔고 입실하기를 몇 번 더 하였다. 그러나 번번이 '무' 자를 투과하지 못하였다.

그렇게 되자 어떻게 하면 모임을 피할 수 있을까 하는 핑계를 만들어 모임에 참석하지 않으려고 하는 마음이 일어나기 시작했다. 그런 갈등 속에서도 일단 발을 들여놓은 이상 끝까지 한번 해 보자는 오기가 생겼다.

어느 날 더 이상 경계를 내놓을 것이 없어 고민하면서 모임 장소 가까이는 왔는데 입실에 자신이 없어, 모임에는 들어가지 않고, 모임 장소가 있는 아파트 주위를 맴돌며 아파트 단지 내 약수터에서 가지런히 걸려 있는 바가지에 물을 떠서 먹고 세수도 하며 시간을 보내다 근처 아파트 정자(세심정)에서 애꿎은 담배만 축내고 있었다. — 그 당시는 골초였으나 지금은 담배를 피우지 않는다. — 그때 모임 참석을 위해 정자 앞을 지나가던 선배 도반 한 분이 좌불안석하는 내 모습을 보고 내 마음을 읽었는지 빙긋이 웃으며 선원에 먼저 들어가셨다. 이제 선배에게 눈도장이 찍혀 집에 돌아가지도 못하는 신세가 되어 하는 수 없이 입실 시작 시간을 거의 맞추어 좌선을 하고 있는 도반들 틈 맨 구석 자리에 다리를 틀고 앉아서 다가오는 입실의 부담감을 느끼며 오직 '무' 자에만 전력투구하고 있었다.

몇 분이 지났을까? 누군가가 입실하라고 옆구리를 찌르는 순간 별안간 무엇인가가 떠오르는 것이 있어 입실하여 일 배를 드리고 경계를 보였더니 법사님이 빙그레 웃으시면서 "다음 화두를 보도록 하세요." 하였다. 입실을 나오면서 화두를 투과한 그 기쁨은 다른 무엇과도 바꿀 수 없는 기쁨이었다. '궁하면 통한다는 궁즉통窮卽通' 속에서 터져 나오는 법열이란 냉난자지冷暖自知한 사람만이 느낄 수 있는 법열이다. 오랜 세월이 지난 지금에도 그때를 회상하면서 내 공부가 소홀해질 때마다 정면 돌파하려고 노력했고, 생활 속에서도 피해 가지 않는 습성이 길러지게 되었다.

지금도 많은 분들이 '참나'를 찾기 위해 선원을 찾고 있다. 나는 그 분들에게 용기 있는 분들이라 말해 주고 싶다. 그 분들은 현생에서 깨침을 얻기 위해 찾아다니는 구도자들이다. 그냥 일상생활에 안주하면서 하루하루를 무의미하게 보내는 사람에 비하면 용기가 가상하지 하지 않은가? '참나'를 찾아 불과佛果를 성취하는 것도 중요하지만, '참나'를 찾는 과정도 중요하다. 힘들다고 도중에 포기하지 않고 꾸준히 참구하는 모습은 얼마나 인간적이며 아름다운가.

선도회에서 실시하는 수련회는 뜻을 같이한 도반들과 같은 공간에 존재하고 있다는 든든함을 느끼게 한다. 해마다 실시하는 여름과 겨울 두 차례의 수련회는 그간 나태해진 마음도 추스리고 오래 앉아 있는 습성도 길러 주어 수련회를 다녀오면 한동안 아랫배의 든든함으로 생활 속에 자신감이 충만해지곤 했다.

교직생활을 하던 중에 성대 암 양성 판정을 받고 수술을 하였다. 3개월 동안 말도 못하고 방사선 치료로 병원과 사찰을 오가며 어쩔 수 없이 묵언수행默言修行을 하며 도봉산 아래 광륜사에서 좌선하며 요양을 하였는데 병에 대한 일말의 동요 없이 긍정적 태도로 꾸준히 치료를 받을 수 있었다. 그 모든 힘이 좌선의 공덕이라 생각한다.

지금은 건강을 많이 회복하고 열심히 교직생활을 하고 있다. 간혹 학생과 학교를 사랑하는 마음이 식어 갈 때는 좌선과 병원 치료를 받으면서 투병하던 순간을 떠올리며 나 자신을 채근하곤 한다. 지금은 거의 완치가 되었는데 평소에 아랫배에 길러진 좌선의 힘으로 생긴 긍정적 사고의 결과라 생각한다.

노사님이 입적하신 지 20년이 지나 노사님의 숙원사업이던 선도회가 사단법인 선도성찰나눔실천회로 거듭나게 되었다. 선도회의 문하생으로서 앞으로도 통찰과 나눔의 삶, 걸림 없는 삶을 살아가기 위해 노력하려 한다. 다른 분들도 생활 속에 선을 접목하여 통찰과 나눔의 삶, 걸림이 없는 삶을 살아갔으면 하는 바램이다.

 天秀 합장

15년 동안 선도회와 함께해 온 서양 출신 가톨릭 사제 이야기 —
입실제도를 중심으로

천달天達 서명원(Bernard Senécal S.J.) 예수회 신부/신촌제3모임 법사/서강대 종교학과 교수

한국 불교에 있어서 선도회의 많은 장점 가운데 세 가지만 가르쳐 달라면 제도권 불교의 영향으로부터의 완전한 자유로움과 이웃 종교에 대해 너그럽게 열린 마음 및 입실제도를 말하겠다. 서양 출신 가톨릭 사제인 내가 거의 15년 동안 박영재 거사님(法境 法師)을 통하여 선도회와 갈수록 짙어지는 인연을 맺을 수 있었던 큰 이유들이 주로 그것이다. 이어서 거사님께서 나에게 그 동안에 내가 체험한 것에 관한 글을 짧게 써달라고 부탁하셨기에 선도회의 입실 제도에만 초점을 맞추기로 하겠다.

입실제도란 간화선 수행자가 확철대오廓徹大悟할 때까지 스승이 계신 방(祖室)에 들어가서 수행 과정에 관한 꾸준한 점검을 개별적으로 받는 것을 말한다. 수행의 바탕은 호흡법을 배우고 난 다음부터 하나씩 풀어야 하는 일련의 화두다.

선도회의 입실제도는 거의 천 년 전에 송나라의 오조법연(五祖法演,

1024-1104), 원오극근(圓悟克勤, 1063-1125), 대혜종고(大慧宗杲, 1089-1163) 등의 대선사들을 통하여 서서히 형성되어 오늘에 이르기까지 동양 삼국에 이어져 온 것이다.

그런데 한반도에서 배불정책이 극심했던 조선 시대에 이르러 그 제도가 거의 사라졌지만, 재가수행자들 위주로 간화선 지도를 하는 종달 노사님 덕택으로 육십 년대에 남한에 또 다시 도입되었다. 선도회가 사용하는 일련의 화두는 '무無'자를 비롯한 초보자들 위한 스무 칙則 정도의 화두들(그 가운데서 현대에 맞추어서 만든 칙들도 있다.), 무문혜개(無門慧開, 1183-1260) 선사의 〈무문관無門關〉에 나오는 48칙의 화두들, 〈무문관〉의 과정을 마무리하기 위한 8칙 정도의 화두들, 그리고 〈벽암록碧巖錄〉 100칙의 화두들이다.

필자는 〈성철스님 생애 및 전서全書〉란 제목의 박사 논문을 쓰는 과정에서 느꼈던, 때때로 수행의 방법 및 과정을 완전히 무시하는 듯한 인상을 줄 정도로 위없는 바른 깨달음의 이상에 몰두하셨던 성철 노사님의 돈오돈수론頓悟頓修論에 비하면, 선도회의 입실제도는 오히려 수행의 점차적 과정과 방법을 아주 구체적으로 다룬다. 수행을 시작하는 사람이 명상 자세와 호흡법을 한두 달 동안 익히고 나서, 초보자들을 위한 화두 과정을 다 마치고 난 다음(약 이삼 년 정도 걸림)에, 법명(居士號나 大姉號)을 받고 〈무문관〉 안으로 들어가 그 화두를 하나씩 투과해 간다(약 십 년 정도 걸림). 이어서 〈무문관〉 마무리 화두 과정을 끝내고(몇 개월 걸림) 나눔 실천 등에 관한 검증을 거쳐 법사法師가 된다. 즉 후배들의 수행을 지도할 수 있는 자격이 생긴 것이다. 수행자가 법사가 되었음에도 불구하고 계속해서 자기의 원래 스승의 지도를 받으며 〈무문관〉을 재독하기 시작한다(약 이삼 년 걸림). 이 두 번째 재독 점검과정의 목적은 일상생활 전체가 수행이 되게 하기 위한 것이다. 그리고 나서 〈벽암록〉 안으로 들어간다.

그 긴 수행의 길을 처음 걸을 때에는 입실에 대한 큰 두려움을 극복해야 하지만, 얼마 안 돼서 오히려 그 입실에 대한 자신감이 생겨서 스승과의 만남을 학수고대하기 시작한다. 그것은 자꾸 객관적인 점검을 받음으로써 착각해 엉뚱한 길로 빠지지 않고, 스승과의 만남을 통하여 수행하려고 하는 의지를 계속 강화할 수 있기 때문이다. 결국 닦는 사람이 단계적으로 이어지는 과정 덕택으로 자기 수행의 발전을 객관화하며 확인할 수 있기 때문에 큰 힘을 얻는다.

나는 법사가 된 이후로 동서양에서 후배들의 간화선 수행을 동반하기 시작한 지 벌써 몇 년이 되었지만, 갈수록 자그마한 개구리 한 마리인 것 같이 느껴진다. 그런데 불자이든, 그리스도인이든, 아니면 무슨 종교나 철학을 믿든지간에 다들 우물 안의 개구리가 아닌가 싶다. 그러면서도 이웃 개구리의 우물을 구경하러 갔다가 자기 원래 우물에 돌아올 때에는, 그 원천까지 내려가는 데에 이웃 개구리의 덕택으로 상당한 힘을 얻었음을 알 수 있다. 시간이 지나감에 따라서 어느 개구리든 이 우물에서 저 우물에로 자유자재로 넘나들 수 있을수록 좋다. 그러면 원래 유한한 우물이 고통과 죽음을 벗어난 신비스럽고 신비스러운 큰 바닷가가 되기 시작한다. 그것이 바로 한국 선도회의 입실제도를 통하여 계속 이어지는 서양 출신인 나, 가톨릭 사제의 생생한 체험이다.

天達 합장

지식의 탐구, 신비의 타파

전원電元 조영준 제천모임 법사/전 동아제약연구소 수석연구원

사람들은 누구나 초능력이나 신비한 것에 끌린다. 필자도 마찬가지로 실버 마인드 컨트롤 강습을 받기도 하였고, 초월명상 등 명상법에 관심을 가지기도 하였으며, 고등학교 불교반에서 활동하기도 하였다. 조계사 불교학생회모임에도 나갔었는데, 지금도 "천국과 지옥이 있느냐?"는 한 학생의 질문에 "학생이 그런 허망한 것에 관심을 가져서 되겠느냐!"는 준엄한 질책과 함께 구구절절 천국과 지옥에 대해 설명해 주시던 한 스님의 법문을 기억하고 있다.* 육환장을 집고 서서 카랑카랑한 목소리로 법문을 하던 스님의 단호한 모습과 구도자의 카리스마에 경외감을 느꼈었다. 속세를 떠나 깊은 산중에 홀로 수행하는 삶, 모든 세상사를 초월한 듯한, 그리고 무엇이든 다 알고 있을 것 같은 도인의 풍모를 향한 동경이 있었다.

대학은 필자에게 그저 젊음을 만끽하던 해방구였던 것 같다. 새로운 것에 대한 호기심으로 문학과 영화, 음악 등에 빠져들었다. 문학 동아리 모임에 나가 작가를 만나고, 일요일에는 모든 영화관과 극장을 순례하였으며, 작가가 되겠다고 밤새워 시, 소설을 썼다. 또 대학 방송국에 들어가서는 전공공부는 제쳐 두고 방송원고와 씨름하였으며, 방송극을 기획 공연하기도 하였다. 대학을 졸업하고 유학을 가게 된 동기도 상당부분 학문을 추구한다는 데 있었다기보다는 좋아하던 영화나 음악의 본고장으로 간다는 데 의미가 더 컸고, 그런 문화를 일구어 낸 사회는 어떨까

하는 호기심이 있었던 것 같다. 영화로 제작된 안정효의 소설 '헐리우드 키드의 생애' 바로 그것이었다.

그때는 최루탄 연기 속을 뛰어다니며 데모를 하고, 대학은 몇 달씩 휴교를 반복하였으며, 같이 동아리 활동을 하던 친구가 옥상에서 몸을 던지던 혼란한 시기였다. 필자는 탄압받는 지식인 사회에 대한 궁금증과 어쭙잖은 지성인으로써의 사명감으로, 졸업을 늦추면서까지 전공과는 무관한 사회학, 심리학, 국문학, 영화학 관련 과목들을 수강하였다. 그래서 화학을 전공하고 물리를 부전공하였지만 사회학과를 지원하게 되었고, 아이오와 대학 사회학과로 유학을 떠나게 되었다.

유학생으로 부딪힌 미국은 음악이나 영화 등 문화에 있어서는 필자를 매료시켰다. 그러나 학문에 있어서는 상상했던 것과는 많은 차이가 느껴졌다. 필자가 자라 온 사회와는 그 근본부터가 판이하게 달랐고, 학문이란 필자가 꿈꾸던 지식인으로서의 환상이 아니고 그냥 현실이었다. 거기에는 필자와 같은 생각을 가지고 사회학을 공부하러 온 선배들이 여럿 있었지만, 경제적인 곤란과 가치관의 혼란을 겪고 있었다. 한때 가졌던 사회학에 대한 관심은, 통계와 씨름하는 수리사회학이 대세인 미국에서 그 의미를 상실하게 되어, 다시 화학과로 돌아오게 되었다. 이공계인 화학과는 장학금도 많아 쉽게 경제적인 문제도 해결할 수 있었다.

필자는 당시 새롭게 각광받던 레이저에 대한 연구로 아이오와 대학에서 물리화학 석사를 받았다. 그리고 대학시절 열악했던 컴퓨터만 보다 마주친 진보된 컴퓨터의 매력에 빠져, 미주리 대학에서 '컴퓨터 모델링을 통한 카오스적 분자 운동' 연구로 이론물리화학 박사학위를 받았다. 갈 곳도 있었고 이론분야는 유럽이 강세여서 유럽으로 박사후 과정을 가고 싶었으나, 박사과정 중에 있던 아내와 아이들 교육 때문에, 미시간에 있는 웨인 주립대를 선택, 그곳에서 생물학 관련 분자모델링 연구를 하게 되었다. 아내의 졸업을 기다리며 5년을 보내고, 필자는 한 제약회사 연구소 초청으로 신약 개발팀에 합류하게 되어 1994년 한국으로 돌아오게 되었다. 당시 한국은 내 연구 자료를 보내려고 이메일 주소를 물었더니, 그것이 무엇인지 모를 정도로 컴퓨터 분야가 열악한 실정이었고, 연구를 위한 인프라가 전무한 상태였다. 그런 상황이었지만 국내 신약 1호를 꿈꾸며 개발 중이던 항생 물질에 대한 컴퓨터 모델링과 신물질에 대한 해외 제약회사 투자유치 관련 업무, 그리고 연구소 컴퓨터 및 인터넷 환경 조성에 관한 일들을 하게 되었다.

미국에 유학 중일 때 한국에서는 〈단丹〉이란 소설이 한참 인기를 끌고 있었다. 필자는 그 책을 읽고 학창시절 가졌던 호기심이 다시 발동하여 단학이나 선도仙道수련 관련 책들을 공수空輸해와 독자적으로 수련을 하였다. 지도자 없이 시작한 그 수련이 길게 가지는 못했지만, 선도수련이 주는 효과는 충분히 경험하는 계기가 되었고, 최인호의 〈길 없는 길〉이란 신문 연재소설을 읽고 구도의 길을 가겠다는 서원을 세운다. 연구원으로 있던 디트로이트에는 무문사라는 절이 하나 있었는데, 그 절에 나가 예불도 보고 참선수행도 하였다. 당시 그곳을 방문한 일붕一鵬 서경보 徐京保 스님이 붓글씨를 써 주시겠다고 하시며, "어떤 글을 원하느냐?"는 물음에 서슴없이 "이 생에 견성성불하겠습니다!"라고 대답할 정도로 열심이었다. 스님은 반색을 하며 나에게 '차생성불此生成佛'이란 휘호를 써 주셨고, 지금도 걸어 두고 마음에 새기고 있다. 그때는 거기 도반들과 윤청광 극본의 '고승열전'이나 조계사 수선회修禪會에서 나온 숭산崇山, 1927~2004), 혜암(惠菴, 1885~1985), 근일勤日 스님 등 스님들의 법문 녹음테이프를 길잡이 삼아 참선수행을 하였다.

미국에서 연구에만 파묻혀 있던 필자에게 한국은 마냥 넓고 신기한, 호기심으로 가득한 곳이었다. 한국에 들어와서 유홍준의 〈나의 문화유산 답사기〉로부터 시작된 필자의 답사여행은 15권에 달하는 〈답사여행의 길잡이〉를 모두 다 섭렵하였고, 민속, 지리 등 관련 책자를 들고 우리 땅 곳곳을 누비고 다녔다. 문화유산을 찾아 전국을 누빈 결과로 그때까지는 생소하였던 '폐사지 답사기'를 의학 잡지에 연재하기도 하였다. 항상 마음에 그리던 〈길 없는 길〉에 등장하는 사찰들을 비롯한 대부분의 절과 암자들을 둘러보았다. 그 속에 사는 사람들도 만났다. 성리학과는 달리 천대받던 민중의 학문 명리학도 체계적으로 배웠고, 그동안 신비하게만 느껴지던 풍수지리를 강습회와 답사모임을 쫓아다니며 발로 뛰며 독파하였다.

우리 역사를 공부하다 보면 자연스레 그 끈이 중국역사에 닿게 되는데, 이는 또 중국을 넘어 중앙아시아를 통해 세계로 연결된다. 고구려 답사를 위해 중국에 처음 발을 들여놓은 후로, 우리 문화유산만이 우수하다는 편협한 사고에서 벗어나, 자연스레 여러 나라 문명에 관심을 가지게 되었다. 중국을 다시 가게 되었고, 몽골로 인도로 일본으로 동남아로 문명의 조각들을 모으고 재구성하며 각 나라 문화와 문명교류에 대해 탐구를 계속하고 있다.

미국에서 선도仙道 수련과 참선수행을 했던 필자에게 한국은 길거리에서도 도를 만나는 도가 넘쳐나는 곳이었다. 체계적인 호흡 수련을 위해 국선도를 시작하여 지금도 매일 수련을 하고 있고, 연구소에 온 조선족으로부터 법륜공法輪功을 배워 연수원에서 신입사원을 지도하기도 하였으며, 선무도禪武道가 어떤 것인지 알기 위해 골굴사骨窟寺에도 가서 수련하는 등 수행 단체들을 둘러보았다. 그리고 참선수행을 체계적으로 하기 위해 조계사 수선회에도 가 보았다. 그러던 차, 필자에게는 대학 동문이기도 한 박영재 교수님의 〈두 문을 동시에 투과하다〉라는 책을 아내를 통해 전해 받고는 "바로 이것이다!"라고 무릎을 쳤다.

그때까지 모든 수련은 수행과는 거리가 있는 사고 파는 상품 같다는 느낌을 받았고, 스님들은 너무 권위적이고 고답적인 데다, 엄격해 보이는 예절과 불교의식에만 치중하는 것 같아 내켜 하지 않았었는데, 선도회는 절차나 규칙에 얽매이지 않고 간화선 수행에만 열중할 수 있는 재가선 단체였다. 일정한 시간에 방문하여 그동안 참구한 화두경계를 점검 받는 재가자에게는 안성맞춤의 수행단체였다. 지방에 있던 나는 화요일 새벽 두 시간 정도 차를 달려 서강대로 가 입실을 시작하였고, 주말 부부였던 나는 방해 받지 않고 하루 서너 시간 참선을 할 수 있었다.

그러나 그것은 한 달여로 끝나게 되는데, 박영재 교수님이 교환 교수로 독일에 가시게 되었기 때문이었다. 물론 다른 법사님께 점검 받을 수도 있었으나 인연이 그것뿐이었는지, 무려 5년 동안 입실을 하지 못하고, 국선도를 수련하면서 입실점검 없이 화두를 들곤 하였다. 항상 마음 속으로 '날아가는 비행기를 멈춤'의 경계를 참구하던 어느 날, 이메일을 통해 점검 받으면 어떨까라는 생각이 불현듯 떠올라, 바로 박영재 교수님께 이메일을 보내 '이메일을 통한 점검'을 문의하였다. 그런데 박영재 교수님은 이미 인터넷을 통한 입실지도를 하고 계셨고, 필자도 2003년부터 이메일을 통한 전자입실을 시작하게 되었다. 그리고 1년을 더 참구하고서야 선도회 두 번째 화두인 〈날아가는 비행기를 멈춤〉을 타파 할 수 있었다. 그 화두를 풀고는 "겨우 이거였나!" 하며 허탈해 하였지만, 간화선 수행이 어떤 것인지 화두가 무엇인지 알 수 있는 계기가 되었다. 지금도 무심히 그 화두를 '염' 하는 것을 보면 필자에게는 항상 같이하는 그림자 같은 화두다.

도道라고 하면 뜻 모를 권위와 엄격한 의식 그리고 법이니 진리니 하는 형이상학적 중압감이 사람을 주눅 들게 한다. 그런 도에 대한 신비감, 법에 대한 권위를 타파하고 선의 일상화를 실현하신 분이 박영재 법사님이시다. 조선시대를 겪으며 우리나라에서는 거의 사라진 임제종 간화선법을, 일제 강점기 일본 화산대의華山大義 선사로부터 이어 받으시고 씨를 뿌리신 분이 종달 이희익 노사님이시라면, 그 법을 현대식으로 체계화하고 널리 펴신 분이 법경 법사님이시다.

화려함이나 과시를 멀리하고, 묵묵히 맡으신 일만을 무심히 하시는 그를 통해, 필자는 구도자에 대한, 도인에 대한 필자의 선입견을 많이 수정하였다. 이 시대를 사는 미래의 수행자의 모습이랄까? 이는 선도회 무문관 과정을 마친 이에게 주는 법사 인가장을 보면 더욱 명확하다.

〈무문관〉을 끝내시고 꾸준히 정진해 오셨기에 선도회 법사로써 후학들의 입실지도를 간곡히 부탁드립니다.

필자는 법사님의 따뜻한 지도를 받으며 전자입실을 시작한지 5년, 2007년 선도회 간화선 수행 모든 과정을 마칠 수 있었다. 나의 법사호 전원電元은 전자입실로 무문관 과정을 통과한 첫 번째 사람이라는 뜻이 담겨 있다.

최진규가 쓴 〈우리 비경 답사기〉에는 경북 상주 용유담 근처 너럭바위에 쓰여 있는 동천洞天이라는 글씨에 대한 소개가 나온다. 개운당 스님이라는 분이 주먹으로 썼다는 이 글씨에 대한 이야기를 읽고, 나도 수련을 통해 주먹으로 글씨를 써 봐야 되겠다고 생각했던 적이 있었다. 하지만 그 생각은 지금 없다. 이 세상 누구도 쓸 수 없다는 확신을 얻었기 때문이다. 이와 함께 어릴 때부터 가졌던 신비에 대한 동경 또한 더불어 폐기하였다. 신비는 단지 모른다는 것이고 알면 사라지는 것이기 때문이다.

電元 합장

*이야기는 대강 이랬다. 일제 강점기, 한 순사가 스님을 찾아온다. 그 순사는 칼을 뽑아 스님의 목에 갖다 대고는 "스님이 도가 깊다고 하던데, 천국과 지옥에 대해 설명해 줄 수 있겠소?" 그러자 짚신을 삼고 있던 스님은 못 들은 척 하던 일만 계속하였다. 스님이 들은 척도 하지 않자 순사는 칼을 높이 드는데, 순간 스님이 벌떡 일어나더니 도망치기 시작하였다. 순사는 저 놈 잡으라고 스님 뒤를 쫓아가는데, 산으로 도망가던 스님이 벼랑 끝에 다다라 결국 순사에게 잡히고 말았다. 순사는 칼을 들이대며 "네 이놈! 오늘이 마지막인 줄 알아라!" 하며 칼로 내리치려고 하자, 그때 스님 왈, "이곳이 지옥이니라." 이 말에 깜짝 놀란 순사는 멈칫 어쩔 줄을 몰라 하다가 칼을 내려놓으며, "이거 죄송하게 되었습니다." 하고 사죄하고 절을 하니, 그때 스님 하시는 말씀, "이곳이 바로 천국이니라."

나는 '無' 자로 전진을 했다

지초智初 이영배 의정부모임 법사/개인사업

어떻게 살까! 치열한 생존경쟁에서는 남보다 뒤져서는 안 되고 이겨야 하는데, 꼭 그래야만 되는데…… 그런데 그게 나인가? 인생이 그것뿐이란 말인가? 인생이 100년인가, 60년인가? 그렇게 살다 마침내 죽음을 맞이한다! 참으로 허망하고 두렵기만 했다!

종교, 철학, 문학…… 예수, 공자, 석가, 장자, 톨스토이, 김○○목사, 조○○목사, 원불교교전, 불교성전 조계사 앞 경서원…….

초인종을 눌렀다. 조심스레 문이 열리고 초로의 여인이 나를 잠시 보더니 안으로 안내했다. 허름한 흰옷, 작은 체구, 찬찬히 살피던 시선, 동안, 그리고 푸른 눈빛, 약간 기괴하였다고 할까 분위기가 예사롭지 않았다.

"어떤 종교에서 이 세상은 음양사상의 원리와 인과응보의 이치로 되어 있다고 하던데요."

"그거 다 망상이야!"

경서원에서 산 〈좌선〉이란 책을 읽으면서 좌선도 해 봤다. '무無' 자! 그런데 너무 어려웠다. 황당한 것 같기도 하고 내가 잘못 들어왔나 갈 길도 바쁜데…… 두어 달인가 쉬다가 전화를 한 번 걸고 다시 찾아갔다.

"나는 그렇다 치고(건강 안부) 자네는 어떤고?" 그리고 환히 웃으시며 "사내대장부가 뭐가 어렵다고! ○○들도 다 하는데." 달래시며 용기를 주셨다. 그리고 다시 시작했다.

정말 고맙습니다. 노사님!

나는 전진했다. 아니 운전을 했다. 배달을 하며…… 바깥세상은 그야말로 비바람과 폭풍과 같은 날의 연속이었다. 그러나 나는 '무' 자로 전진했다. 그러나 항상 '무' 자로 앞으로 나아갈 수 없었다. 어느 때는 사방이 쇠말뚝으로 된 울타리에 갇힌 염소새끼처럼 되어 꼼짝 못하게 될 때도 있었다. '어떻게 할까? 그래! 움직이지 말자.' 내가 움직일 때 앞으로 나아가려고 할 때 저 장벽은 존재하지만 움직이지 않을 때는 존재하지 않는다. 다시 말하자면 나를 방해하지 않는다. 그래서 움직이지 않았다. 꼼짝하지 않고, 그리고 '무' 자! 시간(세월)이 얼마나 흘렀을까. 다시 사방을 둘러보니 변화가 생기기 시작했다. 철벽 같은 장애물 저 울타리 모퉁이가 조금씩 움직이기 시작했다. 나는 그때 거기에 있었는데도 말이다. 드디어 흔들리기 시작하더니 마침내 흔적도 없이 사라지고 말았다. 군대에 있을 적에도 기적 같은 경험을 하고 삶의 약이 된 적이 있었다. '무'자 공부를 하면서 이런 경험을 한다는 것이 신기하고 정말 보람된 것이었다.

나는 참선공부를 하면서 생활을 발전시켰고 흔들리던 영혼에 기준을 세워 안정시켰다. 이보다 더 좋은 일이 어디 있겠는가? 그 다음 소득은 같이 공부를 하는 도반들을 만난 것이다. 영혼이 맑은 그들을 보는 것만으로도 즐겁고 유쾌하다. 옆에만 있어도 영적 성장을 도와주니 참으로 유익하고 든든한 삶의 동반자들이라 할 수 있겠다.

기축년 새해를 맞아 노사님의 크나큰 은혜를 회상하고 오래 이끌어 주신 법경 법사님께 감사드리면서, 이것으로 미숙한 수행소감의 한 토막을 부끄러운 마음으로 끝맺는다.

智初 합장

군더더기: 이 글은 선도회의 노장이신 법장 권영두 법사께서 선도회를 보다 더 널리 알려 한 사람이라도 더 일찍 참선수행에 동참할 수 있도록 하고자 올해 팔순기념으로 펴내는 책 속에 넣겠다며 지초 법사께 참선수행담을 한 토막이라도 적어 달라고 요청하여 쓴 법장 법사님의 〈생활 속의 참선수행 이야기〉(운주사, 2009)에서 발췌한 내용이다.

인생은 신비

전성電惺 금주연 아우스딩 경북 · 영천모임 부법사/양봉업

생활사生活死의 인간의 삶! 태어나서 살다가 죽는 사람의 인생은 알 수 없는 신비다. 왜 태어났는가? 어떻게 살아야 하는가? 어디로 가는가? 동서양 철학의 근본적인 물음이다. 어렸을 적에 밤을 무서워했던 기억이 생생하다. 죽으면 어떻게 되는가? 왜 이런 생각을 했는지 알 수 없었지만 밑도 끝도 없는 의문에 밤을 두려워했던 것이다. 고등학교 시절에는 논어와 맹자를 즐겨 읽었다. 집안의 종교로 천주교 신자가 되었다가 40대에 성경공부를 하기 시작했다. 성바오로딸 수도회의 시청각 통신성서 교육원에 입학해서 8년 과정의 신구약 성경을 공부하다가 기도가 하고 싶어졌다. 성당에서 실시하는 여러 가지 피정과 교육을 받았지만 마음에 차지 않았다. 그러다가 여러 절을 쫓아다니면서 3,000배 절하기, 정토회의 깨달음의 장, 동사섭 등의 교육을 찾아다녔다. 그러다가 교보문고에서 〈생활선의 첫걸음, 두 문을 동시에 투과한다〉라는 책을 사게 되었다. 하도 궁금해 저자를 한번 만나 뵈야겠다고 결심하고는 서강대를 물어물어 찾아뵙고 법경 법사님과 인연을 맺었다.

법사님의 지도 아래 인고의 세월을 보내면서 수많은 변화가 찾아왔다. 가장 큰 변화는 육체적, 심리적, 영적 치유이다. 사람은 태어나는 순간부터 아니 어머니의 태중에서부터 끊임없는 영향을 환경으로부터 받는다. 나는 부처요, 하느님의 아들이요, 요순堯舜이지만 어머니의 태중에서부터 상처를 입는다. 그 상처를 안고 태어나니 나는 중생이요, 죄인이

요, 불효자인 것이다. 상처를 치유하는 가장 빠른 길은 나의 본래의 모습인 불성佛性과 하느님의 모상模像과 성선性善을 발견하는 것이며, 그에 대한 올바른 견해를 갖는 것이다. 수행과 기도를 하면서 잘못된 나의 악지악각惡知惡覺을 탕진하면서, 내가 가지고 있지만 나도 모르는 무의식에 숨어 있던 나의 그림자를 찾고는 치유하였다. '아하' 하면서 문득 찾아오는 영감!, 꿈을 통한 깨달음!, 묵상을 통한 깨달음, 상담을 통한 치유 등등…… 나의 가장 큰 화두 중의 하나는 '나는 부처인데, 나는 하느님의 아들인데 나는 왜 화를 내는가? 나는 화를 내고 싶지 않는데 도대체 화가 어디에 숨어 있다가 이렇게 불쑥불쑥 나타나는가?' 수행과 기도 덕분에 화의 근원이 무엇인지 알게 되었고 무의식에서 화의 근원을 치유하였다. 그 뒤로부터는 화를 내지 않고 평화를 유지할 수 있었다.

생활사의 인생은 무엇인가? 인생은 5대 원리이다. '정체의 원리'는 '나는 부처다, 하느님의 아들이다, 요순이다.' '천국의 원리'는 '우리 모두가 행복한 하늘나라(정토사회·대동사회·유토피아) 건설을 위하여 살아간다.' '기도의 원리'는 '마음을 다하여 잠심潛心 침묵하여 기도하고 수행한다.' '사랑의 원리'는 '이웃을 관계 4덕(감사·봉사·관용·참회)으로 내 몸 같이 사랑한다.' '창조의 원리'는 '일과 직업은 하느님의 창조사업이며 일과 직업을 통하여 하느님의 창조사업에 동행한다.' 이러한 삶의 5대 원리는 부처님과 예수님, 공자님 등의 인류의 스승들이 우리들에게 가르쳐주신 지혜다. 스승이 계시기에 제자들인 우리는 행복한 삶을 살아간다. 스승님들이 안 계신다면 아직도 미망에서 헤매고 있을 것이다. 스승님의 은혜에 보답하고자 통서가족 성서모임, 경북지부 등의 작은 모임을 통하여 이웃과 만나고 있다. 도반으로서 뒤에서 밀며 앞에서 끌며 함께 할 것이다.

예수님께서 길을 가시다가 태어나면서부터 눈먼 사람을 보셨다. 제자들이 예수님께 물었다. "스승님, 누가 죄를 지었기에 저이가 눈먼 사람으로 태어났습니까? 저 사람입니까? 그의 부모입니까?" 예수님께서 대답하셨다. "저 사람이 죄를 지은 것도 아니고 그 부모가 죄를 지은 것도 아니다. 하느님의 일이 저 사람에게서 드러나려고 그리된 것이다." 예수님께서는 이렇게 말씀하시고 나서, 땅에 침을 뱉고 그것으로 진흙을 개어 그 사람의 눈에 바르신 다음, "실로암 못으로 가서 씻어라." 하고 그에게 이르셨다. 그가 가서 씻고 앞을 보게 되어 돌아왔다(요한 9.1-7).

묵상과 질문

1) 제자들의 질문에 당신은 누구의 탓이라고 대답할 것인가?

   내 탓(유전자, 환경), 부모 탓, 하느님 탓이라고 말해도 30방이다.

2) 당신이 현재 눈먼 소경이라면 누구의 잘못으로 돌리겠는가?

3) 이희아는 선천성 사지기형 1급 장애인으로 양 손에 손가락이 각각 두 개밖에 없고 무릎 아래로 다리도 없다. 그러나 세계적인 피아니스트가 되었다.

   사지가 멀쩡한 우리들과 이희아와의 같은 점과 다른 점은 무엇인가?

   ① 같은 점(   ) ② 다른 점(   )

電惺 합장

알아차림

통방정곡通方正谷/정곡사 주지

알아차림 알아차림 알아차림 나눠불라

우주공간 하늘아래 오직 참나 주인공아
무지에서 깨어나고 앎에서도 벗어나세
행복한 삶 살으려면 로드맵이 중요한데
지혜법등 밝혀들어 복 지으며 살아볼라
알아차림 알아차림 알아차림 나눠불라
喜怒哀樂 애타지만 눈을 뜨고 나와 보면
감정 속에 빠진 것 알아차림 중요하네!
생각, 감정 한때이고 사상도 변하느니
집착 없는 한마음에 無窮黃花 피워볼라
알아차림 알아차림 알아차림 나눠불라

알아차림 중요한데 어찌하면 되겠는가
주인공을 불러내어 대답 또한 하여보오
주인공아 네에~에 주인공아 예~이 잇
대답한 놈 그놈이요. 부른 놈이 그놈이라
알아차림 알아차림 알아차림 나눠불라
어떻게 생겼는가? 살펴보고 살펴보니

시공도 초월하여 부름 따라 나타나나
거두어 잡으려면 번뇌 또한 사라지어
거지가 되었다네, 참 거지가 되었다네
알아차림 알아차림 알아차림 나눠볼라

행불행이 마음이듯 생과사도 마음이라
나의생각 중요하듯 남의생각 존중하라
인생무상 느끼거든 생사 넘는 법을 익혀
浩浩蕩蕩 주인 되어 알아차림 나눠볼라!
알아차림 알아차림 알아차림 나눠볼라

군더더기 : 이 시는 경기도 양평에 있는 정곡사 정곡 주지 스님께서 자신의 수행 전 체험을 바탕으로 지으신 시로, 초성 대자가 곡을 붙였으며 선도회가 아비라테합창단과 공동으로 주관한 지난 2010년 4월 10일 '성남시립 정성노인의집'에서 개최된 위문공연에서 합창단과 함께 정곡 스님께서 직접 노래를 부르신 뜻 있는 시다. 사실 '깊은 통찰체험'을 순 우리말로 바꾸면 그게 바로 '알아차림'이다. 한편 엮은이와의 교류를 통해 통방정곡 선사께서는 이미 선도회의 점검체계를 100% 꿰뚫으시고 2010년 3월 23일부터 정곡사에서, 실질적으로 선도회 양평모임이라고 할 수 있는 참선불교학교를 운영하기 시작하셨음을 이 지면을 빌어 밝히고자 한다.

2010년 3월 23일 정곡사 참선불교학교를 열면서

6. 선도회 회원들

지부모임 설립 순서에 따라, 그리고 회원들의 입문 순서대로 수행체험기를 열거하면 다음과 같다. 또한 관례에 따라 선도회 법사로부터 부여받은 법호만 앞에 등재하였다.

목동모임

선수행을 통해서 쌓은 용기와 힘으로

파몽破夢 한승민/외환은행 은행원

나는 1969년 서울에서 2남 2녀 중 막내로 태어났습니다. 아버지는 항공사에 근무하셨고 어머니는 가정주부인 전형적인 서울의 봉급쟁이 중산층 집안이었습니다. 어려서부터 좀 내성적인 성격에 속으로 생각이 많고 자기표현을 잘 못하는 성격의 소유자로 자랐습니다. 부모님은 두 분 모두 고향이 함경도신데 아버지는 성격이 몹시 급하고 화를 잘 내는 성격이고 어머니는 말이 별로 없고 차분한 성격의 소유자이십니다. 두 분 중 저는 어머니를 좀 더 닮은 것으로 생각됩니다.

평범한 초중고 시절을 보내고 서울대에 합격하려고 애써 보았지만 삼수 끝에 1990년 서강대 생물학과에 입학하였습니다. 사실 어려서부터 비행기를 좋아하여 우주비행사나 항공기 엔지니어가 되는 것이 꿈이었습니다. 생물학과에 입학한 후 학과 공부에 흥미가 없어 몹시 고민하였습니다. 고민 끝에 경제학에 흥미를 갖게 되었고 복수전공을 하게 되었습니다. 그러던 중 우연히도 군대면제(방위소집면제통보)가 되어 시간을 벌게 되었습니다. 그래서 1년간 휴학을 하고 학교 도서관에서 마음껏 읽고 싶은 책을 읽고 여행도 다녔습니다. 이때 융 심리학 책을 읽고 크게 감명을 받았던 것이 지금도 기억이 납니다. 그래서 그 당시 시중에 있는 융 관련 서적을 모조리 찾아 열심히 읽고 꿈 분석을 하는 데 열심이었습니다.

복학 후 경제학으로 전공을 바꾸었고 대학생활도 안정을 찾게 되었습니다. 그러던 중 4학년 때 우연히 도서관에서 물리학과 박사과정의 선배의 소개로 같은 물리학과 친구인 정승철을 만나게 되었습니다. 겉모습은 몹시 초라해 보였으나 잠시 얘기를 나누어 보니 아는 것이 많고 똑똑한 사람이란 것을 알게 되었습니다. 그때 정승철 선배는 카이스트에서 반도체 물리 박사과정에 있었습니다. 공통된 관심분야가 많아 도서관 라운지에서 자주 차를 마시게 되었고 자신의 고민 사항들도 털어놓게 되었습니다. 그러던 중 그 선배가 정신분열증으로 정신과에 다니고 있다는 사실을 알게 되었습니다. 그래서 저는 융 심리학 책을 읽어 볼 것을 권하였고 그 선배도 그 책을 읽고 잠시 안정을 찾는 듯하였습니다. 그러나 그 선배가 끝내 자살했다는 소식을 접하고 저도 크게 충격을 받았습니다.

이것을 계기로 융 심리학에 대해서 흥미를 잃고 정신적으로 몹시 허전하던 중, 1995년 9월쯤으로 기억됩니다만 우연히 박영재 교수님의 강연포스터 '대학생활과 나'를 보고 다산관에서 강연을 들은 후 다음날 목동 선도회로 바로 찾아간 것이 선을 배우는 계기가 되었습니다. 법사님께서는 앉는 자세를 가르쳐 주셨고 수식관을 먼저 할 것을 권하였습니다. 처음에는 1부터 10까지 세는 수식관을 하는 것도 쉽지 않았습니다. 그사이 어찌나 많은 잡념들이 일어나는지 마치 영화관에 앉아 있는 기분이었습니다. 수식관으로 기본을 다진 후 화두에 들기 시작했습니다. 처음 받은 화두는 '무' 자였습니다. 그러나 별로 진전이 없어 화두를 '시계'로 바꾸었습니다. 처음 화두를 들 때 참으로 황당하고 답답했습니다. 마치 뜬구름을 잡는 기분이었고 내가 할 수 있을까 하는 의구심도 들었습니다. 그 사이 저는 외환은행에 취직을 했고 취직한지 1년쯤 지나 IMF 사태를 맞아 사회가 몹시 혼란하였습니다. 특히 은행권은 그 직격탄을 맞아 대규모 구조조정으로 인한 인원 감축을 하였고 직장 선배들이 줄줄이 옷을 벗는 모습을 보게 되었습니다. 그후 외환은행은 생존하는 데 성공하기는 했으나 직원들은 연봉 삭감과 함께 살인적인 업무강도에 시달리게 되었습니다. 육체적으로나 정신적으로 피곤한 나날의 연속이었습니다. 그러는 가운데 처음 몇 년 동안은 선수행을 제대로 하지 못하고 구경하는 식으로 몇 년을 보내게 되었습니다. 어떤 때는 1년에 한 번만 입실을 하기도 했습니다. 이래서는 안 되겠다고 생각하여 목동모임을 처음 찾아왔을 때의 마음을 떠올려 좀 더 선수행을 열심히 해 보기로 했습니다. 그때가 2003년쯤인 것으로 기억됩니다. 그해 도피안사의 여름수련회 때 드디어 첫 화두 '시계'를 통과하였습니다. 그 후 조금씩 진전을 보여 2009년에야 겨우 입문하는 화두를 모두 통과하여 법사님께서 파몽破

夢이라는 거사호를 주셨습니다.

그나마 그동안 포기하지 않고 계속 선수행을 한 것이 힘든 시기를 버티게 해 주었고 혼란했던 마음도 많이 정리되었습니다.

대학 졸업 이후 15년 동안 나름대로 숨 가쁘게 살아왔는데 돌이켜 보면 별로 한 것 없이 너무 바쁘기만 했다는 생각이 듭니다. 저도 벌써 중년의 나이에 접어들었고 주변 사람들의 얼굴에서도 세월의 흔적이 역력히 보입니다. 나의 직장생활도 잘해야 13년 정도 남았습니다. 아마도 남은 기간은 지금까지 겪어 왔던 시기보다 더 힘들고 격렬한 시기가 될 것입니다. 그러나 그동안 선수행을 통해서 쌓은 용기와 힘으로 더욱 힘차게 공부를 지속하여 무난히 넘길 수 있을 것으로 생각합니다.

破夢 합장

선지禪旨에 밝은 음악인을 꿈꾸며
초성起聲 서수일 성남시립 합창단원/아비라테 앙상블 지휘자

저는, 충남 논산 한 산골마을의 산마루 외딴집에서 태어나 어린 시절을 보냈습니다. 말을 시작할 때부터 가수가 되겠다고 했고, 어려서부터 노래를 잘했다고 합니다. 어린 시절에는 나무 위에 올라가 산이 떠나가도록 노래 부르고 자연과 벗하며 지냈습니다.

우리들이 성장하자, 교육의 중요성을 생각하신 부모님께서는 초등학교 시절에 대전의 학교로 전학을 시키셨습니다. 시골에서 언니들만을 벗

삼아 자란 탓에 친구들과 교우관계를 원만히 맺지 못하고, 대도시 환경에 적응하지 못해서 어머니께서 크게 걱정하셨습니다. 초등학교 저학년 시절은 사람에 대한 두려움과 소심함으로 가득한 어두운 날들로 기억됩니다. 초등학교 고학년이 되면서 피아노 레슨을 받고 어린이 합창단 활동을 하며 비로소 활기를 찾게 되었습니다. 초등학교 시절의 사람에 대한 두려움증과 소극적 성격이 음악 활동을 통해 다소 적극적인 성격으로 바뀌고, 선생님들의 사랑과 인정으로 자신감을 갖게 되었습니다.

중학교에 입학한 후 성악 개인 레슨을 받기 시작했고, 대전시립 소년소녀합창단에서 본격적인 연주 활동을 하며 연주가의 기본 교육을 받았습니다. 각종 음악 콩쿠르에서 입상하면서 음악에 대한 열정을 크게 키웠고, 음악을 배워 나가는 즐거움에 빠져 사춘기 시절을 보냈습니다. 이때쯤 집이 경제적으로 어려워져 학교 음악 선생님께서 무료로 성악레슨을 해 주셨는데 늘 따뜻하게 챙겨 주셨습니다.

어려서부터 희망하던 음악가의 꿈을 실현하기 위해 경기도에 위치한 계원예술고등학교 음악과에 입학하여 체계적인 음악교육을 받기 시작했습니다. 예술고등학교는 학비가 많이 드는데, 훌륭하신 선생님들의 보살핌으로 성악 선생님의 무료 레슨과 학교 장학금, 경기도 예능특기 장학금을 받으며 경제적인 어려움 없이 학교생활을 잘 할 수 있었습니다. 예고 시절은 당시 우리나라 음악계에서 활동하시는 분들께 좋은 가르침을 받은 중요한 시절이었습니다. 그러나 문제는, 각종 음악 콩쿠르에서 입상하는 것을 비롯해 음악학과 지도 선생님들의 인정으로, 음악에 대한 자신감이 지나치게 커졌다는 것입니다. 두 번의 서울대학교 입학시험에서 낙방하면서 음악에 대한 독선과 오만을 버리게 되었지만, 입시에 실패하면서 선생님들의 보살핌이나 도움을 받을 수 없는 상황이 되었습니다. 레슨비가 없어서 레슨을 받기 어려울 때, 입시학원의 선생님께서(음악과 아무 연관이 없는 단과 학원 강사 선생님) 레슨비를 지원해 주셔서, 경원대학교에 좋은 성적으로 입학할 수 있었습니다. 경원대학교 졸업 후 경제적인 어려움과 성대에 문제가 생겨 유학을 포기하고 직업을 선택하여 시립예술단 상임단원으로 입단했습니다.

내가 좋아하는 음악으로 생계를 유지한다는 것은 참 좋은 일인 것 같습니다. 안정적인 직장생활 덕분에 좀 더 마음 놓고 제가 하고자 하는 일에 매진할 수 있습니다.

직업 성격상 자유시간이 많아서, 개인적인 공부와 활동을 충분히 할 수 있는 여건이 되지만, 안정적인 환경 때문에 한편으로는 음악적인 매너리즘에 빠지고, 일상에 젖어 자기 계발을 멀리하는, 나태한 하루하루를 보내는 상태가 되었습니다. 이렇게 삶에 어떤 희망을 찾지 못하고 공허하게 안주하고 있을 때에, 불교와의 인연은 삶에 새로운 방향을 열어주는 계기가 되었습니다. 불교에 눈을 뜨면서 그동안 타인의 도움만으로 음악을 배워 왔던 지난날을 되돌아보게 되었고, 그렇게 귀하게 배운 음악을 왜 나누지 못하고 나태하게 안주해서 시간을 허비하고 있나 하는 참회를 하게 되었습니다.

여러분들의 은혜로 배운 음악은 나의 것이 아니니, 은혜를 받은 만큼 이웃에게 기쁨을 주는 음악으로 회향해야겠다는 결심을 했습니다. 내 음악을 어떻게 회향할 수 있을까 고민하던 중 순수 봉사를 위한 합창단, 〈아비라테 앙상블〉을 창단하였습니다.

아버지가 돌아가신 지 2년 만에 어머니도 뒤를 따르셨습니다. 불자이셨던 어머니께서는 6개월 동안 암과 투병하시다 돌아가셨는데, 어머니를 간호하면서 대구 관음사의 우학 스님께서 쓰신 책 〈산 위의 눈뜬 물고기〉, 〈저거는 고기 묵고〉 시리즈를 읽어 드리고, 불교 방송도 함께 들으면서 불교를 접하게 되었습니다. 어머니께서 우학 스님의 책을 좋아하신 인연으로 대구 관음사에서 49재를 올렸는데, 처음으로 "절에서 노래로 봉사하고 싶다."는 생각이 들었습니다.

이전에는 종교에 대해 회의적이었습니다. 예술고교 시절에 기독교 교회 성가대 솔리스트로 활동하고 있었으나, 기독교에 대한 믿음은 전혀 생기지 않은 상태였습니다. 어머니 49재로 대구 관음사에 다녀온 지 얼마 후 교회 성가대를 그만두고 우연히 서울 조계사에 부지휘자로 재직하게 되었습니다. 서울 조계사는 말 그대로 한국 불교 1번지 사찰로, 우리나라 불교를 대표하는 중심적인 사찰입니다.

서울 조계사에서의 2년의 재직기간은 기복 불교가 아닌 수행의 불교를 접할 수 있는 기회였고, 또 한편으로는, 한국 불교음악의 여러 가지 문제점들을 인식하고 몸소 경험하는 계기가 되었습니다. 불교 음악의 문제점을 보완해 보려는 생각에 조계사 부지휘자를 그만두고, 아비라테 앙상블을 창단했습니다.

인터넷 카페로 단원모집을 시작하여 구성된 아비라테 앙상블은, 카페의 활성화가 매우 중요한 문제였습니다. 카페의 활성화를 위해 불교에 관한 여러 법문, 동영상 자료들을 찾아서 게시판에 올렸고, 이때 법경 법사님의 불광사 법문 동영상도 보게 되었습니다. 비록 크지 않은 단체이기는 하나, 젊은 나이에 단체를 이끌다 보니 지혜로운 리더가 되는 일이 시급한 문제였습니다. 지혜에 대한 갈증을 해결하기 위해 절 수행에 매진하였으나, 절 수행만으로는 부족함을 느끼고 있었고, 이때 마침 법사님의 법문을 듣고 참선에 관심을 갖게 되었습니다. 완묵 대자 언니가 참선에 크게 관심을 가지면서 여기저기 자료를 모으던 중 법사님께 입문해서 참선지도를 받자고 제안했습니다. 마침 제 스스로의 부족함을 느끼던 터라, 언니를 따라 2006년 6월 8일 선도회 잠실모임의 문을 두드렸습니다.

선도회에 입문한 후 참선공부는 삶에 새로운 기쁨이 되었습니다. 전통사찰의 참선 수련회가 있으면 만사 제치고 달려가 참여하고, 날마다 좌복에 앉아서 '수식관數息觀'하는 시간을 조금씩 조금씩 늘려가며 새로운 공부에 적응을 해 나갔습니다. 처음에는 5분도 길게 느껴지더니, 아침저녁으로 날마다 앉으면서 6개월 정도 지나자, 앉아서 수식관에 집중하는 일이 훨씬 수월해졌습니다. 그리고 서서히 마음 깊이 잠재해 있던 우울증과 어두운 마음이 사라짐을 느끼게 되었습니다.

참선을 시작한 지 4년이 되었는데, 돌이켜 보면 가랑비에 옷 젖어 들 듯 서서히 바뀐 삶이, 이제는 예전과 많이 다른 것을 볼 수 있습니다. 내면적으로 어두운 면이 사라진지 이미 오래이고, 큰 감정의 변화 없이 밝고 명랑한 상태로 늘 하루하루를 안정되게 생활하고 있습니다. 일에서의 큰 변화는 무대공포증의 극복입니다. 예전에는 연주 전에 무대에 대한 심한 스트레스를 받고 힘이 들었는데, 이제는 참선을 통해 쌓인 아랫배의 힘으로, 무대에 섰을 때 두려움 없이 당당히 서게 되었고, 화두를 잡는 집중력 덕분에, 연주에 오롯이 집중할 수 있게 되었습니다. 특히나, 단전호흡이 튼튼하게 자리 잡으면서, 노래할 때에도 호흡이 안정적이어서 큰 도움이 되고 있습니다.

다른 분들의 도움으로 배운 음악을 이웃과 나누고 싶다고 생각하면서도 편안한 일상 속에 안주하고 싶다는 생각이 고개를 들곤 했는데, 이제는 미래에 대한 확신을 가지게 되었습니다. 앞으로의 삶을 이웃들을 행복하게 하고, 이웃들의 마음을 밝힐 수 있는, 맑은 음악을 작곡하고, 연주하고, 함께 부르는 음악인의 삶을 살고자 합니다. 미래 삶의 목표가 뚜렷이 정해지고, 그 목표를 어떻게 이루며 살 것인가에 대한 뚜렷한 의지도 있습니다.

지금은 많이 배우고 경험할 때라고 생각합니다. 10년의 시간을 두고 아비라테 앙상블을 이끌면서 다양한 경험과 배움을 쌓고, 선공부가 무르익어 때가 오면, 그 동안 쌓은 모든 경험을 바탕으로 선도회에 작으나마 보탬이 되겠습니다. 선지禪旨에 밝은 음악인이 된다면 주변의 이웃들에게 더 큰 도움이 되리라 생각합니다. 선도회가 '사단법인 선도성찰나눔실천회'로 큰 도약을 이루면서, '통찰과 나눔'이라는 양 날개를 달고 크게 비상할 때, 그에 함께 할 수 있다는 것은 제게 큰 기쁨이고 행복입니다. 선도회는 제 삶 속에 가장 크고, 가장 소중하고, 가장 중요한 가치를 전해 주었습니다. 더불어 살고 있는 이웃을 보는 눈과, 세상의 아픔을 느끼는 가슴을 갖게 된 것에 감사합니다.

처음에는 깨달음이라는 것은 아무나 성취할 수 없는 것이라고 생각하여, 그저 지혜로워지고 싶다는 생각에 선도회에 입문했으나, 때가 무르익으면 아무것에도 걸림 없는 대자유인으로 이웃과 더불어 나눔의 삶을 살 것임을 확신합니다. 오늘이 있게 해 주신 선도성찰나눔실천회와 법사님께 감사드립니다. 부지런히 정진하고 나눔을 실천하여, 법은(法恩)에 조금이나마 보답하겠습니다.

超聲 합장 공경

군더더기 : 초성 대자가 언니 완묵 대자와 함께 처음 선도회에 입문하고도 한동안 무슨 일을 하고 있는지 전혀 몰랐으나 나중에 아비라테합창단 단장 겸 지휘자라는 것을 알고는 엮은이가 오래 전부터 숙고해 오던 선도회 사단법인화와 맞물려 있던, '나눔'에 대한 화두의 돌파구라는 것을 통찰했다. '득로변행得路便行'이라고 사단법인 출범 직전에 가진 (사단법인 인가에 중

요한 자료로도 활용됐다고 판단되는) 2009년 5월 31일 양주 군부대에서의 나눔 행사를 필두로 지금까지 모두 두 차례의 군부대 공연과 세 차례의 노인요양원 위문공연을 하면서 체득한 노하우를 바탕으로 더욱 나눔 행사를 심화해 갈 예정인데, 이 희유한 인연을 맺게 된 것에 대해 이 지면을 빌어 깊은 감사를 드린다.

새롭고 신선한 안목의 체득

완묵翫墨 서광일/삽화가, 일러스트레이터, 만화가

2000년도에 어머니께서 말기 암 판정을 받으셨습니다. 현대의학으로는 아무런 치료를 할 수 없었기에 어머니를 집에 모시고 식이요법으로 어머니의 투병생활을 도왔습니다. 동생과 밤낮으로 교대하며 힘들게 병간호를 했지만 별 차도 없이 어머니께서는 병원에서 예정한 시일을 사시고 돌아가셨습니다.

하루하루 죽음으로 나아가는 어머니의 모습을 지켜본 저는 제 스스로 죽음을 경험한 듯 강렬하게 각인돼 그 후론 삶의 의미와 가치에 대한 고뇌로 많은 혼란스러운 시간을 보내야 했습니다. 그러다보니 갖가지의 철학 서적들과 죽음 관련 서적들을 탐독하게 되었고 그럼에도 갈증은 해소되지 않았습니다. 우연한 기회에 현각 스님의 〈만행 하버드에서 화계사까지〉라는 책을 읽으며 상당히 비슷한 경험과 의문을 가지고 있음에 공감하게 되었습니다. 그 후부터 불교에 대한 선입견(점치고 기복하는 종교)을 벗고 불교에 관심을 가지고 공부하게 되었습니다.

불교에 대해 점차 알게 되면서 실질적인 수행을 할 수 있음에 희망과 의욕을 가지게 되었다. 그중 참선수행이 가장 와 닿고 하고 싶은 수행이라는 생각에 어떻게 시작해야 할지 몰라, 서적과 인터넷으로 자료를 모으던 중 법경 법사님의 불광사 법문을 동영상으로 보게 되었습니다. 법문을 듣고 집필하신 책과 소개하신 책들을 모두 본 다음, 확신을 가지고 2006년 6월 8일에 선도회의 잠실모임에 동생과 함께 처음 방문하게 되었습니다.(그후 잠실모임은 장소 문제로 목동모임으로 합쳐졌습니다.) 평소 저의 성격은 아주 내성적이고 소극적이라 어디에 있든 별로 존재감이 없는 사람이었습니다. 처음 법사님께 '수식관'을 마치고 찰칙의 무자 화두의 경계를 제시할 때는 '무無'자!를 외치지 못해서 경계를 제시하지 못하는 바보짓을 할 지경이었습니다. 그런 후 입실해서 간신히 모기만한 소리로 '무無'자를 계속 제시하다 늘 부드럽기만 하신 법사님으로부터 급기야 "강한!" 말씀을 듣고 집에서 참선을 할 때마다 '무無'자! 하고 크게 외치는 연습을 했던 기억이 납니다. 그런데 간혹 참선 중에 너무 편안해서 살짝 자신도 모르게 졸릴 때 한 번씩 외쳐 주면 맑은 정신이 돌아와서 한 시간 동안 더 잘 앉을 수 있는 효과도 있었습니다.

법사님께서는 종종 "입실해서 얼굴에 철판을 깔고 자신 있게 경계를 제시해야 한다."고 말씀을 해 주셨는데, 저는 그 말씀에 힘입어 곧잘 우스운 일도 벌였습니다. 하루는 입실을 마치고 나와서는 법사님 앞에서 제가 한 짓이 너무 창피하고 웃음이 나와서 참지 못하고 키득키득 웃다가 참선하고 계신 다른 분께 누가 될 듯하여, 현관문 밖에 나가서 얼굴이 빨개지도록 혼자 웃고 들어온 적도 있습니다. 그런데 그런 과정을 경험하면서 저의 내성적인 성격이 조금은 자신감 있는 성격으로 변모하고 있음을 느끼거나 어떤 틀이 깨져서 자유로운 심정이 되기도 했습니다.

참선은 공부해 갈수록 자신과 세상을 보는 새롭고 신선한 안목이 체득 되는 것을 느끼고 특히 자신을 이해하는 과정들은 무척 흥미롭고 경이롭습니다. 자신을 잘 아는 것이 세상을 잘 아는 길이라고 생각합니다. 그러나 어떤 때에는 마음이 휘딱 뒤집어져서 참선은 해서 뭐하나. 이런 망념으로 무력하게 시간을 보내는 날도 있었습니다. 그럼에도 처음에 다짐했던, 두 주에 한 번 있는 입실점검은 꼭 참여하겠다던 스스로의 약속을 지키기 위해 뻔뻔하게도 법사님께 입실해서 경계가 없다고 말씀드렸던 적도 있었습니다. 그럼에도 한없이 부드러운 말씀과 모습으로 한 가지라도 더 깨우쳐 주시려는 법사님을 뵈면 다시금 무력감에서 벗어나 일상생활이든 참선수행이든 제자리를 되찾고는 했습니다.

입실점검을 마치고 차(茶) 한 잔씩을 앞에 두고 듣는 법문은 늘 정신없이 돌아가는 세상의 혼돈 속에서 삶의 바른 가치와 방향을 성찰해 볼 수 있는 큰 동력이 되고, 일상 속에 표류하면서 퇴보하지 않는 결과가 되기도 하는 것 같습니다. 참선은 한두 달 해 본다고 해서 당장 큰 변화를 실감하는 건 아니지만 꾸준히 해를 지내다 보면 조금씩 미망에서 벗어나 밝음으로 변화되어 가는 자신을 보게 됩니다.

그동안 (사)선도성찰나눔실천회에 입문한 후로 참선수행과 더불어 즐거운 일도, 힘든 일들도 경험하면서 4년여의 시간들이 흘러갔습니다. 즐거운 일은 문제가 없지만 어려운 일과 마주했을 때는 참선수행을 하지 않았더라면 불행한 감정에 한없이 빠져 지옥 같은 날들로 만들었을 것입니다. 그러나 참선수행으로 내면의 힘이 생기고 보니 마음 한 번 돌아보면 어려움 속에서도 긍정을 발견할 수 있고, 또한 항상 하지 않음을 알아 깊게 빠져 영원할 것처럼 괴로워하진 않게 되었습니다.

특히 일을 할 때는 집중도가 높아져 몇 시간이고 책상에 한 자세로 앉아 몰입할 수 있는 힘도 생겼습니다. 예전엔 작업하는 시간보다, 표면적으로는 아이디어를 짜내는 것으로 알았지만, 대부분 자신의 능력을 의심하고 걱정하는 시간들이 훨씬 많았던 듯합니다. 그러나 순간순간의 과정에 집중하고 묵묵히 몰입하다 보면 작업이 편하게 완성되어지는 경험을 하곤 합니다. 창의력이 빈약해서 늘 한편으로 자신감이 없었으나 가까이서 보는 동생들이 옛날보다 반짝반짝해졌다는 소리를 하니 앞으로 점점 개성적인 색깔을 찾을 수 있으리라고 예감해 봅니다.

아직 허물이 많은 인격이지만, 법경 법사님을 비롯하여, 선도회의 여러 법사님들을 뵈면서 저의 인격도 언젠가는 그렇게 변화될 수 있다는 확신을 가지고 있습니다.

부족한 제가 무슨 복인지 훌륭하신 스승님을 모시고 참선공부를 할 수 있음에 불자로서 부처님의 가피라고 생각합니다. 참선뿐만 아니라 가까이서 뵙는 모습만으로도 어리석은 제자는 세상에서 배우지 못하는 지혜와 덕을 배우곤 합니다.

법경 법사님께서는 변변찮은 재주임에도 삽화까지 책에 실어 주시고, 재가 불자 등, 일반인들에게 참선의 길을 열어 주신 공경해 마지않는 종달 노사님의 초상을 그려 보는 영광도 주셨습니다.

매사에 소극적이고 자신감 없는 제자를 응원해 주시기 위한 배려라고 느끼고 있습니다.

법은에 보답하는 길은 '통찰과 나눔은 둘이 아니네(洞布不二)'라는 평소의 가르침대로 선수행과 더불어 나눔을 실천하는 사람이 되겠다는 서원이라고 생각합니다. 앞으로도 멈추지 않고 참선수행을 하여 필요한 분들에게 도움을 줄 수 있기를 소망합니다.

甄墨 합장 공경

군더더기 : 완묵 대자가 동생 초성 대자와 함께 처음 선도회에 입문하고도 한동안 무슨 일을 하고 있는지 전혀 몰랐으나, 선도회 행사 때마다 사진기를 들고 와 행사 장면들을 멋지게 찍어 선도회 웹페이지에 올려놓는 일을 해 주시면서 나름대로 좋은 기여를 해 주시곤 했는데, 나중에 일러스트레이터 겸 만화가라는 것을 알고는 엮은이가 종달 노사 입적 20주기를 기려 편찬하는 이 기념집에 삽화를 그려 주실 것을 부탁드렸는데, 이를 흔쾌히 수락하시고 무문혜개 선사님과 종달 노사님의 초상화를 비롯해 멋진 삽화들을 그려 주셔서 이 기념집을 더욱 빛나게 해 주신 것에 대해 이 지면을 빌어 깊은 감사를 드린다.

인생지도

보회布廻 김채용/개인사업

저는 1952년생으로 어느덧 선도회에 입문한 지 5년째가 되었습니다. 성장하면서 부족함이 많아 고치려는 시도도 많이 하고 좌절도 반복하면서 생각과 마음으로는 한계가 있다는 것을 알았습니다. 이것을 극복하는 데 도움될 만한 것이 없을까 찾고 있던 중, 스님의 도 공부에 관심을 갖게 되었습니다. 책을 찾아보기도 하고 스님께 질문도 하면서 좌선을 알게 되었습니다. 그러던 중 청산 거사님을 만나 단전호흡하는 행법을 배우다 군에 입대한 후 중단 되었습니다. 사회생활을 하면서 힘들거나 판단을 요할 때는 습관처럼 좌선을 하면서 저 자신을 안정시키는 시간을 갖게 되어 그동안의 공부가 많은 도움이 되었다는 생각에 언젠가는 본격적으로 생활에 접목시키겠다는 생각을 하고 있었습니다. 그렇게 지내다 숭산崇山 노사님께서 주석하시는 화계사 수선회를 알게 되어 일요일마다 꾸준히 참석하여 일상생활에 접목하여 집에서도 좌선을 하는 시간을 갖게 되었습니다. 그런데 시간이 갈수록 마음의 정돈은 느끼지는데 화두에 대한 의문은 풀리지 않아 답답해 하고 있었습니다. 그러다가 2005년 여름 법장 법사님의 〈생활 속의 좌선수련 20년〉이란 책을 접하게 되었습니다. 이 책에서 화두점검을 알게 되었고 길이 있다는 생각에 사무실에서 가까운 선도회 잠실모임 — 지금은 장소 문제로 목동 모임으로 합쳐짐 — 에 참석하여 법경 법사님과 인연을 맺게 되었습니다.

법사님께서 10년 정도 믿고 따라오면 많은 변화를 느끼며 화두공부를 철저히 지속적으로 할 수 있다는 말씀에 나이를 잊고 해 보자는 환희심으로 한 달에 두 번씩 입실에 임하였습니다. 그 결과 힘들지만 목표가 있고 점검을 받으니 집중도가 깊어지고, 조금씩 재미도 생기고, 모르는 사이에 자신이 조금씩 조금씩 변함을 느낍니다. 참선수행 전과 후는 생활에서 대처하는 마음에 큰 차이를 가져왔습니다. 혼자 미소 지을 때가 많아지고 일상의 재미를 세밀히 느끼게 되었습니다. 이것이 하루를 맞이하는 데 새로움과 기대감을 주는 것이라 생각되고, 자연스러움이 마음에 와 닿고 더욱 자연스러워지는 것이 길이 아닌가 하는 생각도 들고, 이것이 가슴의 자유인가 하는 생각도 듭니다.

참선을 하면서 이 방법이야말로 내 자신을 변화시키는 데 가장 좋은 방법이란 생각을 합니다. 아직도 미숙함이 많으니 법사님의 가르침에 따라 꾸준히 화두를 붙들고 순간순간을 느끼면서 자연스럽게 순응하면서 언제나 준비된 자세가 되도록 수행하며, 또 다른 삶의 맛을 느끼면서, 통찰과 나눔이 둘이 아닌 '통보불이洞布不二'를 실천하도록 노력하며 살아가겠습니다.

布廻 합장

참선수행의 힘
윤국동/불이야 대표

간암 말기에 오래 살아봐야 6개월이라는 시한부 판정을 받았지만 6개월이 아닌 6년이 지난 지금도 열심히 살아가고 있습니다. 생명의 힘은 의학보다 살고자 하는 의지와 정신력에 달려 있으며, 그 신비한 힘을 개발해 쓰는 것이 참선수행입니다. 몸이 조금만 이상해도 혹시 암이 전이된 것은 아닌가 하는 불안한 생각이 마음 한켠에 있어 나를 의기소침하게 하지만, 그래도 내가 할 수 있는 일을 하는 것은 죽음과 삶을 둘로 보지 않고 바라볼 수 있는 참선수행의 힘이 아닌가 생각합니다

참선수행 그 소중한 인연이 나에게 없었다면 지금의 나는 없거나 아니면 의미 없는 삶을 이어 갔을 것입니다. 하버드 대학의 연구결과에 의하면 이 세상을 살아가는 사람 중에는 3%의 사람만이 뚜렷한 삶의 목적을 가지고 사회적 리더로 살아가고, 10%의 사람은 단기적이며 일시적 목적을 가지고 살지만 경제적으로 풍족하며, 60%의 사람은 희미한 목적을 가지고 보통의 생활을 하고 살며, 27%의 사람들은 삶의 목적도 없이 사회적으로 극빈층의 삶을 살고 있다고 합니다.

사람들이 어떻게 목적을 가질 수 있는지의 구체적인 방법은 여러 가지가 있을 수 있는데, 저는 그 가운데 효과적인 한 가지 방법이 참선수행의 힘이라고 생각합니다.

사람의 뇌는 100일간의 규칙적 행동을 했을 때 그 습관이 기억된다고 합니다. 뚜렷한 삶의 목적을 가지기 위해 하루 향 한 대 타는 시간 아침

저녁으로 참선수행의 시간을 갖기를 바랍니다. 지금 내가 하고 있는 모든 행위는 미래와 연결됩니다.

저는 과거 젊은 날 공직에 있을 때 나름대로 일도 열심히 한다고 자부했으나 이제 와서 생각해 보면 술 먹는 일과 노는 일에 정신이 팔려 인생을 너무나 허비했습니다. 그 대가로 저는 공직에서 내가 가장 많은 도움을 준 사람의 고발로 이해관계에 얽혀 나락으로 떨어져 사퇴하게 되었고 나를 사랑했던 부모님과 가족들에게 씻을 수 없는 아픔과 상처를 남겨 주었습니다.

그래도 정신을 못 차리고 억울하다고, 세상에 어떻게 그럴 수 있느냐고, 술로 세월을 보냈습니다. 한겨울 술에 취해 쓰레기통 옆에서 자다가 이웃의 신고로 가족이 데려온 것도 여러 번, 그런 말도 안 되는 행동을 하며 가족을 더욱 힘들게 했으니 생각할수록 참으로 부끄럽고 한심하고 아쉽고 후회스럽습니다.

그렇게 살았으니 벌려 놓은 사업이 잘될 리 없었습니다. 충격적인 배신과 끔찍한 인간관계의 실상을 생생하게 경험했습니다. 형편없이 살다 보니 이번에는 조물주께서 정신 좀 차리라고 암이라는 강력한 선물을 주셨던 것 같습니다. '지가 죽는다는데 이래도' 하면서 말이지요. 2003년 12월 몸에 열이 많이 나서 검진을 받는데 간암이라 했습니다. 수술을 잘 받으면 6개월 살고 안 받으면 3개월 산다고 하니 그동안 그렇게 가족을 괴롭히던 모든 일이 거짓말처럼 고쳐지게 되었습니다.

죽음 앞에서 모든 것이 해결이 되더군요. 병원에서 시키는 대로 색전술 받고 퇴원하여 다음 검사 때까지 기다리는 동안 동생의 소개로 실로암 건강생활연구원에 가서 요양하게 되었습니다. 동생 덕분에 저는 죽음에서 벗어나 살 수 있었고 대체의학이 있다는 것도 그때 처음 알았습니다.

누구는 도움 되는 일은 평생 안 하다가 죽을 때 가서야 후회한다고 합니다. 죽기 바쁜데 후회해 봤자 무슨 소용이겠습니까? 꽝이지요. 죽기 전에 조금이라도 더 베풀고 따뜻한 마음으로 살아야 보람도 되고 즐거운 일도 많이 생기겠지요.

2007년 8월 경기도 양평에 있는 사나사에 전 가족이 신행 출가하여 이생에 더할 수 없는 소중한 인연도 만들고, 주지이신 화암 스님께서 건네주신 〈두 문을 동시에 투과한다〉라는 책을 읽고 저의 인생에서 가장 소중한 참선의 인연을 만나게 되었습니다. 참선수행의 인연을 맺는다는 것은 그렇게 쉽게 찾아오는 것은 아닙니다. 그래도 제가 잘살려고 하니까 인연이 찾아온 게 아닌가 생각합니다.

좋은 생각과 선행을 하면 그 결과가 좋은 일이 생깁니다. 반대로 악한 일을 하면 나쁜 일이 생기겠지요. 돌이켜 보면 그렇습니다.

이제 하루를 살아도 후회 없이 살려고 노력합니다. 참선수행을 해 본 사람이라면 인생에서 오욕락의 즐거움이나, 그 어떤 즐거움보다 더더욱 즐거운 일이 참선수행의 즐거움이라는 사실을 알 것입니다.

선도회에 입문해 간화선 수행을 시작한 지는 얼마 안 되었지만 즐거움을 알기에 평생 이 길을 갈 것이며 인연 닿는 이에게 참선수행을 지도해 주고 싶습니다. 저는 매일같이 향 한 대 타는 시간 아침저녁으로 한 시간씩 수행합니다.

윤국동 합장

군더더기 : 간암 말기 판정을 받고도 자포자기하지 않고 굳굳하게 참선수행을 지속하시는 모습은 이런 어려운 처지에 계신 분들에게 좋은 귀감이라 판단된다. 또한 건강상 생식을 하시면

서도 따로 식사 준비를 해 오시면서까지 선도회의 통찰 수행 및 나눔 행사에 거의 빠지지 않고 진지하게 참여하시는 모습은 선도회 회원들 모두 함께 깊이 성찰할 일이다. 끝으로 이 지면을 빌어 나눔 행사를 마치고 선도회 회원과 아비라테합창단 단원의 점심을 두 차례나 크게 책임져 주신 일에 대해 다시 한 번 깊은 감사를 드린다.

참선을 시작하며
이은경/40대 주부

어느 날 우연히 숭산 노사의 제자인 청안 스님의 법문을 방송에서 보게 되었습니다. 처음에는 영어발음이 좀 다르다는 생각에 눈을 돌려 방송을 보게 되었고 영어법문의 자막을 읽으면서 뭔가 잃어버린 것을 다시 찾은 느낌을 받았습니다. 이전에 느껴보지 못한 편안함과 그동안 살아오면서 쌓여온 고민들과 수많은 생각들이 잠시나마 잊혀지는 듯했습니다. 그때 처음으로 막연하나마 참선에 다가가고픈 마음이 들었던 걸로 기억됩니다.

하지만 어디서부터 어떻게 시작해야 할지 막막했습니다. 그러던 중 친정어머니가 적적하시다면서 절 수행에 관한 에세이 한 권을 읽으시고는 제게 권해 주셨습니다. 그 책을 읽은 후 10만 배를 정해 놓고 선지식을 친견하기를 부처님께 기원하면서 절 수행을 시작하게 되었습니다. 10만 배를 마무리할 무렵 남편의 친구이며 서강대 상담심리소장을 맡은 내외분의 방문으로 법경 법사님에 대한 말씀과 책을 소개받게 되었으며, 2008년 9월 7일부터 지금까지 목동모임에서 법경 법사님의 지도를 받고 있습니다.

　법경 법사님을 처음 뵌 날 수식관과 호흡에 대한 말씀을 듣고 난생처음 좌선을 해 보았습니다. 처음에는 좌선에 익숙하지 않다보니 5분도 힘겹게 느껴지고 좌선만 하면 잊혀진 지난날의 기억들이 수면 위로 떠오르거나 그 기억이 잠잠해지면 다시 졸음이 몰려오니 망상과 혼침을 거듭하는 겉모양만 좌선이었습니다. 그러다 보니 시작한 지 7개월에 접어들 무렵 제 자신이 참선의 근기가 아닌가하는 의구심과 회의감마저 들었습니다. 그런 고민을 법경 법사님의 입실점검 때 말씀드렸습니다. 그때 법사님 말씀에 용기를 얻고 초성대자님이 주신 명상음악 테이프로 좌선을 하며 참선의 끈을 다시 이어 가게 되었습니다.

　지금도 좌선이 무르익었다고 할 수는 없지만 아주 천천히 제 자신에게 스며들며, 이제는 아침이면 어김없이 함께 하는 생활이 되었습니다.

　참선을 시작하고 난 이후 제 자신이 서서히 변화됨을 느낍니다. 그 변화 중 하나가 제 자신의 말, 생각, 그리고 행동을 살피게 되었다는 점입니다. 그러다 보니 사람들과의 모임에서 말을 많이 하기보다는 듣는 입장이 되고 상대편에 대해 분석이나 판단을 하기보다는 받아들이고자 하는 따뜻함이 조금씩 피워 오르는 것을 느끼게 됩니다. 말을 하더라도 보다 신중하고자 합니다. 또한 지난날의 크고 작은 경험들이 고통으로 생각되었는데 오히려 은혜로움과 기회였다는 긍정적인 마음까지 듭니다. 지나간 과거와 오지 않은 미래에 현재를 끊임없이 저당 잡힌 삶을 살아왔다는 것도 알게 되었습니다.

　참선을 하고 난 후 그런 감정에 떠밀려 부유浮遊하기보다는 서투르지만 화두를 챙김으로서 내면의 질서의 회복과 동시에 치유가 가능하리라는 확신이 듭니다. 마치 갑작스런 소나기에 어쩔 줄 모르다가 외갓집 처마를 만나서 비 내리는 모습을 바라보며 비 향기마저 맡는 느낌입니다.

여전히 안개 속에서 헤매이는 듯 화두의 경계가 명료치 못해서 실망스럽기도 합니다. 하지만 그럴 때마다 법경 법사님께 입실점검을 받으면서 용기를 얻고 제 자신의 참된 성찰과 주변에 나아가 온 우주에 회향하는 삶을 살고자 하는 각오를 다지게 됩니다.

이은경 합장

무작정 시작해 보기
서타일/화가

아버지께서 1998년 돌아가시고 2년이 채 되기도 전에 어머니께서 돌아가시게 되자 정신적 공황상태에 빠지게 되었습니다. 이때부터 부모님이 좋아하시던 것들을 찾아 헤매게 되었고 불교를 접하게 되었습니다. 어머니 아버지는 한 번도 자식들을 데리고 절에 가신 적이 없었습니다. 불교에 대한 이야기도 들려주신 적이 없습니다. 학창시절 교회에 다니기도 했지만 가지 말란 말 한마디 들어 본 기억이 없을 정도로 부모님 당신들 수행에만 열심이셨던 것 같습니다.

아침에 일어나면 아버지는 정좌를 하고 눈을 지그시 감고 바른 자세로 앉아 계셨습니다. 지금 생각하니 좌선을 하셨나 봅니다. 어머니는 매일 아침 천수경 독송을 빠뜨리지 않고 하셨습니다. 일상생활 속에서도 늘 관음정근을 생활화하셨으니 신심이 대단하셨던 것 같습니다. 돌아가신 부모님을 위해 해 드릴 것이 아무것도 없어서, 불교가 뭔지도 모르고 무조건 극락왕생 지장경 기도를 시작으로 불교에 대한 첫 발을 내딛었습니다. 무슨 뜻인지 전혀 알 수도 없고 답답했지만 영가들은 다 알아듣는다는 말에 그냥 무심히 했습니다.

2002년 어느 날 동생(초성 서수일 대자)에게서 현각 스님의 〈만행〉이란 책을 얻어 접하게 되었고 참선에 대해 어렴풋이나마 들을 수 있었습니다. 숭산 스님의 책 〈선의 나침반〉을 통해 '이뭣고' 하고 반가부좌를 틀고 앉아 참선 흉내를 내 보기도 했습니다. 눈을 지그시 감고 코끝을 보라는데, 낮은 코끝은 보이지도 않고, 할 수 없이 45도 각도의 방바닥을 바라보는데. 방바닥이 위로 올라왔다 내려갔다 정신을 차릴 수 없었습니다. 다리는 어찌나 아픈지 5분도 채 못해 포기하고 말았습니다. 역시 참선은 수행자들만 하는 것이구나 싶었습니다. 시작도 안 해 보고 포기부터 하고 보니 영 기분이 안 좋았습니다. 그날부터 제일 큰 장애물인 반가부좌 앉기 연습을 하기 시작했습니다. 막연히 언젠가는 하리라는 생각에, 그때를 위해 준비를 시작했습니다. 좌선을 한 것이 아니고 일상에서 앉을 때 무조건 반가부좌를 하고 앉았습니다. 그렇게 3년쯤 지나고 나니 반가부좌가 편안한 자세가 되었습니다.

2005년 생활 속의 불법 수행법 특별강좌 동영상을 통해 박영재 법사님의 법문을 접하면서, 막막하게 생각해 오던 참선이 먼 산등성의 작은 불빛처럼 보이기 시작했습니다. 그래도 여전히 나는 쉽게 시작할 수 없는 특별한 사람들이 하는 것처럼 참선은 동경과 부러움의 대상이기만 했습니다. 2006년 언니(완묵 서광일)와 동생(초성 서수일)은 참선을 시작해서 잠실모임에 나가기 시작했고 목동으로 옮기면서 두 주에 한 번씩 나갔는데, 그렇게 선도회에 다녀온 일요일 아침에는 "배고픈 중생 밥 좀 달라"

며 우리 집에 들렀습니다. 그때마다 두 사람이 함께 나누던 화두에 대한 이야기들과 고민을 옆에서 들으며, 멀리 산등성에 비추던 작은 반딧불이 같던 불빛이 사라지면서 제 앞의 이 두 사람들이 대단해 보이기 시작했습니다.(두 사람이 함께 고민은 하되 답은 주고받지 않았습니다.)

2008년 9월 동생이 목동모임에서는 더 이상 신규 회원을 받지 않는다는 법사님의 말씀을 전해 주며, 지금이 아니면 시작 못한다고 말했습니다. 제 생각에도 영영 기회를 잃고 말 것 같아서 무작정 시작해 보겠다고 했습니다. 대답은 그렇게 했는데, 그날 밤부터 괜한 짓을 한건 아닌가 하는 생각에 잠도 못 이루고, 말 그대로 걱정이 태산이었습니다.

첫 입실점검을 받던 날 법사님께서는 무척 친절하게 좌선법을 가르쳐 주셨습니다. 앉는 것은 그래도 연습해서 되는데 문제는 호흡이었습니다. 언젠가 들었던 코끝에 깃털을 가져다 놓아도 흔들리지 않을 정도의 편안한 호흡이어야 한다는 말이 더욱 혼란스럽게 했습니다. 그 후, 호흡이 편안해 질 때까지 6개월 이상의 시간이 걸린 것 같습니다. 호흡법 외에 또 힘들었던 것은 새벽에 일어나는 것과 망상을 떨쳐버리는 것이었습니다. 새벽 수행은 결국 성공을 못했지만, 남편 출근시키고 아이들 등교 시킨 후 오전에 조용히 앉아 좌선을 할 수 있는 시간을 찾아내, 매일 같은 시간에 좌선을 하고 있습니다. 망상을 떨쳐 버리는 것은 사방으로 흩어지는 마음을 잡아 하나로 모아야 하는데 아직도 힘이 드는 부분입니다.

바쁘다는 핑계로 제대로 앉지도 않고 입실점검 받으러 갈 때는 법사님께 너무 죄송해서 성남에서 목동까지의 거리가 천리 길처럼 멀게만 느껴집니다. 그래도 법사님께선 늘 따뜻하게 말씀해 주십니다. 법사님의 그 따뜻한 한 말씀이 다시 가부좌를 틀고 앉을 수 있는 원동력이 되고 있습니다. 이렇게 체계적으로 입실점검을 받으면서 좌선을 할 수 있는 선도성찰나눔실천회가 있어서 아둔한 제가 조금씩 변화해 가고 있는 듯합니다.

참선을 시작하면서 제 생활에도 조금씩 변화가 일어나기 시작했습니다. 아이들과의 일상에서 버릇처럼 "빨리 빨리!"를 달고 살았었는데, 한 발짝 뒤로 물러나 바라보는 여유가 생겼습니다.

하루하루 늘 심적인 조바심을 가지고 생전 처음 하루를 맞이하는 사람처럼 허둥대며 나날을 보냈는데, 아침에 참선하기 위해 방석에 앉아 잠시 동안 하루를 정리하면서 꼭 할 일을 따져 봅니다. 해야 할 일의 순서와 시간이 정리되면서 잊고 하지 못하는 일도 줄게 되고 효율적으로 활용할 수 있는 시간적 여유도 생겼습니다. 무엇보다 마음이 차분해 지고 덜 허둥대면서, 할 일에 전념할 수 있게 된 것 같습니다. 아직 오랜 시간 깊이 집중하지 못하는 상태이지만 점점 좋아지리라 생각합니다.

참선은, 제가 처음에 주저하며 시작하지 못했던 것처럼 특별한 사람들만 하는 것이라는 생각은 너무 어렵게 참선을 보는 것이 아닌가 생각합니다. 그보다는 잘 이끌어 주실 스승님만 계시다면 무작정 시작해 보는 것도 좋을 것 같습니다. 아무리 대단한 초발심으로 시작했어도 혼자 참선을 한다면 많은 어려움에 부딪힐 것입니다. 그러다 보면 꾸준히 공부를 해 나가지 못할 것입니다. 그러나 저처럼 얼떨결에 인연이 닿아 시작했어도 꾸준한 공부는 거창하게 시작한 초발심 못지않다고 생각합니다. 지난해 겨울부터는 법사님의 배려로 두 아이들이 선도회에 함께 나가고 있습니다. 저녁이면 아이들과 함께 잠깐이라도 방석에 앉아 참선을 하고 있습니다. 아직 큰 변화는 모르겠지만 조금쯤 차분해진 것 같기도 합니다. 앞으로 앉는 시간이 길어지면 아이들의 학습자세도 산만하지 않고 차분하게 바뀌어 많은 도움이 되지 않을까 하고 기대합니다.

2년 가까이 참선을 하고 보니, 이제는 자신감이 좀 생기고 부정적이었던 생각이 긍정적으로 바뀌고 있음을 느낄 수 있습니다. 누구나 열심히 참선을 하면 일상생활에서 여러 방면으로 많은 도움이 될 것이라고 믿어 의심하지 않습니다.

언제나 자상하고 따뜻하게 이끌어 주시는 법사님의 법은에 감사드립니다. 앞으로도 지속적으로 참선공부를 해나가겠습니다.

서타일 합장

군더더기 : 완묵 대자의 동생이며, 호성 대자의 언니인 서타일 회원은 선도회와 함께 나눔 활동을 하고 있는 아미라테 합창단의 꼬마 단원인 규림이와 도현이의 어머니이다.

나의 임용고사 돌파 체험기
양진영/세화여고 교사

참선은 서강대학교 4학년 때 박영재 교수님께서 가르치시는 교양 강좌 수업인 '참선'이란 과목을 들으면서 처음 입문하게 되었다. 호기심도 있었지만 일찍 시작하는 수업이라 내 생활패턴에도 도움을 줄 수 있을 것 같았다. 참선은 간단해서 참 마음에 들었다. 그냥 방석에 앉아서 단전호흡을 하면서 수세는 것에 집중하는 것뿐이었다. 물론 방석에 앉을 때 반가부좌 자세로 앉다 보니 자세가 처음엔 적응 안 되는 게 힘들었지만 말이다.

교수님께서 나를 믿어 주시는 마음과 성심을 다해 가르쳐 주시려는 세심함을 느끼면서 열심히 해 보고 싶었다. 또한 호흡을 통해 잡념이 가라앉고 마음이 차분해지는 게 느껴지면서 공부도 얌전하게 잘 되는 걸 느꼈다. 참선에 호감이 점점 갔고 집에서도 틈틈이 했다. 아침에 항상 하려했지만 그게 잘되지 않아서 시간 나는 대로 하려고 노력했다. 그러다 보니 머리가 더 맑아지고 한층 마음이 가벼워졌다. 무엇보다 뭘 하든지 집중력이 강해진 내 모습을 보면서 안정이 되어 갔다.

학부과정을 마치고 포항공대 대학원에 진학하면서 참선이 참 좋다는 걸 확신해 다른 학생들에게 가르치고 싶었다. 그래서 자발적으로 참선강좌를 만들었고 원하는 학생들에 한해서 참선을 가르쳐 주었다. 내가 배우는 게 아니라 가르쳐 주다 보니 내 자신이 더 참선이 잘돼 기분도 좋았고 무엇보다 배우러 온 사람들도 참선이 좋다는 걸 공감할 수 있어서 행복했다.

대학원을 졸업하고 임용고사를 준비하면서 참선을 꾸준히 했다. 한눈팔지 않고 공부에만 집중하는 내 모습을 보면서 자제력이 강해진 걸 느꼈다.

작은 실수 하나로 임용고사 최종에서 아쉽게 떨어지면서 억울함과 동시에 허탈감이 엄습해 왔다. 하지만 흔들리진 않았다. 내 실력에 대한 자신감과 더불어 떳떳함으로 금방 내 생활에 집중할 수 있었다. 그때도 참선을 통해 쌓은 내공이 없었다면 그렇게 의연하진 못했을 것이다. 사립인 양정고등학교에서 기간제 생활을 시작하면서 다시 한 번 임용고사에 대한 의욕을 불태웠다. 그때도 역시 학생들에게 계발활동으로 참선을 가르쳐 주었다. 나에겐 정말 의미 있는 학생들과의 소통이었다. 교과서를 매개로 가르치는 것이 아닌 정말 인간 대 인간으로서 차분한 분위기에서 함께 하는 거 자체만으로도 나에겐 새로우면서도 뿌듯한 일상의 순간들이었다. 학생들도 열심히 하고 관심을 보이는 학생들도 더러 있어서 좋은 추억이 돼 주었고, 뜻이 있는 학생들은 계속해서 참선을 하려고 노력하는 모습을 보면서 교사로서 보람도 느꼈다.

지금은 세화여고에서 정교사로서 새롭게 출발하고 있다. 여기서는 담임도 맡고 교무기획도 맡은 상황이라 정말 정신없이 바쁜 하루하루를 보내고 있다. 그리고 학교의 특색 있는 상황에 적응하는 게 쉽지 않아 시행착오도 많이 겪고 있지만 스트레스 때문에 힘들어하진 않는다. 그것 역시 참선 덕분이다. 집에 오면 참선으로 수식관을 통해 그 순간만을 충실하면서 진정으로 푹 쉴 수 있고 바쁜 일상을 돌아볼 수 있는 여유까지 생기면서 시행착오를 줄여 가며 발전하고 있는 내 자신을 확신할 수 있게 되었다. 참선은 진정으로 사람이 쉴 수 있도록 도와주면서 어떤 일을 할 때도 열정적으로 시작할 수 있도록 도와준다는 걸 하루하루 확신해 가고 있다. 지금까지 참선을 통해 내가 얻고 달라졌던 것들을 나열하면 아래와 같다.

- 수식관을 통해 잡념이 사라지면서 머리가 맑아지고 집중력이 높아진다.
- 자신의 목표를 세웠을 때 한눈팔지 않고 그것을 이룰 수 있도록 자제력을 강화시켜 준다.
- 평상시에도 긴 호흡을 통해 차분하게 자신이 하는 순간순간의 일에 온전히 몰입하게 돼서 알찬 하루와 보람을 챙겨 준다.
- 힘들거나 억울한 순간이 있어도 단전호흡으로 단련된 아랫배의 힘으로 잘 버텨 나가게 도와주고 인내심 있게 상황을 지켜보면서 지

혜롭게 해결할 수 있는 혜안을 준다.
- 바쁘고 긴장된 하루하루의 연속에서도 수식관을 통해 모든 잡념을 내려놓고 집에서만큼은 진정한 휴식을 취할 수 있어서 다음 날 업무를 시작할 때 새로운 마음으로 열정적으로 몰입하도록 도와준다. 뿐만 아니라 바쁜 일상을 돌아보는 여유까지 생기면서 꾸준히 발전할 수 있도록 도와준다.

새롭게 시작하게 된 세화여고에서도 예쁘고 귀여운 여학생들이 보다 더 자신감 있게 공부하고 학교생활을 잘할 수 있도록 참선을 가르치면서 보다 보람차고 훌륭한 교직생활을 꾸려나갈 예정으로 벌써부터 가슴이 설렌다.

양진영 합장

성북모임

조화로운 삶을 지향하며

무착無着 박도신/회사원

나는 어려서부터 자의식이 강한 편이었다. 순간순간의 느낌, 행동과 하나 되어 주체적으로 존재하기보다, 남이 나를 어떻게 볼 것인가에 대한 의식이 앞섰다. 아我와 타他의 차별이 강했던 듯하다. 동시에 삶에 대한 의문도 컸다. 예를 들면, 모든 것이 시작과 끝이 있다면 인류도 종말을 맞을 것인데, 무한한 우주 시공 속에 인류라는 종이 잠시 나타났다 사라졌다는 사실이 어떤 의미를 갖는지 큰 의문이었다.

강한 자의식과 삶에 대한 의문은 현실생활에 장애가 되었다. 몸이 있는 자리, '지금 여기'에 존재하기보다, 마음은 항상 알 수 없는 무엇을 향해 달려가고 있었다. 행복하지 않았다. 종교와 철학에서 답을 찾을 수 없었다. 대신 여러 가지 명상에 관심을 갖게 되었으나 본격적인 수행에 이르는 인연이 닿지 않았다.

긴 방황 끝에 서른을 훌쩍 넘겨 운 좋게 취업을 하게 되었다. 그리고 지난 구 년간 바쁜 직장생활 속에 시간은 빠르게 지나갔다. 바쁘다 보니 삶에 대한 의문이 들어설 틈이 없던 때도 있었다. 물질적 여유가 위안이 될 때도 있었다. 그러나 마음은 여전히 몸과 같은 자리에 머물지 않았다. 사무실 책상 위 컴퓨터 화면에서 눈을 들면 창밖의 화사한 햇살이 혼란스러웠다. '차라리 한 마리 나비로 태어나 풀밭을 자유롭게 날며 한 철만 살다 갔으면 좋았을 것을……' 하는 생각이 들었다.

몇 년 전 신문기사와 책을 통해 우연히 선도회를 알게 되었고, 성북모임에서 참선수행을 시작하였다. 조금씩 선의 세계관에 익숙해져 갔다. 신기하게도 내가 가졌던 많은 의문들을 이미 수백 년 앞서 선배들이 고민했었고 좋은 해답을 내놓았다는 것을 알게 되었다. 몸이 처해 있는 지금 여기가 우주의 중심이며 진리의 자리라는 가르침, 이것은 그동안 내 삶의 부조화를 해결해 줄 수 있는 길로 보였다.

그 동안의 삶은 무엇인가를 끝없이 추구하고 채우려 했지만 몸과 마음, 욕망과 현실이 부조화된 삶이었다. 이제 앞으로의 삶은 반대로 버리고 비우며 조화로운 삶을 지향하고자 한다. 욕망을 절제하고 물질생활을 단순하게 하며, 아상을 비우는 삶을 살고자 한다. 자의식을 공의식으로 돌리고자 한다. 우주에서 빌려온 몸을 돌려줄 때가 이르기 전에, 빌려온 마음을 먼저 돌려줄 수 있도록 충실히 수행하고자 한다. 깊은 통찰의 체험으로부터 조화로운 삶을 실천할 수 있는 큰 힘을 얻고자 한다.

붓다여, 순간순간 일어나는 욕망에 속지 않으며, 대상에 집착하지 않으며, 상을 세우지 않으며, 다만 텅 빈 충만을 누리게 하소서. 다른 생명들도 그와 같이 살도록 돕게 하소서. 가테 가테 바라가테 바라삼가테.

無着 합장

하루하루 삶속에서 정진할 것을 다짐하며

명파明波 김문희/화가

선도회 성북모임의 법등 정경문 법사님께 지도 받고 있는 김문희입니다. 불교에 대한 관심이 많았던 나는 결혼하고 본격적으로 불교방송, 불교신문을 접하게 되었고 친구하고 범어사, 팔공산 갓바위, 남편하고 통도사, 불국사, 석굴암을 찾아가곤 하였습니다. 애기 낳고 지인과 함께 봉선사 절에 다니게 되었는데 봉선사 조실 월운스님의 법문도 들었습니다. 부처님 말씀, 스님들의 법문을 들으면서 내가 생활하는 데 큰 힘이 되었습니다. 저는 남편하고 장사를 하고 있는데 평소에 말이 없고 내성적이 성격인 저는 조금씩 변했습니다. 대학 때 서양화를 전공하고 전공 서클도 열심히 활동하면서 나름대로 그림을 그렸는데 결혼하고 생활하다 보니 '그려야 하는데' 하면서도 내 자신 사는 것이 힘이 들었습니다. 성철스님, 틱낫한 스님 책을 많이 읽었는데 틱낫한 스님이 한국에 오셨을 때 코엑스에 법문을 들으러 가기도 하였습니다. 어느 날은 남편한테 "산은 산이고 물은 물이다." 이 말을 어떻게 생각하느냐고 물었더니 화두라고 하는 것이었습니다. 남편은 대학 다닐 때 〈무문관〉, 〈육조단경〉, 〈선림보전〉, 〈법구경〉 등을 읽고 선에 관심이 많았다고 했습니다. 저는 신문에 화두 드는 법이 있으면 노트에 옮겨 쓰기도 했습니다. 선문답에 관심이 많았습니다. 월운 스님의 소개로 이동식 선생님을 만나게 되었고 선생님 제자인 심상호 선생님과 인연이 되어 상담하면서 삶과 불교에 대한 얘기를 많이 하게 되었습니다. 선생님께서 간화선 책을 주시면서 화두는 의심을 잘해야 한다고 하셨습니다.

심상호 선생님의 소개로 저는 2006년 11월 둘째 주 일요일 성북동에 있는 성나사를 찾아갔습니다. 조용하고 엄숙한 분위기에 긴장되었고 법사님께서 앉는 법, 수식관을 가르쳐 주셨습니다. 법사님께 인사를 드리는데 눈물이 계속 났습니다. 나에게 억눌렸던 무언가 터져 나온 기분이었습니다. 스승님 만나기가 그렇게 힘들다는데 스승님을 만나는 것이 저에게는 영광이었습니다. 저는 참선이 절실했으며 이 길이 살길이며 꼭 필요한 수행이었습니다. 무릎도 아프고 힘들어도 참을 만했습니다. 법사님 법문을 듣고 있으면 저의 무지함이 하나 둘씩 벗겨지는 느낌이었습니다. 화두를 본다, 즉 든다는 것이 저에게 망상을 줄이고 화두에 집중 집중하면서 저는 점점 밝아졌습니다. 잠들기 전에도 화두참구, 틈나는 대로 화두참구, 보이지 않게 점점 자신감이 생겼습니다. 처음 6개월간은 눈물이 계속 나와서 울었습니다. 저에게 많은 변화가 왔습니다. 말로 어떻게 할 수가 없이 사물이 아름답고 사는 것이 행복해졌습니다. 절대긍정의 에너지가 내 안에 새로운 힘을 만들었습니다. 대학 선배님 소개로 5년 만에 두 번째 개인전을 열게 되었습니다. 2009년 1월에는 세 번째 개인전도 열었습니다. 바빠서 힘들어서 못했던 그림을 참선하면서 밤새 워가며 그리고 그려서 개인전을 할 수 있었습니다. 저로서는 참선과 그림을 같이 할 수 있고, 가게 일도 잘되고, 아이도 착하게 잘 크고 있고, 남편도 잘 도와주니 감사할 일이 많아지고 삶이 희망적으로 바뀌었습니다.

화두참구하면서 점검을 받을 때, 아니다 하면 버리고 또 무언가 계속 아니다 …… 답답했습니다. 법사님께서 답답할 때 공부가 된다고 하셨습니다. 계속 무언가 의심하면서 절실히 했을 때, 어느 날 '무無' 자 화두를 통과했을 때, 느끼는 바가 컸습니다. 그 이후 저는 계속 점검을 받으면서 기쁨의 눈물을 흘리고 대자호 '명파明波'를 받게 되었습니다. 법장 권영두 법사님의 〈생활 속의 참선수행 이야기〉를 읽고 선도회의 발전 과정과 체험담을 보면서 존경스런 마음이 들었습니다.

내 인생의 소중한 인연을 잊지 않고 꾸준히 정진해서 〈무문관〉 점검 과정을 잘 마치고 하루하루 실천하는 삶으로 정진하겠습니다. 법등 정경문 법사님, 심상호 선생님, 그리고 모든 도반님, 우리 가족, 내 모든 인연들께도 감사드립니다.

明波 합장

광주모임

마흔, 마흔 하나, 마흔 둘, 마흔 셋… 마흔 아홉
지명智明 조아나/치과의사

마흔에 나는 불혹은커녕 마구 흔들리고 있었다. 예비고사 성적에 맞추어 과를 택하고 대학을 졸업하고, 적절한 나이에 사랑하고 결혼 적령기에 결혼을 하고, 평균적인 숫자인 두 아이를 낳고 졸업한 학과에 맞추어 일을 하고……, 그렇게 사회가 정해놓은 길을 낙오 없이 잘 맞추어 살아왔다. 그러나 그런 마흔 해 동안의 삶은 내가 살아가는 것이 아니라 그냥 흘러왔고 정작 그 안에 나는 없었다. 일과 일상이 무의미해지고 겉의 평온함과 달리 내 안에서는 마른 바람이 일었다.

일단 하고 있던 치과의원을 후배에게 일 년 동안 맡기고 그 흐름에서 멈추어 섰다. 나를 찾아 떠돌기 시작했다. 많은 책들을 읽고, 다양한 영성 프로그램에 참가했다. 깨어나기, 알아차리기, 동사섭, 춤 테라피, 심리상담, 테오리아, 에니어그램……. 그리고 인도에서 오쇼 라즈니쉬 아쉬람, 오르빌 공동체, 마더 테레사가 운영하던 죽음을 기다리는 집, 힌두의 사원들, 갠지스 강, 달라이 라마의 밀레니움 법회, 불교의 성지들……. 내가 참여했던 영성 프로그램과 떠돔은 나에게 많은 것을 일러주었고, 내가 어떤 유형의 사람이며, 일상을 어떻게 바꾸어야 하는지를 가르쳐 주었다. 푸석거리던 일상이 빛으로 가득 차고, 화나는 일도, 어려운 일도 없었다. 딸들은 영성 프로그램에 갔다 온 내가 너무 부드럽고 관대해서 자주 가기를 원할 정도였다. 그렇게 온 힘으로 나를 찾아 많은 것을 배웠던 나는 의기양양하게 삶에 복귀했다.

일 년을 힘껏 단련한 용사는 2000년 7월에 드디어 씩씩하게 삶에 복귀했다. 발은 땅에서 한 치쯤 뜨게 가벼웠다. 삶이 고苦라고 하신 부처님 말씀도 허튼소리 같았다. 삶은 행복으로 가득 차 있으며 삶에서 무게 따위는 없었다. 그러나 6개월이 지나자 삶의 용사는 점차 힘을 잃어 가고 있었다. 일상은 점차 빛을 잃었고, 허무가 스멀스멀 기어 나오고, 딸들에게 화를 내고, 그렇게 명료하던 것들이 혼란스러워지고……. 2001년 5월, 날마다 오가던 집 앞의 길에서 '꽝' 하고 앞차를 들이받았다. 내 삶이 다시 한 번 멈추어지는 순간이었다.

이대로는 안 되었다. 삶의 복귀 직전에 나는 서명원(천달 법사) 신부님께 이냐시오 피정 지도를 받았었다. 그 분께 다시 길을 물었고, 그때 일러주신 길이 청와헌(선도회 광주모임의 도량)으로 가는 길이었다. 햇살 가득한 6월 어느 날, 나는 청와헌에서 처음 절여 오는 다리 때문에 끙끙대며 힘들게 앉았다. 그리고 9년이 지난 오늘도 잠시 삶을 멈추고 청와헌에 그렇게 앉는다. 그러한 9년 동안 선생님은 나에게 아무것도 가르치지 않았다. 마흔 살 때의 내가 많은 것들을 배운 것과는 달리 나는 그분에게 배운 것이 아무것도 없다. 그런데 선모임이 있는 토요일에 되면 나는 부산을 떨며 평소에 안 하던 짓도 한다. 선모임에 가는 것을 탐탁지 않게 여기는 남편에게 애교를 떨고 자존심을 다 버리고 남편의 눈치를 살핀다. 선모임 갔다 와서 바로 저녁을 차릴 수 있게 시장에 갔다 오고 반찬을 만들고 쌀을 씻어 놓는다. 텔레비전이라면 아예 방문을 잠글 정도로 차단하는 평소와는 달리 초등학교 다니는 늦둥이 아들을 내가 나서서 텔레비전 앞에 앉혀 놓는다. 연초록 잎과 붉은 진달래가 유혹하는 무등산에도 오르지 않는다. 그리고 청와헌으로 간다. 그런데 정작 청와헌의 입실에서는 머뭇머뭇, 우물쭈물, 기어들어 가는 목소리로 겨우 한마디 하고, 선생님께서는 고개를 가로젓는다. 그뿐. 아무 가르침도 배움도 없다.

누구보다도 배움을 갈망하고, 의미가 있는지 아닌지를 따지며, 한 곳에 머물지 못하는 바람 같은 나를 그런 배움도 가르침도 없는 속에서 9년 동안 있게 한 것은 무엇인가?

9년 동안의 참선을 통해 나는 행복이 가득하고, 빛으로 쌓인 신비로운 또 다른 삶을 만나지 못했다. 여전히 나는 화내고, 뒤죽박죽이며, 삶은 무겁다. 쌀을 씻어 밥을 하고, 아이 때문에 속상하고, 남편과 싸운다. 다만 쌀을 씻을 때, 그것 말고 또 다른 더 의미 있고 중요한 일이 있지 않다는 것을 안다. 그 물의 차가움을 느끼고 사각거리는 쌀알의 감촉을 느낀다. 화를 내지 않아야 한다고, 삶은 행복으로 가득차야 한다고 생각하지 않는다. 아이가 화나게 할 때 그대로 화내고, 남편과 싸울 때 힘껏 싸운다.

언제 〈무문관〉을 다 투과하여 인가를 받을 수 있을지는 알 수 없다. 다만 선모임이 있는 토요일에 내가 유난을 떨지 않을 때까지, 진달래와 연초록 잎을 보며 그 꽃, 그 잎에 취해 청와헌에 가지 않을 때까지 용맹정진!!!!

　　智明 합장

항상 그러한 ······

지수智樹 배서정/유치원 교사

유치원 졸업을 앞둔 아들의 손을 잡고 두 도반이 함께 타고 있는 차에 편승하여 청와헌에 들어갔습니다. 날은 아직 차가운 초봄입니다.

첫 입실(그것이 입실이라는 것은 〈좌선〉이라는 책을 보고 뒤에 알았지요)에 들었고, 참선에 관심을 갖게 된 배경에 대해, '왜 사는지', '어떻게 사는 게 좋은 것인지', 잘 살고 싶은데 도무지 정리가 되지 않아서, 세상을 사는 것이 복잡하고 한심하여 정리를 좀 하고 싶다는 정도의 하소연을 드렸습니다. 그랬더니 하시는 말씀이 "생각들을 많이 한다는데, 그럼 그 생각을 꺼내 놓아 보라, 그러면 그 생각들을 정리해 주겠다."고 하셨습니다. 저는 할 말을 잃고, 눈을 크게 뜨고, 억울한 표정으로 선생님을 바라볼 수밖에 없었습니다.

도서관에서 우연히 만난 〈두 문을 동시에 투과한다〉를 읽고, 일반인을 위한 좌선 지도를 한다는 안내문이 있기에, '정말일까? 지나간 한 때의 유행이었을까?' 미심쩍어 하며 안내를 받아 찾아간 청와헌 첫 날의 기억입니다. 그때엔 어디에서도 지속적으로, 그것도 여성에게 참선을 지도하는 곳을 찾을 수 없었기에, 이렇게 좋은 일이 있나 싶어 믿을 수가 없을 지경이었습니다. 그 시절의 제 소견으로는 여자가 선정에 들기 위해서는 봉쇄수녀원에 들어가서 대 데레사 성녀의 길을 따르는 관상기도만이 가장 가능한 길이라 생각했었고 그 길을 선택할 수 없는 나로서는 참선만이 길이라고 생각하고 있었습니다.

희망찬 새날이 시작되었습니다. 그러나 일반적인 생각의 방법과 전혀 다른, 머리를 비우고 배로 생각하는 방법을 배우는 것은 정말 간단한 발상이지만, 실천하는 것은 쉽지 않았습니다. 생활하는 중에 조금 복잡한 무슨 일이 생기면 몸과 마음을 어지럽게 휘둘리며, 좌복 위에 앉아서도 머릿속에 떠오르는 생각을 쫓아가고, 앉는 것마저도 실천하지 못하는 때도 있었습니다. 그러다가도 청와헌에 한번 다녀오면, 다시 마음을 들고 마음을 찾아 나서게 됩니다. 게으름을 피우다가 마음 다잡고 청와헌에 가면, 여전히 법사님은 기다리고 계셨고, 다른 도반들도 여전히 좌복 위에 앉아 세상의 중심을 지키고 있었습니다.

마음 하나 정리하는 것이 〈육조단경〉에서 읽은 대로라면 한 생각만 돌이키면 될 것 같은데 그것이 그리 간단하지는 않았습니다. 마음에 쌓아 올린 것들이 너무 많아 덜어 내는데도 몇 생은 걸릴 것 같다는 생각이 요즘 듭니다. 한 번에 덜어낼 수 있다면 더 바랄 것이 없겠지만, 저 같은 미혹한 사람에게는 불가능이고 하나씩 덜어내는 기쁨도 큽니다.

화두 하나 풀고, 마음에 쌓인 집착 하나 덜고, 또 새로운 화두 하나 들고 다른 집착 덜어낼 준비하는 시간들이, 청와헌에 한 주에 한 번씩 가는 즐거움입니다. 혼자서는 해 낼 수 없는 일이기에 노사님의 은혜를 생각하게 됩니다.

화두에 꽉 갇혀서 난감할 때의 막막한 기운으로 자신을 가득 채우는 것은 생활인으로 활동하는 중에 대단한 자신감을 갖게 합니다. 이런 막막함이 시원하게 뚫리는 그날에는 세상사 모든 것들이 항상 그러하였다는 것을 완전히 받아들이는 '자유로운 시간'이 되리라는 기대를 품고, 화두를 되새기는 자신을 흐뭇한 마음으로 다독여 봅니다.

더디기만 한 나의 길이고, 한눈파느라 많은 시간을 낭비하고는 있지만, 쉬었다가도 다시 시작하고, 내가 쉬고 있던 시간에도 항상 토요일이면 어김없이 청와헌에 앉아 계시는 선객들이 계심을 상기하며, '즉심'을 '짚신'으로 잘못 들었음에도 부처를 친견할 수 있었다는 '선의 행로'에 제 마음을 실어 정진할 것입니다.

지금은 유치원생이던 아들이 훌쩍 커서 엄마를 내려 봅니다. 어른들이 좌선하는 동안, 작업실에 혼자 앉아 침묵 속에 책을 읽고, 입실 후 법사님이 주시는 차는 참 맛있다며 차 시간을 즐기고, 선방 어른들의 관심과 사랑에 행복해 하던 녀석이, 이제는 집에 혼자 있는 게 더 좋고, 엄마가 선방에 나가면, 시험 점수에 그다지 민감하지 않아 좋다고 엄마의 선방 수업을 적극 지지합니다. 선방 분위기에 익숙한 녀석은 어른들과 함께 하는 장소에서 의젓하게 참아 내는 좋은 태도를 갖게 된 것 같기도 합니다.

청와헌에서의 시간은 더할 수 없이 아름다운 도반들을 만나 최선의 인간적 나눔을 실천하는 시간이고, 함께 앉는 동안 넘치는 기운을 나누어 받는 멋진 시간입니다. 또한 세상 사람 모두가 여가를 즐기고 가족들과 오락을 즐기는 소중한 주말 시간을, 연중 거르지 않고 비워 두고, 기다려 주시는 법사님들의 자애에 감읍하며 더욱 정진할 것을 다짐하는 오늘입니다.

智樹 합장

우리는 얼마나 행복한가?

지용智蓉 이혜경/화가

6남매의 큰딸로 철부지로 살았던 시절 결혼이 무엇을 의미하는 건지도 모르면서 그저 함께 살 수 있다는 생각 하나로 행복해 했다. 그때는 외아들이 어떤 의미인지 전혀 알지 못했다. 시댁에서는 손자를 무척 기다리셨다. 그런데 나는 연거푸 딸만을 낳고 있었으니, 시부모님께서는 애가 타셨던 모양이다. 그토록 바라는 아들도 못 낳고 딸만 낳는 며느리가 예쁠 리가 없었다. 시댁 식구들과 나의 사이는 점점 벌어졌고 그런 만큼 고통은 점점 커졌다. 참으로 힘든 세월이었다. 다행히 여섯 번째에 아들을 낳았다. 책임감에서는 벗어났으나 가족 간의 사이는 점점 나빠져만 갔다. 나는 대학교수인 친정아버지께 꽤 사랑을 많이 받고 자랐었다. 그러던 내가 결혼을 함으로써 많은 식구들에게 냉대를 받고 가정에서의 위치는 끝없이 낮아졌다. 그때부터 나는 낮아진 내 인생에 대해 원망도 하면서 또한 생이라는 것과 죽음에 대한 것에 대해 자주 생각하게 되었다.

어느 날 가끔 만나는 여성이 나를 보더니 "혹시 선에 관심이 있느냐." 면서 자기가 다니는 곳에 같이 가 볼 것을 권유했다. 마침 마음의 허전함을 달랠 길이 없던 나에게 상당히 솔깃한 이야기였다. 처음 선방에 갔던 날은 아무 정보도 없이 따라갔기 때문에 다른 사람들이 결가부좌를 하고 앉아 있는 모습을 보고 따라 하다가 다리가 끊어질듯 아파서 정신이 없었다. 약 15분 정도 따라 하다가 다리를 풀고 앉았다. 법사님께 올라가 말하는 도중 무엇인지 알 수 없었으나 꼭 한번 해보리라는 생각이 들었다. 그로부터 벌써 7, 8년의 세월이 지났다. 처음 몇 년은 108배와 100일기도를 하며 열심히 정진했더니 가끔 기묘한 현상도 일어나고 재미도 있었다. 그중 제일 신기한 것은 하루, 엄청나게 오랫동안 울었던 기억이 있다. 그 후 나는 그렇게도 원망했던 시어머님에 대한 미움이 점점 약해지는 것을 느꼈다. 그리고 생활하는 데 있어서 집중이 되고 넓은 안목으로 사물이나 인간을 보는 능력도 차츰 생기는 것을 느꼈다.

나는 직업이 화가다. 그리고 사회생활에도 약간 참여를 했다. 한때 세상일에 빠져 몇 년 게을리했는데, 그때는 정말 삶의 모습이 정돈이 안 되었다. 그 후 다시 마음을 가다듬고 선방에 잘 다니고 반야심경과 대다라니를 열심히 하였더니 요즈음 또다시 생활이 정돈이 되었다. 요즈음 나는 작업실에 도착하면 아무리 그림 그릴 일이 바빠도 먼저 좌포에 앉아 기도를 하고 명상을 한다. 그런 다음 그림을 그리니, 갈수록 작업능률이 오르고 마음에 드는 그림이 그려진다.

마음을 집중해서 생각을 정리하고 모든 것을 올바른 시선으로 바라보는 능력이 점점 쌓여 사회생활을 함에 있어서도 비교적 바르고 빠른 판단을 할 수 있게 되어 참으로 기쁘다. 이 글을 쓰는 중간에도 고마운 마음에 가슴이 뭉클하다. 앞으로 더욱 정진하여 세상에 도움을 줄 수 있는 삶을 살 수 있기를 바라며, 혹시 이 글을 읽는 사람이 있다면 '부디 가만히 앉아 자신을 올바른 시선으로 바라보는 기회를 가졌으면' 하는 것이 마지막으로 하고 싶은 말이다. 지금 나는 선을 행할 수 있도록 선택되었음에 감사하고 지속적인 선수행으로 남은 여생을 행복하게 지낼 수 있도록 노력할 것을 다짐해 본다.

智蓉 합장

함께할 수 있어서 편했다

지허智虛 김태오/식품제조업

나는 누구인가? 주인 된 삶을 사는 길은 무엇인가? 혼란과 어리석음을 끝내는 방법은 없는가?

10대 후반부터 인생은 안개 속 알 수 없는 두려움 속에서 길을 찾았다. 불법을 만나 법을 의지하며 살았지만 모순과 욕심을 가린 위선과 고집으로 적당히 타협하며 자기라는 아상에 집착하며 살았다.

10여 년 전 지인이 선도회를 가르쳐주었다. 담양 창평을 찾아가는 날은 흐리고 비가 왔다. 푸른 대나무 숲이 보이는 큰 창 너머 첫 입실을 했다. 함께할 수 있어서 편했다. 무엇보다 수행과 점검을 할 수 있는 것이 다행스러웠다. 자기라는 관념의 집착 너머 아집과 고집을 인정하지 못해서 힘겨웠지만 그래서 도반과 스승이라는 울타리가 감사했다.

조금씩 자신의 삶 속에 들어온 화두는 삶을 지탱하는 힘이 되었다. 찰나에 그친 잠깐의 고요한 마음이지만 궁극적인 힘이 되었다.

오래된 연못에 뛰어드는 청개구리처럼 퐁당!
매 순간 하나가 되어라!
선은 거짓과 위선을 명백히 보여 준다.
무엇이 관념이고 허상인지……
분별과 비교를 내려놓고 살고 싶고 최선을 다해 열심히 하나 되는 삶을 살고 싶다. 자유롭고 싶다.

智虛 합장

악~~~!

참선만큼 중요한 인식 도구는 없다

지봉智峰 송인종/전남대 대학원생

처음에 좌선을 시작하게 된 것은 8년 전쯤, 도서관에서 우연히 법경 법사님의 책 〈두 문을 동시에 투과한다〉를 보게 된 것이 계기가 되었다. 그 책 뒷면에 있는 담양 혜정 법사님이 주도하시는 광주모임에 대해서 알게 되어 직접 찾아뵈면서 선생님과의 만남이 시작되었고 지금까지 좋은 분들과 좋은 시간을 보내고 있다.

우리 광주모임에는 세 분의 법사님이 계시는데 처음부터 지금까지 나를 지도해 주신 청와헌의 주인이신 혜정 법사님이 계시고, 친구이시고 도반이신 법성 법사님도 계시고, 또한 근래에 법사님이 되신 지관 법사님이 계신다. 그 외에 여러분의 좋은 도반들이 함께 수행하고 있다. 처음 수행을 시작하게 되었을 때는 대학 졸업 후 장래에 대한 고민을 하고 있을 때로 나에게는 힘든 시기였다. 그렇다고 해서 고민 때문만으로 수행을 시작한 것은 아니었다. 그것보다는 취미로 단전호흡을 하고 싶은 생각이 있어서 시작하게 되었다. 내가 수행하는 이유는 행복하기 위해서

다. 사는 동안 행복하게 사는 데 도움이 되어서 수행을 하고 있고 많은 부분 도움을 받고 있다. 참선을 하면서 여러 가지로 좋은 점이 많구나 하는 느낌을 받는다. 그런 부분을 얘기해보고 다른 분들과 의견을 나눠보고 싶어서 짧은 경험이지만 내가 느낀 부분을 적어 보려 한다.

처음 좌선을 시작할 때는 새로운 경험이고 남들이 안 하는 무언가를 한다는 생각에 재미있었고 특별한 사람이 된 것 같은 기분이 들었다. 그래서 빠뜨리지 않고 매일 아침저녁으로 참선을 하려고 노력했다. 하지만 화두를 들고 수행을 하는 것은 쉬운 일이 아니어서 어떻게 해야 하는지 감이 잡히질 않았다. 그래도 꾸준히 열심히 하는 데에 나름대로 보람을 느끼고 열심히 하려고 했다. 그래서 그런지 많이 익숙해지는 것 같은 느낌이 들었다. 하지만 하면 할수록 느끼는 것이지만 집착도 심해지는 것 같다. 화두에 들면 화두에만 몰입해야 하는데 주의가 산만한 성격 탓인가 다른 것들에 관심을 가지면서 좌선에 집중하지 못할 때가 있었다. 그 이유 중에는 사적으로 준비하는 일들이 있어서 참선을 못하는 시간이 몇 달씩 몇 번 있었는데 이것이 반복되다 보니 참선수행에 별 진전이 없었다.

한 번은 선생님이 나의 특성을 파악하셨는지 평생 참선을 하려는 것도 좋지만 치열하게 집중적으로 참선하는 시기가 필요하다는 말씀을 하셨다. 아마도 다 내가 지지부진하게 수행하는 모습이 보였는지 이렇게 지적해 주셨다. 정말 우리 선생님에게는 고맙게 여기고 있다. 선생님은 예술을 하는 분이어서 그런지 예술성이 풍부하시고 유쾌한 분이다. 또한 학교에서 학생들을 가르치고 계셔서 그런지 지도도 잘해 주신다. 그리고 우리들의 사소한 것도 잘 살펴 챙겨 주신다는 생각을 많이 한다. 어렵게 화두를 몇 개 투과하고 '지봉'이라는 좋은 이름도 받았다. 그리고 〈무문관〉에 들어가 수행을 하고 있다.

〈무문관〉에 들어가 수행하면서 '사물과 하나가 된다는 말이 의미하는 것이 무얼까?' 하는 의문이 들었다. 내가 이해하기로는 사물과 하나가 되는 것은 집착을 끊는 좋은 방법이라는 생각이 든다. 왜냐면 내가 사물과 하나가 되면 사물을 완전히 느낄 수 있고 사물이 나와 다르지 않다는 것을 경험하므로 사물에 대한 욕심이나 집착도 무의미해지기 때문이다. 여기에는 기본적으로 내가 보는 세상에 대한 시각의 전환이 필요하다고 생각한다. 우리가 보는 사물들이 지금 우리 눈에는 영원할 것처럼 보이지만 시간이 지나면 그 순간의 모습은 변해서 지금 여기에 있는 사물이 더 이상 존재하지 않을 수도 있다. 그래서 시간의 상대성을 생각하면 좀 더 유연하게 사물을 볼 수 있다고 생각한다. 절대적으로 변하지 않는 것은 없고 언제나 변할 수 있는 것들이므로 이러한 가능성을 열어두면 좀 더 유연한 사고가 되지 않을까 생각한다.

또한 내가 지금 어떤 사물이나 대상과 온 몸으로 하나가 되면, 좀 과장해서 100년에 경험할 수 있는 일을 1초에 경험할 수 있을 것이다. 이렇게 집중해서 사물을 인식하면 시간에 대해 유연해질 수 있고 자유롭게 사물이나 대상을 대할 수 있지 않을까 하는 생각을 해 본다. 참선을 통해서는 1초도 용납되지 않고 아예 그 대상이 되기 때문에 시간에 대한 생각은 할 필요가 없다. 이렇게 하면 집착이 있을 수 있을까라는 생각도 들지만 이러한 경험과 개념을 인식하지 못하면 막연하게만 느끼고 잘못된 사물에 더욱 더 집착하게 될 수도 있다는 생각이 든다. 그래서 좀 더 내가 왜 이렇게 사물에 집중해야 하고 참선해야 하는지 이유를 잘 생각하면서 수행해 보면 좀 더 좋은 결과를 가져올 수 있을 것이다.

이렇게 생각해 보면 참선은 무언가를 하지 않도록 참는 것이 아니라 아주 적극적으로 생활을 경험하는 것이라고 생각한다. 내가 할 수 있는 한 모든 것에 집중해서 사물과 하나가 되는 생활을 하면 무엇도 못할 것이 없을 것이며 어떤 것도 더 이상 집착하지 않아도 될 정도로 충분한 경험이 될 것이라고 생각한다.

처음에는 참선은 아주 수동적인 일이고 정적인 일로만 생각했는데 막상 경험해 보니 아주 적극적이고 역동적으로 삶을 경험하는 일이라고 생각이 바뀌었다. 내가 주도적으로 계획하고 실천하는 삶이 참선하는 사람이 살아야 할 삶의 자세라는 생각을 갖게 되었다. 삶을 좀 더 풍부하게 느끼고 누릴 수 있는 방법으로 참선을 열심히 하는 것은 아주 좋은 생각이라는 확신이 들었다. 나도 좀 더 열심히 꾸준히 수행해서 이러한 절대적 경험을 통해 사물과 하나 되는 경험을 해보고 싶다. 그러기 위해서는 좀 더 열심히 해야 한다는 생각을 해 본다. 좀 더 행복하기 위해서 그리고 완전한 행복을 위해서 지금은 조금 힘들고 익숙해지지 않은 일이지만 집중하고 노력해야 한다는 생각이다. 내가 열심히 수행해서 내가 경험한 좋은 것들을 주변 사람들이 느낄 수 있도록 하고 싶다는 생각도 든다. 그렇다면 사람들도 자연스럽게 참선을 경험해 보고 싶지 않을까? 하지만 아직 난 그렇게 열심히 하지 못해서 노력하는 중이다.

난 지금 수의학을 공부하고 있다. 내년이면 학업을 마치고 동물병원에서 일할 생각이다. 내가 하는 일이 수행에 어떻게 연결될까 생각해보면 내가 좀 더 수행이 깊어지면 동물에게도 더 집중하게 되고 동물들의 아픔을 좀 더 잘 이해하게 되고 결국에는 이것을 통해 사람들에게 많은 위안을 줄 수 있지 않을까? 처음에는 내가 하는 일이 수행과 어떻게 연결될까 고민이 많았는데, 지금은 동물을 좋아하는 사람들을 위하여 동물을 잘 치료하고 돌본다면 사람들에게 기쁨과 위안을 줄 수도 있겠다는 생각이 들었다. 좀 더 열심히 수행을 해서 내가 하는 일에 좀 더 집중하고 내가 하고 싶은 일도 넓게 확장할 수 있는 넓은 사람으로 살아가고 싶다. 사람들은 타고난 성품이 있어서 태어날 때부터 큰 사람이 있고, 속 좁은 사람도 있을 것이다. 내가 어떤 사람인가 잘 아는 것도 중요하지만 내가 가진 성품을 최대한 활용하여 내게 주어진 역할에 맞는 최선의 노력을 하는 사람이고 싶다. 이것을 아는 데 참선만큼 중요한 인식 도구는 없다는 생각이다. 참선은 내 삶이 소중하다는 것을 느끼고 누릴 수 있게 해 주는 좋은 방편이 된다. 모두가 행복해지는 일상이 되었으면 좋겠다.

　智峰 합장

침묵의 소나기

박정선

　어느 여름날 이른 아침
　등불처럼 밝힌 백일홍을 따라
　미암으로 간다.

　모닥불에 모이듯이 앉아
　각자의 크기와 깊이만큼
　마시고 호흡한다.
　걸어온 시간만큼 입었던 옷을

눈사태처럼 벗어 두고서
길들여진 시간에서 나와

침묵 속에서 깃털이 나고
언제부턴가 가슴에 세 들어 살던
새 한 마리 공중선회하며 나를 바라본다.

아름다운 비행을 준비하는 사람들의
침묵이 소나기 되어 흐르는 시간

그리고 시간이 되면 한 무리의 새로 변해
도시의 건물과 건물 사이로
벽과 벽의 틈,
모서리를 질주하는 모험을 단행한다.

마음의 허공을 굴려서 탄력 있게 만든 다음
속도나 관성의 허에서 벗어난다.

획일주의의 숲을 지나 자기 비하의 건조한 통로를
곳곳에서 알아차리게 된다.

견디어 참아내는 아름답고 긴 여행
비우고 비워서
바닥에 물 한 방울 남아 있지 않더라도

기진맥진 공중으로 흩어져
큰 숲으로, 끝이 보이지 않는 사막, 바다로 스며드는
......
확대되는 마른 입맞춤.

선방에서 느꼈던 느낌을 졸작이나마 시 한편으로 보내 봅니다.
박정선 합장

인생 제3막

고상호/전 영어교사

나는 중고등학교에서 38년을 영어교사로 재직하고 정년퇴직한 지 2년이 되었다. 퇴직하면서 누구나 그러하듯이 새로운 사회에 적응한다는 것이 낯설고 어설프고 외로움과 고독에 두려울 것 같았다. 그래서 나는 마음을 위로 받기 위해 평상시보다 더 자주 산에 올랐고, 또 절에도 다니고 싶다는 생각이 들어 우리 집 가까이에 있는 무등산 증심사에 다녔다. 불교에 관한 서적도 닥치는 대로 읽고 법회에도 참석하여 새신자로서 소정의 교육도 받아 혜강慧江이라는 법명도 받았다. 그러던 차에 무슨 인연이 있었는지 산에서 정말 우연히 후배를 만나 이야기하다가 담양에 조선대 교수 한 분이 좌선을 지도하고 있다는 말을 들었다면서 자기도 관심이 있으니까 같이 가 보자고 했다.

코스모스가 만발한 가을 길을 따라 파란 하늘이 수줍듯 산등성이 위로 내려앉을 듯한 오후 한때 나는 청와헌을 물어물어 찾아갔다. 사방이 대나무와 관목들이 나지막한 산등성이로 병풍처럼 둘러싸인 청와헌은 푸근하고 정숙하면서 정기가 흐르는 듯한 느낌을 주었다.

외모가 준수하고 해맑으며 기개가 넘쳐 보이는 한 분이 우리를 안내하면서 선에 관한 말씀을 하시는데 조용하지만 카리스마에 넘치는 위풍당당한 말씀 한마디 한마디에 나는 매료되었고 어느 큰 선지식한테 법문을 들은 듯했다. 그것이 나에게 좌선 문에 들어서는 결정적 계기가 되었고 그때 교수님께서는 〈좌선〉이라는 소책자를 주셨는데 그날 저녁 나는 단숨에 읽어 버렸다.

사실 나는 그동안 책자를 통해 선禪이라는 말을 많이 접했고 그중에서도 고목古木 스님이 쓰신 〈명상〉이라는 책을 읽고 깊은 감명을 받아 읽고 또 읽었으며 실제 요령까지 적혀있어 그대로 따라 해 보기도 하였다. 좌선은 몸과 마음을 튼튼히 하여 대자유인으로서 이 우주의 주인공이 되는 것이며, 인간은 소우주라는 말에서는 그 말이 두고두고 머리에서 떠나지 않았다. 모호하게만 생각했던 선을 한번 해 보고 싶었지만 내가 다니는 절에서는 선을 지도하지 않았다.

나는 지금까지 6개월 정도 매주 토요일 청와헌을 찾는다. 처음에는 내 마음과 정신을 맡길 곳은 이곳이구나 하는 생각과 조금은 선의 분위기를 이해하고 있다고 생각하며 시작했지만 앉아 있으면 무슨 잡념이 그렇게 솟아오르는지 사실 어렵고, 지루했으며 졸기도 여러 번 하였다. 그래도 형식만큼은 선배 도반들을 열심히 따라 했고, 조금은 진전이 있는 것 같아 토요일이 기다려지기도 했다.

내가 청와헌을 다닌 지 3개월 정도 지난 어느 날 교수님께서 나에게

'무無'자 화두를 주셨다. 그때 나는 마치 40여 년 전에 논산 훈련소에서 훈련을 마치고 이등병 계급장을 달은 기분이었다. 그 화두에 몰두해서 수행하다가 떠오르는 것을 내놓으라고 하시기에 나는 어떻게 생각했는지 '죽음'이라고 대답했다. 교수님은 고개를 저으셨다. 그러면서 하시는 말씀이 그 화두는 '머리로 푸는 것이 아니고 배로 푸는 것'이란 말에 이제는 아예 떠오르는 것도 없고 답답하기만 했다. 그러나 '그 화두가 풀어지는 날, 양 무릎을 치며 바로 이것이로구나!' 하고 느껴지는 형언할 수 없는 법열을 맛보라며 용기를 주시고 따뜻하고 격조 높은 어조로 지도해 주시는 교수님께 감사드리고 싶다. 지금은 '좌선 문에 들어서길 잘했구나' 하고 생각한다.

    나는 자주 산에 오른다. 산의 정기를 호흡하고 받으며 자연과 하나 될 때 나는 주저 없이 내가 받은 화두를 꺼낸다. 언제 시간이 지난 줄도 모를 때가 많다. 그대로 화두삼매에 빠질 때는 내가 온통 분해되어 우주와 하나 되는 기분이다. 내가 나를 볼 때 참 멋지다. 생각해 보면 금강경 마지막 부분에 "세상사 일체 모두가 몽환포영夢幻泡影이요, 길가에 맺힌 이슬이요, 한번 치는 번개와 같다."라고 하셨는데, 세상살이에 마음 뺏겨 찌들고 멍들었던 마음 훌훌 털어 버리고 사막의 무소처럼 혼자 가는 선객禪客으로 앞으로 남은 인생 연극 제3막의 주인공으로서 대자유인이 되어 소우주의 주체로서 우주와 하나 되는 여생이 되어야겠다고 생각하니 멋지고 가슴 벅찬 일이 아닐 수 없다. 길을 잃고 헤매는 어느 한 에뜨랑제의 내면에서 외치는 포효가 문득 길을 알리는 법열과 희열로 에코되어 오기를 기대해 본다.

    慧江 합장

참 기분이 좋다
이광훈/전남대 대학생

저는 참선을 시작한 지 아직 한 달여 밖에 되지 않았습니다. 시작한지 얼마 되지 않아서 이렇게 수행 체험을 적는다는 게 조금 부끄럽기도 하지만 초심자의 입장에서 제 느낌을 적어 보겠습니다.

어릴 때 단전호흡 하는 곳에 두세 달 정도 다녀 보았는데 저에게는 아주 잘 맞았습니다. 대학 마지막 학년을 다니고 있는 지금, 뭔가 삶에 갈피를 잡지 못하고 붕 뜬 듯한 시간을 계속 보내고 있는 나에게 변화를 줄 수 있는 어떤 것이 있었으면 좋겠다고 생각하고 있었습니다. 그러던 중 선배에게 소개를 받아 참선을 시작하게 되었습니다.

처음에는 옛날에 다니던 단전호흡처럼 누군가의 지시에 따라 정해진 프로그램을 따라가는 것이라고 생각하였는데 수식관만 배우고 혼자 참선을 하는 시간을 가져서 조금 당황하기도 했습니다. 처음에는 열 번의 호흡까지 수를 세면서 하라 배웠는데 생각보다 쉬운 것이 아니었습니다. '내가 이렇게나 잡념이 많았나, 이렇게나 집중을 못하였나' 하는 생각이 들 정도로 아무런 잡념없이 열 번까지 세는 것이 힘들었습니다. 평소에는 느끼지 못했던 잡념들이 참선을 하고 있을 때는 그 잠깐의 몇 분을 참지 못하고 마구 뛰어다닙니다. 첫날은 이렇게 나 자신과 싸우고 뻣뻣해지고 쥐가 나는 다리를 풀다가 끝났습니다. 저 역시 처음에 한 생각이지만, 해 보지 않은 사람들은 어떻게 가만히 앉아서 참선을 한 채로 한두 시간을 보낼 수 있냐고 의문을 가질지도 모릅니다. 하지만 참선을 제대로 하려고 마음먹고 익숙해지기만 한다면 시간을 보낸다는 뭐 이런 생각은 들지 않을 것 같습니다. 저도 이제 막 시작한 단계라 누구에게 뭐라고 딱 부러지게 말할 수는 없을 것 같습니다. 하지만 조금 억지로라도 참선 시간을 보내고 나면 기분이 참 좋아집니다.

참선 시작한 첫날, 밤에 이상하게도 여러 번 잠에서 깼습니다. 조금 더운 기분도 들고 활동적인 느낌도 들었습니다. 별 대수롭지 않게 생각하며 다음날 저를 데리고 갔던 선배에게 말했더니 "원래 참선을 처음 시작할 때는 갑자기 혈액 순환이 잘 되어 그럴 수 있다."고 하였습니다. 처음부터 굳이 즉각적인 피드백을 바라는 것은 아니었지만 몸에서 먼저 반응을 보이니 깊이 생각하지 않았던 참선에 대해 좀 더 관심과 호기심이 생겼습니다. 선생님께서 주신 책들도 읽어 보고 내가 올바르게 하고 있나 반성도 하면서 참선을 꾸준히 해 보기로 마음먹었습니다.

빼먹는 날도 좀 있지만 자기 직전, 일어나서 바로 10여 분 동안 혼자 참선을 합니다. 혼자 자취를 하기 때문에 조용한 공간에서 효과적으로 참선을 할 수 있는 것 같습니다. 어느 정도 경지에만 이르면 시끄러운 명동 한복판에서도 참선을 할 수 있다고 하는데 저는 아직 이것도 옳게 하지 못하는 것 같습니다. 아직 뚜렷이 무언가 변한 느낌은 없지만 일어나서 후닥닥 준비하고 수업시간에 딱 맞춰 도착하던 그런 숨 쉴 틈 없는 아침에서는 벗어난 느낌입니다. 하루를 마무리할 때 하는 참선은 하루 동안 달린 저를 포근히 쉬게 만들어 주고 하루를 시작할 때 하는 참선은 하루를 다시 달리기 위해 저를 북돋아 주는 느낌입니다. 참선을 하는데 어떤 구체적인 목표가 있는 것도 아닌 것 같고, 제가 참선을 하면서 바뀌었으며 하는 느낌들을 억지로 대입시킨 것일 수도 있겠지만, 확실한 것은 이 참선을 하는 것이 날로 조금씩 더 잘되고 있고 즐거워지고 더 알고 싶게 한다는 것입니다. 그냥 한마디로 줄여서 말해 달라면 '참 기분이 좋다.'란 말로 대신할 수 있을 것 같네요.

이제 한 달 된 초보 문하생이라서 무엇은 무엇이라고 말할 순 없고 누가 나에게 이것저것 물어 온다면 아직은 제대로 된 답변을 해줄 수 없습니다. 하지만 다음에 또 이런 글을 쓸 기회가 된다면 그동안 더욱더 깊이 있는 참선을 하여, 그 느낌을 적어 보고 싶습니다.

이광훈 합장

신촌모임

천주교 신자 〈무문관〉을 마치다
건허乾虛 박선식 가브리엘/광명사 의료기 대표

드디어 〈무문관〉 공부를 마치는 중이다. 참선에 입문한 1996년 당시 나는 서강대학교 신학대학원생이었다. 그때 박영재 법경法境 법사님을 만나 입실지도를 받기 시작한 이후 화두참구는 지금도 지속되고 있다. 매주 화요일 입실점검과 방학기간을 이용한 용맹정진 등 간단없는 화두점검은 〈무문관〉 48칙을 1차 마무리하고, 이제 재점검 중에 있다.

나는 가톨릭 크리스천이다. 어려서부터 크리스천 신앙인인 나는 청년기에는 수도생활(살레시오 수도회)을 하였고, 지금은 크리스천 리더들을 양성하는 천주교 서울 대교구 꾸르실료 봉사자로서도 봉사하고 있다.

그런데 인연이 되려고 해서 그랬는지 크리스천 신학대학원 학과 중 교양과목 선불교를 수학할 기회를 가졌고, 동 대학원 시절에 신부님(천달天達 서명원)과 수사님 수녀님들과 함께 참선공부를 시작하여 지금까지 종교 간의 벽을 넘나들며 크리스천 신앙생활 속에서 참선을 계속하고 있다.

한편 참선을 공부한 지 5년 차인 2000년 봄 학기에 법경 법사님은 자신이 맡아 하시던 서강대학교 교양학부 참선과목을 대신 지도하라는 말씀에 따라 지금까지 약 8년 가량 강의와 실기를 지도했다.

나의 참선공부는 그동안 불민한 제자를 지도해 주신 법경 법사님과 최근 입실을 맡아 주신 천흠天欽 박성호 교수님의 법은에 힘입은 것으로 항상 존경하고 감사드린다. 스승들의 법은에 보답하는 길은 나 역시 상구보리上求菩提 하화중생下化衆生의 실천에 철저함이라 생각한다.

이 글은 서강대 참선 수강생들을 위해서도 쓰고 싶다. 그들에게 '인생에서 값진 체험을 해 보기 위해서 우리 함께 도반이 되어 보지 않겠느냐!' 고, 그리고 참선을 말할 때 평소의 수행정진은 삶의 근간이 되어야 하겠지만, 특히 인생에서 전환기를 맞이할 때 더욱 긴요하다고 말해 주고 싶다.

참선반 수강생들의 기본강좌에는 반드시 인생지도를 그려보는 과제를 포함시킨다. 이러한 과제는 보다 차분한 마음으로 진로를 정할 수 있게 도와준다. 그리고 기말고사는 〈무문관〉 제1칙 무자화두의 평창을 암기해서 쓰도록 하여 선적 근기를 배양하는 데 도움을 주고자 했다. 크리스천으로서 참선을 공부하다 보면 성경에서 얻게 된 영감들이 종교적인 벽을 넘어 아주 자유로운 형태로 꿈틀거린다.

2003년부터 약 3년간 지속된 성서 100주간 과정(대략 10여 명이 한 팀을 구성하여 매주 성서를 집에서 읽어 와서 그 느낌을 서로 발표해 보는 가톨릭 성서 전권 읽기 과정)에 참여할 때의 이야기다. 성서 백주간을 거의 마무리할 단계에서 코린토전서(바오로 사도가 코린토인들에게 보낸 편지)에 나오는 구절은 참선정진을 하는 도반들과도 꼭 나누고 싶다. 코린토전서 13장의 사랑에 관해 말하는 대목이 있다. "사랑은 하늘로부터 온 것이며, 믿음과 소망과 사랑은 이 세상 끝까지 영원하다."고 하였고, "그 중에 제일은 사랑이다."라고 하였다.

첫째, 믿음은 무얼 믿는다는 것인가? 누구나 알 수 있는 것은 믿음의 대상이 아니다. 인간의 지식 범위를 벗어나 있고, 인식의 한계에서 신의 영역을 들어가고자 할 때 바로 믿음이라는 수레(방편)가 필요한 것이다. 그러므로 믿음은 합리적이지 않고 세상의 이치에 맞지 않는 경우가 있다. 이 믿음이 없으면 인간은 그냥 썩어 없어질 흙과 같은 존재일 뿐이나 믿음을 간직하면 인간이 신의 영역에 들어가 영속성에 합류하게 된다. 이는 참선의 용맹정진에서 대신근大信根과 일맥상통한 대목이다.

그러므로 수행정진을 하거나 기도 묵상 중에는 사리분별을 놔 버리고 (let go!) 인간의 한계에서 새로운 접촉을 통한 거듭남이 바로 믿음이라 생각된다. 크리스천에게는 그리스도가 고통을 감내한 후 얻은 부활과 이를 통한 자신의 부활생명을 믿는 것이 바로 믿음의 근간이다. 바로 수행정진의 고통은 마치 하나의 씨앗이 땅에 떨어져 죽음과 같으며, 이로써 많은 열매(생명)를 맺는 것과 같다.

둘째, 소망은 무엇을 바란다는 것인가? 인간에게는 의지적인 요소 즉 자유의지가 있다. 신의 영역에 온전히 도달하기 어려운 유한한 인간운명은 바로 의지와 지향성이라는 끈기를 가지고 영원성을 갈망할 수밖에 없다. 신의 선하심과 온전하심, 무한無限하심과 무상無上하심…… 이 모든

신적인 진리를 소망하는 것이다. 그러므로 소망은 대발심大發心인 인간의 정신적 추구이며 노력인 셈이다. 소망은 믿음을 지원하며 소망의 극점에서 믿음을 통해 사랑에 도달하게 된다.

셋째, 사랑은 바로 하느님이다. 사랑은 신에게로부터 은총으로 주어진다. 그러므로 정신적 의지적 요소보다는 영적 은총의 특성을 지닌다. 하느님의 은총으로 형제를 비롯한 뭇 중생들을 사랑하게 된다. 사랑이신 하느님이라는 표현을 자주 듣는다. 사랑은 이 세계의 원리이며 신성 그 자체다. 사랑의 끌어당김과 하나 되는 힘은 우주 현상 중에서는 만유인력과 관련해 느껴 볼 수 있다. 물질들의 끌어당기는 힘은 바로 하나 되기 위한 사랑의 출처를 생각하게 한 부분이다. 사회를 이루고 살아가는 인간사회에 있어서 사랑은 오래 참주고, 친절하며, 시기하지 않으며, 자랑도 교만도 하지 않고, 모든 것을 바라고 믿고 견디어 내어 가실 줄을 모른다. 이 세상 모든 것이 사라지고 천지가 개벽이 되어도 믿음과 소망과 사랑은 언제까지나 남아있게 된다. 사랑이 곧 하느님이기 때문이다. 바로 부처님의 자비와 같은 말이 아닌가.

온 가족이 크리스천 구교 집안이지만, 참선과 어우러진 구도행에서 승속僧俗을 떠나 또 종교와 종파의 굴레에서 자유로운 사람으로서 교회와 사회와 국가, 그리고 가장 가까이에서는 가족과 함께 열심히 살아가는 사람이 되길 서원誓願하는 것이 나의 구도행의 시작이다. 이 길에 법사님들의 법은이 항상 근심 어린 보살핌으로 감싸고 있으며, 매주 화요일 새벽 7시 서강대 참선모임 견주굴見主窟 도반들이 함께 길동무가 되고 있다.

乾虛 합장

간화선 수행기

청현青賢 신학재/삼성생명

대학 3학년 때인 2000년 3월에 참선을 처음 접하게 되었습니다. 이 전까지 굉장히 힘든 시기를 보내고 있었는데 참선을 만나 인생의 전환기를 맞게 되었습니다. 1999년 7월에 군대를 전역하고 2개월을 쉬고 2학기 때 복학을 하였습니다. 복학을 하고 수업을 받는데 진도와 학습내용에 큰 충격과 어려움을 겪었습니다. 그래도 그 전까지는 뛰어난 우등생은 아니었더라도 마음을 다잡고 노력하면 학업 성적이나 하고자 하는 일은 원만히 성취하여 자만심까지는 아니더라도 '노력하면 된다.' 라는 생각을 가지고 있었습니다. 군대에 가기 전 학교 동호회 활동을 하면서 전국 동호회 회장을 지낸 전력도 있고 해서 약간 의기양양한 마음으로 큰 준비 없이 복학을 하게 되었습니다.

그런데 막상 복학을 하고 수업을 들으니 3학년에 해당하는 과목들로, 본격적인 전공 관련 과목이기에 내용 자체도 군 제대 후 2개월 만에 따라가기에는 무리였습니다. 게다가 저학년 때와는 달리 수강생 모두가 열심히 공부하기 때문에 중간고사 결과가 좋지 않았습니다. 중간고사 이후로 수업 이수가 넘지 못할 큰 벽으로 느껴지면서 공부보다는 학점을 D 이하로 받지 않을까라는 공포가 몰려왔습니다. 1, 2학년 때 학점도 평점으로 더 올려야 하는데 5학기째 학점을 잘못 받으면 회복하기 힘들다는 생각도 들고, 한편으로 더 열심히 해서 중간고사의 부진한 성적을 만회해 보자는 다짐도 해 보았지만 도저히 자신이 생기지 않아 고통스런 한 달을 보냈습니다. 그러다가 휴학을 생각하게 되었고 학생과에 확인을 해 보니 등록금은 돌려받지 못하지만 휴학할 수 있는 마감기한은 남아 있다고 하였습니다. 이에 고민 고민하다가 도저히 따라갈 수 없다는 생각과 부진한 점수를 받을 수는 없다는 생각에 덜컥 휴학계를 제출하고 기말고사를 보지 않았습니다.

일단 낮은 성적이 나올지 모른다는 불안감으로부터는 벗어났으나 낙오자란 생각, 등록금을 그냥 버렸다는 죄책감, 경쟁의 대열에서 앞에 서지 못한다는 두려움, 부모님이 이 소식을 아셨을 때의 실망감 등이 몰려와서 저를 괴롭혔습니다. 다행히 방학이 되어 집에서 쉴 수 있었지만 패배의식에 사로잡혔습니다. 창피한 생각에 사람들 만나기가 무섭고 집 밖에 나가지 않는 생활을 지속하며 자책하다 멍하니 시간을 보냈습니다. 그렇게 하기를 한 달여를 하는데 방안에만 있기는 하지만 내가 벌여놓은 일로 인하여 우울증이 몰려와 집에 혼자 있는데도 편하지 않아 힘들었습니다. 그러다가 다시 시작하자는 마음으로 지푸라기도 잡는 심정으로 학교 학생생활 상담실에 가 보기로 했습니다. 창피함을 무릅쓰고 상담실을 노크했습니다.

다행히 저와 같은 경우에 놓인 친구들이 많이 있는지 상담실에서는 따뜻하게 맞아 주었고 부끄러워 그간에 있었던 일을 잘 말하지 못하는 저에게 차근차근 이야기를 할 수 있도록 해 주었습니다. 그렇게 상담실과 인연을 맺고 한 달 정도 다니는 사이 다시금 말문도 열리고 저의 장점들에 대해 다시 눈뜨게 되었습니다. 세상에 다시 도전할 용기를 차츰차츰 찾아가게 되었습니다. 하지만 한 달 앞으로 다가온 새 학기를 예전과 같이 복학할 용기는 나지 않았습니다.

이에 상담실을 학기 중에도 계속 다니기로 하고 수업은 어려운 전문

전공과목보다는 듣고 싶은 과목 위주로 선택을 하여 조심스럽게 복학을 준비해 보자고 하여 다시금 용기를 내어 복학을 하였습니다. 한편 자신감 회복을 위해 마라톤에 참가하기로 결심하고 준비하여 3월 5일에는 하프마라톤인 21.0975km에도 참가하여 완주를 하는 기쁨과 자신감도 어느 정도 회복하여 복학에도 어느 정도 자신감이 생겼습니다.

그때 선택한 과목이 지금 이렇게 체험기를 쓰게 해 주고 훌륭하신 스승님 및 도반들을 만나게 해 준 참선수업이었습니다. 과목 신청을 하기 위해 수강신청 안내서를 펼쳐 보는 데 참선수업이 눈에 딱 들어오는 것이 저에게 필요한 과목이라는 생각이 들어 수강하기로 하였습니다. 그러나 정식 수강을 하게 된다면 다시 학점 부담이나 잘해야 한다는 부담이 들어 제대로 된 참선공부를 하지 못할 것 같다는 생각이 들어 참선수업은 청강으로 듣기로 하였습니다.

이렇게 어렵사리 복학을 하여 첫 청강 참선 수업을 들어가 만난 분이 건허 박선식 거사님이었습니다. 개량한복을 입으시고는 편안하게 웃으시며 차분하게 설명해 주시는 모습에 열심히 수업에 참여하기로 결정하고는 그날로 개량한복을 구입하였습니다. 그리고는 1주일에 한 번 있는 참선수업을 들을 때면 수원 집에서부터 서강대까지 개량한복을 입고 하루 종일 다녔습니다. 개량한복을 입고 학교에 간 것은 다른 사람의 시선에 연연하지 않는 자신감을 시험하고 키워 보려는 생각에서 시도하였는데, 시작은 쑥스러워 어려웠지만 자꾸 입다 보니 좋게 봐 주시는 분들도 만나고 다른 사람들의 시선이 그리 부담스럽지는 않다는 경험을 하였습니다. 하지만 요사이 다시 개량한복을 입고 시내를 다니려면 큰 용기를 내야 합니다. 그래서 반복훈련 또는 반복학습이 중요한 것 같습니다.

잠깐 이야기가 곁길로 빠졌는데, 아무튼 참선수업과 저 나름대로 자신감 회복을 위한 노력을 병행하는 사이 2000년 1학기가 끝나 가고 있었습니다. 이와 동시에 새로운 고민에 빠지게 되었습니다. 1학기에는 자신감 회복과 심리적 안정을 위해 편안한 과목 위주로 수강하자는 생각에 참선수업을 포함하여 심리학 과목, 종교학 과목, 체육 과목을 수강하고 상담실도 5개월여를 다니다 보니 이젠 그만 다닐 때가 된 게 아닌가 하는 생각도 들었습니다. 그렇다고 같은 수업을 매학기 계속해서 들을 수은 없는 일이었습니다. 이들로 인해 그나마 마음에 안정을 찾고 학교생활에 연착륙을 할 수 있게 되었다고 생각했는데 이들로부터 한꺼번에 떨어져야 한다는 생각에 일견 두려움이 일었습니다.

그런데 그 때 건허 거사님께서 참선수업 말고 서강대 내 별도 참선모임이 있으니 마음이 있으면 종강을 하고도 이 모임에 참여하여 참선을 계속하라고 일러 주셨습니다. 이에 마음 붙일 곳을 찾았다는 마음에 뛸 듯이 기뻤습니다. 당연히 여름방학 때부터 참선모임에 합류하여 지금까지 참선을 해 오게 되었습니다. 초심자를 위한 화두 공부를 시작하여 2006년 4월 25일 마지막 화두를 끝내고 2006년 6월 6일 법경 박영재 지도법사님으로부터 청현이라는 거사호를 받게 되었습니다.

그리고 지금은 학교를 무사히 졸업하고 7학기 4월에 대기업 입사시험에 합격하여 2002년 입사하여 8년째 잘 다니고 있으며, 결혼도 하여 잘 생활하고 있습니다. 물론 사회생활 중간 중간 어려운 일이 닥칠 때가 있겠지만 참선을 통해 배운 이분법적 사고, 즉 성공과 실패, 좋음과 싫음 등에 구애받지 않고 인생 그 자체를 보며 참선하듯 무심히 그러나 진지하게 세상을 대하자는 마음으로 긍정적으로 어려움을 이겨 나가며 노력하며 살고 있습니다.

참선은 저에게 성공이라는 강박관념에서 빠져나오게 하여 평화를 줍니다. 훌륭한 선배님들을 뵈면 한 곳에 집중하고 정리되지 않는 일상생활 속의 문제들을 참선을 통해 실타래 풀듯 해결하시는 모습을 보며, 저도 참선이 문제 그 자체에 집중하는 집중력을 키워 마음의 안정뿐만 아니라 문제를 해결하는 능력을 증대시키는 참선으로 한 단계 도약을 했으면 하는 바람을 가져 봅니다. 저의 이 바람도 참선하는 사람의 마음이 아닌 욕심이지 않을까 싶어 법사님께 혼나지 않을까 염려하며 말을 올려 봅니다.

간화선 수행기인데 간화선 수행에 대한 얘기보다는 개인적인 얘기가 주가 돼 버린 느낌입니다. 수행체험에 대한 얘기는 다른 참선 수행자분들이나 간화선 수행책자에 많이 있을 것 같아 부끄럽고 숨기고 싶은 과거이지만 저와 같은 어려움을 겪고 있거나 겪었던 분에게는 참선을 만나게 된 계기나 두려움을 극복하고 자신감을 회복하게 된 계기를 설명하는 것도 도움이 되겠다 싶어 개인적인 얘기에 지면을 많이 할애하였는데 실례가 되었다면 용서를 구합니다. 저 개인적으로는 최근 사회생활과 결혼생활에 묻혀 〈무문관〉 화두를 열심히 못 들고 있는데 다시 열심히 하는 계기가 될 것으로 봅니다. 혹시나 지금도 어려움 속에 갇혀 마음고생을 하는 분이 계시다면 참선이 훌륭한 마음공부임을 말씀 드리고 참선에 입문하는 데 작으나마 도움이 됐으면 하는 마음을 가지면서 부끄러운 졸필을 마칠까 합니다.

끝으로 저를 비롯한 재가수행자들에게 참선을 가르쳐 주신 종달 노사님의 20주기를 기리며 다시 한 번 머리 숙여 감사드립니다.

青賢 합장

선도회 입문 소감

득로得路 최명현/개인사업

세상이 행복해져야 하는 것이 아니고 저마다 마음 짓기에 따라 행불행이 만들어진다 하신 권영두 법사님의 글을 접하게 되었습니다. 한 구석 텅 비어 있던 차에 선도회와 인연을 맺게 해 주신 법사님께 감사의 말씀 전해 올리며 입회 동기와 궁금해 하시는 분들을 위해 선도회의 스승과 제자 간 입실과정을 수행일지에서 발췌해 소개합니다.

2007. 8. 22 (수) : 현대 불교신문 권영두 법사 소개. 법련사 불일서점 연락(좌선 20년 책 주문).

8. 28 (화) : 〈생활 속에 좌선 20년〉 책 구입. 선도회 (재가불자 참선모임) 소개 읽음.

8. 30 (목) : 〈이른 아침 잠깐 앉은 힘으로 온 하루를 부리네〉 (법경) 책 구입. 수행처 (정릉, 행촌동, 목동, 서강대) 소개 읽음.

9. 3 (월) : 법경 법사(선도회 2대 지도법사)께 문자. 건허(총무) 거사 소개 받음. 건허로부터 익일(9.4)부터 나오라고 연락 받음.

9. 4 (화) : 첫 입실 (독실에서 제자가 스승에게 주어진 화두경계를 표

현함). 천흠 법사 — 수식관, 단전호흡 하라. 건허 박선식 거사 — 결석하지 마세요. 입실하여 말대꾸하지 마세요.

9. 5 (수 : 〈두 문을 동시에 투과하다〉 책 구입. '날고 있다든지 정지해 있다' 하는 언구에 걸리면 힘들다. 머리로 생각하지 말고 아랫배 힘으로 찾으라. 오늘 음력 7.24 (환갑일).

9. 11 (화) : 두 번째 입실. 천흠 법사 — 수식관, 아랫배로 숨 쉬는 연습하라. 〈무문관〉 책 구입, 건허 거사와 문팅.

9. 18 (화) : 세 번째 입실(입실 안함). 왜 입실을 안 하는가? 입실은 매우 중요하다고……(건수乾修 석병길 거사).

9. 25 (화): 견주굴 쉼 (추석).

10. 2 (화) : 네 번째 입실(할 말도 없는데 중요하다 하기에 입실했음). 강순옥, 양정자, 정옥님 (첫 입실).

10. 9 (화) : 다섯 번째 입실 — 수식관 중에도 잡념이 많다고……. 천흠 법사 — 계속 정진하라. 쉬우면 수행인가?
(중략)

2009. 8. 14 (목) : 하기 수련회 참석 못하다(집 식구 입원). 거사호 받음(선도회 입회 10개월). 법경 법사님께서 가는 길 제대로 찾았다 하시며 '득로得路' 라고 지어주심. 법경 법사님 말씀대로 '득로' 라 하셨지만 갈

길은 먼데 몸이 따라 주질 않는다. 고관절에 무리가 온 듯하다. 법장 법사님이 왜 지으신 책을 짊어지고 다니시며 대학가 젊은 친구들에게 좌선을 권하시는지 몸으로 느껴진다. 법사님! 저 역시도 두 아들이 있는데 아직…… .

2009. 1. 3(토) : 〈신년회〉 (목동). 순순히 늙고 순순히 병들고 순순히 작별을 고하고 떠나가는 삶의 자세를 자기 것으로 몸에 갖추는 것(무노사역무노사진). 초대 법사이신 종달 노사께서 이런 경계로 떠나셨다고…… 초대(65년) 법사이신 종달 노사님 '차례'에 참석하다 (목동).

중식 — 신년회 참석자 모두 참석. 법장 법사님께 처음으로 인사 올린다. '득로' 입니다. 중식 후 사진 촬영. 다음은 이 날 무문관 5칙 향엄상수 화두에 대해 입실점검 받은 내용입니다.

그때 너무 힘들게 투과되어 컴퓨터에 메모 형식으로 쓰고 있는 일지 파일명을 '향엄상수'라고 이름했다. 화두의 내용인즉, '높은 나무 위에서 나무줄기만 입에 물고, 매달려 있는 사람에게(정상적인 사람은 아님) 나무 아래에서 '조사서래의祖師西來意'를 묻는다.(이 또한 정상인이 아님) 대답을 필히 해 주어야 할 상황인데, 대답을 하려니 생사가 걸린 문제이다. 이럴 때 당신은 어찌 할 것인가?' 라는 내용이다.

몇 달간을 둥근 방석에 앉아 나무줄기를 입에 물고 별별 짓거리를 다해 봤다. 물고 있는 힘 빠지면 떨어져 죽는다는 생각에 허리에 칡덩굴 칭칭 감고 매달려 있었다. "천안 삼거리 흐응~ 축 늘어졌구나 흐응~"

어느 때는 이 경계(?) 망상(?)에 취해, 한 시간도 훨씬 넘도록 앉아 있기도 했다. 이 경계가 아닌 줄 알면서도, 갖다 붙일 경계가 없기도 했거니와, 축 늘어뜨리고 있는 그 경계가(?)가 한동안 마냥 좋았다.

천흠 법사님께 뭐 좀 얻어 내 볼까 메일을 띄워 봤다. "법사님! 저는 지금 매달려 있는 이 경계가 매우 좋습니다. 그냥 이러고 있고 싶습니다." "그 경계 버리십시오." (저도 압니다, 법사님은 제 속을 모르고 계십니다) 우여곡절 끝에 이 화두를 투과한 기간이 무려 123일이 걸렸다. 080907(일)~090103(토)일까지 해를 넘겼다.

선도회 신년 모임에 참석했다가 법경 법사님께 입실을 했다.

입 실: (……). 2% 부족합니다.

재입실: (……). 이제 5언 착어 살피세요.

"예~" 합장! 넙쭉-. (궁하면 통한다 했더냐? 죽기 아니면 까무러친다고 했더냐?)

만약에 어떤 이가, 스승 없이 화두를 참구한다면, 이 깜깜한 동굴 속 같은, 길도 없는 이 길을 혼자 갈 수는 없는 것이다. 엉뚱한 경계에 붙들려 삼천포에서 헤매고 있을 것이 불을 보듯 뻔할 터…… 서강대학에 참선반이 생겼다는 얘기를 들었다. 제일 먼저 생각나는 것이 "어이구~ 입실점검은 어쩌려나?"

주제 넘치는 얘기지만 참선을 시 하시는 분들께, 저 역시 초심자이지만, 처음부터 좌선하는 시간을 '향 한 대 타는 시간'으로 잡으면 꾀가 납니다. "5분만 앉아야지."하는 생각으로 방석에 앉으면 가벼운 마음으로 앉을 수 있습니다. 그러다 보면 5분이 10분도 되고, 어느 때는 20분도 되고 30분도 됩니다. 왜냐하면 집에서는 죽비 울려 주는 분이 없기 때문입니다.

끝으로 들어 줄 사람이 들어 준다면 한마디 하겠다. 부처님 말씀을 일찍 만난다는 것은 참으로 어렵지만 혹이라도 일찍 만난다면 그보다 더 큰 행운이 또 있을까보냐? (늙어 만나면 너무 늦다.) 그 어떤 수단 방법으로도 다시 바꿔 볼 수 없는 하나뿐인 내 인생…… 사람 몸 받아 공부 이루지 못하고 죽는다면 어느 생에 다시 이 몸 기약할 것인가?

得路 합장

혹시 노후대책 준비에 도움이 될까

파노破老 이문용

"젊었을 때 수행하지 않고 정신적인 재산을 모아 두지 못한 사람은 고기 없는 호수가의 늙은 백로처럼 쓸쓸히 죽어갈 것이다."

이 무시무시한 법구경의 말씀에 현혹되어 관심을 가지게 된 참선공부! 혹시 노후대책 준비에 도움이 될까 기특한 생각을 가지고 시작한 참선공부!

세월은 흘러 오 년째 되어 가고 있습니다. 앞으로 화를 돋우어도 웃을 수 있고, 급할 때도 고요한 마음을 갖게 될 수 있도록 참선공부를 할까 합니다.

破老 합장

매번 공안은 나를 보다 멀리 이끌어 간다

건리乾理 Brigitte Billet/신촌제3모임/프랑스 공무원(social delegate)

브르타뉴(Bretagne, 프랑스 서북부에 자리잡고 있는 해안 지방)에서 처음으로 좌선을 할 때, 전에 내가 스스로에게 제기하던 질문들은 답을 찾은 것은 아니지만 더 이상 전과 같은 중요성을 갖지는 않았다.

첫 순간부터 나는 큰 신뢰감을 느꼈고, 그 순간의 전과 후가 있다는 것을 느꼈다. 그 새로운 수행 방식으로 인해서 일어난 정신적 상태는 이미 알고 있던 것 같으면서도 새로웠다. 그 역설적인 사실을 설명하려고 하지는 않았다. 왜냐하면 그것이 너무 자명하였기 때문이다.

공안에 대한 최초의 입문 때에, 나는 공안을 마음속에 품고 어떤 판단도 하지 않으려고 했다. (수련회가 끝나고) 집에 와서는, 보석들을 처분했고 그리고 채식주의자가 되었다. 또한 나의 의복 색깔도 바뀌었다. 이런 강한 '에너지'는 거의 5개월에 걸쳐 느껴졌다.

그 후 나는 아침, 저녁으로 명상의 리듬을 유지했고, 6개월 후에는 스위스에서 두 번째 수련회에 참석했다. 나는 일상생활에서 참구할 나의 첫 번째 공안을 받았다. 나는 그것이 하나의 기회임을 잘 알았고, 내가 오늘까지 계속 이어지는 참선 전통을 포함한 모든 것에 연결되어 있다는 지각과 더불어 책임감을 느꼈다. 그런 사실은 나를 몹시 감동시켰고, 가깝고 먼 것을 떠나 새로운 차원이 있다는 사실도 알게 되었다.

아침 명상 전에 나는 반야심경을 읽는 습관을 들였는데, 이는 좌선을 위한 좋은 시작이다. 〈무문관〉 제32칙 외도문불外道問佛에 나오는 '절벽에서 손을 놓아라(현애살수懸崖撒手)'라는 선어禪語는 아직도 나를 사로잡는데, 왜 그런지 모르지만 좌선하면서 나는 자주 이런 모습을 그리곤 했다. '모든 것을 포기하라!' 또는 '미지를 위해 이미 알고 있는 것을 초월하라.' 화두를 드는 것이 마찬가지라서 그런 것이 아닌가 싶다. 또한 〈육조단경〉이 나를 뒤흔들고 있는데, 특히 나에게 이 책과의 첫 번째 만남은 결정적이었다.

다른 변화들이 일상에서 나타났다. 아주 선택적인 독서, 사람을 만나거나 문화적인 외출 자제, 보다 검소한 아파트 장식, 보다 순화된 음악 등 나는 나의 환경과 일치될 필요성을 느낀 것이다. 그러나 나는 나 자신을 명료하게 판단하되 내가 만사에 무관심한 것은 아니다. 그런데 솔직히 이런 조화의 추구는 너무 많은 시간이 걸린다. 나는 아직도 너무 외양에 집착한다.

3년 전부터 나는 동양화와 서예를 해 오고 있다. 그 두 세계가 서로 다르면서도 가깝다. 나에게 있어 그것은 명상의 연장임을 잘 느낀다. 서예는 엄격한 예술이고 크나큰 겸손을 요구한다. 나는 내가 붓과 조화로운 상태에 있는지 여부를 금방 알 수 있다. 그런데 그 시간(준비, 실천, 통교)을 아주 많이 즐거워한다.

명상과 회화와 독서로 점철된 수도사와 같은 생활. 그리고 이 글을 쓰면서 내가 느낄 수 있듯이 화두를 드는 것은 내가 보고 행동하는 방식을 변화시킨다. 그것은 윤리와 삶에서의 선택을 요구하는 길이어서 고독의 형태를 취함으로 나는 도반들과 같이 있는 수련회의 필요성을 느낀다. 묵언과 침묵의 중요성. 나를 감탄하게 하는 화두를 드는 행위의 단순함은 끊임없이 나를 강하게 호출하고 나의 일상을 변화시킨다. 즉 사람이나 상황을 덜 판단하고 나의 보는 눈이 달라진다.

신기하게도 이러한 고독은 나로 하여금 다른 사람들과 더욱 가깝게 만든다. 모든 것이 역설적이고 공안은 아주 좋은 예이다. 내가 가끔씩 느낄 수 있는 바와 같이 공안은 나에게 보다 넓은 시야를 열어 주고 조금 더 예리하게 해 준다. 나는 앞으로 나아간다. 그러나 어디로 가는지는 모른다.

'생사의 문제!' 물론이다. 예! 때로 나는 초조하게 공안의 답을 기다린다. (발견의 단계, 의심의 단계, 예지의 단계…… 때로 이 모든 단계들이 동시에…… 눈을 뜨고 방석에 앉아서 단지 현전할 뿐) 새로운 정신. 이것이 나로 하여금 현실에 보다 잘 적응하게 해 주거나, 있어야 할 자리에 그냥 있을 수 있게 해 준다. 나는 좋은 명상, 나쁜 명상이 따로 있지 않다는 것을 깨닫기 시작했다. 다만 앉아 있을 뿐. 그러나 그것은 어떤 때는 쉬운 일이 아니다.

방학 때만 들러시는 스승님인 서명원 신부(天達 法師)님이 떠나고 나서도 언제나 느낄 수 있는 신뢰감은 여전히 지속되고 이것이 바로 내가 진실하고 자발적으로 공안과 더불어 살도록 돕는다. 그것이 매우 중요함을 잘 느낀다.

병원에서 자원봉사자로 환자들과 함께 할 때나, 직장에서 사람들의 말을 경청할 때에, 나의 아랫배에서 올라오는 호흡과 내가 조화를 이룰 때, 즉 그 아랫배에서 중심을 잡고 있을 때에는, 나는 나의 상대방이 일종의 일치인 고요함과 안정감을 되찾는 것을 알게 된다. 그것이 나의 이해를 초월하면서도 나에게 용기를 준다.

때로 나는 어떤 태도들을 버리지만, 나의 에고는 여전히 현전하고 있다는 사실(어떤 때는 너무 지나칠 정도로)을 확인한다. 이런 때에는 명상이 힘들고 나는 조화를 잃는다. 때로 좌선 후에 나의 어떤 자세나 태도가 나의 얼굴을 때린다는 것 같이 느껴진다. 그리고 나는 언제나 백척간두에 있을 뿐임에도 불구하고 매번 공안은 나를 보다 멀리 이끌어 간다는 의식을 갖는다. 어떤 단순함이 나에게 나타나지만, 그것도 내가 아직 길에 들어서 있을 뿐임을 잘 느끼게 한다.

진심으로 감사하며, 乾理 합장

인생의 여정
각용覺勇 채지수/서강대 대학생

초보자를 위한 화두 과정을 마치고 〈무문관〉으로 들어가게 되면서 스승님(天漣 法師)으로부터 법명을 받을 때가 되었다는 말씀을 들었습니다. 법명을 받기 위해서 인생의 여정에 대하여 글을 써야 하는데 정형적인 형식을 정해 주시지는 않았기 때문에 어떻게 글을 써 나가야 하는지 고민하였습니다. 저는 올해 25살이 되었습니다. 태어나면서부터의 저간의 일들에 대하여 일일이 나열하기보다는 삶에 대하여 어떠한 생각과 태도를 가지고 살아왔는지를 말씀드리고 싶습니다.

선禪을 처음으로 접한 지 어느덧 6년의 시간이 지났습니다. 항상 화두를 놓지 않고 깨어 있는 사람이 되기 위해서 노력했지만, 오랜 시간이 지났음에도 불구하고 이제야 〈무문관〉에로 들어가게 된 것은 고양이가 쥐를 생각하는 마음과 같은 절실함이 부족했기 때문이 아닐까 하는 생각이 듭니다. 스승님이신 서명원 교수님을 통하여 처음으로 선을 만나게 되었습니다. 외국인으로서 한국에서 한국인보다 더 유창한 언어를 구사하시며 불교 과목을 강의하셨는데, 이에 깊은 인상을 받아서 스승님을 찾아갈 수 있었습니다.

수행을 시작하게 된 것은 2005년입니다. 당시 살아가는 것이 어렵고 힘들다는 것을 새삼 느끼고 있었습니다. 인생이 고통으로 가득 차 있고, 고통의 바다를 건너는 것이라고 하지만, 저에게 있어서 고통은 대상화된 어렴풋한 무엇이었습니다. 인생이 힘들다는 것을 느끼고 있었지만 힘들기만 할 뿐, 정작 왜 힘든지는 알 수 없었기 때문입니다. 또한 인생이 고통스럽기 때문에 종교가 필요하다면 그것이 진정으로 필요한 것인가에 대한 의문도 들었습니다. 하지만 그럼에도 불구하고 원하는 것이 있다면 그것은 자유였습니다.

철없이 초등학교와 중학생의 기간을 보내고 어느 정도 생각이 깊어 가면서부터 원하는 것은 자유였습니다. 휠체어를 이용하는 장애인으로서 유년 시절을 보내면서 육체적으로 자유롭지 못하다는 것을 느끼며 성장했기 때문에 자유를 원했었는지는 정확히 모르겠으나 물리적인 부자유뿐만 아니라 정신적 자유를 갈구했습니다.

그러나 참구를 하면서도 원하는 자유를 얻지는 못했습니다. 왜냐하면 자유를 넘어선 다른 어떤 것을 얻었기 때문입니다. 육체적 부자유에는 극복이라는 단어가 필요하지 않았고, 정신적 자유는 대상화된 어떤 것에 불과했습니다. 자유와 부자유를 떠난 진리를 찾게 되었고 그것은 진정한 자유였습니다. 육체적 부자유에 극복이 필요치 않았던 것처럼, 자유에도 더 이상 자유라는 단어가 필요 없어졌습니다. 선에서의 불립문자不立文字와 언어도단言語道斷을 몸으로 느끼는 순간이었습니다. 지금에 와서 생각해 보건대 제가 원하던 자유는 진리의 또 다른 저만의 이름이었는지도 모릅니다.

　항상 깨어 있는 각자覺者의 삶을 살고 싶지만 저의 의지는 그리 강하지 못합니다. 마음이 약하고, 항상 흔들리고, 뒤를 돌아보고, 때로는 뒤로 되돌아가기도 합니다. 수행을 함에 있어서 기복도 많이 있었지만 수행을 포기하지는 않았습니다. 끝까지 포기하지 않는 것의 의미를 배울 수 있었습니다. 수행을 하면 할수록, 저를 둘러싼 많은 것들이 명확해지는 느낌을 받았습니다. 이전에 보이지 않았던 것들이 보이고, 전과는 다른 생각, 의지, 판단력이 생겨났습니다. 사물을 올바르게 직시할 수 있는 눈이 생겨났다고 믿습니다.

　또한 겸손하고 겸허할 수 있는 마음이 생겨났습니다. 하지만 시간이 지날수록 겸손만으로는 부족하다는 것을 느꼈습니다. 겸손함은 당연히 갖추어야 하고 겸손함에 자신감을 더하는 것이 옳다는 생각이 들었기 때문입니다. 자신감을 가지고 삶을 살아가는 것은 너무나 행복합니다. 학생으로서 공부하는 것뿐만 아니라 인간관계에 있어서도 자신감은 너무나 중요하고 자신감을 가지고 시도한 일은 좋은 성과를 거두었습니다. 겸손함과 함께 노력이라는 것도 당연히 갖추어야 하는 것이라고 생각했습니다. 그래서 모든 일은 시간의 문제일 뿐이라고 생각했습니다. 어려운 일이 있어서 모든 것을 포기하고만 싶을 때는 서산대사의 시 '답설야중거踏雪野中去'를 생각했고, 더 이상 아무것도 하고 싶지 않을 만큼 나태하게 될 때에는 '천류불식川流不息'을 생각했습니다. 하지만 어느 한 쪽에 치우친 자신감은 자신감이 아닌 자만심이었습니다. 시간이 지남에 따라 당연히 갖추고 있다고 생각했던 겸손함과, 포기하지 않는 부단한 노력의 의미를 망각했기 때문입니다.

　뛰어난 노력으로 얻을 수 있는 것이 있지만, 그렇지 못한 것이 있습니다. 물론 뛰어난 노력을 했을 때의 이야기입니다. 지금까지 삶을 살아오면서 항상 올바른 노력을 했다고 자신할 수는 없습니다. 아직 많이 부족한 것은 알지만 깨달아 살기 위해서, 미래를 준비하기 위해서, 원하는 것을 얻기 위해서 진지한 노력을 했습니다. 그러나 겸손, 노력, (자만심이 아닌) 자신감만으로는 부족하다는 것을 느끼고 있습니다. 왜냐하면 저의 근본에 대한 물음에 답하고 있지 못하기 때문입니다. 진리와 온전히 하나가 되지 못하기 때문에 정말 힘든 일이 있을 때에는 눈을 뜨고도 제대로 볼 수 없고, 듣고도 제대로 들을 수 없고, 올바른 생각을 할 수 없습니다. 깨어 있다고 착각합니다. 모두 마음뿐이고, 이미 부처이고, 이미 다 깨달아져 있다고 하나 저는 아직 모자랍니다. 미혹하여 자꾸만 왔다 갔다 하고, 확신과 의심 사이에서 고민합니다. 그러나 분명한 것은 이미 깨달아져 있다는 것을 느끼지는 못하지만, 머무르면서도 머무르지 않는 그 어떤 진리와 조금이나마 하나가 되어 가는 것을 느낀다는 것입니다. 앞으로는 진정으로 깨어 살고 싶습니다. 위없는 진리와 하나가 되고, 진리 앞에 부끄러운 사람이 되고 싶지 않습니다. 지금까지의 삶의 여정은 더 이상 어쩔 수 없지만, 지금부터는 다르게 살겠습니다. 도와주십시오.

覺勇 합장

인천모임

지천智川 법사님으로부터 받은 '거사호 下付仰望'이란 제목의 편지

법사님 그간 안녕하신지요. 이제 바야흐로 실록의 계절로 접어드는 것 같습니다. 지난번 결혼식 주례는 잘 마치셨는지요.

공사다망하심에도 불구하고 선도회를 빈틈없이 이끌어 주시는 법사님께 항상 감사할 따름입니다.

인천모임에서 찰칙 과정을 마친 사람이 있어서 다시금 법사님께 거사호를 부탁드리게 되었습니다. 이 사람은 실제 입실 과정을 거치지 않았을 뿐 이미 오래 전부터 여러 화두에 대해 혼자서 참구를 해 왔던 것 같습니다. 매번 입실 시마다 찰칙을 두세 개씩을 투과하곤 하였습니다. '무無'자 화두 역시 그렇게 어렵지 않게 투과하였습니다. 인적 사항은 아래와 같습니다.

임용택林龍繹 1960년생

법명은 보월寶月, 26세 때 현재 순천 송광사 방장 스님인 범일보성 큰스님으로부터 5계를 수지受持하였다고 합니다.

2004년 5월 13일 智川 올림

군더더기 : 이 편지를 받고 엮은이는 선도회 제2대 지도법사의 직을 수행해 2004년 6월 6일 종달 노사 제사를 모시기 위해 선도회 문하생들이 모인 자리에서 '홍담弘潭'이란 거사호를 수여하였다. 그리고 최근 지천 법사님으로부터 〈무문관〉 점검을 마쳤다는 연락을 받았는데 이 통찰체험을 바탕으로 함께 더불어 나눔 실천의 삶을 지속하시며 선도회 법사로서 손색이 없는 넓은 안목을 갖추시어 빠른 시일 내에 선도회 법사단에 합류하시기를 간절히 염원 드리는 바이다. 아울러 지천 법사님의 그동안의 노고에 이 지면을 빌어 다시 한 번 깊은 감사를 드린다.

독립문모임

수행체험

지기智즘 최재경/경영인

21살 한창 나이에 백혈병으로 어머님이 돌아가시고, 그 이후 3년 후 24살 때 바로 위 누나와 생후 백일 된 조카, 자형 누나 일가족이 운전해 가던 승용차와 열차가 충돌해서 모두 사망하는 사고가 발생했습니다. 그 후부터 저의 삶은 허무와의 치열한 투쟁이 시작되었습니다. 바로 내일이면 나도 죽을 텐데 살아갈 이유가 무엇인가 이것이 제 삶을 관통하는 가장 큰 화두였습니다.

중견기업의 그룹 기조실에서 사회생활을 시작했으나 허무를 떨칠 수 없어 출가를 하려 했습니다. 그러나 그도 뜻대로 되지 않아 회사를 그만두고 호주로 갔습니다. 백인들 틈에서 사는 것이 쉽지 않아 MBA 학위를 취득하고 다시 교환학생으로 미국으로 가서 MBA를 마쳤습니다. UN에 들어가서, 평생 남미에 들어가서 지역사회에 봉사하며 살려 했으나 면접에서 되지 않아 귀국해서 투자회사에 취직한 후 근무하다 3년 후 투자회사를 설립하였습니다. 설립 후 가장 큰 화두가 '경영이란 무엇인가?' 였는데 그러기를 3년을 보내다 2003년 6월 집으로 돌아오는 길에 활짝 핀 꽃을 보는 순간 모든 의문이 해소되고 덩실덩실 춤이라도 추고 싶었습니다. 그때 사훈을 정했는데 "인내천ㅅㄱㅈ"이며 지금도 제 삶의 가장 큰 근간이 되고 있습니다.

그러나 그 후에도 삶과 죽음에 대한 의문이 완전히 풀리지 않아 전국을 방황하며 많은 분들과 교류했으나 어느 순간 바깥에서 찾는 것이 아니라는 생각이 들어 매일 아침 350배씩 하며 기원을 드렸습니다. 그 기원의 힘이 효과가 있었던지 우연히 서점에서 법장 권영두 법사님의 책을 읽고 찾아뵈면서 수행이 시작되었습니다. 그때가 2004년 11월, 그리고 2009년 12월 〈무문관〉 수행과정을 마치고 재독 중에 있습니다. 수행을 시작한 이후부터 시작하여 마칠 때까지 마장이 왔는지 삶이 굉장히 힘들게 되었습니다. 큰 규모의 투자회사 및 제조회사를 운영하다 문제가 생겨 정리하는 과정에서 직원이 우울증에 걸리는 사람이 있을 정도로 힘들었으나 수행의 도움으로 무사히 정리하며 전진할 수 있었습니다. 솔직히 수행하면서 화두참구하여 투과하는 것은 그다지 힘들지 않았으나 생활 속에서 어려운 고비마다 화두를 놓지 않고 지속적인 수행을 해 나가는 자체가 힘들었던 것 같습니다.

〈무문관〉을 요필了畢 한 후 2009년 12월 중순부터 일이 서서히 풀려나가고 있어 올해부터는 안정적으로 사업이 자리 잡아 나갈 수 있을 것 같습니다. 원래 사업을 시작할 때 꿈이 세계적인 경영자가 되는 것이었습니다. 더불어 저에게 이렇게 도움을 준 참선의 보급에 조금이라도 도움이 되고 싶습니다. 종달 노사님으로부터 시작된 선도회의 수행모임에 깊이 감사드리며 선도회의 발전과 법경 법사님, 법장 법사님이 항상 건강하시길 기원하며, 좋아하는 소동파 시인의 싯구 중 뒷부분을 조금 변화시켜 맺고자 합니다.

智奇 합장

道得歸來無別事
南山煙雨漢江潮

뜰 앞의 부추가 자라듯이
지각智覺 오제환/개인사업

내가 혈기 왕성하던 시절을 돌이켜 보건데 뚜렷한 삶의 목표도 없이 아깝게 허송세월만 보낸 것 같아 몹시 후회스러웠다. 무엇이든지 마음껏 채우고자 늘 허둥지둥 살았던 것이 못내 아쉬웠다. 명예도 지위도 얻지 못하고 이룬 것 없이 흐리멍텅하게 살아온 자신이 몹시 미웠다. 젊었을 때 언행이 경솔하여 실수를 거듭하였고 눈앞의 작은 것을 탐내다가 큰 것을 놓친 적이 너무 많았다. 당시에 조금만 너그러웠더라면 무사할 수 있었을 텐데 왜 그다지 성질을 잘 참지 못했던지 이제 와 생각해 보니 너무 바보스러웠다. 그래서 자각하기를 내가 본래의 천진스럽던 나를 되찾을 수 있을까 고민했었다.

그 후 10여 년 전 40대 초반에 어느 책에서 단전호흡을 익히면 건강해지고 마음을 다스려 인내심을 키우고 인간성을 좋게 개조할 수 있다는 사실을 알고 단전호흡수련단체에 입문하였다. 불법의 기초교리조차 모를 때 거창하게 깨달음을 구하고자 하는 생각도 없이 다만 내가 나를 내 마음대로 좋게 부릴 수 있으면 다행이겠다는 생각뿐이었다. 당시에는 나름대로 마음을 수련하는 데 도움이 될 만한 책도 여러 권 읽으면서 수련단체에도 몇 군데 기웃거리면서 수련에도 참여해 봤지만 흥미롭지 않아 지속할 수 없었다. 그렇게 무의미하게 지내던 5년 전 여름에 참으로 새로운 계기를 맞았다.

지금은 나를 지도하시는 선도회의 최고령이신 법장 권영두 법사님의 〈생활 속의 좌선 수련 20년〉이라는 책을 읽고 감동하여 나도 기어코 재가선에 뛰어들기로 작정했었다. 그리고 그때 전화로 법사님께 지도 받고자 간청했더니 다시 심사숙고해서 자신과 확실히 약속됐을 때 전화하라는 말씀에 나와 굳은 약속을 하고 법사님을 찾아가서 절호의 기회로 인연을 맺었던 것이다. 그렇게 뒤늦은 나이 52세에 다행히 법사님 문하에 들어가서 어려운 생활 속에서 참선수행을 익히게 되었고 선도회 회원이 되었다. 이젠 어느덧 만 5년을 넘기게 되었다. 생활하면서 참선수행하는 데는 공안참구로 심신을 천천히 개조하면 천진스럽던 자신을 회복하여 자유로운 삶을 누리게 된다. 그동안 수행을 익혀 오면서 참고 견디기 몹시 힘겨웠으나 나와 약속한 대로 극복하였더니 세월이 약이라고 삶에 좋은 습관이 되었다. 그리고 공안을 투과할 때마다 맛보는 기쁨은 실참실구하지 않으면 이해할 수 없는 법열이다. 그리고 1주일에 한 번씩 법사님께 입실하여 지도 받으면서 사는 것이 자극제가 되어 날마다 새롭게 적극적으로 살 수 있어 행운이라 여긴다.

　법사님은 나에게 자주 수행하는 정신으로 적극적인 삶이 되어야 한다고 강조하신다. 그러므로 처음 작정했던 대로 한결같이 수행을 익혀 살아가리라. 수행으로 얻어진 소득이라면 남을 이해하고 배려하는 마음이 생기고, 앞으로 봉사할 수 있는 기회를 마련코자 하는 생각과, 삶에서 난관이 있을 때 슬기롭고 여유롭게 대응할 수 있으리라는 신념을 갖게 된 것이다. 그리고 앞으로 한결같이 수행이 무르익어 보람된 삶을 영위하리라 다짐한다. 또 나를 지도하시는 법사님의 삶을 거울삼아 우리 선도회 회원의 역할에 조금이라도 기여하고자 한다. 그리고 뜰 앞의 부추가 자라는 모양은 비록 보이지 않으나 문득 자세히 살펴보면 웃자란 모양을 볼 수 있듯이, 당장에 확연히 크게 깨치지 못했으나 가랑비에 옷이 젖듯이 반드시 수행이 무르익으리라 확신하고 꾸준히 정진을 멈추지 않으리라 다짐한다.

　선각자들의 가르침에 따라 겸허한 자세로 자비롭게 살고자 노력할 것이다. 평생토록 수행을 지속하면 언젠가는 내 마음이 확 트일 때가 반드시 있으리라 확실히 믿고 한결같이 수행하리라 그래서 내가 나를 내 마음대로 부리면서 멋진 삶을 누리리라.

　智覺 합장

참선수행 입문기

지만智晚 강보대/전 통일부 연수원장

불자로서 평소에 뜻 깊은 인생을 위하여 수행하는 노력을 끊임없이 하여야 한다고 생각하여 참선에 관심이 있었습니다. 그러다 2004년 11월 5일 인터넷에서 서강대학교 물리학과 박영재 교수님의 '약동하는 인생'에서 '좌일주칠坐一走七,' '우리는 지금 어디에 있는가' 등을 읽어 보고 참선수행 입문을 하게 되는 계기가 되었습니다.

2005년 8월 29일 서강대학교 물리학과 교수실에서 박영재 교수님을 면담하고 박영재 교수님 저서 〈이른 아침 잠깐 앉은 힘으로 온 하루를 부리네〉, 〈두문을 동시에 투과한다〉, 권영두 거사님 저서 〈생활 속의 좌선수련 20년〉 세 권을 주시면서 은평구 응암동 정안헌正眼軒에 계시는 권영두 거사님을 찾아가서 참선수행 지도를 받도록 안내하여 주셨습니다. 선도회 법경 박영재 지도법사님과 법장 권영두 법사님의 저서를 읽어 보고 참선수행에 관하여 많이 알게 되었습니다.

2005년 9월 5일 정안헌에 계시는 권영두 거사님을 처음 뵈었을 때 매우 맑고 밝은 모습이었습니다. 법장 법사님께서는 참선수행에 입문하려면 처음부터 단단한 각오와 확고한 결심을 하고 시작하여야 된다고 강조하시던 말씀을 아직도 잊을 수 없습니다. 2005년 9월 16일부터 입문과정을 시작하면서 법사님께서는 일흔 나이에 참선수행 입문을 한다는 것은 기이한 인연이고 희귀한 만남이라고 격려를 하시고 매주 한 번씩 입실지도를 하셨습니다. 법사님께서는 늘 참선수행은 좌일주칠坐一走七과

체인體認, 체득體得이 중요하다는 점을 강조하시고 수행이 생활화되어야 한다고 강조하시었습니다.

작년 내가 선도회에 입문한 후 4년이 되던 해인 단기4342(불기2553)년 1월 3일 선도회 신년회 독립문모임에서 입문과정을 끝내고 〈무문관〉 수행에 들어가게 되어 선도회 제2대 법사이신 법경 박영재 지도법사님으로부터 거사호 지만智晚을 받았습니다. 그때 참선수행을 너무 늦게 시작하였으나 더욱 열심히 공부하고 노력하리라 거듭 다짐했습니다.

나는 마침 통일부 근무 시절 사단법인 설립과 관련된 업무를 담당했었기 때문에 종달 이희익 노사님께서 1965년에 조직하신 선도회의 숙원사업이었던 법인설립과정에 적극적으로 참여할 수 있었는데, 재산출연을 하시는 등 임원님 여러분의 헌신적인 노력과 회원 여러분의 협조로 무난히 〈사단법인 선도성찰나눔실천회〉 설립허가를 2009년 8월 14일 문화체육관광부장관으로부터 받았습니다. 앞으로도 참선수행 45년 전통의 선도회가 성찰과 나눔 실천운동을 활발히 전개하는데 미약하나마 힘닿는 데까지 기여하고자 노력할 것입니다.

법장 법사님께서 매주 입실지도를 하시면서 늘 참선수행 정신으로 생활하여야 한다고 강조하시는 말씀을 철저히 실행하고자 노력하고 있습니다. 서강대학교 물리학과 교수님으로 대학생들을 가르치시면서도 선도회의 막중한 업무를 헌신적으로 수행하시는 법경 지도법사님은 법사님 여러분과 함께 반드시 선도회의 원대한 목적을 성취하실 것입니다.

끝으로 선도회는 종달 이희익 노사님의 가풍을 널리 선양하며 영원히 그 맥을 이어가리라 확신합니다.

智晚 합장

군더더기 : 참고로 '부서진 수레는 갈 수 없고 늙으면 닦기가 불가능하네(破車不行 老人不修)'라는 뜻의 나이에 관해 매우 부정적인 선어禪語가 있습니다. 그런데 엮은이가 보기에 선도회 사상 지금까지 70세 최고령으로 입문한 지만 거사님은 이 선어를 정면으로 돌파한 분입니다. 물론 평생 공직 생활 동안 단 하루도 따로 휴가도 가지 않고 맡은 일에 성실히 몰두하셨으니 이미 기본 자세가 된 상태에서 입문하셨기 때문에 가능한 일이라 판단됩니다. 이런 자세라면 선도회는 남녀노소를 불문하고 대환영입니다.

참선수행으로 다져지는 행복

지태智太 최성철/한국소비자원

나는 조그마한 산골동네, 강원도 태백(황지) 어룡에서 태어났다. 초등학교부터 고등학교까지는 태백 철암동에서 살았다. 대학은 강릉에 있는 관동대학교(전공:법학)를 나왔다. 그러고 보니 30년을 강원도에서 보냈다. 정말 강원도 산사나이다.

그 이후부터는 대한민국의 수도인 서울에서 활동하고 있다. 사랑하는 아내 그리고 딸 아이(초등학교 1,4학년)와 용인 수지에서 살고 있다. 올해 마흔다섯 살이다. 참선수행을 시작한 지 2년 7개월째 접어들고 있다. 종달 이희익 노사님의 20주기를 맞이하여 짧은 수행기간이지만 참선을 통해 자신의 변화된 모습들을 정리해 보고자 한다.

사소한 것에 목숨을 걸었다. 남들과 어울리기 싫어했다. 신경질적이면서 급했다. 평소 욱하는 성질로 상대방과의 잦은 마찰이 있었다. 이런 내용들을 종합해 볼 때, 나는 작은 것에 집착하고, 활발하지 않은 내성적이고 소극적인 성격의 소유자였다. 선도회에 입문해 참선수행을 시작한 이후에는 평소 같으면 화를 버럭 냈을 상황인데도 잘 참게 되고, 화나게 했던 상대방을 자애심으로 바라볼 수 있는 마음의 여유가 생겼다. 아무튼 정말 화가 치밀어 목까지 올라와도 삭힐 수 있는 능력이 조금씩 배양되고 있다.

나태하고 잠꾸러기였다. 특히 아침잠이 많았다. 낮잠도 자주 자는 이였다. 그야말로 잠을 푹 자야 직성이 풀렸다. 그렇게 잠을 자고 나도 개운하지 않았다. 그리고 꿈도 자주 꾸었다. 참선수행을 시작한 이후에는 하루 5시간 내지 6시간 정도 자는데도 피곤하지 않았다. 아침잠도 없어졌고, 낮잠도 자지 않게 되었다. 피로감이 줄어드니까 업무에 몰입하는 능력도 향상되고 그 만큼 실수도 줄어들었다. 참선은 특히 수험생이나 직장인들에게 권할 만하다.

책에 대한 욕심이 많았다. 누가 좋다고 하면 서점에 달려가 책부터 구입했다. 구입해서는 앞부분만 읽어보고 그냥 내버려 두었다. 혹은 책꽂이에 꽂아 두는 경우가 대부분이었다. 참선수행을 시작한 이후에는 읽고 싶은 책을 구입하게 되면 다소 시간이 걸리더라도 처음부터 끝까지 읽어내고, 이해력과 읽는 속도가 전보다 많이 좋아졌다.

예쁜 여자에게 눈길을 돌리는 것은 어찌 남자의 본성이라고만 말할 수 있을까? 여기에는 개인의 오래된 습의 영향이 있지 않나 생각한다. 성이 충족되지 않으면 불만이 생겼고, 아내에게 짜증을 내고 쌀쌀맞게 대했다. 참선 입문한 이후에는 완전 자유롭지는 못하지만 점차적으로 성에 대한 욕구가 전보다 줄어들었다. 또한 자신의 만족보다 상대를 배려하려는 마음까지 생겨 성에 대한 인식이 많이 달라졌다.

잘못되면 조상 탓으로 돌렸다. 혹은 다른 사람 때문에 일어난 일로 단정하기가 일쑤였다. 선도회에 입문해 참선수행을 시작한 이후에는 어떤 일이 일어나면 남의 탓으로 돌리기보다는 내가 잘못해서, 내가 부족해서, 내가 어리석어서, 내가 욕심을 부려서, 문제의 원인을 나로부터 찾게 되었다. 물 흐르듯, 구름 흘러가듯 자연스러움을 묵묵히 받아들이게 되었다.

지금까지 크게 아팠던 적은 없지만 어렸을 때 감기는 달고 살았다. 감기 때문에 학교를 결석한 적도 많았다. 가장 괴로웠던 것은 편도염이었다. 밥도 못 먹고 심하게 앓았다. 성년이 된 이후에도 편도염은 자주 나를 힘들게 했다. 그것도 한 여름에 말이다. 정말 뼈마다가 쑤시고, 춥고, 열나고, 음식물을 먹을 수 없을 정도로 고통스러웠다. 얼마 전 연말 정산 서류를 정리하다 보니 2009년도 병원에 간 횟수는 몇 번 안 되었다. 정말 튼튼해졌다. 정말 감기가 오다가도 사라지고, 걸려도 쉽게 낫는다. 이런 걸 보면 참선은 정말 정신적 건강뿐만 아니라 육체적 건강에도 많은 도움이 되었다는 것을 확신한다.

오래 앉아 있질 못했다. 잦은 실수도 많았다. 의욕도 없었고, 일의 능률도 떨어졌다. 참선수행을 시작한 이후에는 한번 시작한 일은 어떠한 일이 있어도 해낸다. 실수도 적어지고, 이해력도 좋아지고, 일처리도 빨라졌다. 참선은 집중력을 길러 주기 때문에 효율적으로 일을 처리할 수 있었다. 일의 우선순위를 미리 정리할 수 있게 해 주고, 반드시 해야 할 일들을 빠뜨리지 않고 할 수 있게 되었다. 두뇌도 좋아지는 것 같다. 좀 더 일찍 참선을 만났더라면 틀림없이 소망했던 사법고시를 합격하지 않았을까 생각해 본다.

일이 잘 풀리지 않으면 쉽게 짜증을 냈다. 자신을 미워하고, 자신을 나약한 존재로 인식했다. 모든 것에 만족하지 못하니 삶에 대한 의욕도 없었다. 선도회에 입문해 참선수행을 시작한 이후에는 풀 한 포기, 돌멩이 하나, 개미 한 마리, 모기 한 마리, 파리 한 마리도 함부로 대할 수 없었다. 모든 것으로부터 혜택을 받고 있다는 생각이 들었다. 이제까지 받기만 했지 베풀지 못했음을 느낄 수 있었다. 다른 사람의 실수에 좀 더 자애로운 사람이 되어, 용서하고자 하는 마음이 생겼다.

그 밖에도 어떤 일을 할 때 할 수 있다는 자신감이 생기게 되었다. 몸의 유연성이 길러졌다. 자세가 바르게 되었다. 가슴을 활짝 펴고 당당하게 걸어 갈 수 있게 되었다. 직관력이 생기고, 구심점을 찾고 중심을 잡게 되었다. 생활이 단순화되고, 불필요한 일들에 관심을 갖지 않게 되었다.

집에 오면 가정과 하나가 되면서 설거지도 하고, 방 청소도 하고, 집안 정리정돈도 하게 됐다. 그리고 딸아이와 소꿉장난도 하고, 게임놀이도 하고, 함께 수학문제도 풀면서 재미나게 놀아 주게 되었다. 무엇보다도 부부사이에 금슬이 좋아지고, 아이들의 정서에 많은 도움이 되고, 아이들이 예의바르게 잘 자라는 것 같다. 직장에 가면 일과 하나가 되면서 신속하고 정확하게 일처리를 하게 되었다. 직장동료들로부터 인정을 받게 되고, 아이디어맨으로 사랑을 받게 되었다. 남은 시간은 화두와 하나가 되었다. 길을 가면서, 밥을 먹으면서, 똥을 누면서 오로지 사물과 하나가 되려고 노력하기 때문에 망상이 현저히 줄어 마음의 여유로움이 생기게 되었다.

사소한 일로 상대방과 다투거나 남과 비교하는 등 질투심이 많았었다. 상대보다 좀 더 가져보려는 욕심도 있었고, 상대방을 무시하고 업신여기며, 깔보는 경향도 있었다. 참선수행을 시작한 이후에는 상대를 인정하고, 상대의 의견을 경청하게 되고, 자신을 낮추고 상대를 존중하며 겸허할 수 있게 되었다.

오로지 주어진 일에 최선을 다하니 다른 생각이 일어나지 않고, 생활이 단순화되니 그만큼 몸을 쉬게 되고 에너지가 충전된다. 욕심이 적어지고, 검소해지고, 종이 한 장, 연필 하나, 쌀 한 톨도 소중히 여기고 감사한 마음을 갖게 되었다.

위에 열거한 내용 말고도 지속적인 참선수행이 정말 자신뿐만 아니라 주변사람들에게 미치는 영향은 이루 말할 수 없을 만큼 지대하다. 그렇기 때문에 나는 '참선은 인생의 진정한 행복이다.'라고 힘차게 말할 수 있다.

끝으로 내 삶에서 가장 큰 행운은 법장 권영두 법사님을 만나 참선수행을 시작할 수 있었던 것이다. 제자의 눈높이에 맞춰 언제나 아낌없이 지도해 주시고, 인간답게 살아갈 수 있도록 이끌어 주시는 법장 권영두 법사님께 이 기회에 진심으로 감사의 말씀을 올립니다. 바르게 참선수행을 지속하기 위해서는 좋은 스승을 만나는 것이 무엇보다도 중요하다고 생각한다.

분명하게 경책하시고, 따스하게 격려해 주시는 스승님, 티 없는 어린 아이처럼 해맑은 모습으로 애쓰시는 스승님의 모습은 참으로 존경스럽습니다. 스승님의 가르침은 영원할 것입니다. 그리고 사랑합니다. 행복합니다. 고맙습니다.

智太 합장

지금 여기, 세상의 모든 영적인 스승님들께 감사드리며

묘영妙永 김영지

자고 나면 오늘은 죽지 않고 살았으니
살아 있는 오늘에 공부를 마쳐야지 내일을 어찌 기약하랴!

혜암 노사님의 간절한 말씀이다. 가늘고 길고 강하게 한 자 한 자 되새기며 나는 오늘도 하루를 시작한다.

철이 들기도 전부터 정체모를 영적인 현상과 현실 속에서의 괴리감으로 힘들어 하면서 시작된 근본적인 의문들에 목이 말라 갈 길도 모르고 갈 곳도 몰라서 몸도 마음도 서서히 지쳐가던 스물여섯 되던 해 초겨울 첫 공부 인연을 만나 뵙게 되었다. 솔직히 말하자면 처음엔 근본적인 갈증을 해결해 보겠다는 문제의식이 아니라 삶을 대하는 그 분의 모습이 신선한 충격으로 다가왔고, 점차로 닮고 싶다는 열망으로 바뀌면서 그 분의 지도 하에 '옴' 만트라를 수행하게 되었다.

그 이듬해인 27살 늦은 가을 화두가 뭔지 금강경이 무슨 책인지도 모르는 상황에서 금강경 사구게四句偈 화두를 처음 접했다.

무릇 있는 바 상相은 이 모두 허망하니
만일 모든 상相을 상相아니라 보면 곧 여래를 본다.
凡所有相 凡所有相
若見諸相非相 卽見如來

하였는데 여래를 볼 때 번갯불 이상으로 더 빠르게 보는 동시에 여래를 바로 보는 법의 한 글자를 가려보라. 어째서 그런가?

곧장 이 화두의 출처지로 가서 두 번째 스승님을 뵙게 되었고, 그 날로부터 아니라고만 하시는 스승님과, '다시 공부해 보겠습니다.' 만 연발하는 11년 동안의 전쟁 아닌 전쟁이 시작되었다. 그러던 중 2004년 자주 가던 경주의 한 서점에서 종달 이 희익 노사님이 제창하신 〈무문관〉을 처음 접했다. 그 때 이미 나는 두 번째 스승님께 화두점검을 받고 있었던 터라 그 느낌이 남달랐다. 〈무문관〉을 대하는 순간 본능적으로 가슴이 먼저 알아보고서 두근거렸고 이후 가끔씩 책장에 꽂혀있는 〈무문관〉을 펼쳐 보면서 열심히 공부해서 언젠가 꼭 점검 받아보리라 다짐하곤 했었는데 뜻밖에도 기회는 빨리 왔다. 4년의 시간이 흐른 뒤 2008년 10월 어느 날 자주 가던 경주의 그 서점에서 박 영재 법사님의 〈두 문을 동시에 투과한다〉는 책을 접하고는 더 이상 미룰 수 없었다. 10월 20일 선도회의 총무님과 첫 통화를 하고 여러 법사님들도 계시지만 나에게는 세 번째 스승님이신 법장 권 영두 법사님께서 인도를 해 주셔서 이틀 후인 10월 22일 법사님을 처음 찾아뵈었다. 고령이신 법사님은 소탈하신 분이라서 40년이나 아래인 나를 때론 친구처럼, 손녀처럼 그리고 도반처럼 스스럼없이 대해 주시던 스승님이었다. 웃으실 때는 마치 어린아이처럼 천진스러웠다.

유치하였던 내가 공부를 핑계로 수많은 시행착오를 겪어 오면서도 이 길을 계속 걸어올 수 있었던 원동력은 나의 마음 그릇을 키워 주신 여러분의 공부인연과 그런 스승님들을 만나게 해 준 행운이었다는 걸 부끄럽게도 내 나이 사십을 넘긴 지금에서야 알게 되었다. 세월이 흘러서 세상 나이로 오십이 될 즈음이면 무식하지만 지혜롭고, 열정적이진 않지만 가습은 따뜻하고 오점 투성이 인생이지만 담담하게 살 수 있는 학인으로 변해졌으면 하는 바람이다.

한 가지 더 욕심을 낸다면 뇌성마비인 이 몸뚱이가 여전히 어쩌면 더 어눌해지고 뒤틀려져 있을 수도 있겠지만 그래도 웃는 모습이 예쁜 호호 할머니로 늙었으면 한다.

妙永 합장

영원이란 무엇을 의미하는가?
그것은 바로 지금, 여기
영원과 지금 여기는 둘이 아니라
하나이자 같은 것이기 때문에
이 순간을 놓쳐버린다면
수백 번 수천 번의 생을 나고 죽더라고
얻어 질 수 없는 것이리라

오늘은 이미 오늘이 아니고
지금도 이미 지금이 아니다.

초보 거사의 수행기

지공智空 이종석/보험공단 일산병원 사무처

나는 불교를 처음 접하기를 법정 스님의 에세이집을 통해서였다. 40대 중반으로 기억되는데 정신적으로 공허하고 무언가를 찾으려고 할 때라 그랬는지 잔잔한 여운을 남기면서 마음을 속속들이 적셔 준 글들이 삶에 큰 도움이 되었다. 법정 스님의 저서를 닥치는 대로 구입해서 읽었다.

깨끗한 삶, 맑은 삶, 무소유를 실천하는 삶…… 불교에 관심이 많아지면서 불교 관련 서적을 꽤 많이 읽게 되었다. 그러던 중 마흔 아홉에 주체할 수 없는 병으로 고생했다. 무척이나 힘들었고 원인을 찾아보려고 애도 많이 써보았다. 스트레스를 잘 관리하지 못한 것이 화근이 되었는지 아니면 힘들게 살았던 것이 원인이었는지 아무튼 그 무언가가 잘못되었기 때문에 겪어야 할 고초였던 것으로 생각되었다.

건강이 조금씩 회복되면서 불교에 대한 관심을 이어갔다. 조금씩 더 알아갈수록 의문이 눈덩이처럼 쌓여 갔다. 불교가 점점 어렵게 느껴졌다. 조금 더 차분하고 냉정하게 생각하던 중 불교는 교리도 교리지만 수행을 실행해야겠다는 생각이 일어나 수행처를 알아보던 중 현재 수행중인 독립문모임의 법장 법사님의 저서를 읽어 본 것이 인연이 되어 찾아뵙게 되었다.

불교를 독학한 이들이 공통적으로 느끼는 부분이겠지만 불문에는 명료하지 않은 교리가 혼란스러움을 줄 때가 많이 있다. 처음 법사님을 찾아뵐 때는 불교공부에 있어서 이런 적지 않은 의문점들을 풀어 보리라는 생각을 가지고 있었으나 첫 말씀에서 이들을 모두 내려놓고 선수행을 하고자 할 의지가 있을 때에만 입문할 것을 강조하셨다. 매일 아침저녁으로 향 한 대 타는 시간 좌선수행할 것을 강조하셨다. 입문 당시에 가장 어려웠던 것은 기본적인 자세였다. 가부좌를 틀고 앉기가 고통스러웠고, 5분 이상 계속하기가 어려웠다. 무릎팍이나 발목뼈 통증으로 무언가 잘못되지 않을까 걱정도 되었고 단전호흡도 제대로 되지 않을 뿐 아니라 짧은 좌선 중에도 온갖 잡다한 생각이 머릿속에 가득했다. 그러다 보니 수행을 빼 먹는 날도 생기고 갈등도 여러 차례 있었으나 비록 짧은 시간이라도 끈기 있게 해 나가리라 다짐을 하며 지금 이 끈을 놓으면 다시는 수행할 기회가 오지 않을 거라는 심정으로 스스로 독려하면서 매주 1회 법사님께 입실점검을 빠뜨리지 않았다. 특히 법사님의 입실시간은 주1회 주야, 공휴일을 불문하고 개인별로 가능한 시간을 허락하시고 늘 주지하고 계셔서 점검이 지속될 수 있었다고 생각하니 법사님의 배려에 감사드리지 않을 수 없다. 또한 내가 입문할 때에 우리 나이로 54세가 되어 늦깎이로 입문했지만 묘하게도 법장 법사님이 입문하셨던 시기와 일치된 인연과 지금 팔순을 넘긴 법사님의 연세에서도 자손들의 도움 없이 홀로 기거하시면서 정정하게 수행하시는 모습을 보고 크게 자극제가 되어 수행대열에서 탈락하지 않고 잘 버틸 수 있는 계기가 되고 있다.

봄눈이 녹아내리기를 두어 차례 현재 예비공안을 거쳐 〈무문관〉에 들어가면서 이제 수행을 지속할 수 있으리라는 징표로 '지공智空'이라는 거사호를 수여받고 한편 자부심이 들기도 하나 다른 한편 아직도 적지 않게 짧은 머리로 공안을 해결하고 있는 자신을 부끄럽게 여긴다. 지금도 불법의 대의가 제대로 잡히지 않아 혼란을 겪고 있고 직장이나 가정에서 참된 생활선으로 활용되지 못하고 숱하게도 무너져 내리는 순간들을 되풀이 할 때가 많다.

하지만 한결같이 법사님의 가르침대로 '좌일주칠坐一走七 구구순숙久久純熟'하는 가운데 불법의 대의가 언젠가는 가슴속에 확고한 뿌리를 내려 '바로 이것이다.' 라는 자신감을 갖는 시기가 온다는 긍정적인 생각과 확신을 가지고 오늘도 분발해 가고 있다. 한평생을 다 쓰고도 남았다는 구지 스님의 수지를 확실히 체득하고 살 수 있기를 서원하면서 초지일관하리라 다짐해 본다.

智空 합장

내가 나를 본래대로 좋게 바꿔 살 것이다

지경智警 황인성/영등포경찰서

나는 1971년 연초에 이 세상에 사람다운 역할을 하고자 태어났다고 생각한다. 부모님의 보호로 성장하여 자립할 때까지 불법을 잘 모르고 살았다. 30대 중반에는 일상생활에서 늘 아래와 같은 쓸데없는 생각을 골똘히 하면서 살았다.

'내가 무엇 때문에 살고 있는 것일까?'
'어떻게 살아야 참다운 삶인가?'
'어지러운 현실에서 어떻게 살면 잘 사는 것일까?'
'또 수많은 사람들이 오욕락을 채우려고 온갖 수단 방법을 가리지 않

는데 죽음은 어떻게 준비하고 맞이해야 하는가?'
'세상을 떠날 때 어떻게 아름답게 마무리해야 잘 죽는 것일까?'

그 밖에 수많은 의문으로 고민했었다. 그런 엉뚱한 가지가지 고민 끝에 이제부터는 남달리 정직하게 성실히 살아야겠다는 새로운 각성을 굳히게 되었다. 그리고 읽어서 도움이 될 만한 책을 찾다가 박희선 박사님의 〈생활참선〉이라는 책을 읽어 보고 혼자서 흉내를 내느라 연습해 보았으나 마음먹은 대로 잘 되질 않아 그만둔 적이 있었다. 그 후 2년 전 38세 봄에 지금은 나를 지도하시는 법장 권 영두 법사님이 밝히신 〈생활 속의 좌선 수련 20년〉이라는 책을 사서 읽어 보고 감동하여 바로 '이것이다.' 라는 생각을 굳히게 되었다. 나도 이렇게 공부해서 바르게 성실히 살 수 있으리라는 확신을 갖게 되었다. 이런 사실을 좋은 시절 인연이라고 말할 수 있으리라. 그때 주저하지 않고 법사님을 바로 찾아가서 생활 속의 참선수행에 뛰어들었다.

참고 견뎌내기 어려운 고비를 넘기고 만 2년이 되어 이제부터 공부할 수 있으리라는 증표로 거사호도 받고 〈무문관〉 수행과정을 공부하게 되어 참으로 행운이라 여기지 않을 수 없다. 돌이켜 생각해 보건데 법사님을 만나기 전에는 정신적으로 방황하기도 했으나 이젠 내가 나를 모질게 도야하면서 살게 되었으니 바르게 열심히 살지 않을 수 없게 되었다. 자유로운 시간에는 오직 화두참구에 열중하므로 내가 나를 좋게 길들이고 있으니 사는 재미를 느낄 수 있다. 나와 싸워 이겨 나가지 않으면 성취할 수 없는 수행이기 때문에 삶의 활력소가 되었다. 1주일에 한 번씩 법사님께 입실할 때마다 "날마다 좌일주칠을 확실히 실행하지 않으면 쓸데없는 짓거리가 되리라." 경책하시고, "자기를 속이지 않으면 반드시 초지일관하리라." 격려하시고, "날마다 새로운 날로 맞이하여 공부하는 정신으로 새롭게 적극적으로 살아야 하고 자유로운 시간에는 참구하는 화두에 열중하면 수행이 무르익어 마침내 천진성을 되찾아 행복하게 살 수 있으리라."고 강조 받으면서 보람찬 삶이 되고 있다. 법사님께 입문 한 후 좋은 습관을 익혀 가니 이젠 잡념과 망상에서 천천히 벗어날 수 있을 것만 같다. 참선공부는 언제 어디서 무엇을 하든지 최선을 다하는 삶이라는 것을 알게 되었다. 그러므로 내가 맡은 일에 긍지를 갖고 날마다 바르게 성실히 살고자 힘쓰게 되었다.

나는 언제나 긴장된 생활을 하는 경찰직 공직자이기 때문에 1주일에 한 번씩 법사님께 입실하여 따끔하게 지도 받으면서 사는 사실이 현실생활에서 더 할 나위 없는 자극제가 되어 활기차게 살 수 있게 되었다. 앞으로 꾸준히 수행을 익혀 법사님과 같은 부끄럽지 않은 제자가 되고자 한다. 그리고 참선수행 정신으로 경찰공직생활을 빛내리라 다짐한다.

智警 합장

참선을 배우며
강호범/개인사업

참선이 좋다는 것은 매스컴을 통해서 많이 듣지만 참선을 배울 수 있는 선방이나 교육기관이 주변에 흔치 않은 것이 사실이라 생각합니다. 제가 선도회를 인터넷을 통해 우연히 알게 되어 간화선을 배울 수 있게 된 것은 저의 인생에서의 큰 행복이라 생각합니다.

처음 선도회 분들과 참선을 한 장소는 불교 사찰이나 선방이 아닌 서강대학교 이냐시오관이었던 것이 특이했습니다. 저는 불교 입문하기 전 가톨릭 신자였습니다. 그래서 예수회나 이냐시오 성인에 대해서는 익히 알고 있었습니다. 성경에 예수님이 "너희가 진리를 안다면 진리가 너희를 자유롭게 하리라."라고 하셨던 것처럼 진리를 체득하고 싶었던 구도심이 결국 나를 이곳, 선도회로 안착하지 않았나 싶습니다.

저에게 참선을 지도하시는 분은 법장 권영두 법사님입니다. 팔순이 되어 가시는 분이시지만 참선지도에 대한 열정은 참으로 대단하셔서 노익장을 과시하는 분이라 생각됩니다. 참선을 배운 지 1년 남짓 나에게 변화된 삶의 모습이 있다면 우선 생각이 많이 줄어들었다고 생각합니다. 일반인들이 생각하기에 생각이라고 하지만 선수행을 하는 이들에게는 쓸데없는 번뇌, 망상일 것입니다.

선수행을 하는 목적은 하루의 삶 속에서 평상심을 실천하는 데 있습니다. 사물과 순간순간 하나 되는 연습이며 단순명료하게 인생을 즐겁게 살아갈 수 있다고 확신합니다. 선에서는 과거와 미래는 존재하지 않는다고 가르칩니다. 오직 현재만이 존재하는 것이 진리의 세계이며, 세계의 실상을 몸으로 체득하는 과정을 배우는 과정이 참선입니다.

하루를 무척 바쁘게 살아가며 스트레스를 많이 받는 현대인들에게 참선은 그 어느 병원 의사의 묘약 처방보다 큰 효과가 있습니다. 과거의 회한이나 잡념 그리고 미래의 걱정 등을 항시 쥐고 살며 자신의 삶을 온전히 성찰하지 못하는 모습을 보고는 독일의 문호 니체는 "인간은 타자적 존재이며 스스로 행복해지지 못하는 비극의 모습이라." 단정지었지 않았나 생각이 듭니다.

법장 권영두 법사님의 일상생활의 모습에서도 선수행자의 저력을 느낄 수가 있었습니다. 선도회 회원들을 지도하시면서 환하게 웃는 모습을 보면 세상에 아직 때가 안 묻은 어린아이의 맑은 모습이 떠오르며 금강경 경전을 여전히 읽고, 외우시면서도 안경을 사용 안하는 모습들을 보면서 참선의 저력을 느끼고, 인생 후반기의 삶을 사시는 법사님의 모습이 '참 아름답다' 라고 생각했습니다. 법사님께서는 늘 좌일주칠의 꾸준함과 용기를 가지고 수행에 임하라고 후학들을 격려해 주십니다. 저 또한 법사님께 늘 감사와 존경의 마음을 담고 있습니다. '코카콜라의 맛을 말이나 글로써 표현할 수 있을까? 굳이 표현하자면 입안을 스치는 알싸함, 톡 쏘는 상쾌함……' 정도로 말할 수 있겠지만 본인이 직접 마시지 않고 체험하지 않는다면 100%의 맛을 느낄 수 없을 것입니다.

참선도 마찬가지라 생각합니다. 선수행을 함으로 불교에서 말하는 이고득락離苦得樂과 참다운 행복의 삶을 살아갈 수 있지만, 본인이 발심을 내서 몸으로 실행하지 않으면 결코 얻을 수 없으며 팔만사천 법문을 생각이나 관념으로 이해하는 반쪽자리 불자가 될 수밖에 없다고 생각합니다. 간화선을 일상생활에서 실행하며 실천하는 모임인 선도회와 같이 할 수 있음에……

光空 합장

제천모임

참선수행은 나의 삶 그 자체이다
무상無相 박문정/고창판소리박물관

선도회 입문과정을 마치고 〈무문관〉으로 들어갈 즈음, 선도회 제2대 법경法境 법사님께서 '인생지도'를 보내달라고 하셨다. 그때 나에게 '인생지도'라는 말은 어렸을 적 '장래희망'과는 좀 더 다른 느낌으로 다가왔다. 즉, 보다 더 구체적인 지도를 그려야 한다는 생각을 가졌다. '장래희망'이 이런저런 생각이라면, '인생지도'는 말 그대로 연필과 종이로 그려야 하는 현실적인 것이었다. 나는 언뜻 나의 인생지도를 '참선을 하기 전과 지금 참선 중 그리고 참선을 함으로써 해야 할 일'로 구성해야지라고 생각했다. 그렇게 나의 '인생지도'를 보내 드렸고 지난 2010년 1월 16일 선도회 입문과정을 마치고 〈무문관〉으로 들어간다는 법호 수여증을 법경 법사님으로부터 받았다. 이 글은 입문과정을 마치고 선도회 제2대 지도법사인 법경 법사님께 보냈던 '인생지도'의 내용을 나의 선도회 수행체험으로 바꾸어 다시 작성한 글이다.

나의 인생은 수행이다. 그렇다고 일상 속에서 수행이라는 어떤 특별한 개념을 갖는 것은 아니다. 매일 끼니를 먹듯 하루 중 시간을 내어 반가좌를 하고 선을 하는 그런 것이다. 나는 뭔지 모르게 어릴 때부터 내 몸 저 구석에 꿈틀거리는 그 무엇이 있었다. 그 무엇을 알려고 해도 보이지 않았지만, 늘 그림자처럼 나와 함께 해 왔던 것 같다. 하지만 지금은 그 무엇이 '수행은 나의 일상과 함께하는 벗이다.' 란 것을 확실히 안다. 수행을 하기 전까지 그 친구를 몰랐던 내게 이제라도 만나서 고마울 따름이다. 지금 나는 수행하는 마음으로 일하면서, 공부하면서, 하루를 아끼며 살고 있다. 내가 재가수행단체인 선도회를 알고 그곳에 입문하고 나서야 나의 삶을 가리키는 나침반은 더욱더 확실하게 나아갈 방향을 알려 주었다. 곧 선도회 수행은 나의 인생이 가야 할 길을 선명하게 보여 주는 진짜 지도(My Way)인 것이다.

평소에 골동품 같은 옛 것에 관심이 많았던 나의 어린 시절은 다른 친구들과는 조금 달랐던 것 같다. 한 예로, 친구들하고 초등학교 6학년 때 소풍을 갔을 때였다. 다른 친구들은 보물찾기(종이 찾기)에 여념이 없었는데 나는 보물찾기보다는 친구들이 별로 관심 없어 하는 사금파리나 도자기 파편 같은 것들에 더 관심이 있었다. 그것들을 몇 개 주워 오면 선생님은 남다르게 나를 보았던 기억이 난다. 참고로 난 어렸을 적 봄 내음 물씬 풍기는 시골에서 자랐다. 나는 역사 안에 사상이 있으면 그 사상 안에는 또 무엇이 있을까 궁금하여 대학에서 사학과 철학을 전공하였고, 대학원에서는 문화인류학을 전공하고 있다. 대학원 공부를 늦게 시작한 만큼 학문에 대한 열정은 컸지만 의욕만큼 학문 역량이 따라주지 않음을 실감하면서도 공부하는 재미는 솔솔이 느끼고 있다. 그리고 지금 어떤 목적을 향해 힘차게 몸부림쳐 보는 것도 괜찮겠다는 생각으로 일과 함께 책과 씨름하며 지역 공립박물관에서 일하고 있다. 우리의 일상이 가져다 주는 문화는 그 안에서 유형무형의 자원을 생산한다. 이렇게 생산된 문화자원은 인류문화의 이야기를 풀어나갈 유물이 되어 우리들이 볼 수 있는 중요한 문화자산이 된다. 나는 이러한 유물들을 수집하고 관리하며 전시하는 학예업무를 열심히 배우고 있다. 한편으로는 바로 써야 할 논문이 책상 위에서 내 손길을 기다리고 있다.

내가 처음으로 '불교'라는 것, 또는 '불교문화'라는 것을 접하게 된 것은, 대학에서 불교관련 과목을 수강하고 대학원에서 관심 있는 불교과목을 청강하면서부터이다. 그 중에서도 '불교문화재'라는 파트는 큐레이터(Curator) 공부과정에 있는 나에게 절실히 필요한 공부였다. 그것은 대학에서 학점을 받기 위해 불교관련 과목을 수강하거나 한국불교가 무엇이고 인도불교가 무엇인지도 모른 채 두서없이 학점을 이수하던 그런 것과는 차원부터가 다른 것이었다. 그것은 아마 지금 선공부에 심취하게 된 것처럼 호기심과 함께 나의 내면에 잠재되어 있던 어떤 끈끈한 불교와의 인연 때문이 아니었나 생각한다. 이렇게 나는 문화재를 알게 되었고 점차 불교문화에 심취하게 되었다.

하루는 어느 사찰에서 심하게 박락剝落되어 있는 괘불지주(사찰에서 팔관회나 영산재를 지낼 때 부처님 그림인 탱화를 거는 돌기둥)를 구경하면서 전면에 새겨진 명문을 보고 열심히 사진을 찍고 있을 때이다. 어떤 스님이 나를 불러 뭘 그렇게 열심히 찍고 있느냐고 물으셨다. 대화가 한참 무르익을 즈음 스님은 내게 참선에 대해 알려 주시고 참선을 해 보지 않겠느냐고 권유하셨다. 이렇게 나는 희미하게 단어개념으로 선을 알게 되었다. 그 후로 나는 '참선은 출가한 스님들만 하는 것인가?' '참선을 하려면 어떻게 해야 하는 것인가?'라는 의문들을 갖게 되었다. 언젠가는 참선에 대해 알고 있던 스님에게 물었더니 "참선이란 것이 그렇게 말만 가지고 되는 게 아니야!"라며 혼쭐이 나기도 하였다. 그러던 중 꼭 스님들만이 아닌 일반 사람들도 스님과 같이 공부할 수 있으며 지도해 주시는 법사가 있는 재가 선 단체가 있다는 것을 알게 되었다. 당시 나는 시간이 날 때면 틈

틈이 문화재 답사팀을 따라다니며 그 어느 누구에게도 뒤지지 않을 만큼 발품을 팔고 있을 때였다. 그리고 전공과 관련하여 우리의 생활문화를 들여다보고 훔쳐보며 현지조사도 부지런히 다닐 때였다. 산 밑에 외롭게 서 있는 석탑이며, 석불, 그리고 논밭에 기울여져 사람 손을 타지 않은 채 이끼가 끼어 있는 미륵부처 등 불교문화재 답사는 나를 흥분시켰으며 삶의 커다란 재미였다. 또한 이미 폐사가 되어 버린 절터에는 당간지주와 당시 유명한 스님의 업적을 기리기 위해 세워졌던 유명한 선사禪師의 탑비塔碑가 있었고 그것의 귀부(龜趺-거북이 모양으로 만든 비석 받침대)와 이수(螭首 — 비석의 몸돌 위에 얹은 덮개돌로 이무기나 용의 모습을 새겨 넣음)는 그야말로 찬란한 우리 문화를 대변해 주고 있었다.

　내가 선도회를 알게 되고 입문하게 된 것도 폐사지 답사를 위해 자료 검색을 하던 중 다음카페(Daum Cafe) '영하산방永夏山房'을 알게 되면서부터이다. 알고 보니 영하산방 카페는 폐사지 자료뿐만 아니라 참선관련 자료도 있는 재가선 관련 카페였다. 카페 가입 후 나는 선도회 제2대 지도법사인 법경 법사님의 책을 읽게 되었고 그 책을 통해 선도회 제1대 법사이신 종달 노사님의 책도 알게 되었다. 이미 절판된 책이 대부분이어서 도서관에서 열람하거나 상호 대차하여 제본을 해 가며 읽었는데, 노사님은 〈인생의 계단〉을 비롯한 10여 권이 넘는 여러 책들을 쓰셨다. 그 중 〈禪과 韓國文化財〉는 내가 지금도 가끔씩 보고 있는 책이다. 그리고 나는 입실점검을 통한 선도회 간화선 수행도 시작하게 되었다. 카페 주인이면서 처음으로 전자입실을 통하여 선도회 과정을 마치신 전원電元 법사님께 전자입실점검을 받기 시작하였다. 전자입실은 시간이 맞지 않거나 바빠서 대면입실이 어려운 사람들이나 지리적으로 멀리 떨어져 있어 직접 입실이 어려운 일반인들을 위해 이메일을 통해 하는 화두입실점검 방법이다. 그동안 나는 물이 없는 사막을 헤매는 조난자와 같았다. 그런 나에게 참선은 오아시스와 같은 것이었다. 또한 깊은 동굴에서 빠져 나오지 못하고 있는 나를 동굴 밖으로 나오게 해 준 사다리이기도 하였다. 지금 참선 중인 나는 오아시스에 있으며 동굴 밖으로 나와 있는 진정 행복한 사람임에 틀림없다.

선도회 간화선 수행은 입문과정인 '시작하는 사람들을 위한 화두들'로부터 시작한다. 나는 첫 번째, 두 번째, 세 번째 화두를 전자입실(입실점검)을 통해 투과해 가면서 참선에 대한 재미를 느끼게 되었다. 그러던 중 네 번째 화두를 참구하고 있을 때였다. 일하느라 공부하느라 앉아서 일향一香을 태워야 하는 하루 수행은 점점 실천되지 못하고 머릿속에서만 빙빙 도는 '해야 되는데……'라는 무거운 부담감만 갖게 되었다. 그리고 앉아 있는 시간이 점점 줄어들게 되면서 3개월 이상 네 번째 화두를 풀지 못하고 있었다. 때로는 잡념만 늘어 '내가 이게 뭔가, 오히려 괜한 스트레스를 받고 있는 것이 아닌가?' 하는 혼란에 빠지기도 하였다. 어느 날은 '오늘도 화두참구하여 전자입실을 해야 할 텐데……'라며 고민을 하고 있었다. 나를 아는 몇 사람들은, "논문부터 먼저 써야지……, 참선이라고 뭐 똑바로 하는 것도 아니고……, 어떤 것이 우선인가를 생각해 봐……, 답답하다." 는 등의 걱정 섞인 말을 해 주기도 하였다.

그럼에도 불구하고 항상 내 마음은 화두 속에 잠겨 있었던 것 같다. 음악을 들으며 차를 달리면서 다음 트랙이 바뀌는 그 몇 초의 시간 속에서도 화두 의심을 놓지 않았던 내 자신을 볼 수 있었다. 그러던 중 어느 날 '그래 마음 가는대로 하자. 그리고 선공부도 하루 일과의 한 부분으로 생각하자. 일도 열심히, 공부도 열심히, 화두도 열심히 하는 하루를 보내는 거다.'라고 마음을 다지게 되었다. "화두는 일상 속에서 행해지는 하나의 실천 생활로 별도의 일로 생각하기보다는 참선을 함으로써 일상에 모든 일에 오히려 도움이 된다."라는 전원법사님의 조언을 통해 난 다시 한 번 힘을 얻기도 하였다. '하면 할수록 싫증이 나지 않는 것이 참선이다!' 라는 것도 깨닫게 되었다.

전자입실을 통해 시작하는 화두 중 네 번째 화두를 투과하지 못하고 방황하고 힘들어 하는 나에게 전원 법사님은 참선은 매일매일 10분이라도 앉아야 된다고 하셨다. 또한 혼자서 하는 것이 그리 쉽지 않다며(나의 진득하지 못함을 알아채신 듯) 여럿이 모여 같이 앉아 있으면 더욱 힘을 얻게 된다고 하셨다. 그리고 선도회 혜정법사님께서 지도하시는 광주모임 청와헌靑蛙軒을 소개해 주셨다. 그것을 계기로 나는 화두에 박차를 가하게 되었고 재미를 더해 가며 회원들의 가족 같은 분위기에서 매주 토요일이면 담양으로 차를 달리게 되었다.

그런데 시작하는 화두 중간을 넘어가고 있을 때였다. 토요일 입실시간이 일하는 시간과 겹치게 되어 한 동안 입실을 못하는 상황이 되었다. 날을 더할수록 입실에 대한 욕심은 풀리지 않았고 어떤 날은 입실을 하고 싶을 때 혜정법사님께 '전화입실이라도 할까?' 하며 입실하고 싶은 마음을 어떻게 해야 할지 몰라 고민했다. 그리고 나는 혜정 법사님께 조심스레 전자입실을 여쭈었다. 혜정 법사님은 "히말라야 산을 오를 때 발등만 쳐다보며 천천히 올라가면 어느새 정상에 와 있듯이 화두라는 것도 그렇다. 선은 조급하게 하는 게 아니다. 언제든 시간이 허락될 때 와서 입실하라."라는 말씀을 주셨다. 옳은 말씀이다. 혜정 법사님의 그 깊은 언지言志는 선공부를 하는 동안 항상 지니고 있어야 할 중요한 말씀인 것 같다. 그러나 이후에도 떠오르는 화두 경계를 바로 입실점검 받지 못하는 답답함과 더불어 마냥 기다릴 수밖에 없는데 대한 의문이 들기 시작하고 그 답답함과 조급함에 발만 동동 구르게 되었다. 같이 공부했던 회원은 그런 나를 보고 기다리는 것도 수행의 일부분이라며 질책하기도 하고 다독거려 주기도 하였지만 내 마음의 조급함은 여전했다. 어쩌면 이런 나를 좀 더 탄탄히 해 주기 위해 혜정 법사님은 "선공부는 급하게 해서 되는 게 아니다."라고 하셨는지 모른다.

결국 지도법사님 앞에서 입실점검을 받는 것과 이메일로 점검받는 전자입실電子入室을 모두 경험해 본 나로서는 전원 법사님께 다시 전자입실을 상의하게 되었다. 전원 법사님은 그런 나의 상황을 법경 법사님께 문의하고 토의하신 후 다시 전자입실을 하게 해 주셨다. 전원 법사님은 "혜정 법사님의 말씀은 훌륭합니다. 선은 그렇게 해야 됩니다. 그런데 바쁜 직장인을 위해서는 전자입실도 이 시대에 필요한 한 방편입니다. 저 또한 그렇게 했고요. 그러니 전자 입실점검은 다시 해 드릴 수는 있지만, 전에 해 보신 것처럼 혼자서 하기가 쉽지 않으니, 독한 마음을 가지고 더 열심히 하시기 바랍니다. 대면입실보다 더 열심히 하셔야 합니다!"라는 말씀을 해 주셨다. 그런 사정이 있는 후 나는 시작하는 화두를 처음엔 호기심과 재미로, 중간엔 꾸역꾸역 아주 힘들게, 마지막으로는 기쁨과 함께 모두 투과하고 대자호大姉號 무상無相을 받게 되었다. 전원 법사님, 혜정 법사님 감사합니다.

선은 건강한 삶을 가져다 주는 하나의 방편으로서 생활 선을 하고자 하는 사람이 점점 더 증가하고 있다. 즉 '참선공부하기' 담론이 봇물 터지듯 현란한 시대에 우리는 살고 있다. 그만큼 어떤 참선공부를 선택해야 하며 어떤 스승을 만나느냐가 중요한 시대가 되었다. 나를 비롯해 여러 사람들이 이런 고민에 빠져 보았으리라. 요즈음 참선공부하는 나에게 한 마디씩 건네주는 말들이 있다. "참선공부를 해서 그런지 옛날보다 더 좋아진 것 같아, 날카로운 인상이 많이 둥글둥글(유해진 것)해 진 것 같아." 라는 덕담이다. 이것이 선을 하고 있는 나인가? 정말 하루하루가 즐겁다.

선의 궁극적인 목적은 깨침이고 깨침을 통해 지혜를 터득하게 된다. 나는 그 지혜를 얻기 위해 선도회 가풍인 입실점검을 받고 있다. 지금 이 시점에서 내가 말할 수 있는 선이란 바로 이것이다. '수행에서 얻어진 지혜로 삶의 일상에서 남을 먼저 생각하고 배려하며, 부딪히지 않고 원만한 삶을 주도해 가는 사람이 되자!'

마지막으로 여담이지만 나의 관심사였던 문화재 이야기로 마무리를 하고자 한다. 선도회 제1대 지도법사님이셨던 종달 노사님의 책 〈선과 한국문화재〉에 대한 이야기이다. 노사님은 그 책에서 다음과 같이 서문을 쓰셨다.

"우리나라 문화재는 거의 불교관계이다.…(생략)… 신라 혜공왕부터 경순왕에 이르는 이백 년 사이에 조성된 것이다.…(생략)… 불교문화재라고만 해서 심히 부족하다. 그것은 교리로써 그만한 것을 조성 못하기 때문이다. 근래(1980년대 초) 학자들도 불교문화로써 취급할 뿐, '선의 밑바닥 힘의 작용'이라는 것을 아는 사람은 거의 없다.…(생략)… 금후 이 방면의 연구가 활발해지기를 바라마지 않는다."

위 내용은 '선사상이 없었다면 지금 우리가 볼 수 있는 문화재가 없었다.'는 것으로 이해할 수 있다. 다시 말하면 우리나라 국보, 보물, 유형문화재, 국가사적지 등 불교 역사 속에서 이루어진 우리의 문화재는 선의 역사와 그 속에 담긴 사상을 빼 놓고 이야기 할 수 없다는 것이다. 그래서 종달 노사님은 "한국의 문화재는 선의 밑바닥 힘에서"라고 부연 주제를 달았다. 지금까지는 문화재를 단순히 불교문화 형태로서만 연구했지, 그 배경에 선의 힘이 있었다는 것을 연구한 학자가 없음을 지적하셨다는 것이다. 사실 최근까지 이와 관련한 연구논문이나 단행본은 거의 찾아볼 수 없다. 후에 이 방면의 연구가 활발해지기를 바라는 마음은 선도회 회원 입장에서만이 아니라 우리의 문화재를 공부하는 사람으로서 그 누구보다 간절하다. 노사님은 당시 문화재라는 것이 역사적 유형자원만이 아닌 그 이면의 사상적 기원(배경)까지도 알려 준 선구자이자 공로자이다. 이러한 측면에서 볼 때, 종달 노사님은 선의 밑바닥 힘이 우리의 문화재에 지대한 영향을 끼쳤다는 것을 알려 주신 분이다. 노사님 저서들 중 〈선과 한국문화재〉는 나에게 특별한 의미를 가져다 준 책이다.

세계적으로 자국의 문화 정체성을 두고 볼 때, 각 나라의 문화산업 중 문화재가 가져다 주는 경제적 영향이 적지 않다. 그중 우리의 불교 문화재는 우리나라 문화자원 전체 중 80% 이상을 차지할 정도로 그 위력을 과시하고 있다. 그리고 그러한 문화자원에서 그치는 것이 아니라 더 나아가 우리 문화를 아끼고 널리 알리는 데 대한 노력은 국가차원에서 나서고 있다. 한국전쟁 때 미국으로 불법 반출된 고종과 순종의 옥쇄 등 한국문화재 93점을 우리나라로 반환하는 데 기여한 공로자가 있다. 그녀의 이름은 조창수 선생님이다. 그녀는 미국 스미소니언박물관(자연사박물관) 한국 큐레이터로 그곳에 처음 한국관을 개관하게 한 장본인이다. 우리의 생활문화인 유물자원을 '삶의 역사문화'로 재현하고 그 정신을 이어받아 과거와 현대를 이어가는 대화의 장을 열게 했다고 볼 수 있다.

나는 선수행을 통하여 종달 노사님, 그리고 조창수 선생님처럼 우리 역사와 문화를 연구하고 보존하는 사람이 되고 싶다. 선도회를 알기 전

나는 스님께 선공부하고 싶다고 떼를 써 보기도 하고 템플스테이를 통해 참선체험도 해 보았다. 그러나 뭔가 가슴에 와 닿지 않는 답답함이 항상 내 머릿속에서 빙빙 돌고 있었다. 그런 나에게 종달 노사님께서 만드신 단체, 선도회와 그 수행과정은 나에게는 정말 안성맞춤의 프로그램이다. 이제는 뭔가 익숙해져 가는 기분마저 드는 내게 선도회 화두참구는 내 삶의 최고의 선택이자 나의 연인이다.

　無相 합장

마음의 구심점, 참선

무진無震 김근수/개인사업

참선수행에 일천한 내가 참선에 대해 큰 도움의 말씀은 못 드리나, 2년 전 전자 입실하여 참선수행한 경험과 향후 인생방향에 대해 간략히 말씀 드린다.

　사실 나에게 참선은 젊은 시절 불교청년회 활동할 때부터 늘 옆에서 보아왔으며 또한 필요성에 대해 많이 느끼고 있었다. 그리하여 참선을 수시로 했는데 계속 유지하기는 정말 어려웠다. 그렇게 하다가 포기하고, 또 시도하고……. 그러다 보니 20여 년이 지났다.

　2년 전쯤 우연히 선도회 박영재 교수님의 생활법문 동영상을 보고 '이 방법이구나!' 하고 오래된 문제의 해답을 찾은 듯 기뻤다. 바로 입회하여 전자입실을 통해 참선수행을 해 오고 있다. 아직 참선의 깊음을 완전히 체득하지는 못했으나 가랑비 옷 젖는 듯 어느덧 내 몸의 일부가 되어가고 있다. 물론 선도회 선배들의 몇 십 년 수행과는 비교도 되지 않지만 나에게는 확실한 정체성이 되어 가고 있다. 수식관에서 화두로 접어들면서 처음에는 호흡을 의식했으나 부자연스러웠다. 이후로 화두에만 집중하니 호흡도 자연 안정되었고 이제는 참선 후 의식 집중력이 2~3시간은 유지된다.

나는 1999년 IMF 때 사업실패로 많은 것을 잃었다. 내 나이 벌써 50세. 11년이 지난 지금도 비육지탄髀肉之嘆으로 잠을 설친다. 그렇지만 나에게는 이제 겨우 전반전이 끝났을 뿐 후반전이 남아있다. 아직도 나에게는 언덕 위의 구름, 즉 꿈을 가지고 있고, 취모검吹毛劍 같은 시퍼런 정신을 가지고 있고, 당장 먹을 것이 없다면 들쥐라도 잡아먹을 생존력과 강인함이 있다. 그리고 마음의 구심점을 가지게 해주고, 단기短氣를 일으키지 않고 장기長氣를 가지게 하는 참선이 있다. 참선으로 안정과 집중을 가지는 날이 지속될 것이다.

無震 합장

인사동모임

모든 도반들에게 누가 되지 않기를

우봉규/작가, 불교신문 논설위원

지금부터 10여년 전 대전 어느 연구소에서 물리학을 전공하는 김용완 박사를 만나게 되었다. 아마도 지금 같은 봄이었을 게다. 늘 한결같은 성품의 김박사, 천하를 다 주어도 바꿀 수 없는 그 못난 미소, 그런데 그런 김박사에게 꼭 그와 같은 스승이 있었다. 바로 선도회 제2대 법사 법경 박영재 교수님이었다. 대전에 있는 제자를 위해 거의 한 달에 한 번씩 방문하는 법경 법사님을 그때 만날 수 있었다.

그리고 세월이 흘러 누가 먼저랄 것도 없이 선도회 우리 인사동모임을 가졌다. 모두 생활에 바쁜 사람들, 그러나 종로 작은 방 한 켠에서 나누는 호흡은 참으로 달고도 기뻤다. 언제나 '맑고 향기로운' 법경 법사님의 말짓과 몸짓, 그러나 우리 인사동 도반들은 그런 법사님을 따라가지 못했다.

때로는 게으름으로, 때로는 일상의 소란으로, 때로는 힘겨운 생활고로 많은 어려움이 있었다. 그러나 벌써 함께한 세월이 햇수로 2년을 지나고 있다. 그동안 인사동 언저리를 맴돌며 나누었던 많은 추억, 그때 마셨던 차와 곡차 한 잔의 짜릿함. 그 모든 것들이 켜켜로 쌓이고 있다.

그런데 오늘 이 자리를 빌어서 참담하게 고백해야 할 사안이 있다. 우리 인사동 모임 도반 중에 그래도 비교적 나이가 많은 편인 내가, 다른 후배들에게 모범이 되어야 할 내가, 실은 근기는 물론이고, 선도수행에 대한 성취도가 가장 낮다는 사실이다.

모두들 차분히 눈을 감고 정진을 하는 동안, 그 근처 술집에서 술을 마신 적이 어디 한두 번이며, 그것도 모자라 모처럼의 참석에서는 야릇한 알코올 냄새를 풍기며 잠을 청한 적이 어디 한두 번인가. 그때마다 법사님은 ─ 지금은 선생님이라고 부른다 ─ 지그시 웃으셨다. 함께 공부하는 종달 노사님의 〈무문관〉이 '우문관愚門關'으로 바뀐 적이 한두 번이 아니라는 얘기다. 그러나 나는 믿는다.

기실 앉아 정진하는 시간만이 아니라 모든 일상의 허물을 나누는 바로 그것이 성찰의 근본이 될 수 있음을. 나눔과 성찰, 이 세상 어디에서 이보다 더 좋은 말을 찾을 수 있을까?

종달 노사님의 〈무문관〉을 배우면서도 난 종달 노사님을 알고 싶지 않다. 김용완 박사를 보면, 선생님을 알 수 있고, 그 선생님을 보면 종달 노사님을 알 수 있기 때문이다. 이제 꿈을 꾼다. 나와 같은 하근기도 필시 나눔과 성찰이라는 두 단어, 그것만은 반드시 저승까지 가지고 갈 수 있기를. 하여 끝내 승과 속, 그 모든 것을 털어 버리고 진정으로 부처님께 귀의할 수 있기를.

이제 바란다. 모든 도반들에게 누가 되지 않기를. 특히 후배들에게 부끄러움이 되지 않기를. 그리고 종달 노사님의 진정한 뜻이 모든 이들에게 널리 전달될 수 있기를. 그러므로 우리 인사동모임의 살림꾼인 구본산 총무에게 무지막지한 원력이 샘솟아나기를.

우봉규 합장

언제 우리 다시 인연이 되겠습니까

구본산/출판업

'오랫동안 기다렸던 모임과 인연이 되어서 참으로 반갑고 즐거웠습니다. 그동안 일상생활을 하면서 수행을 잘할 수 있을까라는 의문을 가졌었는데 그 해답을 찾은 것 같아 더 기쁘게 생각합니다.' 라고 2009년 2월, 인사동 첫 모임을 가진 후 법경 법사님에게 메일로 그때의 심경을 말씀드렸던 것이 기억이 납니다.

사실 불교, 참선, 화두 등에 대한 인연과 관심은 오래 전부터 있어 왔지만, 사회생활을 하다 보니 제대로 그 초심을 이어 가기란 결코 쉬운 일이 아니었습니다. 선승이신 삼촌과 90평생을 염불과 나눔 실천을 몸소 보여 주시고 가신 할머니를 모신 덕으로 불교를 공부하게 되었고, 수행의 절실함과 철학적 영감을 일깨워 주셨던 큰아버지 등은 저에게 혈연관계 이상의 '인생의 스승'이셨습니다. 학업과 취업 등 이어지는 남들과의 경쟁 속에서 그분들의 가르침에 더욱 목말라했지만 몸과 마음은 잘못된 업만 쌓아 갔고, 육신의 명을 다해 한 분 한 분 돌아가실 때면 그동안의 꿈을 움켜쥐지만 방황은 더욱 깊어만 갔습니다.

깨달음에 대한 동경은 어느새 저 보이지 않는 수면 밑으로 가라앉고, 실천도 못하면서 입으로만 떠들어 지은 마른 지식의 악업이 또 얼마인지 모르겠습니다. 겉으로는 멀쩡해 보일지 모르지만 속으로는 망가질 대로 망가져만 갔습니다. 그런 와중에 회사업무든 사업이든 한다고 해서 잘될 리도 없었을 것이고…… 누굴 원망하고 누굴 미워하겠습니까?

그런데 선도회와의 만남 이후 저에게 많은 것이 변화하기 시작했습니다. 처음에는 발심만으로는 부족했는지 그동안 쌓인 두터운 집착심과 악습은 여전히 내 몸을 이끌고 다녔으며, 그릇된 생각들은 수시로 나타나 내 마음의 주인 노릇을 하였습니다. 수식관을 들고 1년 가까이 돌파구를 찾지 못하고 있을 때, 서강대 기도실에서 가진 철야정진은 큰 전환점이 되었습니다. 학교 다닐 때 이후로 너무 오랜만에 갖는 정진이었기에 몸은 비록 힘들었지만 나이, 성별, 종교를 떠나 많은 분들이 이렇게 열심히 수행 정진하고 계시는데 내 얼마나 나태하게 살았으며, 진정 통찰체험을 위한 수행 노력을 했나 싶어 몹시 부끄러웠고, '다시 발심하지 않으면 안 되겠다.' 생각했습니다. 법사님도 말씀해 주셨듯이 용맹정진은 그 후로 수행을 해 나가는데 많은 도움이 되었던 것 같습니다.

이제 그동안 다소 형식적이었던 틀에서 벗어나 매일 아침 향 한 대 타는 시간 동안 앉고, 하루를 계획하고, 108배로 하루를 시작합니다. 바깥 사물에 무심하면서도 지금 눈앞에 벌어지고 있는 일에 좀 더 집중할 수 있게 되었고, 어느 정도 계획적으로도 시간 관리를 할 수 있게 되었습니다. 사업상 아니 습관적으로 자주 갖던 술자리도 그 횟수와 차수를 줄이려고 노력해 나가고 있습니다.

아직 가야 할 길이 먼 것인지를 알지만 너무나 빠르게 지나가는 세월인데, 언제 다시 이 인간 몸의 인연을 받아 수행의 공덕을 쌓을 수 있겠습니까? 법경 법사님이 "150억 년 우주의 역사에서 백천만겁 동안 인간 몸 받기 어려운 이 희유한 인연 때문에 인간으로 태어났고, 그 유구한 역사를 가진 존재들이기에 모두 다 똑같이 소중하며, 이렇게 귀중하고 소중한 존재가 잘 살아가야 하는데 출가니 재가니 따지고 분별함이 무슨 소용이겠습니까?"라고 하시던 말씀을 되새기면서 오늘도 무심히 '좌일주칠坐一走七' 하며 살려고 합니다.

구본산 합장

정곡사 망명당에서 법경 법사님
과 정곡 스님

제3부

선수행에 요긴한 노사의 저서들

7. 저서들의 머리글을 중심으로

먼저 종달 노사의 출판 경험, 기고, 및 저작의 흐름을 시대 순으로 살펴보면 다음과 같다.

월간 〈조선불교〉 취업 및 기고

종달 노사께서 일본대학을 졸업한 다음 귀국 후 함남일보사를 거쳐 조선불교재단의 상무이사이며, 일본어로 발간되는 월간 〈조선불교〉 발행인 겸 편집장이었던 나까무라(中村)씨의 요청으로 원고 청탁, 교정, 및 발송을 도와주면서 편집하는 요령을 열심히 배웠다. 매월 발행하는 월간지인데 몇 달 해 보니 편집도 할 수 있었다. 한두 해 하는 동안 잡지 발행에 익숙해졌고, 더욱이 불교에 대한 상식이 늘어서, 불교의 문외한이라는 말은 면하게 되었다. 그가 이처럼 '조선불교'의 일을 열심히 본 덕택으로 훗날 그가 월간 〈법시法施〉란 불교잡지를 흑자를 내며 성공적으로 운영할 수 있는 바탕을 이때 마련했다고 생각된다.

한편 종달 노사께서는 앞에서도 언급했듯이 편집 일을 보다가 선불교에 매료되어 화산華山 노사 문하로 1932년(당시 27세) 출가하셨다. 참고로 이 무렵의 심경을 회상하며 1934년 2월 '처음으로 참선하며'라는 제목의 글로 〈조선불교〉에 기고했는데, 그 한글 번역본은 다음과 같다.

처음으로 참선하며

조선불교사朝鮮佛敎社 사장 나카무라 미사키(中村三笑) 거사로부터 권유를 받고 선문禪門을 두드리게 되었다. 그런데 나는 본래 종교와는 정반대의 상과商科 출신으로 물질지상주의적 아욕주의我慾主義의 분위기 속에서 교육을 받았지만 나카무라 미사키 거사 등 여러 스승의 지도하에 지난 1년간 불교 흥륭興隆 운동에 참가해 왔다. 때문에 불교의 개론 중에 극히 개론적인 것밖에 알지 못하고 신앙에 있어서도 그러할진대 이런 자가 선문에 들어와 접심接心에 참가한다고 하는 것은 매우 우스운 이야기다. 나무로부터 물고기를 구하는 것과 동일한 일은 아닐까라고도 생각해 보았지만 나카무라 미사키 거사께서 일깨워 주며, '선禪이란 무념無念·무상無相·무아無我의 경지에 도달하는 것을 일컫는 것이다. 그래서 이러한 극의極意에 도달하는 수단방법으로서 좌선坐禪이라 불리우는 의법儀法이 있으니, 앉아봅시다.'라고 말해서 1월 10일 늦은 6시쯤 임제종臨濟宗 묘심사妙心寺 별원別院의 접심회接心會에 입문入門하기에 이르렀다.

첫날 밤, 안내인에게 인도되어 선당禪堂에 들어섰는데 이삼십 명의 사람이 정연하게 정좌하고 있었다. 마치 미이라처럼 부동의 자세에서 한 사람도 숨 한 번 내쉬지 않을 것 같은 고요함으로 완전히 거룩하고 성스럽게 느껴질 정도였다. 그래서 가장 가까이에 있는 사람을 보고 자리에 앉았는데 1시간쯤 지나 종소리가 울리자 휴식 신호인 듯 모두 선좌禪座를 벗어나 화로 가까이에 모여들었다. 모두 맨발이었고 더구나 당시 혹한의 추위임에도 불구하고 태연히 하고 있었다. 이 휴식의 십 분 동안 주위로부터 대개의 요령을 배워서 하나, 둘, 수를 세며 가능한 한 잡념을 제거함으로써 주의를 집중하도록 노력해야 된다고 했다. 이것은 정말로 쉬운 일이라고 생각하는 사이에 입당入堂의 종소리가 연달아 울렸다. 일주일

내내 앉아 있으면서 하나, 둘, 열심히 수를 세어 보았지만 그것도 그다지 쉬운 일은 아니었다. 일백, 이백을 넘으면서 쉽게 잊어 버리고 다시 되돌아가서는 잊어버리는 식으로 평소보다 한층 주의가 산만해져 그야말로 사념邪念이 가득하였다. 도쿄(東京)의 긴자(銀座)를 걷다가 미인과 포옹하기도 하고 일확천금을 꿈꾸기도 하면서 첫날 밤은 지나갔다.

이튿날 밤, 혹한을 참아 내며 더욱더 기운을 냈다. 무엇보다 좌선坐禪에 있어서 잡념을 일으켜서는 안 되었다. 적어도 깨달음은 뒤의 문제로 두고 먼저 이 잡념을 제거하기 위해 온 힘을 다하여 앉았다. 하나, 둘, 수를 세어 삼백 근처까지 도달하자 잊어 버렸다. 물론 이 망각의 경지는 잡념이 생긴 증거로서 이백구십구라고 하는 수는 어려운 것이 아니다. 이렇게 되면 우리가 단번에 사오백이란 수를 정규적으로 셀 수 없는 복잡다단한 사회생활을 머릿속에서 영위하고 있음이 판연히 알 수 있는, 소위 공리공상空理空想을 부단히 생각하고 있다는 것이다.

셋째날 밤, 정해진 시간에 말석末席에 정좌靜坐하여 의연히 하나, 둘 수를 세기 시작했다. 이 날은 상당히 마음을 다잡고 임했기 때문에 일천을 돌파할 수 있었다.

넷째날 밤도 일천 이상은 헤아렸지만, 역시 중간에 갈팡질팡하기가 수차례였다. 우리가 무념무상 속에서 백, 이백을 세는 것도 쉬운 일은 아니라고 생각한다.

다섯째날 밤, 이 날은 마지막 밤으로, 제일 나중에 하나야마(華山) 노사老師로부터 부름을 받았다. 선당禪堂으로부터 이삼 일 정도 걸릴 것이라고 생각될 정도로 긴 복도의 막다른 곳으로부터 조금 안으로 들어간 어두운 방에, 노사는 그 혹한의 추위에도 불구하고, 법의法衣 한 벌로 정좌하고 있었다. 뜻밖에도 부드러운 말로, 좌선한 일이 있는가. 없습니다. 사람은 태연해야 하고, 겁약怯弱해서는 안 된다. 단전에 힘을 넣어 앉았다. 이는 수식관에 의한다. 즉, 발은 아프지 않게 하고 허리 끝을 당기고 단전에 힘을 넣어 하나 둘 하면서 힘껏 세는 것이라고 교시 받았다. 그 다음 2월 5일부터 향후 5일간의 접심회接心會를 기다리고 있다. 결국 노사의 지도에 따라 참선하게 된 것이 무엇보다도 기쁘다.

(朝鮮佛敎 97권, 朝鮮佛敎社 1934년 2월 발행, 編輯兼發行人: 中村健太郞.)

(金善淑 옮김, 瞾쯩 신종원 감수)

군더더기 : 노사의 출가 동기가 생생하게 담긴 이 글은 선도회의 서막을 알리는 소중한 자료인데, 특히 선도회의 기본 가풍의 하나인 '수식관'의 중요성을 잘 드러내고 있다. 물론 노사께서 처음 입문해 수를 세며 호흡하라는 말을 듣고 무조건 셀 수 있는 데까지 세는 해프닝을 생생하게 기록하셨는데, 엮은이를 처음 지도하실 때는 하나에서 열까지 반복해서 세라고 분명히 지시하셨다.

위인전 간행 추진, 〈대한불교〉발행, 월간 〈법시〉편집장 역임, 최초의 선 잡지 〈선문화〉 발행 등 일련의 출판 경험을 바탕으로 종달 노사께서는 1965년 설립한 선도회의 문하생들 공부를 점검하는데 혼신을 힘을 다하면서, 동시에 선공부하는데 요긴한 자료들을 정리하며 저작 활동에 몰두하기 시작한다. 물론 미흡한 점이 많으나 이는 선도회 법사들이 차차 보완해 나갈 것이다. 해방 후 교육계에 십여 년 있었던 것을 제외하고는 선을 지도하면서 좌선공부하는데 가장 필요한 책을 저술하며 평생을 보낸 노사의 저서는 모두 16권인데, 그 목록은 다음과 같다. 〈무문관〉, 〈생활 속의 선〉, 〈송고집〉, 〈선종사부록〉, 〈선림구집〉, 〈선과 과학〉, 〈선정사상사〉, 〈생활 속의 반야심경〉, 〈선 속에 약동하는 인생〉, 〈선과 한국 문화재〉, 〈법어〉·(불교사상전집 제10권, 김대은·이희익 공저), 〈좌선〉, 〈인생의 계단〉, 〈불교의 교단생활〉, 〈십우도〉, 〈벽암록〉, 〈이른 아침 잠깐 앉은 힘으로 온 하루를 부리네〉(문하생)

이제 이 제3부에서 노사께서 왜 이 책들을 저술하였는지 머리글을 중심으로 그 핵심요지를 함께 살피고자 한다. 아울러 노사 입적 10주기를 기념해 문하생들과 함께 엮은이가 편집한 〈이른 아침 잠깐 앉은 힘으로 온 하루를 부리네〉, '선도회 간화선 읽기' 및 '〈禪 속에 약동하는 인생〉에 대한 일고찰' 도 함께 다루기로 하겠다.

〈無門關〉— 선종 최후의 공안집

(법시사 1968, 보련각 1974, 상아 2000)

머리말

〈무문관無門關〉은 중국 임제종의 한 분파인 양기파의 일존숙一尊宿 황룡무문혜개(黃龍無門慧開, 1182-1260) 선사가 옛 조사 스님들의 공안 48칙을 평창하고, 그에 송을 붙이고 이를 참학비구參學比丘 미연종소彌衍宗紹 선사가 편찬한 것이다. 그 편술의 연대는 지금으로부터 약 800년 전 소정 원년(1228년), 즉 남송 이종황제 즉위 4년이다.

이 책을 지은 동기는, 이종황제 탄생과 즉위한 날을 축하하기 위한 것이었다. 그것은 혜개 스님이 이종황제의 어머니 자의황후가 공덕을 위해 세운 우자선사의 주지로 지낸 인연이 아닌가 본다. 그리고 여기 수록된 공안은 전후 순서 없이 엮은 것이라고 한다. 선종禪宗에서는 1,701개의 공안이 있다. 이는 〈경덕전등록景德傳燈錄〉에 1,701인이 수록되어 있어서 그 한 사람씩의 행리行履를 따서 말한 것이다. 그러므로 공안은 1,701개에 한하는 것이 아니다. 우리들 일상생활 전부가 공안이 아닐 수 없다. 직업에 수많은 종류가 있다고 하는데, 그것이 모두 공안이라고 보면 틀림없을 것이다.

1,701개의 공안 가운데서 이 〈무문관〉을 처음으로 친다. 공안에 전후의 순서가 있을 수 없지만 '무無'라는 관문을 통해야 한다는 의미에서인

것이다.

선禪은 불교의 총부이며, 골수다. 그런데 그것이 불립문자不立文字이고 불급언전不及言詮이므로, 글자로 표현할 수도 없고, 말로 이치를 캘 수도 없다. 그러기에 스스로 체인體認해야 하는 실제 문제에 부닥쳐야 한다. 즉 사탕은 어떤 작용에 의하여 달고, 명약은 어떤 작용이 있어서 쓴가, 이렇게 연구하는 것이 과학의 방식이라면, 선은 사탕을 직접 먹어 보고 달다고 감지하고, 명약을 직접 먹어 보고 쓰다고 각지覺知하게 되므로, 달다든지 쓰다든지 하는 강석講釋은 둘째로 하고, 곧 달고 쓰고를 자각케 하는 방침을 취한다. 이런 의미에서 선을 근본과학이라고 했다.

진리에는 둘이 없다. 사고방식 또는 분해 방법은 다를지언정 최종 도달점에 있어서는 하나다. 그래서 〈무문관〉 48칙도 모두 그 원리는 같으나, 각 칙을 내놓은 사람의 성품·자질·학식·기풍 그리고 활용면에 있어서는 다르다.

각 칙을 통하여 중복된 데가 많다. 그것은 어느 칙을 막론하고 원리가 같기 때문에 설명상 자연히 불가피했던 것을 알려 둔다.

선은 원래 말로 이치를 캘 수도 없고, 글자로 표현할 수도 없는 것을, 해설한다는 것은 애당초 말이 되지 않는다. 그러나 이를 선양하려면, 말이나 글로 설명하지 않을 수 없는 부득이한 사정을 양해하여 주기 바란다.

선은 동양 민족이 그 긴 역사에 남긴 일대 문화적 유산임에 틀림없다. 더욱이 역사적 존재만이 아니고 지금까지도 우리들의 정신생활에 약동하는 현실체이다. 그러나 그 발현에는 융체 기복을 면치 못했다 하더라도 역사의 전환기에는 늘 고조되었던 것만은 사실이다. 그래서 요즘과 같이 물질 욕구에만 얽매인 시대에 심신의 안정을 누릴 수 있는 계기가 되었다면 이에서 더 큰 보람은 없겠다.

선은 설명이나 해설이라는 말을 쓰지 않고, 소위 제창한다고 한다. 이 말은 어떤 체계를 세우거나 논리적으로 해설하지 않고, 그때그때 선지禪旨를 거양擧揚하는 것이므로, 말이 거칠고 더욱이 사투리를 섞어 쓰는 풍습이 있다. 그 전통에 따른 점을 이해하여 주기 바란다.

단기 4227년(1974년) 9월 고부헌辜負軒에서
종달宗達 이희익李喜益 씀

종달 노사의 무문관 제창

종달 노사께서는 어려운 여건 속에서도 한국에서는 그 맥이 끊어졌던 무문관의 정신을 되살려 1968년 6월에 발간된 제9호부터 월간 〈법시〉에 20여 칙 연재하던 〈무문관〉의 공안公案 제창을 바탕으로 1974년 보련각에서 〈무문관〉 48칙을 모두 제창한 '무문관강석'을 출판한 후, 이를 교재로 선도회의 참선법회 때마다 제자들의 수준에 맞추어 다시 한 칙씩 제창을 하셨다.

실로 무문혜개 선사에 의해 1228년 〈무문관〉이 출판된 후, 한국에는 도입된 흔적조차 찾아볼 수 없었던 〈무문관〉을, 한국에서는 거의 최초로 제창하셨다고 판단된다. 왜냐하면 엮은이가 조사한 바로는 〈무문관〉이 간행된 이후 중국과 일본에서는 꾸준히 재판되면서 선수행의 필독서로서 널리 유포되었으나 한국에서는 아직까지 종달 노사 이전의 기록은 접할 수가 없기 때문이다. 한편 참고로 종달 노사 이후 관응 노사와 숭산 노사께서 〈무문관〉을 제창하셨으며, 원로학자로서는 고 이기영 박사가, 그리고 소장학자로서는 한형조 교수가 〈무문관〉의 해설서를 출판하였으며, 이어 몇 권이 더 출판된 것으로 안다.

한글 세대였던 엮은이의 경우 1975년 갓 입문했을 때에는 비록 노사께서 〈무문관〉 원문을 한 구절씩 읽고 친절히 제창을 하셨으나 무슨 말씀을 하시는지 도무지 이해가 되지 않았었다. 그러나 이제와 돌이켜 보니, 들은 풍월이 지속적인 참선수행을 위해 매우 중요하다는 것을 절실히 실감하고 있다.

사실 스승의 생명은 바른 입실지도와 제창을 통해 스승의 실참실수實參實修를 제자들에게 있는 그대로 드러내는 데에 있다고 해도 지나친 말이 아니다.

조주무자

무문혜개 선사가 지은 〈무문관〉의 제1칙에 있는, 간화선의 완성을 대표하는 대명사로 흔히 언급되고 있는 '조주무자' 화두 본칙과 이 본칙에 관한 무문혜개 선사의 평창 및 송을 알아 보자.

본칙 : 어느 때 한 승僧이 조주 스님에게 물었다. "개에게도 불성佛性이 있습니까?" 조주 스님, "무無!"라고 대답했다.
(本則 : 趙州和尙 因僧問 "狗子還有佛性也無" 州云, "無")

평창 : 무문 선사 말하기를, "참선參禪은 반드시 조사祖師들의 관문關門을 투과透過하지 않으면 안 되며 오묘奧妙한 깨달음에 도달하기 위해서는 분별심分別心을 끊어 버려야만 한다. 따라서 조사관을 투과하지 않고 분별심을 끊지 못하는 자들은 초목에 기숙寄宿하는 정체正體를 알 수 없는 혼백魂魄들이 될 것이다."

자! 말해 보아라! 조사관이란 어떤 것이냐? 다만 이 일개一箇의 '무無'

라는 자, 이것이 종문宗門의 — 유일한 — 관문인 것이다. 그러한 연유로 이것을 이름하여 '선종무문관禪宗無門關'이라 한다. 이 관문을 투과한 자는 가까이에서 조주 선사를 볼 수 있을 뿐 아니라, 역대 조사들과도 손을 맞잡고 함께 나아갈 수 있으며, 얼굴을 맞대고 똑같이 보고, 똑같이 들을 수 있을 것이니 이 어찌 경쾌하지 않으리요! 이 관문을 투과하려 하지 않겠는가! 360개의 뼈마디와 84,000개의 털구멍으로, 즉 온몸으로 의단疑團을 일으켜 밤낮으로 '무' 자를 참구參究하라. 이 '무' 자를 '허무虛無의 무無'라고 헤아리지 말며 '유무有無의 무無'라고도 헤아리지 말라. (이것은) 마치 빨갛게 달군 쇠구슬을 삼킨 것과 같아서 토해 내려 해도 토해 낼 수 없다. 지금까지 쌓아 온 나쁜 지식들을 전부 탕진하여 수행이 무르익게 되면 자연히 안과 밖(모든 차별상差別像)은 한 덩어리로 뭉쳐지게 될 것이다. (이는) 마치 (수행자가 멋진) 꿈을 꾼 벙어리와 같아서 다만 자신만이 알 뿐이다. (그러다) 갑자기 (뭉쳐졌던 이 의심덩어리가) 대폭발을 일으키면 하늘이 놀라고 땅이 진동할 것이다. (이것은) 마치 관우關羽 장군의 대도大刀를 빼앗아 손에 넣은 것과 같아 부처를 만나면 부처를 죽이고, 조사를 만나면 조사를 죽이는 것과 같고, 생사生死의 기로에 섰을지라도 자유자재를 터득하여, 어디서 어떻게 태어나든지 마음대로 행하여도 해탈무애解脫無礙한 참된 삶을 누릴 수 있을 것이다.

자! 그럼 어떻게 하면 이렇게 되겠는가? 평생 동안 온 힘을 다하여 이 '무' 자를 참구하라. 끊임없이 정진한다면, (언젠가는) 마치 등불을 켤 때처럼 법등法燈을 밝히게 될 때 주위의 어둠은 일시一時에 광명光明으로 빛나리라.

송頌하여 가로되,
개의 불성佛性(이란 물음에 대한 조주의 '無'!)
석가의 바른 가르침을 몽땅 드러냈네.
(그러나) 조금이라도 '유무有無'에 걸리면
몸을 상傷하고 목숨을 잃으리라!
(頌曰, 狗子佛性 全提正令 纔涉有無 喪身失命)

종달 노사와 조주무자

서산 대사의 게송 가운데 '영회咏懷'란 제목의 다음과 같은 게송이 있다.

몸속 깊이 마음까지 병들었건만
어찌 (밖으로만 치달으며) 많은 글자 모으려 혈안인가?
(다만 짧은) 오언절구 한 줄만으로도
(능히) 평생의 뜻 (몽땅) 드러낼 수 있네.
病在肉團心
何勞多集字
五言絕句詩
可寫平生志

이처럼 종달 노사께서도 평생 동안 강연과 기고 및 십수 권의 저서를 남기셨지만, 사실 이 모든 것은 1984년에 펴낸 자서전 〈인생의 계단〉에서 일생을 통해 깊이 통찰한 체험을 바탕으로 나투셨던 다음과 같이 짧은 '조주무자'의 경계로 함축할 수 있다.

간신히 조주의 '무無' 자를 얻어
평생을 쓰고도 다 못 쓰고 가노라!
纔得趙州無字
一生受用不盡

참고로 노사께서는 입실지도를 청하는 선도회 문하생들을 철저히 점검하시고, 바른 경계가 설 때까지 간절한 마음으로 지켜보시다가 입문과정을 마치고 〈무문관〉 48칙을 점검받기 시작할 때가 되면, 거사호居士號나 대자호大姉號를 내리시면서 동시에 '무無' 자는 나의 스승이라는 뜻의 '무자시아사無字是我師'를 손수 붓으로 써 주시면서 늘 가슴 깊이 새기게 하셨는데 이것이 바로 노사의 '일생수용부진'의 경계였던 것이며, 이 경계는 역시 선도회 법사들을 통해 지속적으로 널리 전승되리라 확신한다.

권하는 글

선은 당唐 시대(618~906)에 가장 창조적인 활력으로 넘쳐 있었지만 그 후 문화적·예술적인 면으로 발전되면서 북송 시대에는 차츰 회고적懷古的 풍조를 띠게 되었으며 남송 말기에 이르러 공안에 의한 선수행 즉 간화선의 체계가 확립되었다. 권하고자 하는 이 〈무문관〉은 그와 같은 시대의 요청에 부응하며 나타나 이 역사적 사명을 다한 소중한 선서禪書이다. 무문혜개 선사의 자서에 보면 무문 선사께서 제자들의 근기에 따라 알맞다고 생각되는 몇 개의 화두들을 부과해 수행시켜 오다가 그것들이 어느덧 48개나 쌓이게 되자 1228년 남송 이종황제의 즉위를 기념하여 이들을 한데 모아 선수행의 지침서로써 〈무문관〉을 엮게 된 것임을 알 수 있다. 따라서 선수행자들이 여기에 담긴 48칙의 화두들을 철저히 투과하기만 한다면 무문 산사의 뱃속을 훤히 들여다보게 될 것이며, 더 나아가 일시에 1,701가지의 공안을 하나로 꿰뚫을 수 있는 안목을 갖추게 되어 부처와 조사와 손을 맞잡고 생사를 여의고 함께 더불어 살아가는 멋진 삶을 살아가게 될 것이다.

그런데 우리나라에서는 근세에 이르러 〈무문관〉에 관한 관심이 거의 없다가 선도회 제1대 지도법사셨던 종달 이희익 노사께서, 월간 〈법시〉 제9호(1968년 6월)에서 〈무문관〉 제1칙을 제창하시기 시작해 20여 칙을 매월 제창하시다가 이를 바탕으로 1974년에 매우 친절하게 풀어쓴, 이 〈무문관〉 48칙을 단행본으로 출판하셨는데, 이 책은 종정을 지내셨던 고故 고암古庵 노사께서 이 책을 접하시고는 종달 노사께 너무 노골화시켜 놓았다며 극찬한 책이기도 하다.

참고로 엮은이의 경우 1975년 10월 종달 노사께 입문한 이래 15년간 지도를 받았던 입장에서, 그리고 1990년 6월 노사께서 입적한 이후 지금까지 지도하는 법사의 입장에서 이 〈무문관〉을 25여 년간 꾸준히 내 곁에 두고 늘 무문 선사의 가르침을 언제나 새롭게 접해 오고 있으며, 이런 나의 태도가 비록 내세울 것은 없으나 나름대로 치열하게 함께 더불어 살아가려고 애쓰는 '오늘의 나'가 있게 되었다고 확신한다. 따라서 열심히 살아가려고 애쓰는 모든 분들이 보다 지속적으로 각자의 삶을 철저히 살아갈 수 있게 해 주리라 확신하여 이 책을 꼭 권하고자 한다.

그런데 그 동안 종달 노사께서 4판까지 내시면서 잘못된 부분들을 많이 바로 잡았으나 아직도 여러 곳에서 고칠 곳이 눈에 띄어 힘닿는 데까지 노사 특유의 어투와 가르침의 본뜻은 그대로 살리면서 손질을 하였으며 젊은 세대의 흐름에 맞게 가로쓰기 판으로 새롭게 바꾸었다.

끝으로 이번 상아출판사의 선의善意로 새롭게 개정판을 내게 된 것을 고故 종달 이희익 노사님을 대신해 깊이 감사드린다.

단기 4333년(서기 2000년) 3월 31일 서강대학교 물리학과 연구실(無難軒)에서
선도회 제2대 지도법사 법경法境 박영재 합장

선의 대중화에 기여한 종달 노사 역작

선禪은 흔히 '문자를 세우지 않으며 바로 사람의 마음을 가리켜 알게 하는 데 있으며, 마음과 마음으로 전하는 것이며 언어가 아닌 별도의 방법으로 전하는 것(不立文字 直指人心 以心傳心 敎外別傳)'으로 일컬어진다. 그런 만큼 선은 마치 결벽증에라도 걸린 듯이 문자나 언어에 대한 극도의 기피와 혐오증 비슷한 성향을 보여 왔다.

하지만 아이러니컬하게도 선과 관련된 서적은 실로 엄청나다. 수많은 선사들의 어록을 비롯해 이들 선사들의 어록을 묶어 놓은 〈종경록〉, 〈경덕전등록〉, 〈조당집〉, 〈종용록〉, 〈선문염송〉 등 이루 다 헤아릴 수 없을 정도다.

그러나 중요한 것은 이 수많은 선의 언어들은 마치 달을 가리키기 위한 수많은 손짓과 비슷하여, 말로는 가리킬 수 없는 것을 가리키기 위한 방편이라는 점이다. 즉 설명할 수 없는 것을 설명함으로써 수많은 납자들을 깨우침의 세계로 이끌고 있는 것이다. 이런 까닭에 선어록에는 불꽃이 튀는 긴장감과 파격이 곳곳에서 전개되곤 한다. 〈무문관〉은 이러한 선의 세계를 극명하게 드러내는 대표적인 '선서禪書의 백미'라 할 수 있다.

중국 남송의 무문혜개 선사가 쓴, 이 책은 수많은 선어록 중 공안 48칙을 뽑아 상세한 설명을 덧붙임으로써 제자들이 선을 올바로 참구하도

록 만든 지침서다. 이런 까닭에 선수행자들이 여기에 담긴 48칙의 화두들을 철저히 투과하기만 한다면 '무문 선사의 뱃속을 훤히 들여다보게 될 것이며 나아가 일시에 1701가지의 공안을 하나로 꿰뚫을 수 있는 안목을 갖춰 부처와 조사와 손을 맞잡고 생사를 여의고 더불어 살아가게 될 것'이라는 말이 전해져 올 정도다.

특히 무문 선사는 제1칙 '조주무자趙州無字'를 종문宗門의 일관一關이라 부르고 이에 대한 각별한 의미를 부여하고 있다. 즉 조주에게 한 스님이 "개(狗子)에게도 불성佛性이 있습니까?"하고 묻자, "없다(無)"고 대답한 것은 세상에서 말하는 유무 상대有無相對의 '무無'가 아니라 유무의 분별이 끊어진 절대적 '무'를 가리킴이라고 말한다. 그리고 〈무문관〉에는 이 '무자無字'의 탐구가 전편에 깔려 있는 것이다.

〈무문관〉은 지난 700여 년간 동아시아의 수많은 납자들에게 영향을 주었지만 아쉽게도 근래 한국에는 이를 주목하는 이가 거의 없었다. 이런 가운데 지난 60년대 중반 재가수행모임인 선도회를 결성해 이끌었던 종달 이희익 노사가 1974년 현대인들이 알기 쉽도록 〈무문관〉을 풀어쓰면서 다시 큰 관심을 불러일으켰다. 특히 조계종 종정을 역임했던 고암 스님은 상세한 해석에 대해 극찬하기도 했다. 뿐만 아니라 오늘날 밖에서 문을 걸어 잠그고 정진하는 '무문관' 수행도 이 책의 출간과 무관하지 않다.

선종 최후의 공안집이라 불리는 〈무문관〉은 수행자이자 물리학자인 박영재 교수가 강조하듯 "이 책은 선의 입문서인 동시에 열심히 살아가려 애쓰는 모든 사람들이 보다 지속적으로 각자의 삶을 철저히 살아갈 수 있게 해 줄 수 있는 명저"라 할 수 있다.

― 〈법보신문〉 이재형 기자 (2004.09.21)

〈生活 속의 禪〉

(불서보급사, 1970년)

서문

우리는 선조로부터 이어받은 정신적 동력으로 새 세계 문화 건설에 이바지하고 싶다. 이 동력이란 다만 '물物'의 힘도 아니고 '공허空虛'한 관념적 독선의 힘도 아니다. 실로 '물物'과 '심心'을 초월하여, 그리고 이 둘 위에 구체적이고 실증적으로 활약함에 있다. 이를 불타의 근본정신에서 구하려고 한다.

그런데 대도大道를 이탈하고 소경小經에 빠진 근대 문화는 괜히 방자성放恣性을 발휘하여 전체로서의 통일을 저버리고 있다. 더우기 종교는 전체로서의 근원적 통일, 그것을 사명으로 함에도 불구하고 늘 역사적 현실을 무시하고 과학적 지성까지도 포용치 못했다. 새로운 문화를 건설하는 통일 원리는 과학적 지성을 용납하여 이를 지도할 수 있는 '자기발견自己發見'의 종교적 정신이 아니면 아니 된다. 즉 자각 못한 종교가 현대인에게 부여된 근본 과제를 해결하기는 어려울 것이다. 그 근본 과제는 능히 세계관 구성의 기반을 확립하고 진정한 자각적 인간을 배출함에 있다.

이러므로 불타의 근본사상은 초개超個의 체험을 근저根柢로 하는 동양사상이 남긴 일대 문화재이다. 그는 과거에 삶과 동시에 현재 우리들의 생활과 직결된 하나의 현실체이다. 다시 말하면 멸사滅私의 입장에서 창조되고 무아無我의 정신으로 형성된 불타의 근본정신이야말로 진정한 의미의 문화가치를 발휘하는 것이다.

생각하건대 고전적 성격을 가진 전통은 과거에 소원溯源함을 항시 요구한다. 그런데 그것이 영구히 전달되어 잘 보존되려면 반대로 청신淸新한 현대 의식과 끊임없이 결합하지 않으면 안 된다. 그래서 이 정신은 역사의 전환기마다 늘 고조되어 민족정신을 약동케 하는 활력이 되었던 것이다. 이 불타의 근본사상에 의하여 인생의 빛을 첨앙瞻仰하고 현실생활의 참뜻을 철저히 함으로서 인생관, 그리고 사생관死生觀 등이 어울려 우리들의 일상생활을 더욱 빛나게 한다. 따라서 좀 더 힘찬 사회생활을 이룩하고자 한다. 여기에 가장 가까운 길은 선이다. 그래서 이 책을 쓰게 된 것이다. 최근 좌선에 뜻을 두는 사람이 부쩍 늘어 가고 있다. 십 년 전부터 조계사, 성약사, 백우정사 등의 법당에서 매주 일요일 오후 3시에 좌선법회가 있는데, 이에 참가한 연 인원 수는 수천 명을 헤아리고 있으나 아직은 큰 성과를 올리지 못하고 있는 실정이다.

좌선은 들기 어려운데다가 이에 관한 지침 서적이 전혀 없기 때문에 더욱 곤란한 점이 있었을 것으로 본다. 선은 '불립문자不立文字'이니만큼 이에 대한 글은 필요치 않다 하더라도 수행해 나가는 데 있어서 지침서쯤은 읽어야 좀 쉽게 수행할 수 있을 것이라 믿는다.

미숙한 나로서 이런 글을 쓴다는 것이 지나친 일이 아닌가 하는 생각이 들기도 하나 좌선에 뜻을 둔 이들에게 요긴하게 참고가 된다면 이에 더 큰 보람은 없겠다.

끝으로 이 책을 간행함에 있어서 법시사 정종원 이사장의 협조가 컸고, 선도회 회원들의 도움과 그리고 문장과 철자법 등에 임영창 선생의 수고를 빌었다. 깊이 감사의 뜻을 표한다.

1970년 1월 辜負軒 李喜益

군더더기 : 참고로 노사께서 1975년에 펴낸 3판에서는 '이번에 3판을 발행하게 됨은 그간 禪에 대하여 관심이 그만큼 커졌음을 알 수 있다. 초판, 재판에서 미비했던 점을 수정 또는 보완했다.'를 맨 끝에 추가하셨다. 한편 노사께서 기회 있을 때마다 늘 강조하셨는데, 이 책의 끝에 참선수행자들에게 매우 요긴한, 〈선종사부록〉 가운데 하나인 〈좌선의坐禪儀〉가 부록으로 소개되어 있다.

간화선이 발달한 이유

(중략) 공안도 주지 않고 다만 묵묵히 앉아 있기만 하면 어떻게 될 것인가? 소위 고목선枯木禪에 빠져서 이도 저도 못되고 '세월만 보내고 보면, 이것이 큰 문제가 아닐 수 없다. 그래서 다소의 폐해가 있더라도, 그 유도방법誘導方法으로 공안公案을 주어 학인의 심경心境을 조성하고, 기근(機根, 공부할 수 있는 자세)을 구하는 선책善策으로 간화看話의 방법을 취한 것이 아닌가 보고 있다.

간화선의 전성시대는 분양汾陽 · 석상石霜때로부터 양기楊岐 · 황룡黃龍의 두 종(二宗)이 분립分立한 때로 보고 있다. 그러나 이 시대보다 좀 앞선 대매大梅 · 풍혈風穴 시대에 스승이 스스로 공안을 만들어서 학인을 접득한 경향이 짙다. 즉, 수산죽비首山竹篦라든가, 파초주장芭蕉柱丈이라든가, 혹은 황룡삼관黃龍三關, 도솔삼관兜率三關 등이 그러했다. 그리고 이것은 모두 〈무문관〉에 수록되어 있다.

이것이 차츰 시대를 경과하여 법연선사法演禪師 때에 이르러서는 조주무자의 공안을 주어 다음다음 공안으로서 학인을 지도했다. 다시 말하면 처음 입실하면 '무' 자를 주었고 이것을 투과하면 다음 화두를 주었다.

'무' 자 하나를 투과하면 천칠백 화두가 모두 트일 것인데, 다음 화두란 무엇이냐고 트집을 잡을런지 모르겠다. 그러나 위에서 본 것처럼 근기根機가 약화되어 철저히 대오大悟하지 못하였기 때문에, 다음다음 점검받아 나가는 동안에 어느 때인가 대오할 수 있다는 것이다. 이것은 부득이한 사정이 아니었던가 생각된다.

법연法演의 제자 극근克勤은 법연에게서 조주백수자趙州柏樹子·동산마삼근洞山麻三斤 등의 공안을 일일이 투과했으며, 또 원청元靜도 법연에게서 마조馬祖의 즉심즉불卽心卽佛·남전참묘南泉斬猫 등을 일일이 투과透過했다고 〈오가정종찬五家正宗贊〉에 기록되어 있다. 그리고 극근의 제자인 대혜종고大慧宗杲는 동산수상행東山水上行·유구무구有句無句 등의 화두로 심지개발心地開發했다고 〈인천보감人天寶鑑〉에 써 있다. 그래서 극근으로부터 대혜에 이르러 공안선公案禪의 기초가 확립되었던 것이다.(중략)

군더더기 : '화두는 하나만 들어야한다.'는 피상적인 관행에 대해 노사께서는 〈생활 속의 선〉 가운데 '공안의 체인體忍' 편에서 '간화선이 발달한 이유'라는 소제목 아래 이미 남송 시대에 간화선의 원류인 오조법연 선사부터 원오극근 선사를 거쳐 간화선 수행체계의 확립자인 대혜종고 선사, 그리고 〈무문관〉 편찬을 통한 간화선의 완성자라고 할 수 있는 무문혜개 선사에 이르기까지 여러 화두들로 점검받은 기록을 문헌들을 제시하며 명확하게 제기하고 있다.

〈頌古集〉

(보련각 영인본, 1971년)

머리글

선종禪宗은 '불립문자不立文字'이면서 그 실實은 대대적으로 문자에 의하여 그의 종지宗旨를 선양했다. 즉 '조사의 어록'이 그것이다. 이를 줄여다만 '조록祖錄'이라고 하는데 그 수를 헤아리기 어려울 정도로 많다. 어록은 대개 조사 스님들의 것으로 조사가 돌아가신 뒤에 그의 제자들이 스님의 법어 혹은 게송 또는 척독尺牘 등을 모아서 후세에 남기는 풍습으로 되어 있었다. 그것이 모두 공안公案(話頭)으로 쓰이고 있음은 물론이다. 대체 공안은 조사 스님들의 행리行履로서 천칠백 여가 있다. 이 수는 〈경덕전등록景德傳燈錄〉에 나오는 숫자다. 〈경덕전등록〉은 송宋의 진종眞宗의 경덕원년(景德元年, 서기 1004년)에 도원 선사道原禪師가 편찬한 승전僧傳이다. 과거 칠불過去七佛로부터 마하가섭존자摩訶迦葉尊者를 비롯하여 28조의 달마대사達磨大師에 이르기까지의 계통을 밝히고, 다시 달마대사로부터 법안 선사法眼禪師의 사嗣에 이르기까지 52세世 1701인의 전기傳記를 수록한 것이다. 그래서 선종에서는 공안이 1701칙이 있다고 한다. 즉, 1701인의 선승禪僧의 행리를 기술했으므로 이를 개괄적으로 '1701칙의 공안'이라고 했을 뿐이고 따로 공안의 수량이 1701칙에 한限한 것은 아니다.

이 선승의 행리만을 수록한 조록祖錄 또한 그 수를 헤아릴 수 없으나 여기에서 그의 대표적이고 수행에 자조資助될 만한 것을 추려서 엮었다. 끝에 선림구禪林句 천 수백 구千數百句를 넣었다 이 구句는 공안을 투과透過한 뒤에 그에 다시 정확성을 기하기 위해 착어著語할 때 필요한 구句로서 공안과 불가결한 것이다.

이 책에 수록된 송고頌古 중에 중요한 것을 몇 가지 소개하면 다음과 같다.

〈무문관無門關〉은 48칙으로 된 무문혜개無門慧開 선사의 찬술撰述이다. 각 칙마다 평창評唱하고 송頌을 붙였다. 편찬의 연대는 남송南宋 이종황제理宗皇帝 즉위 4년, 지금으로부터 약 800년 전 것이다. 선후先後 없이 엮은 것이라고 한다.

〈벽암록〉은 〈벽암집碧巖集〉이라고도 하고 구체적으로는 설두현화상명각대사송고집雪竇顯和尙明覺大師頌古集이라고 한다. 불조기연어구佛祖機緣語句 100칙을 엮었다. 설두雪竇가 입적入寂한 후 이 설두송고雪竇頌古 100칙을 불과환오佛果圜悟(無著克勤) 선사가 염평拈評한 것을 문인들이 집록輯錄했다.

〈종문게등집宗門葛藤集〉은 불조佛祖의 기연어구機緣語句 272칙則(上下)으로 운교지도雲嶠智道 선사가 찬술撰述한 것이다.

〈종용록從容錄〉은 구체적으로 말하면 〈만송노인평창천동정각화상송고종용암록萬松老人評唱天童正覺和尙頌古從容庵錄〉이라고 하고, 또는 〈굉지선사송고宏智禪師頌古〉라고도 한다. 즉 만송생수노인萬松行秀老人이 천동산天童山의 굉지정각 화상宏智正覺和尙이 쓴 송고頌古에 평창評唱했다. 그가 평창 100칙으로 엮었다.

〈임제록臨濟錄〉은 〈진주임제혜조선사어록鎭州臨濟慧照禪師語錄〉을 말한다. 즉 임제종臨濟宗의 종조宗祖 칙익혜조勅謚慧照 선사의 일대一代의 어록으로서 읊을수록 선사의 난피육暖皮肉에 감동(觸)하고 초범출격超凡出格의 기봉機鋒에 접할 수 있는 종문宗門 유일의 어록이다.

위는 수행자가 모두 섭렵해야 하는 것으로 예로부터 중요시해 왔다. 우리나라에는 민실泯失된 탓인지 찾아볼 길이 없다. 이를 보련각寶運閣 이봉수李奉洙 선생의 원력으로 출간하게 되어 사계斯界에 큰 도움이 된 것을 찬탄해 마지않는다.

1971년 ○월 ○일 編者 李喜益

군더더기: 현대불교신문의 '내가 만난 선지식' 코너에 활안 스님이 기고한 '법시사 편집장 이희익 대선사'란 글에서 엿볼 수 있듯이 선 이론의 불모지나 다름없던 1970년대 당시 노사께서는 우선 급한 대로 조사어록이 담겨 있는 〈송고집〉의 영인본을 제작해 이를 교재로 기회 있을 때마다 이곳 저곳에서 〈임제록〉 등 어록들을 제창하신 것으로 보인다.

〈禪宗四部錄〉

(보련각, 1972)

머리글

선종은 본래 문자를 쓰지 않는다. 즉, '불립문자不立文字'라고 해서 문자에 의하여 종지宗旨를 열었다든가 문자에 의하여 종지를 전했다고 하지 않는다. 사실 부처님께서 일생 동안 설하신 법도 선종의 종지 그것이 아니고, 다만 종지를 설명함에 있어서 극히 연緣이 먼 테두리를 설한데 지나지 않는다. 사실상 묘처妙處는 들을 수 있는 사람에게 한해 설할 수 있고, 그렇지 못한 사람에게는 그때그때 상황에 따라 주의를 주는 방편적인 설법 외에 다른 길이 없다.

만약 요처를 들을 수 있는 사람이라면 입으로 설명하지 않아도 눈과 눈으로 통할 수 있다. 얼굴과 얼굴을 마주 대하기만 해도 '심계즉통心契即通'하여 서로가 소위 '무설無說의 설說 · 무문無聞의 문聞'으로 묘처를 얻을 수가 있다.

이를 쉬운 예로 들면 한 모금의 물도 목마른 사람끼리가 아니고는 그 진짜 맛을 알지 못하는 것과 같은 이야기다. 이러함에도 불구하고 문자를 써서 종지를 설명한다는 것은 나무 위에서 고기를 구하듯 어리석은 짓으로 밖에 보이지 않는다. 그러나 어느 정도 이해시키려면 다소 우려되기는 하지만 문자를 쓰지 않을 수 없는 사정을 이해해 주기 바랄 뿐이다. 종지는 오직 하나이다. 하나인 것을 설명하려고 하니 자연히 같은 말이 종종 중복되는 경우가 있음을 이해하고 본문을 잘 음미해 주기 바란다.

이 훈주訓註를 씀에 있어서 보련각 주인 이봉수 선생으로부터 어휘의 정확한 해설만을 통해 제창(提唱, 선지를 설법)하고 그 의미의 취사 선택은 독자에게 맡기도록 요청받았으나 뜻대로 되지 못했음을 이해해 주기 바란다.

1972년 〇월 〇일 李喜益

〈사부록四部錄〉 해제

〈사부록〉은 〈신심명信心銘〉, 〈증도가證道歌〉, 〈십우도十牛圖〉, 〈좌선의坐禪儀〉의 넷을 합쳐서 엮은 책이다. 모두 중국의 선사들의 저술인데 그 정확한 연대는 알 수 없다.

〈신심명〉은 3조 감지승찬鑑智僧璨 선사의 저작이고, 〈증도가〉는 영가현각 선사의 저술이며, 〈십우도〉는 본문(本文)과 송(頌)은 양산의 곽암사원 선사의 저서이고, 이에 화(和)는 석고이 스님이 쓰셨고, 우(又)는 괴납련 스님이 쓴 것을 합친 것이다. 그리고 네 번째의 〈좌선의〉는 '백장청규百丈淸規'를 근거로 해서 쓴 것인데 저작자가 누구인지 잘 알 수 없다.

선서가 수없이 많으나 이 〈사부록〉의 네 가지를 선문禪門에서 가장 중요시하여 널리 애독한다. 지금까지 우리나라에는 전혀 소개되지 않았다. 개별적으로 각각 떨어진 것으로 알려져 있으나 넷을 합친 〈사부록〉은 처음 소개되는 것으로 알고 있다. 얼마 전 어느 절에서 〈증도가〉가 발견되었다는 말을 들은 일이 있고, 또 최근 대구 이인재李仁哉씨가 〈증도가〉를 소장하고 있다는 것을 알게 되어, 불교계뿐만 아니라 학계 및 문화계에까지 그 소문이 자자하여 화제가 되고 있다. 그러니까 선이 흥했을 때에는 이들이 많이 애독되었으리라고 보고 있다.

〈신심명信心銘〉 해제

〈신심명〉은 중국의 3조 감지 선사가 지은 것이다. 달마대사로부터 3대 법손이니 그다지 뒤떨어진 때는 아니었건만, 교외별전教外別傳, 직지인심直指人心의 큰 길을 그르치는 사람들이 적지 않았던 것 같다. 그리하여 훗날 암증闇證의 사도師徒들이 불립문자를 구실로 선현의 올바른 진리에 따르지 않고 자기 마음대로 추량推量하고 성인의 가르침을 배반하여 문자를 버리고 사선邪禪을 일삼아 달마조사의 가훈을 저버릴까 염려되어 이 〈신심명〉을 쓴 것이 아닌가 짐작된다. 3조 승찬 선사의 일생을 잠깐 살펴보면 2조 혜가 스님으로부터 법을 이어받은 후 십여 년을 무제武帝의 탄압 아래서 지냈다.

따라서 대사는 후세의 암증 도사뿐만 아니라 당시의 폐불론에 대하여 정법正法을 거양擧揚하고 진리를 천명함으로써 이를 계몽하려고 생각했던 일면도 엿보인다. '신信'이란 자기 마음으로 결정하고 의심치 않는 것을 뜻한다. 다시 말하면, 믿을 만한 어떤 대상이 있어서 믿는 것이 아니고 자기 자신이 스스로 믿어야 한다.

'명銘'은 '증證·지志'라는 뜻인데 그의 좋은 점을 찬양하여, 후세에 남기고 동시에 경고한다는 말로도 풀이된다.

'신심信心'은 '신信'과 '심心'이 하나로서 둘이 아니다. 그래서 '지도至道'라고 할 수 있다. 지도는 다만 추상적인 원리가 아니고 실로 참사람(眞人)이 살아 움직이는 작용이기 때문이다. 이러한 진리 또는 참다운 사실을 간명하고도 가장 절실하게 읊은 것이 신심의 명이고, 또 그를 마음속에 새겨서 절대 의심치 않는 경지에 이르게 하려고 함이 신심의 명이다.

〈신심명〉은 당나라 때 널리 애독하였던 것으로 보인다. 즉 〈벽암록〉을 보면 조주 스님이 '지도무난至道無難'의 구句를 취급한데다 4칙이나 된다. 그것은 조주 선사의 구미에 맞은 구句였기 때문이겠지만, 이것이 선풍禪風을 일으키는 데 가장 좋은 구였다고 보여진다.

전편全篇이 146구, 584자로 되어 있다. '돈황본燉煌本'에는 중간에 빠진 데가 있다고 하나, 이는 후대의 역사가에게 맡기기로 한다.

〈증도가證道歌〉 해제

〈증도가〉는 영가현각永嘉賢覺 선사가 그의 증오證悟한 내용을 운문韻文을 통해 시적詩的으로 표현한 것이다. 전문 1114자, 칠언七言 혹은 육언六言을 섞어서 266구, 평운平韻과 측운仄韻을 합하여 썼다. 대체로 사구일해四句一解로서 예외는 있지만 사구四句마다 운韻을 바꾸고 있는데, 용어의 종횡자재縱橫自在한 것이라든지 성조聲調의 유창한 것 등으로 예로부터 신운神韻이라는 정평이 높다. 영가 선사는 스승 없이 소위 독선獨禪으로 견성見性한 분이라고 한다.

'증證'이란 깨친 자리이고, '도道'란 만인이 모두 똑같이 이행履行해야 하는 도리이며, '가歌'란 운치로 성률聲律을 조율한 시詩다.

세로縱로는 고금일철古今一徹, 즉 과거·현재·미래의 삼세를 일관하고, 가로橫로는 시방통관十方通貫하여 어디에고 통하지 않는 곳이 없다. 여기에 '증證'의 중요성이 있다고 하겠다. 여기서 '증證'자는 남으로부터 사실을 증명해 받을 때 쓰는 말이다.

영가 선사가 스스로 깨친 바 그 정사正邪를 육조六祖 혜능 선사에게 점검받았다는 것도 이유가 있는 일이다. 그래서 영가 선사는 자기가 깨친 경지의 내용을 시가詩歌로 표현하여 사사邪師의 사증邪證을 분쇄하려고 했던 것이다. 그래서인지 이 〈증도가〉를 일명 〈대승결의경大乘決疑經〉이라고도 한다.

영가 대사는 처음에는 천태학天台學을 배운 박식이다. 그의 법리法理를 종횡으로 구사驅使하여 육조六祖 직전直傳의 조사선의 선풍을 거양擧揚함으로써, 〈증도가직절證道歌直截〉의 서문에 '이 원돈圓頓의 종극宗極·직지直指의 요기要機'라고 말했다. 그래서 천태에서는 이 〈증도가〉를 천태의 지관止觀의 안목으로 선문禪門의 선정禪定을 설한 것이라고 매우 중시해 왔다.

〈십우도十牛圖〉 해제

〈십우도〉는 고주古註에 '심사수련心事修練의 위位'라고 하니만큼 자성自性을 탐구하고 마음을 닦는 과정을 열 단계로 나누어 해설한 것인데, 선禪의 올바른 이해와 유도를 목적으로 쓴, 선서禪書로서는 보기 드문 글이다. 더욱이 단계마다 그림을 넣어서 이해하기 쉽게 기술하였기 때문에 널리 애독해 왔다. 이 글은 일반인들이 전문어 때문에 곤란을 겪는 선서와 비교하여, 포교적이고 그림으로 표시한 점이 특색이라 하겠다. 이 글을 접할 때 선에 이해가 있는 사람이나 없는 사람을 막론하고 부드럽고 친근감이 부풀어 예술적 감상이 떠오른다. 대체 선의 수증修證 단계를 표시하는데 왜 소를 썼는지 자세히는 알 수 없으나, 아마도 선을 닦는 데는 소처럼 근기가 있어야 한다는 데서 비롯된 게 아닌가 생각된다. 그리고 인도는 옛날부터 성우聖牛라고 해서 소를 신성시해 왔다. 현재도 소가 거리를 유유히 걸을 때 사람이나 차가 모두 그를 피해 준다고 한다. 최근 신문지상의 보도에는 소를 도살 못하도록 정부에 건의한 일이 있을 정도다. 그래서인지 〈법화경〉에 불승佛乘을 대백우거大白牛車에 비유했고, 〈유교경〉에는 수행을 목우牧牛에 비유했다. 불법은 원래 태성이 근기가 있는 가축인 소와 무슨 인연이 있었던 것도 같다. 선의 공안公案·話頭에 소에 관한 칙則이 많은 것도 이유가 있는 것으로 본다. 그런데 〈목우도牧牛圖〉의 기원이 명료하지 않다. 제일 처음이라고 불리는 청거호송선사의 〈목우도송십이장牧牛圖頌十二章〉도 〈종경록〉 가운데 있는 '앙산심경仰山心境' 1칙에 그 흔적을 보이고 있을 뿐이다.

〈십우도〉는 곽암사원廓庵師遠 선사의 저작인데 곽암 스님의 전기는 본문 '해설에서 참조하기 바란다. 그의 구성은 우선 곽암 스님의 본문이 정확히 사자四字, 육자六字, 팔자八字의 댓귀(對句)로 써 있어서 각운脚韻은 없다 하더라도 훌륭한 시詩라고 할 만하다.

다음에 곽암 스님의 작인 칠언절구七言絶句의 송頌이 있다.

그리고 석고이石鼓夷 스님의 화和가 있는데 이 역시 칠언절구이며 괴납련壞納璉 스님의 우又도 또한 칠언절구이다.

그 내용에 있어서 명칭은 '십우도'라고 하지만 그림에는 소와 사람이 그려져 있다. 두말할 것 없이 우리들의 자성自性, 즉 본래의 면목을 말하는데 사람은 자기 본래의 면목을 증득하려고 추구하는 입장을 나타내고 있다. 얼른 보기에는 구하려는 객체와 구하는 주체의 두 갈래처럼 보이지만, 그런 것이 아니다. 붙잡고 보면 이때까지 구하려던 소는 사실상 사람마다 구족해 있는 개개원성個個圓成의 것으로 원래 구하는 우리와 다른 것이 아니었음을 알 수가 있다. 둘로 보인 것은 배각背覺의 착오에 지나지 않는다. 선은 '일초직입여래지一超直入如來地'를 안목으로 하는 것이어서 직하直下에 곧 깨치는 것이지, 진수증입進修證入의 단계를 논할 바는 아니다. 그러나 수행자의 근기에 따라 개오開悟에 이르는 걸음걸이에 빠르고 더딘 차이점을 생각하지 않을 수 없는 일이다. 그래서 입고선立枯禪·

무사선無事禪의 사도邪道나 차별을 모르는 평등, 즉 악평등의 고집 사견에 떨어지지 않기 위해서 이 〈십우도〉를 깊이 참구해야 할 것을 확신하는 바이다.

〈십우도〉는 일명 〈심우도尋牛圖〉라고도 한다. 말 그대로 소를 찾는다는 말이다. 사실상 내용은 소를 찾는 형식으로 되어 있으나 열 가지 단계를 설했기 때문에 흔히 〈십우도〉라고 부른다.

〈좌선의坐禪儀〉 해제

〈좌선의〉는 원래 백장청규百丈淸規로부터 나온 것이라고 한다. 소위 〈칙수백장청규勅修百丈淸規〉는 원통元統 3년(1335)에 백장산百丈山의 동양덕휘東陽德輝 선사가 혜제순종惠帝順宗의 칙령勅令에 의하여 편집한 것을 다시 소은대소笑隱大訴 선사가 교정校正하여 지원至元 4년(1338)에 완성한 것이다.

〈좌선의〉의 원작자는 시호는 자각대사慈覺大師이고, 진정부眞定府 홍제원洪濟院의 주지였던 장노종색長蘆宗賾의 저작이라고 한다. 자각대사는 장노응부長蘆應夫를 이은 설두중현雪竇重顯의 법손法孫이다.

좌선은 세존께서 성도한 후부터 시작된 것으로 볼 수 있겠지만, 달마가 중국에 온 뒤 2조 혜가를 비롯하여 6조 혜능에 이르기까지 뚜렷한 규칙이라고 할 만한 것 없이 지내 왔다. 그러다가 의범화儀範化되기는 백장대지百丈大智 선사의 〈백장청규〉로부터 시작되었다.

그러니까 6조 혜능 스님 다음에 남악회양 선사, 그 다음이 마조도일 선사, 다음이 바로 백장회해 선사인데, 백장 선사 이전까지는 선방에서 특별한 수행규칙이라고 할 만한 것을 쓰지 않았다. 백장 선사에 이르러 비로소 규범을 정해 오늘에 이른 것이다.

〈좌선의〉는 여러 사람이 쓴 것이 있지마는 이 백장 선사의 것을 많이 이용해 왔다. 우리나라에서도 오늘날까지 이를 쓰고 있으나 그것이 매우 간소화된 모양 같다.

신라 말 혜공왕 때부터 고려 중반기까지 선禪이 한창 흥했을 때에는 〈백장청규〉로 준엄한 수행을 했을 것인데 그것이 쇠잔해지면서부터 규칙도 자연히 문란해졌을 것이다. 요컨대 각 선림에 청규가 간소화됐다는 말은 선禪이 그만큼 쇠잔해졌다는 증거도 된다.

이것을 돌이키기란 용이한 일이 아니다. 최근에 각처에서 일반 신도들의 좌선회가 유행하고 있는데 모두 흉내 정도에 지나지 않는다. 그야 전문적이 아니니 그럴 수밖에 없다고 하겠지만 좀더 진지하게 그리고 〈좌선의〉에 준할 것을 권장하지 않을 수 없다. '좌선'의 정의를 6조는 〈육조단경〉에서 다음과 같이 말했다. '밖으로 일체의 선악 경계에 대해 마음을 일으키지 않음을 좌坐라 하고 안으로 자성을 봐 동動하지 않는 것이 선禪이다.' 이것을 통속적으로 말하면 '좌'는 행行 · 주住 · 좌坐 · 와臥, 즉 일상생활 중의 사위四威儀로써 몸을 가다듬고 자세를 바르게 하고 앉는 것을 말한다. 한편 '선'은 다냐(Dhyana)의 음역音譯인 선나禪那에서 온 말인데, 한역하여 정려靜慮라고도 한다. 마음을 정돈하여 정신을 통일한다는 뜻으로 알면 된다. '의儀'는 규칙이라는 뜻이고 법칙의식法則儀式이다.

군더더기 ; 참고로 동국대 선학과 교수이신 현각 스님께서 학자적인 양식을 발휘해 종달 노사의 이 저작을 인용하면서 〈선학강의: 선종사부록〉(불일출판사, 1998)이란 제목으로 현대인들에게 보다 읽기 쉽게 출간하였다. 이 지면을 빌어 혹시 선도회 문헌 가운데 다른 분들의 선행 저작들을 인용하지 않은 대목이 있으면 다음 번 출간 시에 이를 바로 잡고자 하니 즉시 지적해 주시길 부탁드린다.

〈禪林句集〉
(보련각, 1974)

머리말

〈선림구집〉은 중국에서 유행한 지 이미 오래된 것이다. 이를 우리나라에서는 처음 소개한다. 선풍이 크게 일어났던 신라나 고려 때에 유행했을런지도 모르겠으나, 그 후 이를 아는 사람의 이야기를 들은 일이 없다.

구수句數는 일자관一字關으로부터 팔언대八言對까지 육천여 구句이다. 지면에 제한이 있어 일구一句의 해석은 되도록 일구의 읽음보다 길지 않도록 했기 때문에 구의句意만 취하거나 혹은 구중句中의 일어一語만 풀이하거나 혹은 구중에 종의宗意를 포함한 구의만 취하거나 선지禪旨만 취하는 등 일정하지 않다.

구句의 출처出處는 광범위하여 소위 수많은 선서禪書 중에서 뽑아낸 것이다. 몇 개 보기를 들면 〈무문관〉, 〈벽암록〉, 〈갈등집葛藤集〉, 〈종용록從容錄〉 등에서이다.

〈선림구집〉은 초학자初學者를 위하여 엮은 것으로 생각되나 후대에 와서 간화선이 발달함에 따라, 한 공안을 본 다음 그의 경계를 착어著語할 때 이 〈선림구집〉에서 해당한 구를 제시하게 되었다. 가령 〈무문관〉의 제1칙인 '조주무자'를 보았으면 그에 계합契合되는 구를 착어해야 한다. 그리고 이외에도 〈송고집〉(寶蓮閣, 1971)에 수천 구가 수록되어 있다. 참고

하기 바란다.

    그래서 공안을 봐 나가는 학인에게는 필독서로 되어 있다. 즉 실과 바늘의 관계처럼 버릴래야 버릴 수 없다. 이는 한 공안을 투과하였으나 혹 남에게서 듣고 제시하지 않았나 하는 의심, 즉 자신이 스스로 체득했으나 여부與否를 다시 한 번 점검點檢하기 위하여 착어를 붙이라고 하는 것이다. 또한 투득透得한 공안을 더욱 철저히 굳히기 위함에도 그 의의가 있다. 끝으로 일반 한시漢詩에 조예가 있는 분들에게도 좋은 참고가 될 것을 믿어 마지않는 바이다.

1974년 李喜益 씀

    군더더기 : 노사께서 선도회 문하생들의 〈무문관〉 점검을 철저히 하기 위해 이 〈선림구집〉을 편찬하셨는데, 아시다시피 도와주는 분 별로 없이 외롭게 혼자 고군분투하셨기 때문에 완벽하게 준비해 출판할 시간적 여유가 없으셨다고 판단된다. 따라서 이 책에도 여기저기 오류가 보인다. 그러나 여기에 담긴 禪語들이 마음 공부에 너무 좋기 때문에 여러 전문가들의 도움을 받아 노사 입적 30주기에는 반듯하게 출판할 것을 이 지면을 빌어 염원하고자 한다.

〈禪과 科學〉

(서림사, 1977)

머리글

탄탄한 대로를 버리고 좁은 길에 빠진 근대문화는 괜히 자기의 본성만을 발휘하여 전체로서의 통일을 저버리고 있다. 특히 종교는 전체로서의 근원적 통일을 사명으로 함에도 불구하고 늘 역사적 현실을 무시하며 과학적 지성까지도 포용치 못했다. 더욱이 과학은 물질적인 면이라고 이를 외면해 왔다.

　새로운 문화를 건설하는 통일 원리는 과학적 지성을 용납하여 이를 지도할 수 있는 자기 발견의 종교정신이 아니면 안 된다. 즉 자각 못한 종교가 현대인이 걸머진 근본과제를 해결하기는 불가능할 것이다. 그의 근본과제는 능히 세계관 구성의 기반을 확립하고 철저한 자각적 인간을 냄(出)에 있다. 이렇게 하려면 나를 '공空'으로 하여 '물物'의 진실에 가까이 하는 그의 참뜻은 '지해리관知解理觀'을 초월하며 인간 존재의 구경적 체험을 강조함에 있다. 그런데 이러한 일체의 문화를 세속적인 것이라 하여 부정하려고 하지만 그러나 그의 세계 초월, 즉 인간 부정은 동시에 인간 긍정을 말하는 것이다. 근대의 종교 생활성이 문화의 통일 원리를 이루지 못한 것은 부정적인 면에만 치우쳤기 때문이다. 이 결함을 보충함에는 나를 '무無'로 하면서 현실에 살려고 함에 있다. 문화나 과학의 절대 부정을 뒤집어서 그들의 절대 긍정에 전환한다.

　소위 멸사滅私의 입장에서 창조되고 무아無我의 정신으로 형성된 문화, 이것이야말로 진정한 문화의 가치일 것이다. 이러한 문화의 가치는 오직 선禪에서만 찾아볼 수 있다는 것을 강조한다. 근대에 와서 과학의 힘으로 정신적인 면이 눌리고 있는 것은 사실이나 선은 이에 굴하지 않는다. 다시 말하면 선은 근본과학이기 때문이다. 도리어 선의 밑바닥 힘이 아니고는 과학을 바르게 발전시킬 수 없다는 점을 잊어서는 안 된다.

　그래서 선과 과학이 서로 간 어떤 관계를 가지고 있는가를 생각해 보았다. 선은 버릴 것도 없고 취할 것도 없는 초연적인 입장에서 전체를 포용하는 능력을 가지고 있다. 선은 사물을 하나로 뭉치는 것을 사명으로 하기 때문에 과학에서 말하는 '전자론電子論'과 일치한다. 따라서 물질면을 용납하여 서로 간에 집착하지 않는 정신문화가 아니면 안 되겠다. 다시 말하면 종교가 정신면에만 치우치지 말고 물질면을 용납하여 서로 간 집착하지 않는 방향으로 나아가지 않으면 안 되겠다. 그래서 이들의 양면을 다루어 보았다.

1977년 11월 30일 辜負軒 李喜益

　군더더기 : 노사께서 1934년 4월 〈조선불교〉에 기고했던 '자력갱생과 불교'란 글의 마지막 부분에서 '종교의 성쇠가 물론 종교가에 의한 것임은 더 말할 나위 없다. 어느 때 어느 시대에 있어서도 종교가 그 시대의 사조思潮와 딱 부합한 합리적인 것이 되지 않으면 안 된다. 옛날에는 그 시대의 사조에 응해서 설법제도說法濟度하고 오늘날과 같은 과학적 시대에 있어서는 그것에 상응한 존재방식이 없으면 가능한 일이 아니라고 생각한다.'라고 언급하셨는데, 바로 이에 대한 노사의 구체적인 견해를 한 권의 단행본으로 엮은 것이 바로 이 〈선과 과학〉이다.

〈禪定思想史〉

(서림사, 1979)

머리글

우리들의 인생관은 초개超個의 체험에서 생명의 일여一如를 그의 내실內實로 전개했다. 그것은 어디까지나 도의성道義性을 근간으로 한다. 이러한 도의성은 그의 처處를 얻게 하며, 모든 사람들로 하여금 각각 삶을 편안安하게 하는 이타행利他行으로서 구현할 것이다. 이에 의하여 구舊세계 상像은 파괴되어 상호의 생성 발전이 가능하게 된다. 선禪은 실실로 초개의 체험을 근저로 하는 동양사상이 남긴 일대 문화재다. 그것은 과거의 삶과 동시에 현재 우리들에게 연관되는 하나의 현실체다. 세계에 자랑할 수 있는 이 문화재는 인도의 지적知的이고, 중국의 행적行的이고, 한국의 정적情的인 문화 성격에 결합하여 이르는 곳마다 꽃을 피우고 열매를 맺게 했다. 특히 신라때 선도울여禪道蔚與시대의 선은 국체사상國體思想에 의하여 순화되어 우수한 문화재를 수없이 남겨 그 여실상如實相을 개시했다.

원래 선은 서구인들이 말하는 것과 같이 현실도피의 신비주의가 결코 아니다. 일상생활에 침투하여 자기를 공空으로 하여 물物의 진실眞實을 행行하려고 하는 데 있다.

선은 중국의 송대에 와서 교단적敎團的으로 점차 정착화하고 불립문자

교외별전의 표기標幟를 앙양했다.

　물론 그 진의는 지해리관知解理觀을 넘어서 인간존재의 궁의적究意的 체험을 강조함에 있다. 종교는 한편으로는 인간성에 입각한 일체의 문화를 세속적인 것이라고 하여 부정하려고 한다. 그러나 그 세계 초월은 세계 내재內在와 상즉相卽하고, 인간 부정은 동시에 인간 긍정을 포함하지 않으면 안 된다. 부정의 일면에만 머무르는 결함을 보완하는 것은 자기를 공空으로 하면서 현실에 살려고 함에 있다. 다시 말하면 공에 들어가 그곳에 주저앉지 않고 다시 현실로 뛰쳐나와야 한다는 이야기다. 이것이 '공空 즉 색色'의 이치다. 따라서 반야般若는 이 관계를 '진공묘유眞空妙有'라고 했다. 진공眞空을 내용으로 하는 반야의 지智는 대상對象 논리적인 지식이 아니고 주객主客의 전 존재를 근원적으로 깊게 하면서 더욱 고차적인 정신의 세계를 체험하는 일이다.

　선은 신심身心으로 행하는 실천을 그의 근기로 한다. 그 사상적 파악은 그다지 쉽지 않다. 그러나 적어도 그것이 깊은 생명의 진리로서 구체적일수록 사상적으로 힘차게 표현되지 않으면 안 된다. 실實의 행행行은 리理를 구究하고, 진眞의 리理는 행행에 깊이 철저徹할 것이다.

　생각하건대, 고전적 성격을 가진 전통은 과거에 소원함을 늘 요구한다. 그러나 그것이 영구히 전달되고 잘 보존되게 하는 데는 거꾸로 청신한 현대의식과 끊임없이 결합하지 않아서는 안 된다. 그렇기 때문에 선은 역사의 전환기에는 늘 고조되어 민족의 정신을 약동케 하는 활력이 되었던 것이다.

　원래 인도의 선정禪定은 중국, 특히 달마 이후의 선과는 그 내용을 달리 하는 듯하다. 그러나 선정 그 자체의 실천적 근간은 서로 통하고 있어서 선과 정과는 동의어로 풀이하고 있으므로 편의상 표제를 '선정사상사禪定思想史'라고 했다. 주로 인도와 중국에 중점을 두고 우리나라에 관해서는 개요만 썼다. 기회가 있으면 구체적으로 써 볼까 한다.

그리고 한문 원문을 풀이하여 쓰려고 했으나 도리어 원의를 깨뜨릴 염려가 있어서 원문을 살렸는데, 이 점에 유의하여 정독하노라면 자연히 이해될 줄로 믿는다. 물론 어려운 것은 괄호 안에 풀이해 뒀으니 참고하기 바란다. 독자가 이 책으로 선정사상과 그 전개의 일반一班을 알고 동아민족이 남긴 이 향기 높은 문화재에 관심을 두게 된다면 저자로서 더 이상 기쁨은 없을 것이다.

끝으로 선은 중국에서 발달하여 그의 증감 혹은 보완할 만한 곳을 엿보기 어려울 정도로 완성하였다고 보지 않을 수 없음에 이르고 있다. 우리나라에는 신라 때 법랑法朗 선사가 중국의 4조 도신道信 스님의 법을 받아 온 것을 비롯하여 그 후 수많은 인사가 연못을 드나들 듯 입국하여 중국의 선법禪法을 뿌리 채 가져왔다. 이는 당송 때는 물론 명청에 이르러서도 그랬다.

이러한 관계로 중국의 선정사상을 이해한다면 우리나라 선은 자연히 이해하게끔 되어 있으리라고 생각한다. 따라서 옛날 중국의 선법의 흐름을 따르면 대오大誤가 없을 것으로 믿고 있다.

1979년 4월 辜負軒 李喜益

군더더기 : 엮은이의 경우 솔직히 불교도 잘 모른 채 노사 문하에 입문해 〈무문관〉 점검을 마치고 노사 입적 후 점검 받은 대로 1990년부터 선도회 문하생들을 점검하던 중 1997년 서강대 수도자대학원(현 신학대학원)에서 '선종사상사' 강의를 맡게 되면서 이 책을 다시 정독하게 되었는데, 이때 비로소 선종의 흐름을 포함해 두루 큰 그림을 그릴 수 있게 되었다.

〈생활 속의 반야심경〉
(경서원, 1981)

생활하는 지혜의 진리를 파악하는 긴요한 가르침

진리를 보는 눈이 열린 사람은 그의 깊은 지혜에 의하여 몸도 정신작용도 모두 空하다고 달관하고, 일체의 괴로움과 재앙을 면하는 사람은 육체는 空을 여의지 않고 空은 육체를 여의지 않고 육체는 그대로 空이고 空은 그대로 육체이다. 감각이나 상념이나 의욕이나 혹은 자아라는 등의 정신작용도 또한 그와 같다. 우리 모두가 공空이라고 하는 것은 그들이 생하는 것도 아니고 멸하는 것도 아니고 때가 묻지도 않고 깨끗하지도 않고 더하지도 않고 덜하지도 않는 것이므로 空의 세계에는 육체도 없고 감각도 없고 상념도 의욕도 자아도 없다. 눈도 없고 귀도 없고 코도 없고 혀도 없고 몸도 없고 뜻도 없고 색깔도 없고 소리도 없고 향도 없고 맛도 없고 촉하는 것도 없고 생각하는 것도 없고 보는 세계도 없다. 따라서 일찍이 경험한 세계에 대한 맹목적 본능도 없으려니와 본능이 다함도 없다. 또 노사도 없으려니와 노사가 다하는 일도 없다. 고뇌도 없으려니와 애착도 없고 안심도 없고 수행도 없고 안다는 것도 없고 얻었다는 것도 없고 본래 얻었다고 할 만한 것도 없다. 진리를 구하는 어진 사람은 이렇게 철저히 지혜에 의하면 마음에 걸리는 것이 없게 된다. 걸리는 것이 없으므로 공포가 없고 공포가 없으므로 모든 미망 사악한 잡념으로부터 여의어 영원히 깨끗하고 안락한 경지가 펼쳐진다. 과거도 현재도 미래도 이느 세世와 자각자도 이 위대한 지혜에 의하여서만이 그의 존엄한 보편적 자각을 얻으리라. 이 위대한 지혜야말로 가장 신비한 주문으로서 암흑을 비추는 지상 최고의 주문이며 세계의 어느 것과도 비할 데 없는 주문이다. 그로써 세상에서 일체의 고난을 제거하는 것이다. 그러면 그 위대한 지혜의 주문을 말하면

됐다. 됐다. 완성됐다. 이대로 좋다.

머리말

이 반야심경은 부처님께서 설한 것이 아니고 부처님께서 설법하신 회상會上에서 관음보살이 설한 것으로 되어 있다.

관음보살이 사리자여! 하고 사리불을 대고중對告衆으로 하고 부처님을 대신하여 설한 경이다. 대개 대승경전은 부처님께서 돌아가시고 사오백 년이 지난 뒤에, 만일 부처님께서 지금 살아 계신다면 이렇게 설하시리라는 입장에서 창작된 것이라고 한다.

대반야경은 육백 부나 있다. 그 육백 부의 대반야경을 좁혀 262자라 한다. 하지만 그건 역시 이론이다. 중요한 글자를 몇 자 빼냈다고 하더라도 이론을 면하지는 못한다. 속옷도 입지 않고 풀 위에 앉으면 엉덩이가 아플 것이고 다리도 아플 것이다. 비유컨대 풀밭에는 잡초가 많이 나오고 있는 것과 같이 이론은 잡초와 같다. 공空하다는 '공空'의 이론을 꼬집는 것은 속옷도 입지 않고 풀밭에 앉은 것과 같다.

중국의 부대사傅大士라는 사람은 양무제 앞에서 늘 경 강의를 했다는 학자다. 〈심왕명心王銘〉이라는 선서禪書의 저자이기도 하다. 이 부대사는 미륵보살의 화신化身이라고 한다. 젊었을 때는 어민들과 함께 동정호에

서 어부 노릇을 했다고 한다. 어느 때 천축(인도) 스님이 부대사를 보고 "오랜 만일세. 잊어 버렸는가. 옛날 부처님 문하에서 같이 수행한 사이가 아닌가. 그대는 도솔천에 있어야 할 사람인데 왜 이런 곳에 있는가." 이 말에 호수 물에 비친 자기의 그림자를 보니 머리 뒤에 후광이 비치더라는 것이다. "그걸 봐. 그대는 역시 미륵일세. 이런 곳에서 어물거려서는 안 되네."라고 하므로 그로부터 어부노릇을 집어치우고 절을 짓고, 이때까지 수행한 적이 없는데 어떤 경전도 자유자재로 강의했다는 사람이 바로 부대사다.

선재동자가 53인의 선지식을 찾아다니다가 최후에 미륵보살을 만나 깨침을 열었다고 하는데, 미륵보살은 늘 훌륭한 누각에서 살고 있었다고 한다. 문수보살은 부처님의 지혜를 대표하고 미륵보살은 자비를 대표하고 있다.

일체는 공空하다고 달관하여 대자재를 얻는 이가 문수의 지혜이고 삼라만상 그대로 실상이라고 관찰하여 널리 중생을 제도하는 이가 미륵의 자비이다. 미륵은 널리 일체 중생을 남김없이 제도한다고 하지만 아깝게도 일체가 공하다고 하면 누각도 없고 아무 것도 없어 마치 모두 타 버린 피난민처럼 되어서는 중생 제도도 못할 것이 아니겠는가. 정말 이 반야의 공을 알았다면 일평생 배가 고플 리도 없고 마음에 허전한 느낌도 없으려니와 마음에 괴로움도 없고 화나는 일도 없이, 이 반야의 공을 잘 씹으면 일일시호일日日是好日로 일생 행복하게 살 수 있으리라.

이렇게 고마운 경이 바로 〈반야심경〉이다. 잘 읽어 그 공空을 먹어 보기 바란다. 그러나 꿀꺽 삼키지 말고 잘 씹어 먹어야 한다.

이 공을 알게 되면 부처님이 설하신 오천여 권의 경전이 그 가운데 전부 들어가 있음도 알게 된다. 팔만사천의 법문도 모두 그 가운데 들어 있다. 정토종에서는 '나무아미타불' 여섯 자로 통한다고 하지만 선에서는 '공空' 자 한 글자로 충분하다. 특히 선에서는 '무無' 자를 내세우는데 공空 자와 무無자는 같다.

끝으로 한자漢字에는 전부 토를 달아서 누구든지 읽기 쉽게 했다. 그리고 이 반야심경은 불교의 근본사상이므로 자연히 선의 입장에서 설명한 점을 이해하여 주기 바란다.

1980년 12월 李喜益

군더더기 : 노사께서는 불교인들이 그저 불교의식 가운데 염송하는 정도로 '반야심경'이 쓰이고 있는 것을 꿰뚫어 보시고, 이 책을 통해 '空' 자와 '無' 자의 동등성을 제창하며 '무'를 통한 깊은 통찰체험이 바로 '공'의 체득이라는 것을 명쾌하게 밝히셨다.

〈禪 속에 약동하는 인생〉

(경서원, 1993)

선禪은 석가세존의 진수眞髓를 대대로 이어 전해 온 불교의 일파다. 그 진수란 석가세존의 '깨침'을 체득함에 있다. 5세기 초에 보리달마에 의하여 완성되어 그가 중국에 전한 후 제6조 혜능에 의하여 구체화되었다.

이때까지는 선정禪定만을 중요시한데 반하여 반야般若의 환기喚起를 주장한 사람은 육조혜능 선사이다. 이를 쉽게 말하면 초조달마 선사 이래로 선정을 위주로 닦아 왔으나 혜능 선사에 이르러 지혜를 불러일으킴에 이르렀다는 이야기다. 실은 선禪이 의도하는 바는 마음속 밑바닥에 잠들고 있는 지혜를 불러 깨우침에 있다. 그러기 위해서는 선정의 힘, 즉 고요히 그리고 깊이 생각하는 것이 필요하다.

사실 어떤 일의 의의를 완전히 이루려고 할 때 누구를 막론하고 먼저 행해야 할 일은 '정려靜慮', 즉 고요하고 깊이 생각을 해야만 된다. 고요한, 그리고 깊은 생각으로 출발하지 않고 어떤 일을 성취할 수 있겠는가!

고요하고 깊은 생각을 가장 순수히 하려고 할 때 우리는 좌선坐禪을 가까이 한다. 물질문명의 탓인지는 몰라도 시대가 경조부박輕佻浮薄해서 인심이 고무풍선과 같이 들떠 있는 이런 때 일수록 진실하고 강건히 나아가려면 좌선을 게을리해서는 안 된다. 다행히도 요즈음 좌선을 애락愛樂하려는 사람이 많이 늘어나고 있음은 뜻있는 일이라 하겠다. 그런데 좌선도 역시 지도가 필요하다. 가르치고 배우는 것은 아니지만 선에도 가까운 길과 먼 길이 있음은 어쩔 수 없는 사실이다.

바꾸어 말하면 가까운 길을 두고 먼 길로만 들려고 하는 것이 사람의 생태인지는 모르겠으나, 선에서는 이를 흔히 물질문명의 탓으로 근기根機가 약화된 증거로 보고 있다. 이를 극복하려면 선지식, 즉 바른 스승을 택해서 점검을 받지 않으면 안 된다.

경향 각지에 좌선법회가 심심치 않게 열리고 있다는 것은 환영할 바이지만 참가자들을 올바르게 점검하고 있느냐 하는 것은 큰 문제가 아닐 수 없다. 무작정 앉으라고만 해서 되는 일이 아니라는 것을 말해 둔다.

좌선에 의하여 인생의 참뜻을 철저히 하고 나아가 창조력이 배양되어 힘찬 일상생활을 영위하게 되리라는 것을 굳게 믿는다. 끝으로 이 조그마한 책자 속에 좌선에 대한 요점이 총망라되어 있으므로 잘 음미하여 실천해 보기 바란다. 아울러 선은 자율적으로 실천하는 데서 그 생명이 발현된다는 점을 굳게 믿어야 한다.

1981년 2월 辜負軒 李喜益

권해 드리는 글 — 참선으로 시작하는 나의 하루

선수행을 통해 저의 삶을 다져가기 시작한 지 어느덧 십칠 년이 지났습니다. 처음 선수행을 시작할 무렵의 저와 지금의 저를 비교해 보니 비록 하루하루가 눈에 띄게 변한 것은 없는 것 같았으나 십수 년이 지나고 보니 많은 차이가 있다는 것을 알게 되었습니다. 단적으로 말해 선가禪家에 발을 들여놓기 전에는 하루하루가 끊어져 지나갔으나 이제는 하루하루가 이어져 흘러가고 있음을 실감하며 살고 있습니다. 비록 여러분에게는 단조로운 하루로 보일지 모르나 참선으로 시작하는 저의 하루는 이렇습니다.

다른 사람들보다 조금 일찍 일어납니다. 일어나자마자 거의 반사적으로 방석을 끌어당겨 다리를 틀고 앉습니다.(물론 처음 몇 개월은 스스로에 의해서가 아니라 울리는 시계에 의존하여 의식적인 노력을 하고 난 후의 일입니다.) 사홍서원, 반야심경, 법성계 등을 새기며 한 십여 분 있노라면 멍하던 정신도 맑아져 오고, 그런 후에 하루의 일과를 차분히 생각하며 그날 가장 시급한 일들이 무엇인가를 속으로 다져 봅니다. 그리고는 화두를 들고 한 시간 정도 참선을 합니다. 그런데 신기하게도 이때 들고 있는 화두, 심지어는 저조차 놓아 버리면 버릴수록 그날 하루 일과는 다른 어느 날보다 더 중심이 잡혀 있음을 느끼곤 하였습니다. 참선이 끝나면 저의 본업인 연구를 하러 학교에 갑니다. 선가에 들기 전에는 그저 막연히 학문을 한다는 생각으로 대학을 다녔으나 이제는 적어도 제 경우에 있어서는 학문과 삶의 뜻이 뚜렷해졌습니다.

그리고 이런 저의 삶의 태도에 비추어 볼 때 학문이란 대상 자체는 좋다 나쁘다 할 아무런 가치가 없으며 더 나아가 학자, 농부, 기술자 등 서로 다른 길을 가는 사람들 사이에는 비교할 그 무엇도 없는 것이라 생각됩니다. 중요한 것은 누가 자기 길을 얼마나 성실히 걸어가느냐 하는 것입니다. 따라서 농부가 철저히 농부로서 산다면 세상에 부러울 것이 무엇이 있겠습니까!(물론 사회적인 분위기도 같이 따라가 주어야만 합니다.) 문득 '불도佛道 수행은 자기의 전문적 분야에 철저히 몰입하는 것이다!' 라는 어느 고인의 말이 생각납니다.

다시 저의 하루로 돌아가 학교에서 일과를 마치고 저녁에 집으로 돌아올 때 화두를 들며 밖에서의 일들을 하나씩 비워 갑니다. 집에 도착할 때는 한결 차분한 마음이 되어 있습니다. 이제 저의 하루가 거의 끝나 갑니다. 저는 다른 사람보다 일찍 일어나고 다른 사람보다 일찍 잡니다. 잠자기 한 시간 전 화두를 들며 한 시간 정도 참선을 하고, 그 후 십여 분 동안 하루의 중심이 얼마나 흐트러졌는가를 반성하고 사홍서원, 반야심경, 법성게 등을 새기고는 내일을 위해 조용히 눕습니다. 이것이 저의 하루이며 지금까지 계속 반복해 오고 있습니다. 그러나 겉으로는 단순한 반복일지 모르나 저에게 있어서는 하루하루가 새롭습니다. 아니 순간순간이 새롭습니다. 이런 삶의 태도를 일깨워 주신 스승 종달 이희익 노사님의 간절하셨던 가르침에 그저 고마울 뿐이며 제 자신이 너무 즐거운 삶을 살아가고 있기에 여러분들도 지금은 고인이 되셨지만 노사님께서 선에 대해 친절하게 설명해 놓으신 이 입문서를 참고하시며 주위에 계신 좋은 스승을 만나 '선禪 속에 약동하는 인생'을 살아가시길 간절히 바랍니다.

끝으로 십수 년 동안의 참선수행을 통해 저의 온몸에 박혀 버린 구절로 이 글을 마무리 짓고자 합니다. 참고로 쉴 '식(息)'자는 스스로 '자(自)'와 마음 '심(心)'으로 이루어져 있습니다. 때문에 쉰다는 것의 바른 뜻은 자기 자신을 돌이켜 본다는 것임을 알 수 있습니다.

해 뜨면 곧 일하고
해 지면 곧 (자기 자신을 돌이켜 보며) 쉰다.
日出則作
日沒則息.

마하반야바라밀

단기 4325년(서기 1992년) 4월 6일 法境 박영재 合掌

〈禪과 韓國文化財〉

(법륜사, 1982)

책 머리에

우리나라는 신라 때 당나라의 종풍宗風을 받아들여 선도禪道가 번영할 수 있는 바탕을 굳혔다. 따라서 왕가와 귀족들이 많이 귀의하기에 이르렀으므로 그들에게 조정의 대우가 두터웠다. 그럼에도 불구하고 스님들은 명리名利를 피하여 정절淸節을 지켰으니 그 공은 길이 후세에 남을 것이다.

그러나 고려는 간신히 신라의 유풍을 답습하여 별다른 이채異彩를 보이지 못했다. 특히 고려초에 도선道詵이 풍수설風水說을 전하여 미신에 떨어진 경향이 있었고, 훨씬 뒤에 의천義天은 천태종天台宗을 전하여 문교文敎에 주력했기 때문에 자연히 순선純禪의 색채를 잃게 되었다. 더욱이 조선에 와서는 유교를 숭상하고 불교를 배척하는 정책을 강행하였으므로 선풍禪風은 사라지기 시작하여 오늘날에 이르고 있다.

생각하건대 우리나라의 문화재는 거의 불교 관계의 것이며, 특히 신라 순선純禪시대, 즉 혜공왕으로부터 경순왕에 이르는 약 2백 년 사이에 조성된 것 중에서 우수한 작품이 많다. 그런데 이 분야의 학자들은 이를 다만 불교문화로서 취급할 뿐, 선의 밑바닥 힘의 작용이었음을 아는 사람은 거의 없다.

문화재가 조성되기까지에는 그만한 밑바닥의 힘이 없어서는 아니 됨은 두말할 여지가 없다. 그 밑바닥 힘이란 선에서 나온 것이다. 선은 쉽게 말하면 사물과 일체되는 훈련이므로, 이 훈련이 철저하면 철저할수록 사물의 조성에 완벽을 기하게 된다. 따라서 공예, 미술을 비롯하여 우수한 신라의 유물로서 선의 영향을 많건 적건 받지 않은 것이 없다고 생각한다. 그래서 이를 다만 '불교문화재'라고만 해서는 심히 부족하다는 점을 지적하지 않을 수 없다. 왜냐하면 교리로서는 그만한 것을 결코 조성하지 못하기 때문이다.

이 글에 소개한 문화재는 될 수 있는 대로 신라 순선純禪시대 전후의 것을 대부분 들었으나 그 작자가 불분명한 것은 매우 유감스럽다. 그 시대의 신분제도가 사농공상士農工商의 순서로 '공工'을 천시했기 때문에 자기 이름을 내는 것을 꺼리지 않았을까? 혹은 신앙상 숭고한 불사佛事에 범부의 작은 이름을 내는 것을 두려워하지 않았을까? 단정을 내리기는 곤란하다. 때문에 연구하는 데 어려운 점이 한두 가지가 아니었다. 그 이유는 그 작자가 어느 정도 선에 조예가 있었는지를 알 길이 없었기 때문이다. 우리나라에는 선禪문화재가 풍부하여 세계에 자랑할 만한 것이 얼마든지 있다. 그러나 이를 연구하려는 사람은 적다.

이 글은 우리나라에서는 처음 시도한 바로, 미흡한 점이 한두 가지가 아닐 것이다. 금후 이 방면의 연구가 활발해지기를 바라 마지않는다. 그리고 선이 일상생활과 밀접한 관계가 있다는 점을 유의하여 주기 바란다.

이 글을 씀에 있어서 〈삼국사기三國史記〉, 〈동국통감東國通鑑〉, 〈해동고승전海東高僧傳〉, 〈삼국유사三國遺事〉 등을 참고하고, 특히 〈조선선교사朝鮮禪教史〉를 참고했다. 한문을 의역하면 원의原意를 상할 염려가 있으므로 직역하였음을 양해하여 주기 바란다. 어려운 한문이 많아서 대중화가 되기 어려운 점을 매우 유감스럽게 생각한다. 대중화되도록 내놓을 기회가 하루속히 올 것을 바라 마지않는다.

　끝으로 일상생활과 직접 관계가 있는 글이니, 널리 애독되기를 바란다.

1982년 3월 皐負軒 李喜益

〈法語〉

(김대은·이희익 공저, 불교사상전집 제10권, 경성문화사, 1982)

序

'법어法語'는 말(言語)이 아니다. 사람이 말을 하려고 생각하면 곧 거짓을 말하게 된다. 말이란 사상을 표현하기는커녕 오히려 진실을 더 어두운 곳으로 은폐해 버리고 만다. 인간의 능력으로서는 도저히 진실을 말할 수 없는 것이다. 그렇다고 해서 인간 이외에 어떤 특정한 존재가 있어서 그만이 진실을 말할 수 있다는 말은 아니다. 만일 석가세존께서 자기의 증득하신 바 대도大道를 그의 설법說法(말)으로서 다 말할 수 있었다면 구태어 세존께서 나투신 '삼처전심三處傳心', 즉 '염화시중拈花示衆'과 '다자탑전多子塔前 분반좌分半座'와 '사라 쌍수雙樹 아래에서의 곽시쌍부槨示雙趺'가 무슨 소용이 있겠는가?

저렇듯 인천人天의 대도사大導師이신 세존께서도 오히려 그러하였거늘 하물며 미로迷路에 젖어 있는 범부凡夫로서는 더 말할 나위도 없는 것이다. 혹업惑業이란 모든 의단疑團을 초탈超脫하지 못한 경계境界를 뜻하는 것이므로, 혹업에 둘러싸여 있는 처지에서는 참모습을 볼 수 없으므로 참말은 할 수가 없는 것이다.

그러므로 법어란 우리가 사용하는 그런 유류類의 언어가 아니다. '법어'는 말로서 뿐만 아니라 진실을 보여줄 수 있는 모든 방법을 다 동원한 전달수단이다. 그것은 동작일 수도 있으며 음향일 수도 있고, 무형의 암시일 수도 있다. 법어는 어떤 사람이 말한 것이 아니다. 구태어 말이라고 표현하려면 자연어라고나 할까? 그러나 역시 말로서 법어 이외의 말을 만들어 봤자 더욱 혼동을 일으킬 뿐인 것이다. 그래서 어떤 분은 법어를 '줄탁동시'라는 말로 표현하기도 한다. 알 속에서 병아리가 성숙했을 순간 어미닭이 껍질에 구멍을 뚫어서 병아리가 처음으로 날개를 펴고 세상에 나올 수 있도록 계기를 만들었다는 것이다. 다시 말해서 진실을 말로서 일러 다할 것이 아니라 의단疑團을 타파하고 고집과 미혹의 아류에서 벗어나 자기의 진면목을 나투고 세상의 참모습을 볼 수 있도록 돌봐주는 어미닭의 보살핌이다.

법어 그것은 어구語句에 얽매여도 안 되고 말의 유희에 매혹되어서도 안 되는 것이다. 왜냐하면 그것은 지식을 수반한 이성에 호소하는 것이 아니라 본원자성本源自性에 울려 주는 법고法鼓인 때문이다. 기신론起信論에 '일체제법一切諸法은 종본기래從本已來로 이언설명離言說相이며 이명자상離名字相이고 이심연상離心緣相하야 필경평등畢竟平等이며 무유변이無有變異하며 불가파괴不可破壞라 유시일심唯是一心이니 고명진여故名眞如니라.' 한 이 말은 일체유사법상一切有爲法相이 다 허상이어서 귀명처歸命處가 되지 못하니 진여법성眞如法性을 개오開悟하라는 뜻이다.

이토록 이해의 세계를 초월한 격외格外 선禪 도리道理를 퇴경退耕 상로相老 대덕, 태흡泰洽 대은大隱 법사, 이희익 선생 등 여러 분이 참여하였으니 이 속에 진실한 법어가 영글었을 것으로 믿는다.

1973년 9월 불교사상전집 간행위원회 일동

군더더기 : 얼핏 보면 이 책의 앞부분에 있는 '반야바라밀다심경강화'와 '육바라밀'은 김대은 스님께서 집필하고, '진상법열眞常法悅'과 '선사상의 전체관'은 종달 노사께서 집필한 것으로 보여진다. 그런데 서문의 맨 끝에서 언급한 대목에 따르면 두 분 외에도 직접 퇴경 상로 대덕을 거명하였으며, 그 외에 세 분 말고도 여러분이 참여하였다고 하는 것으로 미루어 법시사 편집장을 하셨던 노사께서 비록 구체적으로 거명은 하지 않았지만 지인知人 여러 분들의 글들도 함께 종합적으로 엮어 편집한 것으로 짐작된다.

〈坐禪〉— 선공부하는 비결

(불광 1984, 경서원 개정판 1988)

우리나라에 선禪이 들어온 것은 신라 진덕여왕 때 법랑法朗 선사가 서기 650년 중국 선종의 4조 도신道信 스님의 법法을 받아 온 때부터이다.

그 후 수많은 사람들이 생사를 무릅쓰고 육로나 해로를 거쳐 중국에 들어가 법을 받아와 이 땅에 선의 터전이 마련되었다. 특히 제36대 혜공왕(740)부터 경순왕(935)까지 약 200여 년간은 선도울흥禪道蔚興 시대라 하여 그야말로 선이 활짝 꽃핀 시대였으며, 문화재를 통해서도 여실히 증명되듯이 선을 바탕으로 고도의 정신문화가 창조될 수 있었다.

그 까닭은 선이 사물과 하나가 되는 공부이기 때문이다. 이 말은 각자 지금 있는 그 자리에서 하는 일에 조금도 소홀함이 없이 충실하라는 것을 뜻한다. 다시 말해 선이 활짝 꽃피면 꽃필수록 그 사회는 원만하고 활기차며 평화스럽게 된다.

고려 중엽까지 선이 활짝 꽃피었을 때는 사람들의 성품이 솜과 같이 보드라웠으나 조선시대에 와서 불교를 배척한 이후부터는 장작개비와 같이 뻣뻣해졌다는 말은 일리가 있는 이야기다.

사회는 점점 각박해지고 있다. 그래서 다들 갈수록 본래 순수한 참 자기를 상실하고 있다. 자기를 잃으니 매사에 권태가 찾아오고, 권태가 있는 곳에 생활의 활력은 찾아볼 수 없다.

선은 바로 잃어버린 참 자기를 되찾는 수행이다. 그런데 올바르게 선 수행을 하는 사람은 적고, 대부분 흉내 내는 데 지나지 않는다. 좌선은 진지하고 겸허한 자세로 임하지 않으면 안 된다.

따라서 초심자를 위하여 요점만 골라 뽑아 참고가 되도록 했으니 몇 번이고 재독하여 실천하기 바란다.

1988년 9월 ○일 李喜益識

참고로 '현대불교신문이 권하는 선서禪書'에 관한 기사 '참선하는 마음으로 새 천년을 맞자' 가운데 새 천년사의 이 책을 다음과 같이 권하고 있다.

선禪이라 하면 이미 선이 아니라고 했다. 깨달음의 세계는 말로 포착할 수 없기 때문이다. 그러나 '달'이 어디에 있는지조차 모르는 사람에게는 '손가락'의 필요성이 절실하다. 21세기 인류의 대안은 선이라는 말에 동의하는 사람은 많다. 그러나 정작 실천의 문제에 들어가면 어떻게 해야 할지 막막해 하는 사람들이 대부분이다. 또 한편으론 옛 조사들의 행장이나 공안집을 뒤적이며 '구두선'에서 벗어나지 못한 사람도 많은 게 사실이다. 하루빨리 이런 분위기를 털고 실천 수행에 들어가자는 의미에서 길잡이 구실을 해 줄 세 권의 책을 소개한다. (중략)

〈좌선(선공부하는 비결)〉 (경서원 · 이희익 지음)
— 좌선 배우려는 사람에게
선수행의 실제는 좌선으로부터 시작된다. 흔히 행 · 주 · 좌 · 와를 애기하지만 일반적으로 참선 하면 좌선을 가리킨다. 이 책은 바로 처음으로 좌선을 배우고자 하는 사람들을 위한 교본이다. 좌선이란 무엇인가에서부터 호흡법, 수식관, 화두 드는 법 등이 그림과 함께 자세하게 설명되어 있다. 이 책에는 또 백장 선사가 편찬한 〈백장청규〉의 〈좌선의坐禪儀〉도 실려 있어 초발심을 내는 데도 도움을 준다. 또한 이 책에서는 전통적인 좌선뿐 아니라 버스나 기차 탈 때는 물론 일상생활에서도 선수행을 할 수 있는 활동선까지도 폭넓게 소개하고 있다.

- 〈현대불교신문〉 (2000. 01. 01)

〈人生의 階段〉
(선도회 문인 일동, 1984)

머리글

8주 만에 기브스를 떼기는 했으나 후유증으로 동작이 자유롭지 않다. 역시 병석에 누워 있어야 하니 말이다. 자유롭게 보행하려면 일 년이 더 걸린다 하니, 나는 이로써 종말을 짓는 것이 아닌가 생각했다. 고통을 주지 않고 종말을 지어 주었으면 얼마나 다행하며 고마운 일이 아니겠는가 하고 투덜거렸지만 이는 내 마음대로 되는 일이 아니다. 사람은 나면서부터 정해 있는 코스를 밟아야 한다. 다시 말하면 단계를 밟아야 함은 기정사실로 되어 있다. 어떠한 힘으로도 막아 낼 재간이 없다.

위에서 본 바와 같이 집에서 언짢은 일로 30분 일찍 나섰다는 것과 버스 뒷자리에 앉았다는 것과 비에 버스 안쪽 바닥이 빗물에 질퍽거렸다는 것과 버스가 요동했다는 것이 복합되어 이런 경우를 당하게 되었던 것이다. 그러니까 우연한 일이 아니었다는 것을 새삼 느끼게 되었다.

우리는 운명이니 숙명이니 운수니 하는 말을 잘 쓴다. 이 말들은 선천적으로 정해져 있는 사실을 밟는 데 지나지 않는다. 그래서 팔자를 잘 타고난 사람은 나처럼 사고를 당하지 않고 일평생을 편안하게 지낼지도 모르겠다. 또 하나 생각나는 것은 이번 사고가 내 인생에서 마지막 계단이라면 몰라도 또 무슨 계단이 하나 남아 있지 않을까 하는 기우심이 생긴다. 내 나이 이미 80노년이다. 이 정도에서 고통 없이 사라지기를 바라는 마음 간절하다.

끝으로 여러 분들이 염려해 주신 덕분에 병발 없이 순조로이 치유된 것을 깊이 감사 드린다.

남기는 말 : 부인(김순가金順可)에게

내가 평생 선禪 속에 살아왔고 특히 삼십여 년 선을 지도하느라고 내 나름대로 노력할 수 있었던 것은 부인의 내조였습니다. 그러나 아무런 성과를 올리지 못하고 떠납니다. 내가 부덕하고 인연이 없어 도량道場을 마련하지 못하고 남의 장소를 빌려 쓰면서 옮겨 다니다가, 결국 내 집 온돌방에서 몇 사람 모아 놓고 지도해 왔는데, 이는 선을 흉내 낸 것에 불과합니다. 선은 역시 정식 도량에서 엄격한 청규하淸規下에 지도해야 하는 것인데 그렇게 되지 못하여 평생을 헛수고만 했습니다. 부인도 알다시피 도량 기금을 구하기 위해서 일본에 두 번이나 갔으나 실패했습니다. 평생 재가선만 지도하며 선의 터전도 마련 못하고 떠남을 슬퍼합니다.

바라건대 부인은 이 세상을 떠나기 전에 남은 재산이 있으면 선도회에 넘기시오. 끝으로 신라 혜공왕으로부터 경순왕까지 이백여 년간처럼 이 땅에 선도禪道가 울흥蔚興하기 바라며 순세順世하려 합니다.

군더더기 : 이 부분은 사모님의 요청으로 바뀐 시대적 흐름을 반영해 다시 고쳤다. 한편 엮은이의 견해로는 오늘의 선도회는 사모님께서 내조를 하시지 않았다면 결코 존재하지 못했을 것이라 판단된다. 참고로 노사님과 사모님의 인연은 노사님의 동국대학교 강사 시절 당시 동국대학교 총장이셨던 백성욱 대선사님의 중매가 없었으면 불가능했기에 이 지면을 빌어 이 희유한 인연에 깊은 감사를 드린다.

〈佛敎의 敎團生活〉
(불광출판부, 1984)

머리말

부처님의 교단을 강물과 바다에 비유하기도 한다. 여러 강물이 모두 바다에 흘러들지만 일단 바다에 이르러서는 모두 한 이름, 한 맛이 된다는 말이다. 사회의 수많은 계층의 사람들이 부처님 문중에 들어오면 모두가 평등한, 하나의 승가僧家를 이루는 것이다.

부처님의 교단은 수많은 사람의 모임이고 또한 높은 이상을 목표로 한 수행단체이므로 거기에는 불가불 규율이 없을 수 없다. 이 규율이 계율이다.

계는 원래는 불자로써 재가와 출가를 막론하고 지켜야 할 기본법이었다. 어겼을 때 처벌 규정이 따르지 않고 철저하게 자발적인 노력에 기대했다. 율은 교단생활에 있어 지켜야 할 규범인데 이것은 수범수제隨犯隨制이다. 그리고 거기에는 강제적 규제가 따른다. 그러나 오늘날은 계와 율이 구별되지 않고 혼동하여 쓰인다. 이 계율이 불자 수행을 향상시키고 교단 내 구성원構成員의 권익을 보장해 주며 교단의 질서를 잡아 간다.

교단이 법답게 운영될 때 불교의 높은 이상을 달성할 수 있는 것이다. 부처님은 불교교단으로 하여금 중생 성숙과 불국토 성취라는 높은 이상을 원만히 이루게 하기 위하여 면밀한 계율을 제정하셨다. 그래서 그 계율을 바로 알아 잘 지키는 데서 개인의 수행도 향상되고 교단의 평화도 이루며 사회적 이상도 달성해 가는 것이다.

이런 점에서 볼 때 계율이야말로 불교교단의 골격이다. 부처님께서도 말씀하시기를 '여래가 멸도하신 뒤에는 계로써 스승을 삼으라.' 라고 하셨던 것이다.

계율의 중요성은 아무리 말해도 과할 것이 없다. 오늘날 우리나라 불교가 어떻다 하기에는 보기 나름이겠으나 크게 흔들리고 있는 것만은 사실이다. 후퇴하느냐 성장하느냐는 바로 오늘 우리가 어떻게 하느냐에 달려 있다고 본다. 부처님이 정해 주신 바 교단규범을 따라서 불자 개인이나 교단이 운영되고, 그 정신을 받들어 수행해 간다면, 우리 불교의 앞날은 우선 밝다고 할 수 있다. 그렇지 않고 계율을 배우지 않고, 교단 규범을 도외시하고 살아간다면 거기에서 교단 발전을 바라기란 '연목구어緣木求魚'이다. 더욱이 교단의 사회적 책임을 다하기에는 요원할 것으로 보인다.

필자는 원래 선禪을 배우는 사람이지만 뜻한 바 있어 계율에 잠심潛心해 온지 오래다. 우리나라 불교교단의 청정과 발전을 생각하면서 우선 불교교단 규범에 관한 주요 조항들을 정리해 보았다. 오늘날 우리에게는 여러 율장이 있다. 남전南傳의 율장·사분율四分律·오분율五分律·십송율十誦律·마하승지율摩訶僧祇律 및 그밖에 티베트 율장도 있다. 여기서는 그 중 중요한 부분만을 간략히 정리해 본 것이다.

부처님의 계율을 공부해 보면 생활규범 이상의 깊은 법문이 있는 것을 알게 된다. 철저한 정법구주正法久住의 이념이라든가 대중의 민주주의적 운영방식이라든가 이루 다 말할 수 없다.

이 자그마한 글이 오늘의 우리 불자들에게 널리 읽혀져 한국불교를 쌓아 올리는 데 자그마한 디딤돌 구실이라도 하게 되면 다행이다.

불기 2527년(서기 1983년) 10월 ○일 李喜益

군더더기 : 계율하면 대개 출가한 스님들이 지키는 규율로만 알고 있으나 노사께서는 선도회가 사단법인으로 출범하면서 '높은 이상을 목표로 한 수행단체'로 탈바꿈할 것을 예견하시고 '부처님의 교단은 수많은 사람의 모임이고 또한 높은 이상을 목표로 한 수행단체이므로 거기에는 불가불 규율이 없을 수 없다. 이 규율이 계율이다. 계는 원래는 불자로써 재가와 출가를 막론하고 지켜야 할 기본법이었다.' 라는 점을 환기시키기 위해 이 책을 저술하셨을 것으로 짐작된다. 따라서 이 지면을 빌어 '선도회는 규율을 갖추어야 할 수행결사 단체이다!' 라는 점을 모두 함께 상기해 본다.

〈十牛圖〉 — 깨달음에 이르는 열 가지 단계

(경서원, 1985년)

책 머리에

선禪에 돈오頓悟라는 말이 있다. 이 말은 곧 깨친다는 말도 되고 별안간 깨친다는 두 가지 말로 풀이 되는데, 전혀 공부가 없이 별안간 깨치거나 곧 깨친다는 것은 아니다. 이미 공부가 쌓여 심경이 순숙한 때 기연機緣이 오면 그 깨치는 찰나는 시간적 여유를 두지 않는다. 그러니까 공부가 쌓이지 않고는 돈오란 있을 수 없다.

'견색명심見色明心 문성오도聞聲悟道' 라는 말이 있다. 즉 영운 스님은 빨갛게 핀 복사꽃을 보고 돈오했고, 운문 스님은 식사하라는 북소리를 듣고 깨쳤다고 한다. 이 두 스님 다 다년간 피땀 나는 공부가 쌓여 기연이 닿아 깨쳤던 것이다.

〈십우도十牛圖〉는 북송 말경(12세기)에 정주鼎州 양산梁山에 주석했다고 하는 곽암사원廓庵師遠 스님의 저작이라고 한다.

우리가 원래 가지고 있는 불성을, 중국에서 가장 사람과 친근하고 근기가 굳센 동물인 소를 인용하여, 불성을 구하는 수행과정들이 목동이 소를 먹여 가르는 열 장의 그림과 시詩로 표현되어 있다.

열 장의 그림과 각 단段의 송頌은 곽암 스님 자신이 지었고 총서總序와 각 단의 소서小序는 곽암 스님의 제자인 자원慈遠이 지었다고 한다.

이 〈십우도〉의 특징은 총서 및 각 소서가 원문보다 더 구체적으로 쓰여 있는 점이다. 각 단계마다 서·송·화·우(序·頌·和·又)의 네 가지로 구분되어 있어서 독자가 더욱 이해하기 쉽게 되어 있는 점이 특색이라 하겠다. 단계마다 원리가 같으므로 해설함에 있어서 중복된 데가 많은 점을 이해하여 주기 바란다.

그런데 〈십우도〉는 글자대로 깨침에 있어서 열 가지 단계를 설하여 차례차례 공부하지 않으면 아니 된다고 하였는데 그에는 그만한 이유가 있다. 소위 깨침에는 잡념 망상을 제거해야 하는데, 이것이 사실은 열 가지 정도가 아니다. 천 가지 만 가지가 있다.

그러니까 천 가지 만 가지 단계를 거치지 않고는 안 될 일이지만 우선 열 가지 단계로 나누어 깨쳐보자는 것이 이 〈십우도〉의 의도이다.

더욱 사람과 가장 친근하고 근기가 제일인 소를 내세운 것은 한층 흥미 있는 일이다. 따라서 〈선어록禪語錄〉 중에서 으뜸가는 것으로 정평이 있으므로 잘 음미해 보기 바란다.

1985년 10월 ○일 이희익

경전과 어록에 대한 노사의 견해

종달 노사께서 1985년 저술하셨던 〈깨달음에 이르는 열 가지 시리즈 : 십우도〉의 제창提唱 가운데 노사의 경전과 어록에 관한 견해를 엿볼 수 있는 대목이 있어 여기에 발췌하여 정리하였다.

'수행자는 경전을 안 봐도 좋다느니 공부하지 않아도 좋다느니 하는 말은 언제 누구의 입에서 나왔는지 모르겠다. 이는 큰 잘못이다. 좌선만

하면 되는 것이지 경전이 무엇이며 어록이 무엇이냐고 고집부리는 사람이 많다. 교외별전敎外別傳이라고 하지만, 교敎가 있으므로 외外에 전할 수 있는 것이다. 본래 가르침이 필요하지 않다면 별전別傳, 즉 따로 전한다고 하지 않았을 것이다. 따라서 경전을 읽고 고인의 어록을 읽으면 안 된다고 하는 것은 큰 잘못이다. 수행 중에 경전이나 어록을 읽으면 그만큼 수행에 방해가 되는 것은 사실이지만, 어느 정도 수행이 익숙해지면 역시 경전이나 어록을 널리 읽지 않으면 안 된다. 한편 선에 들기 전에도 경전이나 어록을 읽는 것도 또한 방법임을 알아 두어야 한다. 덮어놓고 선수행자는 좌선 이외에 어떤 학문도 필요치 않다는 것은 크게 잘못된 것이다.

옛날 어른들은 모든 학문을 읽고 연구하였으나 학문으로는 해결할 수가 없어서 선에 들어왔다. 그리고 그 결과 선수행을 한 힘을 바탕으로 걸림이 없는 삶을 살았던 것이다. 불교의 경전 하나 모르고, 고인의 어록을 모르고, 법구法句 하나 모르고, 몇 십 년 좌선을 해 보아야 별 수 없다.

옛날 주덕산周德山이라는 승려가 있었다. 이 승려는 경전에 통하지 않은 데가 없다시피 교학敎學에 정통하였다. 그러나 선에는 문외한이었다. 하루는 용담龍潭 선사를 찾아가서 밤이 깊도록 경전에 대한 이야기를 털어놓았다. 용담 선사는 듣다못해, 밤이 깊었으니 객사에 나가 자라고 해서, 발을 들고 밖에 나오니 캄캄하여 어디가 어디인지 알 수가 없다. 그래서 되돌아와, "스님! 밖이 캄캄하여 어디가 어디인지 모르겠습니다." 하니 스님이 초에 불을 붙여 "이것을 가지고 가시오."라고 하고는 덕산 스님이 이 촛불을 받으려는 찰나 불어 꺼 버렸다. 이 순간 덕산 스님이 크게 깨쳤다. 그 후 당대 선계禪界에서 임제臨濟 선사와 쌍벽을 이룰 만큼 고명해졌다.

그러니까 이때까지 배운 학문을 선의 힘으로 굳혔다는 이야기다. 굳히면 그것이 확실해진다. 남에게 배워 아는 학문은 지식이다. 그런데 선의 힘으로 굳어지면 그것은 지혜가 된다. 결국 지식은 남에게서 배우는 것이고, 지혜와는 땅과 하늘의 차이다. 그러므로 선이라고 해서 문자文字를 활용한 학문을 기피하는 것은 아니라는 것을 명심하기 바란다.

한편 우리나라의 원효대사나 보조국사 같은 분들은 한학漢學에 조예가 깊었다. 그래서 어느 경전이건 자유로이 독파할 수 있었다. 거기다가 견성見性을 하였으니, 그 학문이 더욱 명료해졌기 때문에 그만한 업적을 남기지 않았겠는가! 설령 깨쳤다 해도 학문이 부족하면 깨침을 자유로이 활용하지 못한다. 활용하지 못하면 이는 죽은 선(死禪)이다. 산 선(活禪)을 해야지 죽은 선을 해서 무슨 소용이 있겠는가!'

권하는 글

오늘날 우리는 교통수단의 발달로 주말의 짧은 여유를 이용해 우리의 산하 구석구석을 손쉽게 살필 수 있는 시대에 살고 있다. 한편 우리의 발길이 닿는 곳마다 대개 유서 깊은 명찰名刹이 자리하고 있는데, 이들 이름 있는 절들의 법당 벽에는 열 폭의 소 관련 그림이 그려져 있는 것을 자주 접할 기회가 있었을 것이다. 그러나 신도들을 포함해 대부분의 방문객들은 이들 소 그림들이 무엇을 나타내고자 했는지는 별 관심 없이 피상적으로 이들 그림들을 감상하곤 했을 것이다. 특히 불교신자의 경우 같이 동행했던 비신자분들이 그림에 대해 설명해 달라고 요청하면 그 뜻을 잘 몰라서 당황해 한 경험들도 있었을 것이다.

사실 이 그림들은 '잃어버린 참나'를 '소'에 비유해 그 소를 찾는 과정을 비유적으로 그린 '십우도' 또는 '심우도'로, 여러 다른 종류의 십우도가 있는데 이 가운데 가장 대표적인 것이 중국 송나라 때 임제종 오조법연 선사 계보의 선승禪僧이었던 곽암사원廓庵師遠의 〈십우도〉다. 그리고 오늘날 널리 알려진 현존하는 〈십우도〉는 이 곽암 선사의 십우도를 바탕으로 하고 있으며, 그 구성은 선수행의 단계를 열 단계로 구분하고 각 단계마다 각각 한 개의 그림을 그리고, 각각에 적절한 소제목을 붙였다. 서(序 : 자원慈遠의 글로 추정)와 송(頌 : 곽원 지음)과 화(和 : 석고이石鼓夷 지음) 및 우(又 : 괴납련壞納璉 지음)로 이루어져 있으며, 서와 송만으로도 십우도를 그린 의도를 충분히 잘 드러내고 있다.

한편 일찍이 고故 종달 이희익 노사께서 간결하면서도 수행과정의 핵심을 잘 드러내고 있는 이 '십우도'의 유용성을 널리 알리기 위해 지난 1985년 〈깨달음에 이르는 열 가지 시리즈 : 십우도〉란 제목으로 십우도를 선지禪旨에 바탕을 두고 특히 '무無' 자 화두에 초점을 맞추어 선수행자들을 위해 명쾌하게 제창했는데, 그동안 절판되었던 것을 본인이 노사 특유의 어투와 가르침의 본뜻은 그대로 살리면서 새롭게 손질하였다.

참고로 본인의 경우 종달 노사 문하에 입문한 이래 선수행을 지속적으로 해 오면서 이 〈십우도〉를 수행의 지도地圖로 삼아 본인의 현 위치(수행 체험의 경계)를 기회 있을 때마다 늘 스스로 확인하는 데 요긴하게 활용해 오고 있다. '함께 더불어' 하는 삶을 지속적으로 살아가기 위해 선수행을 시작하고자 하는 분들이나 이미 수행하고 있는 분들에게도 이 책을 적극 권하는 바이다.

끝으로 이번에 경서원의 선의로 개정판을 내게 된 것을 선사先師이셨던 종달 노사님을 대신해 깊이 감사드린다.

檀紀 4336년(2003년) 1월 31일 선도회 제2대 지도법사 법경法境 박영재 합장

〈碧巖錄〉

(상아, 1988)

책 머리에

동양의 정화精華이고, 인류의 최대 사상 대계大系이고, 문화적 가치를 무한히 간직하고 있는 불교, 즉 선은 영구히 멸하지 않는 우주의 진리이다. 이는 보리달마를 통하여 중국에 전래하여 급기야 우리나라 및 일본에 전파되어 소위 극동 3국이 음으로 양으로 선의 영향을 만끽하고도 남음이 있었다.

더욱 요즈음 구미 각지에서 서점西漸하여 선풍禪風이 풍미하여 붐이 일고 있다 하니 크게 환영하는 바이다.

이 〈벽암록〉은 〈무문관〉을 본 다음에 보기로 되어 있으므로 선에 조예가 있는 사람을 대상으로 한다. 그래서 한자를 그대로 썼고, 또 한자가 많은 것이 특징이다. 이 점을 양해하여 주기 바란다.

〈벽암록〉의 내용은 설두雪竇 스님의 본칙本則(公案), 송고頌古 및 원오悟 스님의 수시垂示, 착어著語, 평창評唱의 5부로 성립되어 있으나, 여기서는 번잡을 피하여 〈벽암록〉의 안목이고 골자인 수시와 본칙 및 송고의 3대 요부要部만을 쓰고 필요에 따라, 착어와 평창을 인증引證하기로 했다.

선은 인생의 모든 방면에 있어서 문화적 향상 진보의 촉진제이고, 자극제이고, 또한 자양강장제라고도 할 만하다.

끝으로 내가 연로하여 집필하기 곤란한 터에 강원대 자연과학대학 물리학과 박영재 교수(法境居士, 8月에 한국과학재단 지원으로 뉴욕주립대에 1년간 연구차 도미, 현재 서강대 물리학과 교수)가 맞춤법을 바로잡아 주었고, 같은 대학의 신종원辛鐘遠 교수(일본 동경대학교 교환교수, 현재 한국학연구원 교수)가 한자 수정을 해 주어 탈고할 수 있었던 것에 깊이 감사드린다.

그리고 법근法根 거사(金珍泰, 오하이오주립대 장학생으로 유학 중, 현재 한국표준연구원 재직, 현재 개인 사정상 선도회 退會)와 동부인 법신法心 대자大姉 내외분의 재시財施를 비롯하여 선도회 회원들의 선의로 400부를 인수하여 전국 각 도서관에 기증하게 된 것을 법행法幸으로 높이 평가하는 바이다.

1988년 1月 宗達 李喜益

군더더기 : 참고로 엮은이가 강원대 교수 시절 종달 노사께서 점점 노쇠해 가시는 順世의 흐름 속에서 1983년 무렵 엮은이에게 더는 집필할 생각이 없으시다는 뜻을 밝히셨는데, 엮은이는 노사님의 건강을 위해서도 집필이 가장 좋은 방도라 판단되어 〈무문관〉과 쌍벽을 이루는 〈벽암록〉은 꼭 집필하셔야 한다는 간청을 여러 차례 드린 끝에 마침내 〈벽암록〉을 집필하시게 된 것이다. 사실 떨리는 손으로 원고지에 적으신 원고를, 엮은이나 신교수 둘 다 교육, 연구 등 여러 가지 일들로 시간에 쫓기는 와중에 교정을 해드렸기 때문에 손 볼 곳이 부지기수이나, 일단 화두 참구에 필요한 틀은 만든 상태이니 후일 다시 새롭게 출간할 예정이다.

〈이른 아침 잠깐 앉은 힘으로 온 하루를 부리네〉

종달 노사 입적 10주기 기념 발간/박영재 엮음 (운주사, 2001)

들어가는 글

이 책은 선도회 초대 지도법사이셨던 종달 이희익 노사의 입적 10주기 (2000년 6월 7일)를 기리기 위해 편찬하였으며, 모두 3부로 구성되어 있다.

제1부는 선도회 제2대 지도법사를 맡고 있는 엮은이가 종달 노사의 일대기를 중심으로 한, 선도회의 성립과정, 선도회 간화선풍의 핵심요체인 종달 노사의 가르침, 그리고 쏜살같이 흐르는 세월에 걸터앉아 세월을 자유자재로 부리며 살고 있는 선도회 법사들과 더불어 행한 지난 10여 년간의 선도회의 활동 등을 집필하였고, 제2부는 종달 노사 문하생들 가운데 〈무문관〉을 투과하고 재가에서 간화선풍을 일으키고 있는 선도회 법사들의 글과, 선도회에 입문해 현재 수행 중인 문하생들 및 입문한 지 얼마 안 된 초심자들이 간화선 수행을 통해 현 시점에서 각자가 뼈에 사무치도록 몸소 체득하고 느낀 점들을 모은 글들로 구성되어 있다. 그리고 제3부는 한국 재가선의 첫새벽을 여셨던 종달 노사께서 1884년에 쓰셨던 자서전 〈인생의 계단〉을 다시 편집해 수록하였는데, 민족의 격동기였던 1900년대의 어려운 시련 속에서도 어떻게 흔들림 없이 재가 수행자들을 위한 간화선풍을 일으키셨는지 그 파란만장한 일대기를 잘 엿볼 수 있다.

전체적으로 이 책은 바르게 간화선 수행을 지속했을 때 재가와 승가 및 남녀노소를 불문하고 누구나 체득할 수 있는 가능한 모든 상황을 진솔하게 있는 그대로 드러내고 있다. 따라서 오래 수행했으나 별 진전이 없는 분들이나 새로 선가禪家에 입문하고자 하는 다양한 직업에 종사하고 있는 분들 모두에게, 각자의 수행의 현 위치를 잘 파악할 수 있게 하며 이를 바탕으로 앞으로 어떻게 나아가야 할지를 분명하게 알 수 있게 하는 데 도움을 줄 것이다. 이것은 엮은이가 선도회 법사들 및 문하생들과 더불어 이 책을 엮은 목적이기도 하다.

부디 쏜살같이 흐르는 세월 속에 허송세월하지 말고 좋은 스승과 더불어 각자의 진면목을 그대로 드러내며 당당한 삶을 살아가기를 간절히 바라는 바이다.

끝으로 어려운 불교 출판 상황에서도 흔쾌히 출판 승낙 및 좋은 책이 나오도록 편집에 심혈을 기울이며 애써 주선 운주사 관계자 여러분께 진심으로 깊은 고마움을 드린다.

단기 4334년(2001년) 10월 무난헌無難軒에서 엮은이 거사 법경法境 합장

노사 입적 10주기에 사모님께서 선도회에 남기는 말

선도회 문하생들께.

세월은 유수 같다더니 이씨李氏 가문에 시집온 지 벌써 40여 년이 지났습니다. 30여 년을 선사禪師님의 뒷바라지로 지내다 보니 이제 저도 만년이 되었습니다. 선사께서 10년 전에 입적하시고 난 다음 사십구재를 치르고 선도회 문하생 10여 분이 우리 집에 모여서 앞으로의 선도회를 이끌어 나가는 계획을 논의하였었지요. 정말 감사할 일입니다. 말에 앞

서 실천이란 정말 어려운 일입니다. 그리고 벌써 10년이란 세월이 지났습니다. 우리 법경 법사님의 사명감과 책임감에 정말 누구 못지않게 감사할 따름입니다. 10년 동안 단 3번만 결석을 하였지요. 그것도 공적인 세미나 등으로 말입니다.

선사께서 입적하시기 전에 법경 법사께 선도회 지도를 맡아 달라는 부탁을 하셨지만 이렇게까지 지속하리라고는 믿지 않으셨을 겁니다. 그러나 우리 선도회가 점점 활성화되어 가고 있답니다.

그리고 매년 여름철에 하는 우리 회원들의 수련회와 서울 목동, 정릉, 광주, 성남, 서강대, 인천, 대전 등의 선도회 모임(분원)도 점차 활동 범위가 넓어져 가고 있습니다. 또한 우리 선도회 문하생들은 하나같이 가족 같은 마음으로 단합하며 성실하고 모범적입니다. 그리고 저에 대한 배려는 말할 수 없이 감사합니다. 10년 동안 저의 생활에 대한 후원을 해 주고 있답니다. 각박한 세상에 혈육도 못해 주는 일을 선도회 문하생들은 저를 친어머니 이상으로 염려해 주고 있답니다. 저로서는 정말 감사하고 죄스러울 따름입니다.

그리고 약속할 것이 있습니다. 별 재산은 없으나 아파트가 저의 명의로 되어 있습니다. 이 아파트가 재건축이 될 것입니다. 삼사 년 후에 입주하게 되면 선도회 앞으로 넘긴다는 공증을 할 것을 약속 드립니다.

제가 언제까지 생존할지는 모르지만 돌변突變으로 인하여 중병重病이라도 일어나면 다소 약속을 이행 못할 수도 있습니다. 그러나 돌변이 안 되도록 노력할 것입니다. 저의 법명(혜란慧蘭)은 선사님께서 입적하시기 전 마지막으로 지어 주신 것입니다.

2000. 9. 17. 혜란慧蘭 김순가金順可

노사 입적 20주기에 사모님께서 선도회에 쓰신 편지

— 선사님 20주기 추도일을 맞이하여

세월이 유수 같다더니 선사님 사후 벌써 20주년을 맞이하게 되었습니다. 무엇보다 선사님께서 법인체法人體를 설립할 것을 염원하시다가 뜻을 이루지 못하시고 떠나가셔서 안타깝게 생각하였습니다만은 선도회가 법사님들과 회원 여러분들이 모두 합심해 정성 어린 노력으로 2009년 8월 14일 사단법인 선도성찰나눔실천회로 새롭게 태어났음을 기쁘고 감사하게 생각합니다.

또한 법경 지도법사님의 헌신적인 노력으로 선사님 입적 이후 20여 년을 아무런 잡음 없이 선도회를 이끌어 주신 것에 대해 감사하며, 아울러 함께 동참해 주신 모든 법사님들께도 감사를 드립니다. 사실 선도회가 이만큼 발전한 것은 모두 이 분들의 덕분입니다. 아마도 선사님께서도 이를 기쁘게 생각하실 것으로 믿습니다.

끝으로 선도회가 선사님 입적 이후 변함없이 저를 물심양면으로 돌보아 주신 것에 대해서도 깊은 감사를 드립니다.

2010. 5. 8. 慧蘭 김순가 합장

군더더기 : 이 글은 종달 노사님을 한 평생 극진히 모셨던 사모님, 혜란 노대자老大姉님께서 선도회 문하생들에게 쓰신 감사의 뜻을 담은 편지글로 10주기에 쓰셨던 글에 이어 게재하는 것이 사모님의 뜻을 총체적으로 이해하기 쉽다고 판단되어 이 위치에 게재하였다. 참고로 사모님께서는 십 년 전 입적 10주기 때 선도회에 하셨던 약속의 후속 조치로 2009년 7월 선도회의 사단법인화 과정에서, 살고 계신 아파트를 사후에 선도회로 넘길 것을 공증하셨는데, 엮은이의 견해로는 이 공증 덕택으로 2009년 8월 14일 문화체육관광부로부터 '사단법인 선도성찰나눔실천회'로 인가를 받게 되었다고 판단되기에 선도회 회원 일동을 대신해 이 지면을 빌어 사모님께 다시 한 번 그 고마움을 밝히고자 한다.

언론에서 기술한 〈이른 아침 잠깐 앉은 힘으로 온 하루를 부리네〉

— 재가참선모임 '선도회' 역사 사상 담아

천주교에서 운영하는 서강대학교에는 매주 한 차례 참선모임이 열린다. 참선 지도법사는 서강대 물리학과 박영재 교수. 이 참선모임의 뿌리는 65년 선도회를 조직해 해방 후 한국에 재가선在家禪을 확립시킨 고故 종달 이희익 법사에 닿는다. 박 교수는 75년부터 이희익 법사 밑에서 15년간 간화선을 지도받고 이 법사 사후 선도회 제2대 법사로 그 맥을 이어가고 있다.

〈이른 아침 잠깐 앉은 힘으로 온 하루를 부리네〉(박영재 지음, 도서출판 운주사)는 이희익 법사에 대한 소개와 선도회의 가풍, 참선수행이 개인의 삶을 어떻게 변화시키는지를 보여 주고 있다.

일본 유학 중 간화선을 접하고 평생 참선수행과 참선의 대중화에 진력해 온 이희익 법사의 참선지도 방식은 독특하다. 그는 선종 최후의 공안집으로 일컬어지는 남송의 무문혜개 선사가 1700칙의 공안 가운데 48칙의 공안을 골라 뽑아 편찬한 〈무문관〉을 통해 문하생들을 지도했다. 이 법사는 문하생들의 근기에 맞게 공안을 한 칙씩 제창하고 그 진행 과정도 꼼꼼히 살폈다. 법사와 문하생이 일대일로 만나 '입실지도' 하는 이 방식은 선도회의 가장 핵심이다. 광주 모임을 이끌고 있는 김인경 조선대 교수는 이 입실지도에 대해 이렇게 말한다.

"일주일에 한 번씩 스승의 방으로 입실할 때면, 마치 온몸과 정신이 속속들이 발가벗겨지는 기분이 되는데, 반복되는 과정을 통하여 그동안 자신을 옥죄었던 온갖 욕심과 불안 열등감 등이 서서히 풀려나감을 느끼면서 같이 공부하는 이들이 그렇게 정답고 환하게 보일 수 없었다"

이희익 법사와 선도회는 중국 남송 시대에 확립된 간화선의 전통을 복원하여 재가자들에게 돌려주고 있는데 이 책은 '무' 자 화두와 '좌선' 그리고 지도방법인 '입실지도'에 대해 말하고 있다.

이 책의 제목 〈이른 아침 잠깐 앉은 힘으로 온 하루를 부리네〉는 '좌일주칠坐一走七', 즉 깨어있는 시간 가운데 8분의 1 정도 좌선을 하면 8분의 7에 해당하는 시간은 각자의 본업에 철저히 매진해 그 효용성을 극대화할 수 있다는 말이다.

저자인 박 교수는 8분의 1에 해당하는 하루 2시간씩 좌선을 하면 가슴에 맺혔던 모든 의심이 일시에 사라지고 늘 있는 자리에서 주어진 일에 충실할 수 있다고 말한다.

박 교수와 그의 스승의 참선수행법만으로도 이 책은 누구에게나 참선의 길에 들고픈 욕심을 내게 한다. 거기다 선도회 회원들이 참선수행을 하며 어떻게 인생관이 바뀌어 가는지 이들의 생생한 체험을 통해 써 내려간 수행기는 감동까지 자아낸다.

-〈불교신문〉朴富英 기자 (2002. 02. 15)

8. 선도회 간화선 읽기

아래 글은 전원 법사께서 남송 시대부터 활성화된 점검 체계의 전통을 이어받은 선도회에 입문해 치열하게 수행을 마치고 인가를 받은 다음, 세간에 떠돌고 있는 간화선에 관한 혼란스럽고 단편적인 이야기들을 접하고는 본인 나름대로 명확하게 밝히자는 동기에서 선도회 카페에 올렸던 글인데, 비록 선도회의 공식적인 견해는 아니지만 노사 20주기 기념집에 맞게 편집 정리하게 하여 이를 적당하다고 판단되는 이 위치에 게재하게 되었음을 밝힌다. 물론 선도회 회원들도 이 글을 바탕으로 간화선에 대해 각자 바른 견해를 세우는 데 크게 도움이 되리라 판단된다.

선도회 간화선 읽기

전원電元 조영준趙永俊 제천모임 법사/전 동아제약연구소 수석연구원

이 글은 2009년 8월 19일 현대불교신문에 실렸던 활안 스님의 '내가 만난 선지식, 법시사 편집장 이희익 대선사'에 대한 기사 내용 중 아래 대목을 보고 생각나는 바 있어 쓰게 되었다.

그의 모습은 일본 선종 그대로였다. 일본에는 임제종과 조동종 두 가지 선종이 주류를 이루고 있는데, 조동종은 위빠사나를 중심으로 한 묵조선默照禪이고, 임제선은 간화선看話禪을 배경으로 한 화두선이다.

2003년 화두 '날아가는 비행기를 멈춤'을 1년 만에 투과하고 이듬해 2004년 초 '공수파서두空手把鋤頭'라는 화두를 참구하고 있을 때였다. 안성 도피안사에서 철야용맹정진이 있어 참석하게 되었는데, 좌담회 중 필자는 "우리가 하는 선은 일본선이 아닙니까?"라고 법경 법사님께 물은 적이 있었다. 법경 법사님은 "검은 고양이면 어떻고 흰 고양이면 어떤가, 쥐만 잘 잡으면 된다."는 등소평의 정치 철학을 인용하시면서, "꾸준히 공부해 보시면 자연히 알게 됩니다."라고 말씀하신 것으로 기억하고 있다. 이때 내가 한 질문은 숭산 노사님의 '일본 선은 사다리선'이라는 말씀과도 연결되어 있어 항상 나에게는 의문으로 남아 있었는데, 위의 기사를 보니 문득 그때 생각이 나서 이 글을 쓰게 되었다. 그 동안 법경 법사님과 나눈 대화와 지금까지의 선공부를 바탕으로 5년이 흐른 지금 그 질문에 대한 답을 스스로 해 본다.

선도회 간화선 점검 체계

일본이라는 단어

아직 수행이 덜 된 탓인지 일본 하면 우선 부정적인 생각부터 든다. 일본에 가 보고 이런 선입견을 많이 수정하였지만 여전히 일본은 껄끄러운 아무래도 정이 안 가는 나라다. 한국인이라면 누구나 가지고 있는 피해의식 때문일 것이다. 그들이 대부분 앞서 있다 보니 그들의 기술을 도입하고 그들의 방식을 따라 하면서도, 과거에는 우리가 너희들보다 앞선 나라였었다는 허망한 자부심 때문이기도 하고, 항상 우위에 있었는데 어느 날 갑자기 추락한, 그리고 불행하게도 그 추락한 시기를 우리가 살고 있기 때문이기도 하다. 인간은 '위신'을 갈망한다고 하였다.[1] 사람들은 남보다 우월하다고 느끼고 싶은 욕망을 타고 났기 때문이다.

우리는 얼마 전 인공위성을 궤도에 올리는 데 실패했지만, 일본은 이미 1970년, 4번의 실패 끝에 인공위성을 쏘아 올렸고[2], 2007년에는 달 탐사 위성 '가고야'를 달로 보냈다. 일본은 이 가고야 위성을 통하여 자전 공전을 하는 달이 왜 항상 같은 면(옥토끼가 방아를 찧는 면)만을 지구를 향하고 있는지 밝혀냈고, 달 표면의 크레이터 수를 세어서 그럴 듯한 지구 생명의 우주기원설까지 일부분 증명해 냈다.[3] 그러나 역사적으로 보면 일본은 우리에게 오랫동안 내내 뒤져 있었는데, 문명의 변방에 있던 일본은 우리를 통하여 문물을 받아들여야 했기 때문이다.

그러나 중세 이후 일본은 세계 은 생산량의 절반을 차지하여 부를 축적하기 시작하였고,[4] 우리보다 서양 문물을 접할 기회도 많았다. 근대에 들어서 미국이 일본 근해의 고래를 잡아가기 위해 개항을 요구하는데, 오랜 세월 외세의 침략을 받지 않고 평화를 구가하던 절대 권력 막부가 한 번 겨루어 보지도 못하고, 미국 흑선 앞에 무릎을 꿇는 바람에 오히려 일본의 근대화는 더욱 빨라진다.

반면 우리나라는 조선 말 병인양요, 신미양요 등 두 번의 외침을 막아냈을 뿐만 아니라, 그런 굴욕을 용납하지 못하는 선비의 나라였고 명분을 지나치게 중시하는 성리학의 나라였다. 명분과 정권의 상관관계가 거의 없는, 칼이 곧 명분이며 무력이 곧 정권이었던 일본과는 근본적으로 다른 나라였다.⁵⁾ 이런 자신감은 척화비에 잘 나타나는데, '서양 오랑캐가 침범하는데 싸우지 않으면 화친이요, 화친을 주장하는 것은 나라를 파는 것이다. 나와 나의 자손들은 경계하라.'⁶⁾고 하고 있다.

그러나 19세기 중엽 열강은 발달한 문명과 과학기술, 그리고 군사력을 바탕으로 제국주의적 야욕을 드러내고 있었고, 이미 중국은 열강의 각축장이 되어 있었다. 머지않아 그 칼날은 조선을 겨누게 될 상황이었다.⁷⁾

당시 우리나라에도 선각자들이 없었던 것은 아닌데, 실학사상에 뿌리를 둔 개화사상이 박규수(朴珪壽, 1807~1877)에 의해 강위(姜瑋, 1820~1884), 오경석(吳慶錫, 1831~1879), 유대치(劉大致, 1831~?) 등으로 이어져 개화세력을 형성하였고, 1874년에는 개화당을 결성하고 자주적 근대국가의 기초를 마련하기도 하였다. 그러나 그들의 노력은 결국 실패로 끝나고 마는데, 개화사상이 아직 성숙하지 못한 상황에서 갑신정변을 일으켰고, 국왕을 인질로 삼는 등 너무 급진적이어서 개화에 찬성하던 온건개화파들까지도 등을 돌렸기 때문이다.⁷⁾ 갑신정변의 실패와 함께 19세기말 열강의 침탈에 맞서 싸워야 할 개화세력 또한 일시에 몰락하였다.

그러나 한편으로는 긴 세월 동안 우리 조상들이 누렸을 우월감에 비한다면 근대 우리의 불행은 잠시 걸음을 멈춘 정도에 불과하다.⁸⁾ 우리는 중국 황하문명(양사오 문화, 앙소仰韶 문화)보다 천 년이나 이른 요하문명(홍산 문화, 홍산紅山 문화)을 일으킨 민족이다.⁹⁾ 한반도로 내려와 자리 잡은 뒤로는 마한(영산강 지배세력)에 이어, 가야가 일본을 지배 경영하였고, 고구려와 백제도 오랫동안 지배계층을 형성하고 있었다. 더군다나 백제 무령왕이 일본 왜왕(일본 천황)이었다가 백제왕이 되었다는 데에 이르면 우리가 먼저 식민지 경영을 했었다는 역사적 사실 앞에 서게 된다.¹⁰⁾

임제선은 사다리선이다

한국에 들어와서 선공부에 열을 올리고 있을 때, 불교 수행을 소재로 한 TV 프로그램을 본 적이 있었다. 오래 되어 뚜렷이 기억이 나지는 않지만, 한국 조계종 참선수행 모습과 일본 임제종 간화선 수행 및 입실점검 모습, 그리고 선도회를 비롯한 재가자들의 선수행 모습, 그리고 선무도 등이 소개되었는데, 이 프로그램에서 숭산 노사님은 한국 조계종 간화선과 비교하여 "일본 임제종 간화선은 '사다리선'이다."라는 말씀을 하셨다. 필자는 그때 그 말씀을, 숭산 노사님이 일본의 선불교를 돌아보고 거기 선지식들을 만나본 체험을 통하여 느끼신 바를 피력하신 것이라고 생각했었는데, 나중에 알고 보니 '사다리선'이란 말은 실은 송대宋代 임제종이 조동종과 대립할 때부터 있었던 말이었다.

임제종은 조동종의 묵조선을 무위무사無爲無事의 외도선外道禪, 고목선枯木禪, 소승선이라고 비난하였고, 조동종은 간화선을 깨달음을 기대하는 대오선待悟禪이라고 비난하면서, 공안을 투과하고 또 다른 공안을 투과하는 간화선 교육과정을 사다리를 오르는 것과 같다 하여 제자선梯子禪(사다리선) 또는 학습선學習禪이라고 비난하였다.[11] 이런 묵조선과 간화선의 대립은 그 중심인물인 굉지정각宏智正覺, 1091~1157) 선사와 대혜종고(大慧宗杲, 1089~1163) 선사의 화해로 끝이 나고, 서로를 인정하게 되어 해피엔딩으로 막을 내린다.[12]

인도 불교가 중국에 전파되어 선종으로 선의 황금시대를 열고 오가칠종五家七宗으로 꽃을 피웠는데, 그 중에 임제종과 조동종만이 지금까지 남아 전하는 것을 보면 이들의 교육과정에는 타 종파와는 다른 특별한 부분이 있었음을 추측해 볼 수 있다. 특히 임제종이 성공을 거둔 이유는 무엇일까?

송대에 문자선[13]을 적극적으로 도입했던 종파는 임제종이다. 송대 선종의 여러 분파들 가운데 임제종이 가장 성공할 수 있었던 이유는, 바로 문자선을 적극적으로 도입하여 '공안수행'이라는 수행방법을 개발한 데에 있다. 공안수행은 운문종에서 개발되어 임제종에서 발전되었던 것으로, 염고拈古와 송고頌古라는 두 방식이 있다.

조사들이 공안집에서 어떤 어구를 골라 제자들로 하여금 반조하도록 한 것을 염고라고 한다. 염고를 한 후에는 스승과 제자가 고칙古則에 대한 그들의 반응을 주석과 함께 총괄했는데, 그것을 송고라고 한다.

이런 염고와 송고의 과정은 스승이 과거 조사의 말씀으로부터 문제를 제기하고, 그 다음 그것을 통해 깨닫게 된 것을 표현하기 위해 그것을 기리며, 동시에 이를 통해 다시 제자에게 깨달음을 일깨우도록 자극하는 방법이다. 이 방법은 분양선소(汾陽善昭, 947~1024) 선사로부터 원오극근(圓悟克勤, 1063~1135) 선사에 이르기까지 널리 유포되는데, 이를 비판하면서 새로 개발된 것이 대혜종고 선사의 '간화선법'이다.

이런 다양한 시도와 함께 여러 형식이 임제종의 황룡파와 양기파를 중심으로 발전하였는데, 이 형식들이 임제종을 송대 가장 유력한 선종 종파로 성장시킨 동력이었다.[14]

공안이나 공안에 등장하는 선문답은, 조사들의 깨달음의 순간을 보여주는 동시에 한편으로는 제자들을 깨달음의 장으로 인도한다. 그러므로 공안선은 제자에게 깨달음을 일깨우기 위한 역할과 깨달음의 경험을 촉진시키는 역할로서 개발되었는데, 다양한 경우의 수에 맞추어 다양한 공안이 활용될 수밖에 없었다. 이는 공안선이 유행하면서 〈벽암록〉 같은 공안집으로 결집되어 나타났고, 장단점이 보완되고 다듬어지는 과정을 거치면서 편집되어, '무'자 화두를 필두로 정리된 것이 선종 최후의 공안집, 〈무문관〉이다.

요약하면 공안을 투과하고 또 다시 다른 공안을 투과하는 간화선 교육체계는 임제종 간화선법의 특징으로 송대 등장하는 수행법이다. 또, 당시 임제종 간화선을 제자선, 즉 사다리선이라고 비난하였다는 것은, 공안을 투과하고 또 다른 공안을 투과하는 교육과정이 이미 보편화되어 있었다는 것을 말해 준다. 그리고 〈무문관〉이 선종서로 자리 잡으면서 당연히 공안에 대한 모범답안 또한 결집되어 마음과 마음으로 전승되었을 것이다.

무문관과 선도회 간화선

일본에 처음 〈무문관〉을 전한 이는 심지각심(心地覺心, 1207~1298)이다. 그는 일본의 여러 선승들에게 배운 뒤 입송하여 치절도충(癡絕道冲)에게 입문하는데, 이후 선지식을 두루 참알(參謁)하던 중, 무문혜개(無門慧開, 1183~1260) 선사를 만나 문답하다가 대오(大悟)하였다고 한다.[15] 이때 문답은 당연히 무문혜개 선사 본인의 저서인 〈무문관〉에 등장하는 화두들로 이루어졌을 것이라고 미루어 짐작할 수 있다.

한편 이색(李穡)이 쓴 태고보우(太古普愚, 1301~1382) 선사의 비문을 보면, 선사는 1,700 공안을 스스로 공부하고,[16] 호주 하무산(霞霧山) 석옥청공(石屋淸珙, 1272~1352) 화상에게 가서 보름간 머물렀다고 한다. 추측하건데 그 기간 동안 보우선사가 공부한 내용을 점검 받았을 것으로 보인다.

이렇게 공안을 통한 임제종 수행체계는 유학승들에 의해 우리나라와 일본에 유입되는데, 지리적으로 안전하고 정치적으로 비교적 큰 변화를 겪지 않았던 일본에는 고스란히 보존되어 지금에 이르렀다고 볼 수 있다. 선종의 핵심인 사자전승(師資傳承)의 심법이 종주국 중국이나 우리나라에는 남아 있지 않는데 일본만이 지키며 지금까지 전하고 있었던 것이다.[17] 중국은 이민족인 몽골(원)과 여진족(청)의 지배를 받게 되면서, 우리나라는 조선시대 불교가 변방으로 밀려나면서 사라지고 변질되었는데, 일제 강점기 일본 유학을 다녀온 후 일본 임제종 화산 노사 문하로 출가하신 종달 노사님을 통해 남송 시대의 간화선 점검체계는 선도회에 오롯이 전수된다.[18]

숭산 노사님의 공안집〈한 송이 꽃〉에는 우리나라 자생 화두와 더불어 300개가 넘는 화두들을 풀이와 함께 소개하고 있다. 그리고〈선의 나침반〉에는 10개의 화두를 제시하고 이를 다 통과하면 인가하신다고 공언하고 있다.[19] 종합해 보면 화두들을 광범위하게 공부하고, 마지막으로 10개의 화두로 점검하시고 인가하시겠다는 것으로 이해된다. 다시 말하면 사다리 제급梯級(사다리 계단) 숫자만 줄였을 뿐, 일본 임제종과 우리 선도회가 하고 있는 간화선 수행과정과 같은 유형의 교육과정이라고 할 수 있다. 결국 실재 지도과정은 임제종의 전통인 사다리 방식을 따르면서, 그 지도과정이 고스란히 체계적으로 남아 있는 일본 임제종 간화선 수행은 '사다리선'이라고 폄하하신 것이 되셨다.

우리나라 선종은 나름의 독특한 과정을 거쳐 오늘에 이르고 있고, 그 성격이 일본과는 차이가 존재한다고 하더라도 숭산 노사님이 제창하신 수행체계는 근본적으로 같은 것이라고 하겠다. 다만 말씀하신 의도가 수행방법에 국한하지 않고 전반적인 모습을 보고 말씀하셨을 것이라고 추측해 본다. 잘은 모르지만 일본 불교계가 체계적으로 잘 짜여 있어, 보는 이에 따라서는 사관학교 같다거나, 생동감이 떨어지고 권위적인 측면이 있다는 의견도 있을 수 있기 때문이다.

사다리는 높은 곳을 편하게 올라가게 한다. 대혜종고 선사는 '무수히 작은 깨달음과 열여덟 번의 큰 깨달음을 얻었다고 술회'하였는데, 이는 무수히 작은 계단을 올랐고 열여덟 번은 몇 계단씩 건너뛰어 대자유인의 경지에 올랐다고 비유할 수도 있겠다.[20]

참고로 법경 법사님께서 종달 노사님 입적 후 두 차례에 걸쳐 숭산 노사님과 독대하신 일이 있었는데, 이미 선도회에서 점검 받은 공안들의 경계를 대부분 똑같이 점검해 주셨다고 한다.[21] 이때 〈무문관〉 제14칙 '남전참묘' 공안의 점검과정을 통해 법경 법사님은 새롭게 깊은 통찰체험을 하며 다시 의심 없는 '평상심시도平常心是道'의 안목을 완전히 갖추게 되었다고 술회하셨다.[22] 법경 법사님과 숭산 노사님의 만남은 당, 송대 활발하게 이루어지던 입실점검 모습을 현대에 다시 보는 듯한 광경光景이다. 스승 문하에서 공부하여 인가를 받고 다른 선지식을 찾아다니며 진검 승부를 하는 선객의 모습이다. 자신의 깨달음을 확인 받기도 하고 또 새로운 깨달음을 얻기도 하는 그런 여정을 통하여 선종은 발전하였으리라.

숭산 노사님은 일본에서 홍법원을 개설하고 한국 최초로 해외 포교를 시작하셨는데, 이 때 일본의 여러 선지식들을 찾아다니며 선문답을 통하여 임제종 간화선을 접하셨고, 그때의 경험으로 일본은 '사다리선'이라고 간파하셨다고 볼 수 있다. 그리고 숭산 노사님은 임제종 간화선법을 완전히 체득 나름의 교육방법을 확립하셨고 인가과정도 세우셨다고 하겠다. 그러므로 현재 선도회 간화선법은 종달 노사 가풍에 숭산 노사 가풍까지 합류하여 이루어졌다고 할 수 있다.[23]

그럼 다음 '한국과 일본의 선종사 개관' 장에서는 한국과 일본의 선종사를 개관해 보고, 부족하나마 그 특징을 짚어 보려 한다. 중국 선종이 한국과 일본에 전해지는 과정과 그 전개를 살펴봄으로써 어떻게 현재의 모습을 갖추게 되었는지를 유추해 보고 현 선도회의 위치까지도 가늠해 보는 기회가 되었으면 한다.

한국의 선종사 개관

선종의 전래

불교의 전래[24]와는 다르게 선종은 신라인이 직접 중국에 가서 수선 전등해 오는데, 우리나라에 처음 선이 들어온 것은 28대 진덕왕(650년) 때로 중국 4조도신(四祖道信, 580~651)의 법을 받고 귀국한 법랑法朗 선사에 의해서다. 법랑의 제자 신행(信行, 704~779) 역시 중국에 들어가 신수(神秀, ?~706)의 제자 지공志空의 법을 받고 귀국해 지리산 단속사에서 화문化門을 연다. 이때가 36대 혜공왕 때인 765년이다.

그 이전에도 달마 대사의 〈이입사행론二入四行論〉이 원효(元曉大師, 617~686)대사의 〈금강삼매경론金剛三昧經論〉에 포함되어 있는 것이나, 중국에서 활약한 정중무상(淨衆無相, 684~762)[25] 선사가 혜능 이전 중국의 선종을 주도한 것을 보면 중국 선종과의 교류도 긴밀했을 뿐만 아니라 그 수준도 매우 높았음을 알 수 있다. 다만 무상 선사가 귀국하지 않은 것을 보면, 전래 초기는 정치적으로 호국불교의 성격을 띠고 있어 아직 선종을 받아들일 토양이 형성될 수 없는 상황이었음을 알 수 있다. 그러나 혜공왕 대 이후 선풍이 일기 시작하여 56대 경순왕에 이르는 약 200년간을 한국 선의 황금시대라고 할 만하다.[26]

선종의 전개

신라의 선을 산문선山門禪이라고 한다. 중국 선과는 달리 한국은 같은 계열의 법을 받아왔음에도 다양한 산문이 각각 독자적으로 개산입종開山立宗하였기 때문이다. 그리고 신라의 선을 '구산선문九山禪門' 이라고 정의하는데, 이 용어는 고려 시대에 생긴 말로 고려 중기까지 살아남은 선문을 말하고 있을 뿐이다. 신라시대에는 구산선문에 포함되지 않은 선문도 존재하였고, 고려시대에 개산된 선문도 포함되어 있기 때문이다.27)

신라의 선문은 크게 북산계北山系와 남악계南岳系로 나눈다. 이는 '희양산지선대사비명曦陽山智詵大師碑銘' 28)의 '북산의北山義 남악척南岳陟' 29)이란 기록에서 기인하는데, 북산계를 말하는 북산의는 설악산 진전사의 도의道義 선사를 말하고, 남악계를 말하는 남악척은 남원 실상사 홍척洪陟 선사를 말한다.27) 도의와 홍척은 함께 마조도일(馬祖道一, 709~788)의 제자 서당지장(西堂智藏, 735~814)에게 법을 이은 선사였으나, 신라 선에 미친 영향은 서로 달랐다.

도의 선사는 가지산에서 설악산 진전사陳田寺로 옮긴 후 15년간 나오지 않고 은둔생활을 하였는데, 그의 사상은 세속에 초탈한 선풍으로 선우위사상인 순선純禪으로 발전, 사굴산闍崛山 의 범일梵日 선사와 성주산聖住山의 무염無染 선사 등으로 이어져 북산계를 형성하였다. 반면 남악계 홍척 선사는 국사의 호를 받았을 뿐 아니라 흥덕왕興德王과 의강宜康태자의 귀의를 받는 등 지배적인 권위를 유지하며 도시 불교적인 성격을 띠었다. 선과 교학의 조화를 추구하였으며, 선을 현실 속에 토착화하려고 노력하여, 그의 사상을 융선融禪이라고 하는데, 동리산桐裏山의 도선道詵 선사와 쌍계산雙溪山의 혜소慧昭 선사 등으로 이어져 남악계를 형성한다. 이런 경향은 후에 우리나라 불교계의 두 줄기의 큰 흐름으로 발전하는

데, 융선 사상은 고려사회에 영향을 끼쳐 선교 쌍립시대를 열었고, 순선은 조선시대 조사선풍으로 이어져 한국 선종의 주류를 형성하였다.

고려시대는 선과 교가 회통하는 시기로 신라에 없었던 천태종天台宗이 성립되어 조계종曹溪宗과 천태종의 선교양종禪敎兩宗의 체제가 갖추어진다.30) 산문을 중심으로 발전한 신라의 산악불교가 고려에 오면 도시불교화하는데, 초기 호국신앙이 계승되어 국가의 안녕과 복을 비는 법회가 빈번하게 개최되었고, 외적의 침입을 부처님의 가피력으로 물리치기 위해 대장경도 판각되었다.

선과 교가 함께 화회和會하는 과정은 후삼국을 정신적으로 통일하는 작업의 하나이기도 하였다. 이념통일에 부심했던 의천義天이 송으로부터 천태종을 가지고 들어와 송도松都에 국청사國淸寺를 창건하고 구산선문 중 오대 산문을 천태종으로 통합하여 독자적으로 승과를 실시하는 등 산문선의 승려들을 통합하려 하였다.31) 이 움직임은 당시 선승에게 영향을 주어 선의 입장에서도 선교화하려는 움직임이 일어, 보조지눌(普照知訥, 1158~1210)의 정혜쌍수定慧雙修 사상으로 나타났다.

지눌의 선은 그 제자 혜심(慧諶, 1178~1234)에 이르러 기본사상이었던 화회사상보다는 지눌사상의 일부였던 경절사상徑截思想만을 강조하여 간화일변도看話一邊倒의 전통으로 변하는데, 이 영향으로 조선시대의 선풍은 경전이나 문자를 경시하는 경향을 띠게 된다. 물론 조선시대에 교학을 중심으로 하는 사상이 전혀 없었던 것은 아니지만 교외별전敎外別傳의 조사선풍이 강했던 것은 확실하다.

한편, 고려 말에는 선의 우위성을 너무 강조한 나머지 실천적 이론을 모색하게 되었고, 천책天頙은 〈선문보장록禪門寶藏錄〉에서 다른 나라에는 없는 진귀조사眞歸祖師를 등장시켜 조사선을 부각시키려고 노력하였다.

진귀조사가 석가를 대오철저大悟徹底시켰다는 지금 보면 다소 허황된 이야기를 유포시켜, 석가가 조사와 다르지 않다는, 나아가서는 부처와 중생이 다르지 않다는 발상에서 출발하는데, 부처와 범부를 동일한 위치에 두었다는 데에는 의미가 있었지만 폐해도 적지 않았다. 이 사상은 서산대사의 〈선교석禪敎釋〉으로 강조되기도 하였고, 조선 후기 백파긍선白坡亘璇의 〈선문수경禪文手鏡〉에도 나타나 150년간의 선문논쟁으로까지 이어진다.32)

조계종의 성립

보조국사 지눌은 조계산曹溪山 수선사修禪社를 중심으로 정혜결사定慧結社를 결성하여 새로운 선풍을 일으킨다. 수선사(지금의 송광사)를 중심으로 한 정혜결사 운동은 고려 후기의 선을 크게 부흥시켰으며, 특히 그의 삼문三門33)에 의한 독창적인 선사상은 당시 서로 대립해 있던 선과 교를 서로 융화시키는 역할을 하였다.

지눌은 처음 〈육조단경六祖壇經〉에 의하여 뜻을 체득하였으며, 뒤에 〈대혜어록大慧語錄〉을 보고 안목이 열렸다고 한다. 이는 멀리는 〈육조단경〉을 스승 삼고 가까이는 〈서장書狀〉으로 벗을 삼아 조계와 대혜의 심법을 스스로 발견하여 그 마음을 전했다고 할 수 있다.34) 그러므로 지눌의 자각의 체험은 교재를 통해서 이루어졌지 중국 선종을 직접 가서 수선 전등하지는 않았다.

지눌의 사상체계는 서로 모순되어 보이기도 하는데35), 〈정혜결사문定慧結社文〉, 〈수심결修心訣〉, 〈간화결의론看話決疑論〉 등이 〈대정신수대장경大正新修大藏經〉에 수록될 정도로 그의 사상은 우리 불교사에 우뚝하다. 지눌의 선풍은 이후 조계산 수선사 진각眞覺국사 혜심으로 이어져 16명의 훌

룡한 국사를 배출하는 등 오늘날 송광사가 승보사찰로서 승가 교육과 수행의 전당이 되는 계기가 되었다. 혜심은 그때까지 존재하는 모든 공안들을 모아 1226년 30권에 달하는 선문공안집 〈선문염송禪門拈頌〉을 펴낸다. 〈선문염송〉은 현재 조계종 공식 선공안집이다.

태고보우 선사는 임제의 18세 법손法孫인 석옥청공 선사로부터 법을 받아 왔고, 이 법은 환암幻庵, 구곡龜谷, 벽계碧溪, 벽송碧松, 부용浮蓉으로 이어져, 현재 한국의 승려들은 부용의 두 제자인 청허휴정(淸虛休靜, 1520~1604)과 부휴선수(浮休善修, 1543~1615)의 법손이라고 할 수 있다.36) 태고보우 선사와 동시대의 인물로 임제종의 법맥을 이은 승려로는 백운경한(白雲景閑, 1299~1374)과 나옹혜근(懶翁惠勤, 1320~1376)이 있었는데, 경한 선사는 무심선無心禪을 제창하였고, 세계 최초의 금속활자본으로 알려진 〈불조직지심체요절佛祖直指心體要節〉을 저술하였다.

정리하면 보조지눌이 선풍을 일으켜 조계종의 기초를 세웠지만, 태고보우와 백운경한, 나옹혜근 등 중국 유학승이 임제종을 실제로 전한 것으로 되어 있다. 그리고 조선시대를 거치면서 그 명맥이 희미해진 것을 근세 경허 선사에 이르러 다시 일으켜 세웠다고 하겠다.37) 그러나 경허 선사가 한국 선불교의 중흥조로 추앙받고는 있지만, 깨닫고 나서 나는 스스로 깨달았다고 하셨으니,38) 성철 스님의 논리로 엄밀하게 따지면 중국 임제종이 아닌 새로운 '한국 토종선'의 탄생이라고 할 수 있겠다.

그러므로 성철 스님이 〈한국 불교의 법맥〉에서 밝힌 한국 조계종의 법맥은 역사적으로 그렇다는 것이지, 실제로 그 심법까지 직접이었는지는 의문이다. 중국 임제종 법맥을 이은 태고보우를 종조로 내세우고 있기는 하지만 경허 선사도 성철 스님도 스승 없이 스스로 깨달았다고 말씀하셨기 때문이다. 보조지눌이 실제 유학파가 아니어서 임제종 종통이 아니라고 한다면 성철 스님도 스스로 깨달았으므로 임제종 법맥이라는 주장은 할 수 없게 된다. 그리고 임제종 간화선의 수행체계 또한 전해져 내려오지 않았다는 것을 미루어 짐작할 수 있다.

근대 한국 불교

조선시대 불교는 '승과의 폐지'와 '승니의 도성출입금지' 등으로 지속적인 이데올로기적 탄압을 받았다. 이런 사회적 억압과 천시는 출가자의 급감으로 나타났고, 자연히 승려의 수준 또한 저하시키는 결과를 가져왔다. 교학의 부진, 교단의 쇠퇴 등으로 말미암아 상층사회에 포교의 기반을 잃어버리고, 그 대신 일반 민중을 대상으로 한 의례불교만이 남아 성행하였다. 조선 중기에 이르면 교단자체가 해체되는 상황으로 이어지는데, 그 결과 여말선초 10만 명에 달하던 승려 수가 1909년에 이르면 6천 명이 채 안 될 정도로 급감하게 된다.[39]

19세기에 들어서면서 추사 김정희에게서 비롯된 거사불교의 흐름이 개화사상가에게 이어지고, 개화사상과 더불어 유교를 대신하여 불교가 부각되면서 종단조차 없이 명맥만을 유지하던 불교계는 은둔에서 벗어나 개혁과 개화를 고민하게 된다.[40] 출가 수행자에게는 봉건왕조를 청산하고 나라를 근대화하는 길이 바로 불교의 혁신이요 도약이었고, 결정적으로 1895년 시행된 도성출입 금지의 해금은 한국 불교의 부활을 의미하였다. 그러나 불행하게도 이런 역사적 특수성은 일본제국주의의 국권침탈을 도리어 불교 중흥의 계기로 받아들여, 식민지 시기 급격히 친일화하는 경향으로 나타났다.[41]

일본은 본격적인 조선 침략에 앞서 일본에 대한 적대감을 무마시키고자 일본 불교를 적극적으로 활용하였는데, 그 정책에 호응하여 1876년

강화도조약 이후 진종 대곡파와 일련종을 필두로 일본불교의 주요 종파들이 경쟁적으로 조선 포교에 나서게 된다.[41] 이후 정토종, 조동종, 임제종 등이 가세하여 1910년 한일 합병 시 이미 68개 소의 각 종파의 포교소와 출장소를 한국에 둘 정도로 다양한 종파가 활동하고 있었다. 일본 원종과 조동종 등은 한국 불교를 그들과 통합하려는 시도도 하였는데, 이에 자극 받아 석전 스님과 만해 스님이 한국 불교는 임제종 정통이라 통합할 수 없다는 '임제종 운동'을 벌이기도 하였다.

일본 불교계는 한국에서 조선시대부터 존속하였던 '승려의 도성 출입 금지'를 없애는 데 기여하는데,[42] 물론 근대화한 일본 불교가 한국 침략의 한 방편으로 포교에 힘을 기울였고, 그 연장선상에서 도성 출입 해금의 건의도 이루어졌다고 보겠다.[43] 그러나 일본 불교의 진출은 우리 불교를 발전시키려는 인도적인 측면도 있었고, 자각하는 계기를 준 면도 없지 않았다.[44]

해방 후에는 제국주의 일본에 동조하여 민족의식을 저버렸다는 반성과 함께 왜색 불교를 청산해야 한다고 일본 것이라면 무조건 배척하였다. 이런 상황에서 대처 비구의 싸움 등 혼란이 야기되었고, 많은 학승들이 쫓겨나고 일본에서 출가하고 배운 승려들은 자신의 과거를 감추어야 했다.[45] 효봉 스님을 길러 낸 석두 스님이 당시 선지식으로 이름이 높았는데, 대처했다는 이유로 해방 후 그 이름조차 거론되지 않는 것을 보면 그때의 분위기를 대강 짐작할 수 있다.

만해 한용운도 독립운동가로만 잘 알려져 있지 그가 〈조선불교 유신론〉이나 재래식 경전을 현대식으로 바꾼 〈불교대전〉을 써서 조선 불교를 개혁하려던 스님으로서의 업적은 잘 알려져 있지 않다. 그가 일본에 다녀온 후 말년에 '승니의 가취(嫁娶)'라는 글을 쓰고 대처하였다는 이유로 비판만 하였지 그의 업적은 조명하려 하지 않기 때문이다. 기존 종단을 정화한다고 종조로 모시던 태고 보우를 조계종은 보조 지눌로 바꾸고 태고사를 조계사로 명칭을 변경하였는데46), 만암 스님 같은 분은 환부역조換父易祖라고 하시면서 반대하시다 종정 직에서 물러나기도 하셨다.

일본 학자 충본극기沖本克己는 한국불교의 특징을 유학승에 의해 전해져 뿌리내린 구산선문의 다양한 불교 형태가 비교적 큰 변화 없이 유지 보존되어 현대에 이르고 있다고 보았다. 나아가 한국의 선종을 관찰함으로써 당나라 시대의 선의 양상을 추측할 수 있다고 하였다.47) 단편적인 이야기로 치부할 수도 있겠지만 시사하는 바가 크다. 오랫동안 정체되어 있는 우리나라 불교의 단면을 말해 주고 있기 때문이다. 실제로 우리나라 불교는 구산선문의 선풍과 더불어 보조지눌의 선풍도 희미해져 수행의 구심점을 잃고 인도 티베트 불교 등이 유행하는 등, 좀 심하게 얘기하면 중국 선종형성기의 모습을 보이고 있는 측면도 있다.

일본의 선종사 개관

선종의 유입

일본의 불교사는 고대불교, 중세불교, 근세불교로 나눈다. 일본의 경우 교는 우리나라로부터 549년에 전해졌고 선은 1130년경이 되어서야 널리 알려지게 되는데,48) 본격적인 선종의 유입은 중세인 가마쿠라시대49)에나 이루어진다.

그 이전에는 도소(道昭, 628~700)가 처음 선을 전했고, 최징(最澄, 766~822)은 우두선을 들여오는데, 중국 선승의 도래도 이루어져 도선(道璿,

702~760)이 처음으로 신수의 북종선을 일본에 전하였고, 마조도일 계열의 의공義空이 남종선을 전하였다. 그 뒤 각아(覺阿, 1143~1182)가 송에 가서 임제종 양기파 불해혜원佛海慧遠의 법을 받아 귀국하여 선을 전하였고, 대일능인大日能忍은 서면으로 임제종 대혜종고의 법을 전수받은 후 일본 달마종을 개창하기도 하였다.

그러나 이때는 아직 일본 불교가 성숙기에 이르지 못해서 선종을 잘 이해하지 못하던 시기였다. 교리에 의존하지 않는 선불교를 이해하려면 교학수준이 높아져 불교사상이 성숙해질 시간이 필요하였다.

임제종의 전래

우리나라에서 신라 구산선문이 쇠퇴한 뒤 보조국사가 정혜쌍수의 선풍을 회복하는 시기에 이르러, 일본은 임제선의 개조인 명암영서(明菴榮西, 1141~1215)가 임제종 황룡파의 법맥을 계승하고 1191년 귀국, 본격적인 선종 시대를 연다. 영서는 귀국 후 절을 짓고 선원청규를 실시하는 등 임제선을 알리려고 노력하였으나 천태종의 저지운동에 부딪혀 가마쿠라로 쫓겨 가게 되는데, 황실 중심의 천태종에 대해 반감을 가지고 있던 가마쿠라 막부는 새로운 불교인 선종을 적극적으로 받아들인다. 당시 일본은 미나모토노 요리토모50)가 중앙귀족과 지방무사의 지지를 업고 정권을 장악, 1185년 가마쿠라에 막부정권을 수립한 뒤였다.

이 시기 우리나라에도 최씨 무신정권武臣政權이 들어서는데, 의종 24년(1170)부터 원종 11년(1270)까지 100년간 지속된 데 반해, 일본은 약간의 출입이 있었지만 명치유신 전까지 680년간 막부시대를 유지하게 된다. 이는 선불교의 지속적인 발전으로 이어지게 되는데, 불립문자를 주장하는 선종의 가르침과 무사도가 상통하는 점도 있었고, 중앙귀족 문화에 열등감을 느끼고 있던 무사들이 선과 같이 들어온 차 문화 등 선불교 관련 문화에도 열광하였기 때문이다.[51] 또, 일본은 과거제도가 없었기 때문에 지식이 풍부한 승려가 없으면 외교문서조차 작성할 수가 없어 자연스레 파트너십이 형성되었다.

당시 일본은 중국에 갔다 오지 않으면 인정받지 못하는 경향이 있었기 때문에 명암영서의 제자 원이변원(圓爾辨圓, 1202~1280)도 입송하여 임제종 양기파인 무준사범無準師範의 법을 받고 1241년 귀국한다. 그는 순수한 간화선보다는 염불, 참선, 천태, 밀교 등 겸수선을 가르쳤는데, 이는 아직 순수선을 받아들일 토양이 부족한 당시 상황을 대변하고 있다고 하겠다. 그는 일본 최초로 성일국사聖一國師라는 국사호를 받았으며 임제선을 번성하게 하는 데 크게 공헌한다.

심지각심도 입송하여 무준사범의 제자인 치절도충에게 입문하고, 1253년 무문혜개 선사(당시 71세)로부터 인가를 받는 등 선지식을 두루 참알했을 뿐만 아니라 귀국길에 선종서인 〈무문관〉(1228년 간행)을 들고 들어와 겸수선의 법등파法燈派를 일으킨다. 앞서 언급하였지만 이때는 이미 〈무문관〉 공안을 통한 간화선 수행체계가 확립되어 책과 더불어 점검체계 또한 전해졌을 것은 자명한 일이다.

한편 원이변원의 법제자인 무관보문(無關普門, 1212~1291)은 남선사南禪寺를 개창하여 임제선의 위상을 한층 높였다. 당시는 천태종의 영향으로 경도에 선찰을 건립하기가 쉽지 않았는데 황실과 막부의 후원을 받으며 선종 사찰이 건립되었다는 것은 의미 있는 일이었다. 또 황실은 경제적인 후원 약속과 더불어 국적, 문벌, 법계에 관계없이 유능한 주지를 선출해 줄 것을 불교계에 당부하였다. 이를 '십방주지찰제十方住持刹制'라고 하는데, 이로서 남선사의 주지가 되는 것이 최고의 영광으로 여겨지게 되

었다.52)

　무관보문의 조카이기도 한 남포소명(南浦紹明, 1235~1308)은 25세에 송에 가서 양기파인 허당지우虛堂智愚의 시자로 있다 법을 받고 33세에 귀국하였다. 남포소명의 제자로는 대덕사大德寺를 개창한 대등국사大燈國師 종봉묘초(宗峰妙超, 1282~1337)와 묘초의 제자 관산혜현(關山慧玄, 1277~1360)이 있었는데, 관산혜현은 묘심사妙心寺를 개창하였다. 이들 남포소명, 종봉묘초, 관산혜현 3대를 응등관應燈關이라고 하며 임제종 대응파大應派라 불리는데, 이 법맥은 일본 임제종의 중흥조인 백은혜학(白隱慧鶴, 1685~1768)을 거쳐 오늘날까지 임제종의 정통 명맥을 이어 오고 있다.

　덧붙여 종달 이희익 노사님은 이 계열의 남선사파 법맥을 이으셨는데, 노사님의 스승인 화산대의華山大義 선사는 묘심사파 경성별원 주지와 남선사파南禪寺派 관장管長53)을 지내기도 하셨다. 참고로 오늘날 일본 임제종은 해외 관련 사항들은 모두 묘심사파가 총괄하고 있다.

　임제종 대응파 계통인 대덕사파와 묘심사파는 교토(Kyoto, 경도京都)에 위치하면서도, 권력을 멀리하고 순수선을 지키기 위해, 황실이나 막부의 외호를 받는 오산파五山派에 속하기를 거부하였다. 특히 묘심사파는 오산에 속하지 않았기 때문에 관세를 큰 수입원으로 하던 막부와는 관계가 좋지 않아, 응영의 난(1339년)54)을 계기로 일시 폐사되기도 하는 등 수난을 겪기도 하지만, 그 순수성 때문에 지금은 임제종을 대표하는 총본사를 유치하고 있으며 전국에 3,600여 개가 넘는 말사를 거느리고 있다.

조동종의 전래

　조동종 개조인 희현도원(希玄道元, 1200~1253)은 14세에 계를 받고 히에이산比叡山에서 천태학을 공부하다 건인사建仁寺 명암영서의 제자가 되는데,

영서의 입적 후에는 영서의 법사인 불수명전(佛樹明全, 1183~1225) 문하에서 9년 동안 삼장과 현밀을 두루 공부한다. 24세 때인 1223년에는 명전과 더불어 입송하여 천동산天童山 경덕선사景德禪寺에서 임제종 대혜파인 무제료파無際了波의 문하에 입문하여 선을 배우는데, 이후 구도의 길에 올라 여러 곳을 순례한다. 순례에서 돌아오니 조동종 운거파雲居波 장옹여정(長翁如淨, 1163~1228)이 무제의 뒤를 이어 경덕선사의 주지가 되어 있었는데, 여정에게 입실을 허락받고 더욱 철저히 수행하여 인가를 받는다. 이후 여정의 문하에서 2년간 더 오후悟後 수행을 한 후, 1227년 27세의 나이로 조동종 여정의 법을 계승하여 귀국, 일본 조동종의 개조가 된다.

그는 수많은 저술을 남겼다. 그중 〈정법안장正法眼藏〉은 분량 면에서나 내용 면에서 타의 추종을 불허하는 불후의 명작이다. 도원은 초기 영서의 문하에서 임제선을 배웠으나 송에 가서는 조동선을 수선하는데, 그래서인지 순수선을 주장하였지 종파에는 구애받지 않았다. 그는 좌선을 중시하였으며 수행과 깨달음을 하나로 보았다.

> 수행과 깨달음을 하나가 아닌 별개의 것이라고 생각한다면, 이것은 외도의 가르침이다. 불법에서는 수행과 깨달음이 하나라고 말하고 있다. 즉 수행이란 깨달음 분상의 수행이기 때문에 처음 발심이 곧 본래의 깨달음의 전체이다. 이러한 뜻에서 수행으로 정진해도 수행 이외의 별다른 깨달음을 기대해서는 안 된다. 수행하는 바로 그 자리에 깨달음이 있기 때문이다. 수행이 곧 깨달음이기 때문에 깨달음에는 끝이 없으며, 깨달음이 곧 수행이기 때문에 수행에도 시작이 없다.('변도화辨道話'〈정법안장〉55)

일본 조동종은 도원의 순수선을 기반으로 발전하였으며, 일본 조동종의 태조라고 불리는 영산소근(瑩山紹瑾, 1268~1325)에 이르러 도원선의 민중화를 이루고 교단을 중흥시킨다. 소근은 1321년 진원종의 율원인 제악사諸嶽寺의 주지 정현에게 영접되어, 이 절을 선원으로 바꾸고 이름을 총지사總持寺라고 고쳐 개산 첫 주지가 된다.56) 총지사는 무라마치 시대 도원의 영평사永平寺와 함께 조동종의 총본사가 되었으며, 출가자 중심의 영평사 세력을 압도하였을 뿐 아니라 조동종의 교세를 전국적으로 확산시키는 역할을 하였다.

선종은 무사들과 밀착하여 발전하였다. 임제종은 경도를 중심으로 막부의 신망과 외호로 전파되었고, 조동종은 지방의 무사들 사이에서 그 세력을 넓혀 간다. 임제선은 장군을 정점으로 하는 중앙의 지배층에 세를 가진 반면, 조동선은 지방의 영주층, 하급무사 농민 등 피지배층에 퍼져 나가, 임제장군, 조동토민이란 말이 있을 정도였다.57)

선종의 영향

중국 송대 사대부는 높은 문학적 소양을 바탕으로 선종사상 문헌 정리 및 주석 작업에 참여하는데,58) 이들의 전통은 일본에도 전해져, 일본에 오산파를 중심으로 오산문학五山文學을 출현시키며 고도의 생활문예로서 일본사회에 정착하였다. 이는 다방면으로 전파되어 문학, 예능, 수묵화, 건축, 정원, 다도, 화도 등 생활문화 전반에 영향을 준다. 차이라면 과거제가 없는 일본은 선을 바탕으로 한 선승들이 송대 사대부의 역할까지 도맡아 모든 면에서 선향이 물씬 배어 나온다는 것이다. 이들 선을 바탕으로 한 고도의 정신문화는 현대 일본을 대표하는 관광 상품으로 자리매김하였다.

한편 막부의 적극적인 선종 수용은 정치적으로도 나타나 일본은 2차례에 걸친 몽골의 침입을 선의 힘으로 물리친다. 쇼군의 섭정이었던 북 조시종59)은 일찍부터 중국 선사인 난계도륭(蘭溪道隆, 1213~1278)과 대휴정념(大休正念, 1215~1289)을 초청하여 참선을 배웠고, 선을 신봉하여 1282년 송의 선승인 무학조원(無學祖元, 1226~1286)을 초빙, 엔각사円覺寺를 건립하였다. 그는 중국 선사들로부터 원元에 대한 정보도 수집하고 조언을 구하기도 하면서, 선수행을 바탕으로 "주종관계를 맺지 않으면 일본을 공격하겠다."는 원의 위협을 대담하게 물리치고, 해안에 성을 쌓는 등 몽골의 침략에 철저히 대비, 몽고군을 두 번이나 막아 냈다.60)

이를 두고 일본 학자 죽내도웅은 일본 선종사뿐 아니라 삼국 선종사 전체로 보아서도, 국가 비상 시 선이 이토록 훌륭하게 발상된 경우는 유래가 없었다고 평가하고 있다. 물론 지리적인 이유가 컸겠지만, 일본 무인정권은 선을 바탕으로 총력을 기울여 몽고와의 전쟁을 승리로 이끈 반면, 우리나라는 삼별초만이 끝까지 몽고에 대항하였을 뿐 몽고침략을 교종인 팔만대장경의 주조로 대응하였다.

일본 선종의 특징

가마쿠라시대 이후 일본에 선이 전파된 횟수는 총 46회였고, 이중에 법맥이 이어져 일본에 뿌리박은 종파는 24개 파라고 한다. 이 중 유학승에 의한 것이 11개 파이고, 도래승에 의한 것이 13개 파인데, 조동종이 3개 파이고 나머지는 임제종이다. 일본은 이들이 일본선의 골격을 형성하고 있어 선종의 기본적인 성격은 도래渡來불교이다.61) 그 중 일본의 임제선은 유학승에 의한 능동적인 선과 중국에서 건너온 도래승에 의한 수동적인 선이 조화를 이루며 발전하였는데, 전자는 겸수선으로 후자는 순수선으로 서로 교류하면서 일본선의 황금기를 현출한다.

일본에 도래승이 많이 유입되어 선종이 대량 전파된 데는 정치적인 측면이 큰데, 중국에 원나라가 들어설 때 갈 곳이 없어진 남송 승려가 지리적으로 안전한 일본에 유입되었고, 명의 몰락과 더불어 명의 승려도 유입되었다. 그리고 조선의 개국과 더불어 고려승과 불교의 인적 물적 자원의 유입도 이루어진다. 에도시대에는 명나라의 은원융기(隱元隆琦, 1592~1673)가 일본불교계의 간절한 청원으로 일본에 와 황벽종의 개조가 되는데, 그가 머물렀던 황벽산 만복사는 이후 중국 선승을 주지로 초청하는 관례를 오랫동안 유지하기도 하였다.

우리나라는 고려시대에 들어오면서 중국 선종과의 교류가 급격히 줄어들다 결국에는 단절되고 마는데, 일본은 1185년 가마쿠라 시대 이후 계속해서 중국 선종이 유입되었고 또 긴밀하게 교류도 이루어진다.

불교의 근대화

근세에 들어 서구열강에 유약하게 대응한 막부가 무너지고 명치천황의 시대를 맞이하게 된다. 이에 막부시대가 열리면서 발전한 선종 또한 막부와 더불어 추락하게 된다. 반막부 세력은 명치明治 원년(1868) 3월 17일 왕정복고를 선언하면서 신불분리神佛分離를 법제화하였으며, 28일에는 신사에서 불상이나 불교적인 요소를 추방하였다. 신도를 국교화하고 천황을 신격화하면서 일본 선종은 배불훼석排佛毁釋으로 30% 이상의 사원이 파괴되고, 토지는 환수되었으며 승려들을 환속시키는 대법난을 겪게 된다. 그리고 명치 5년 1872년에는 승려의 결혼, 유발 등을 자유화하는 포고가 있어 이를 계기로 재가불교로서의 근대불교가 시작된다.[62] 우리가 일본 불교하면 대처를 연상하는데, 이는 명치 이후의 변화이다. 명치 이전에는 일본 불교도 한국 불교와 마찬가지로 비구들의 불교였다.

일본 불교계는 이러한 위기에 대처하여 이후 승려들의 잘못된 폐단과 구습을 쇄신하자는 불교부흥운동이 일어나, 체재정비와 교육기관의 설립 등 근대화를 추구해 나가면서 한편으로는 정부의 정책에도 협력한다. 서양의 근대교육을 배경으로 종문宗門학교의 건설이 추진되는데, 조동종은 1876년에 설립된 동경의 조동종 청송사靑松寺에 있던 전문학교가 1905년 조동종대학이 되었고, 임제종은 1903년 화원학림花園學林을 설립하는데 1911년에 임제종 대학(현재 화원대학花園大學)이 되어63) 서양의 인문과학처럼 선의 연구가 활발하게 이루어진다.

명치 이후 아카데미즘을 도입한 현재 일본은 자타가 공인하는 불교 종주국이 되었다. 〈조선왕조실록〉을 보면 일본은 기회 있을 때마다 〈고려 대장경〉을 보내 줄 것을 요청한 기록이 나오는데,64) 근대에 들어와서 일본은 이 팔만대장경을 저본底本으로 삼아 명치연간에 〈축쇄장경〉을 간행하였고, 대정大正연간에는 거의 모든 경전들을 망라한, 지금 세계적인 정전으로 불교학계에서 활용되고 있는 〈대정신수대장경〉을 펴낸다. 1935년부터 1941년 사이에는 팔리어 경전을 일본어로 번역한 〈남전대장경〉이 간행되었다. 경전 간행뿐만 아니라 불교 연구도 활발하게 이루어져, 석지현 스님이 〈벽암록〉 해설서를 쓰면서 '주석서는 중국과 우리나라에는 거의 없고 일본에만 집중적으로 있는데 50종이 넘는다.'라고 하셨을 정도다. 그리고 서양에서 선으로 대표되는 젠Zen 역시 스즈키 다이세쓰(鈴木大拙, 1870~1966)65)의 영문 선학논문집, 'Essay in Zen Buddhism'에서 비롯하였다.

얼마 전 KBS에서는 중국 남종선의 원천을 제공한 정중무상에 대한 프로 '禪의 황금시대를 열다, 신라승 무상'을 방영하였다. 이 프로는 마조도일이 무상 선사의 제자라는 설과 무상 선사가 중국의 오백 나한에 올라 있다는 사실들을 소개하였다. 오백나한 중에 우리에게 익숙한 고승인 지장, 혜능 등은 보이지 않는데, 달마 대사와 무상 선사만이 오백 나한의 반열에 올라 있다는 것은 놀라운 사건이다.[25] 전등을 중시하는 선종의 전통에 따라 선종사를 다시 써야 하기 때문이다. 그러나 이 또한 돈황 문서 속에서 〈무상어록無相語錄〉이 발견된 1930년대부터 중국의 석학 호적胡適과 일본 동경대 교수였던 야마구찌(山口瑞鳳) 등 외국 학자들 사이에 이루어진 연구에서 비롯되었다. 근래 들어 우리나라 불교 연구는 일본에서 나온 책이나 논문 소개가 주류를 이루고 있다고 해도 과언이 아니다.

지금까지 한국과 일본 선종사를 대략 살펴보았는데, 중국 선종형성기에 신라승들의 활약이 돋보이기는 하지만 결국 한국 선종이나 일본 선종이나 모두 중국 선종으로부터 비롯되었다는 것은 부인할 수 없다. 한국 조계종이 중국 선종의 일파인 임제종에서 비롯되었지만 중국 임제종이라고 하지 않듯, 선도회 간화선이 일본 임제종으로부터 비롯되었다고 일본선은 아니다. 결국 "검은 고양이면 어떻고 흰 고양이면 어떤가, 쥐만 잘 잡으면 된다."는 처음으로 다시 돌아왔다.

부연하자면 선도회 간화선은 가까이는 일본 임제종 수행체계를 가져왔고, 멀리는 중국 당·송대 확립된 임제종 수행체계에서 비롯되었다. 거기에 일찍이 일본 임제종 수행체계를 접한 숭산 노사님이 그 수행체계를 응용하여 평상심시도의 화두 경계를 확립하셨고, 그 '실용'의 경계가 접목되었다고 볼 수 있다. 그러므로 선도회는 임제종 간화선 수행체계를 충실히 이행하면서도 화두 경계에 있어서는 법경 법사님 대에 이르러 숭산 노사님의 화두 경계까지를 수용, 화두 경계의 지평을 넓혔다고 볼 수 있다.

화두 이야기

19세기 한국 불교는 외적 성장과 더불어 내적 발전도 이루어진다. 도성 해금 등 지속적인 탄압에서 벗어나 근대불교의 토대가 마련되었고, 국가와 사회로부터 지원이 활발히 이루어지면서 수행자는 점차 증가하였다. 경허 선사 등 교학과 수행이 출중한 고승들이 출현하여 새로운 전통을 세우고, 교학을 정리하였으며, 수행 방법 등 새롭게 뿌리를 내리기 시작하였다. 그리고 한국 불교 의례의 결집서인 〈석문의범釋門儀範〉[66]이 등장하여 근대 불교의 대중화와 전통 불교 의식의 회복과 계승에 크게 기여하였다.[67]

조계종 간화선 수행체계

석전영호 선사 등 선각자들이 인재양성의 필요성을 통감하시고 교육에 심혈을 기울이신 결과, 선원과 강원 등 수많은 교육기관이 생기고 짧은 기간 불교의 위상을 회복, 오늘의 눈부신 발전을 이룩하였다. 그러나 선원이나 대학을 통해서 교육이 체계적으로 이루어지고는 있지만 한편으로는 임제종의 종지인 간화선 수행방법에 대한 진전은 교학에 비해 더딜 수밖에 없었다. 조사 어록이나 선종서를 참고 한다 해도 선 수행체계가 몇 사람의 선적 체험으로 단시간에 완성될 수는 없기 때문이다.

최근에 이르러서야 숭산 노사님이 지금까지 내려오는 조계종 화두들과 일본에 계신 동안 일본 선지식들과 교류한 화두들을 모아 공안집 〈한 송이 꽃〉에 정리하고, 지금까지 후학을 지도하던 경험을 바탕으로 10개의 공안을 선정 이를 통하여 점검하고 인가하신다는 교육과정을 확립하셨다.[68] 신비한 얘기처럼만 들리던 인가과정을 체계화하신 것은 큰 진보라고 하겠다.

그 외 선사 법어집이나 선사들 일대기, 스님들 법문 등에 회자되는 화두들에 대한 선문답은 숭산 선사 법어집 〈천 강에 비친 달〉과 진제 선사 법어집 〈돌사람 크게 웃네〉 등에 대부분 정리되어 있다고 해도 과언이 아닌데,[69] 숭산 선사 법어집이나 그의 제자들이 정리한 저서에는 지금까지와는 다른 현대화된 '평상심시도平常心是道'의 생동감 넘치는 화두들과 화두참구 방법 그리고 화두경계 예시例示 등이 정리되어 우리 선종사에 한 획을 그었다고 하겠다.[70]

앞서 언급하였지만 태고보우 선사는 1,700 공안을 스스로 공부하고, 석옥 화상에게 가서 보름간 머무시는데, 이 기간 동안 공부하신 내용을 점검 받으셨을 것으로 보인다.[71] 이 후 선종의 핵심인 사자전승師資傳承의 심법을 전한 얘기는 시나 송의 형식으로 문집을 통해 그 일단을 볼 수 있지만[72], 조선시대는 불교사적으로는 암흑기였으며 사대부와의 교류를 과시할 정도로 변방에 소외되어 있었다. 아이러니하게도 유교국가인 조선이 기울고, 일제 강점기가 되면서 불교는 부흥기를 맞이하게 되었다.

우리나라 근대 선종의 중흥조인 경허 선사는 호열자虎列刺(콜레라 cholera)가 창궐하는 마을에서 삶과 죽음의 근본문제에 부딪히게 된다. 그에 대한 의문을 풀기위해 경허 선사는 영운지근(靈雲志勤, ?~820) 선사가 제창한 '여사미거驢事未去 마사도래馬事到來'라는 화두를 잡고 용맹정진하던 중 '무비공無鼻孔[73]'이란 소리에 활연대오豁然大悟하셨다고 한다. 한편 경허 선사의 제자였던 만공(滿空月面, 1871~1946) 선사는 23세 때 '만법귀일萬法歸一 일귀하처一歸何處'라는 화두를 3년 참구하신 후, 경허 선사의 점검을 받고 다음 화두인 '무' 자 화두를 받으시는데, 이 화두를 가지고 깨치신 것으로 되어 있다.[74]

경허 선사는 스승 없이 하나의 화두로 홀로 깨달으셨고, 그 선적 체험으로 후학들을 지도하셨다고 볼 수 있는데, 후학들을 지도할 수행체계나 거기에 따른 보편적인 화두 경계를 세울 수는 없었을 것으로 보인다. 지금의 조계종 선수행이나 화두참구 방법은 이때의 전통을 유지하고 있다고 하겠다. 심법이 전해진 것도 아니고 화두경계에 대한 보편성 확보를 위한 시간도 짧아, '무'자든 '이뭣고'든 오로지 화두 하나만 챙겨 해결하면 모든 공안이 일시에 타파된다는 이론이, 어떠한 증명이나 논의 없이 조계종 간화선법으로 받아들여지고 있는 듯하다.[75]

화두참구가 화두 경계를 나투는 데 목적이 있는 것도 아니고, 어떻게 '평상심시도'를 실천하느냐에 있다고 한다면 그 방법에 대해서는 우열을 가릴 수도 없거니와 차별을 멀리하는 선의 입장에서는 논의조차 성립될 수 없을 것이다. 그러나 후학을 올바르게 지도하는 방법에 대한 의문은 여전히 남게 되겠다.

법경 법사님 저서 〈두 문을 동시에 투과한다〉에는 만공 선사가 '삼세심三世心 불가득不可得'이란 화두에 대한 답을 냈다가 제자인 보월 스님이 아니라고 하자, 일주일 동안 그 자리에서 정진하시고 바른 경계를 체득하셨다는 일화를 전하고 있는데, 두 개의 화두로 인가받으셨지만 다른 화두에 대해서는 바른 경계를 나투지 못하셨다.

전강 스님은 16세에 출가하여 '무'자 화두를 참구하다 23세 때 한 경계를 얻으시고 당시 선지식인 혜봉 스님을 찾아가서 선문답을 한 일화가 전하는데, '무'자 경계는 서로 일치하였으나 혜봉 스님이 다른 화두를 묻자 틀리게 답해 인가를 받지 못하신다. 그 일치했다는 '무'자 경계가 바로 선도회 '시작하는 사람들을 위한 화두들' '무'자 화두 경계와 본질적으로 같다. 그 경계를 얻기 위해 전강 스님은 무자 화두를 7년 넘게 참구하셨고, 그것도 얼마나 열심이셨는지 상기병으로 눈, 코, 입, 머리 등에서 피가 솟구쳐 오래도록 고생하셨다.

이를 보면 화두 하나를 투과하였다고 다른 모든 화두들이 일시에 타파되는 것은 아니라는 것을 알 수 있고, 경계를 나툰다고 하더라도 나름의 경계일 뿐이지 보편적인 옳은 경계라는 확신을 가질 수도 없겠다. 조그만 내(川)가 강이 되고, 강들이 흘러 바다에 이르면 다 합쳐지기 때문에, 결국에는 같은 것이어서 맞다 틀리다 혹은 좋다 나쁘다를 논할 수가 없는지 모르겠다. 하지만 교육방법 측면으로 보아서는 오랜 세월 축적된 '전형적인 경계'로 지도하고, 또 그것을 토대로 보다 나은 경계를 추구해 나가는 것이 더 합리적이라고 하겠다.

요즈음도 조계종 스님들을 만나 보면 가끔 얼마나 선방을 오래 다녔다느니, 용맹정진을 얼마나 오랫동안 하였다느니, 무슨 도를 익혔다느니, 심지어 도를 닦아 술을 먹어도 취하지 않는다느니 등으로 도력을 과시하는 스님들을 만난다.76) 숭산 노사님의 깨달음에 대한 얘기는 그 일면을 보여 주고 있는데, 솔잎과 콩만을 먹고 100일 동안 정진하셨고, 도량석道場釋을 돌때 동자 둘이 나타나 같이 돌다가 사라진 얘기, 백일기도 후 깨우치고 오도송을 지으신 얘기 등은 잘 알려져 있다. 그러나 벽곡을 하며 기도 드리고, 수행 중 환幻을 보고 하는 것은 도道의 세계에서는 그리 대단한 것도 신기한 것도 아니다. 숭산 노사님에게는 옆에 당대 최고의 선지식들이 계셨고, 재일 홍법원에 6, 7년간 머무시면서 일본 선사들과의 법거량이 이루어져 화두경계에 대한 순숙醇熟의 과정이 있었다. 몸을 학대하는 고행 수행은 부처님도 말리셨다.

원택 스님의 〈성철스님 시봉 이야기〉를 보면, 성철 스님이 매일 새벽 냉수마찰과 함께 체조 같은 것을 하신 다음 참선을 하셨다고 소개하면서, 원택 스님이 그 선 체조하는 법을 배워 두지 못한 것을 못내 아쉬워하는 대목이 나온다. 그러나 그 선 체조라는 것은 어느 도시에나 있는 국선도 준비동작이나 선무도의 선 체조, 요가 자세 수준을 넘지 못한다고 확신한다. 그 체조가 중요한 것이 아니고 성철 스님이 매일 여일하게 하신 그 수행 과정이 중요한 것이다. 즉 스님은 스님대로 재가자는 재가자대로 매일 일정 시간 앉아서 참선하고 공부하고 맡은 일에 충실한 보편적이고 일반적인 수행과정이 바로 깨달음으로 가는 길이며 깨달음 그 자체인 것이다. 그 이상이 있을 것이라고 생각하는 것은 오로지 모르는 사람들의 환상일 뿐이다. 예외는 항상 존재하지만 깨달음이란 수행과정 없이 그렇게 '몰록' 단숨에 이루어지는 그런 신비한 것은 아니라는 것이다.

현재의 한국 불교에서는 고려시대 보조지눌과 진각혜심 등 수선사의 정혜결사 이후로 간화선의 수행체계와 전통을 계승하고 있으면서도 주로 무자공안을 참구하는 선수행이 중심이 되고 있고, 주지나 조실이 어록이나 〈벽암록〉, 〈무문관〉 등을 제창하여 정법안목을 갖추는 간경看經과 간화看話로써 불법의 대의를 체득하는 공부와 정법의 안목을 구족하는 본질적인 간화선의 공안공부는 등한시되고 있다. 불립문자不立文字, 교외별전敎外別傳의 의미를 잘못 이해한 정법에 안목 없는 선사들이 경전이나 어록, 선문답을 제대로 후학들에게 가르치지 못하고, 학인들이 경전이나 어록 등을 읽고 보는 것도 허용하지 않는 것은 불법의 본질과 정신을 모르는 불교인들을 만들고 있는 것으로 안타까운 현실이다.[77]

지금 선도회에는 선도회 간화선 수행체계로 입실점검하고 계시는 조계종 스님이 한 분 계신다. 오늘날 봉암사를 치열한 수행도량으로 거듭 나게 하신, 종정을 지내셨던 서암 노사님의 인가를 받고 정곡사 주지로 계시는 정곡 스님은, 대개 삶 속에서 치열하게 수행하는 재가자들이 투과하는 데 3년 걸리는 '시작하는 사람들을 위한 화두들'을 3일 만에 마치시고, 지금은 〈무문관〉 48칙을 하나하나 점검 받고 계신다. 이미 그동안 나름대로 깊은 통찰 체험을 하셔서 무르익을 대로 무르익었는데, 줄탁동시啐啄同時, 터지지만 못하고 계셨던 것이다.

선문답 자체가 선공부에는 필수적이고 후학들 제접시에도 필히 활용되어야 하는데, 선을 체계적으로 배우지 않으면 선문답을 자유자재로 구사할 수 없어 후학양성에 적극적으로 활용할 수 없다. 조계종 스님들에게 선도회 간화선 수행체계는 '날개를 다는 것'과도 같다고 할 수 있다. "그동안 (이 좋은 점검 시스템을 모르고) 세월을 보내셨다."는 이 스님의 말씀이 귓전을 맴돈다.

화두에 모범답안이 있는가?

우선 한국 불교의 선문답 중에 유명한 일화 하나를 예로 들어 보자. 한때 용성선사가 대중이 모인 자리에서 '안수정등岸樹井藤'[78]이란 화두의 경계를 물은 적이 있었다.

이 화두에 대해 답하기를,
혜암惠庵 스님은 "문자問者 상실실명喪身失命이라, 묻는 자가 죽는다."고 했고,
춘성春城 스님은 미소를 지어 보였고,
향곡香谷 스님은 아이고! 아이고! 라고 했고,

월산月山 스님은 "나는 지금 불국사에 잘 있네!(我現在佛國寺安住)"라고 했고,
탄허吞虛 스님은 "흐르는 물소리는 밤에도 쉬지 않는다!(流水聲聲夜不休)"라고 했고,
벽초碧超 스님은 "안수정등岸樹井藤을 방하착放下着하라."고 했고,
전강田岡 스님은 "달다!"고 하였다.

용성 선사는 그 자리에서 "전강을 따를 자가 없구나!"라고 전강 스님의 답을 칭찬하셨는데, 뒤에 숭산 노사님은 그의 책에서 '네 가지 분류법79)'에 따라 다음과 같이 스님들의 답을 평가하셨다. 혜암, 춘성, 벽초 스님은 '무여'의 경계이고, 탄허, 월산스님은 '여여'의 경계이고, 향곡 스님은 90% '즉여'이나 옳지 못하고, 전강스님은 잘된 답이나 99%로 1%가 부족하다고 하셨다.

숭산 노사님은 같은 문중이라 평가는 하지 않으셨지만,

만공滿空 선사는 "어젯밤 꿈속의 일이니라.(昨夜夢中事)"라고 했고,
혜봉慧峰 선사는 "부처가 다시 부처가 되지 못하느니라.(佛不能更作佛)"고 하였고,
혜월慧月 선사는 "알래야 알 수 없고 모를래야 모를 수 없고 잡아 얻음이 분명하니라.(拈得分明)"고 하였고,
보월寶月 선사는, "어느 때 우물에 들었던가.(何時入井)",
고봉古峰 선사는 "아야! 아야!"라고 했다.80)

용성 선사의 자답은, "박꽃이 울타리를 뚫고 나와 삼밭에 누웠느니라.(瓢花穿籬出 臥在麻田上)"라고 하셨다는데, 이와 같이 '안수정등'에 대한

경계가 수행을 많이 하셨다는 선지식들 간에도 다양하다. 이렇게 각기 다른 이유는 각자 수행에 따라, 형성된 가풍에 따라 다르다고 원론적으로 말할 수 있겠지만, 어떤 기준이나 보편성을 확보하는 과정을 갖지 못했다는 것을 의미하기도 한다.

화두경계에 대한 보편성, 말하자면 기준이 되는 '전형적인 경계'는 이런 선문답을 통하여 경계들이 취합되고 평가가 이루어지는 과정을 거쳐 마련된다고 하겠다. 즉 선문답을 통하여 경계가 도출이 되면 그 경계들이 논의의 대상이 되고 그러므로 보다 나은 경계가 도출될 수 있다는 것이다. 중국에서는 선의 황금시대를 거치면서 이와 같은 과정을 겪었을 것이고, 견해들이 사자전승으로 축적되면서 송대에 이르러서는 공안집으로 정리되면서 자연스레 공안에 대한 '전형적인 경계'도 형성되었으리라고 사려된다. 물론 공장에서 상품 찍어 내듯 하는 것이 무슨 수행이냐고 할지 모르지만 어느 정도 기초적인 정보는 제공되어야 한다고 본다. 그런 의미에서 숭산 노사님이 기준을 세워 정리하신 것은 후학들을 위한 크나큰 배려이고, 우리 선종사에는 오랜 가뭄 끝에 단비가 아닐 수 없다.

한 예를 더 들어 보자. 고은사, 부석사 주지를 하셨던 근일 스님이 조계사 수선회 용맹정진 법회에서 하신 법문을 소개하면 이렇다.

그때 어떤 수좌가 성철 노사께서 해제 법문에 동별당 서별당 고양이 갖고 싸운 것에 대하여 물었다고 들었습니다. 그래서 성철 노사님을 찾아갔어요.
"스님 이번 해제 법문에 고양이 법문하셨다면서요?"
"그래."

"짚신을 머리에 이고 간 도리를 물으셨다는데, 나는 그렇게 안 하겠습니다."

"그래 너는 어떻게 하겠느냐?"

"저는 물구나무서서 가겠습니다."

"그래 그 첫 대답이 그럴듯하다. 옛 선지식도 그 첫 대답에 많이 속았느니라. 그 물구나무선 도리하고 남전하고 무슨 관계가 있느냐?"

"예, 묻는 사람에 따라서 대답을 하겠습니다."

"그래야지!"

"선지식이 그렇게 물으면 내가 물구나무서서 가겠지만, 아직도 공부하고 있는 사람이 물을 때는 너 모가지는 그럼 어떻게 할 것이냐?라고 하겠습니다."[81]

근일 스님도 처음에는 '무' 자를 참구하다가, 경봉 노사한테 가서는 '이뭣고'를 참구하셨고, 성철 노사한테 가서는 '마음도 아니고, 물건도 아니고, 부처도 아닌, 이것이 무엇이냐?'를 3년 넘게 참구하셨다. 위 선문답은 그 수행의 결과이다. 두 분의 선문답에 대해 뜻이 묘연해 오랫동안 의문으로 남아 있었는데, 〈무문관〉 14칙 남전참묘南泉斬猫를 투과하고 나니, 근일 스님의 경계는 소위 100% 바른 답이 아니라는 것을 알게 되었다.

그 법문에는 진제 스님하고 선문답하는 내용도 있는데, 진제 스님께서 여러 화두를 가지고 근일 스님에게 경계를 묻는 장면이 나온다. 소위 법전法戰인데, 법전이란 현대로 비유하자면 개인의 연구논문 발표에 대한 논쟁이라고 할 수 있다. 선방이나 선원에서는 이런 법전을 통하여 서로의 화두 경계를 논하고, 그런 선문답을 통해 축적된 화두 답안으로 후학들의 제접提接이 이루어진다고 하겠다. 한정섭 법사로 더 잘 알려진 활안 스님께서 종달 노사에 대해 쓰신 이야기가 실감나는 대목이다.

> 선방에 가서 한 철만 나도 도인을 자처하고, 선사들 근처에 갔다가 한 말씀만 들어도 한 소식 얻은 것처럼 자랑하고 다니던 사람들이, 선사를 만나면 쥐죽은 듯 조용히 앉아 귀를 기울인다. 옛날에 전혀 듣지 못한 소리를 듣고, 보지 못한 경계를 이해할 수 있었기 때문이다.[82]

앞서 보았지만 송대 임제종은 문자선을 적극적으로 도입, 공안수행이라는 수행방법을 개발하고 교육에 적극적으로 활용, 성공을 거둔다. 선을 체계화시킨 분양선소는 1,700개 공안을 분류, 18가지 유형으로 나누고, 대별[83]을 활성화시켰으며, 송고 형식을 최초로 만든다. 송고란 스승과 제자가 고칙古則에 대한 그들의 견해를 주석과 함께 총괄 정리하는 것인데, 송고 속에는 공안의 답안 또한 은유적으로 포함되었다. 이를 비판하여 〈벽암록〉이 불태워지고[84] 대혜종고 선사가 새로 개발한 것이 〈간화선법〉이다.[85] 그러나 간화선법도 염고와 송고의 방식을 계승하기는 마찬가지여서 문자를 떠날 수는 없었고,[86] 보다 상징적 주석과 은유적인 방법으로 표현될 수밖에 없었다. 그것이 '무' 자 화두를 필두로 정리된 것이 선종 최후의 공안집, 〈무문관〉이다.

선도회에서는 〈무문관〉에 있는 화두들을 한 칙 한 칙 투과해 나가는 과정에서 이 '전형적인 경계'들을 체득케 하는데, 화두에 대한 상응하는 경계가 설 때까지 입실점검을 통해서 이루어진다. 그리고 〈무문관〉 한 칙에 대해 두 번의 점검이 이루어지는데, 처음은 송대에 형성된 '전형적인 경계'를 기준으로 화두의 기본을 익히게 하고, 다음 재독 시에는 일

독을 바탕으로 송대 이후 축적된 경계가 다루어지고 있다고 하겠다. 필자의 견해로는 재독의 경계는 숭산 노사님이 말씀하신 실용의 경계, 즉 시대에 따라 응용한 현실생활에 적용되는 〈평상심시도〉의 자유로운 경계에 초점을 맞추고 있는 것으로 보인다.

〈무문관〉이 끝나면 〈벽암록〉으로 공부가 이어진다. 〈벽암록〉은 보다 실전적인 측면이 있기는 하지만 모든 기본적인 깨달음은 〈무문관〉을 통해서 이루어진다고 하겠다. 달라진 상황이나 돌발적인 질문에도 전광석화電光石火처럼 대응할 수 있는 폭넓은 지혜를 기르는 데 도움이 된다고 하겠다.

화두는 어떻게 참구해야 하나?

인터넷에서 '화두참구'를 검색해 보면 고봉원묘(高峰原妙, 1238~1295) 선사가 제시한 '삼요三要'[87]를 비롯하여 참으로 다양한 방법들이 소개되어 있다. 그러나 아무리 자세히 설명하고 외친다고 해도, 화두를 점검 받으며 투과해 직접 체득하는 것과는 비교할 수 없다. 근기에 따라 약간의 힌트가 주어지기는 하지만 입실점검을 통한 직접적이고 세부적인 지도로 화두를 한 번 투과해 보면, 단번에 확철대오廓徹大悟는 못한다 하더라도 그 맛을 직접 볼 수 있다. 그 맛을 알고 나면 막연함에서 벗어나 공부하는 법도 알게 되고 흥미도 잃지 않게 된다.

대부분의 사람들, 특히 선방수좌가 아닌 재가자가, 항상 화두에 집중한다는 것은 쉬운 일이 아니다. 또 선이 무엇인지도 모르면서 무작정 앉아만 있는 것은 에너지 낭비도 낭비지만 그 끝없는 권태로움으로 인하여 그나마 가지고 있던 흥미마저 잃어버리기 십상이다. 선방수좌라고 해도 임제종 전통인 화두 입실점검이 적절이 이루어지지 않은 상태에서 가물에 콩 나듯 드문 훌륭한 선지식을 만나지 못하면 우왕좌왕하게 되기는 마찬가지다. 어떻게 하는 것인지, 무엇이 옳은 것인지 알 수 없을 뿐만 아니라, 어디까지가 옳은 경계인지 기준이 없으니 혼란만 가중될 뿐 경계의 논의 자체가 무의미해진다.

인도 다람살라로 수많은 한국 승려들이 몰려가는 것이나, 남방에 가서 위빠사나 수행법을 배우고 와서 가르치는 스님들이 다수 있는 것을 보면 이와 무관하지 않다고 하겠다. 물론 그것이 나쁘다는 것은 아니다. 다만 한국 조계종이 중국 선종인 임제종을 이었으면서, 이미 비슷한 과정을 거쳐 수백 년간 탁마를 거쳐 완성된, 동양 3국에 매우 효과적인 임제종 간화선법이 제대로 전해지지 않아 배우지 못하고 남의 것만 기웃거리고 있는 것으로 비치기 때문이다.

필자의 경우 '날아가는 비행기를 멈춤' 이란 화두로 입실 없이 5년을 참구하였는데, 어떻게 참구해야 하는지, 어떻게 의심해야 옳은 것인지, 잘 하고 있는지 알 도리가 없다가, 1년 동안 입실을 통해 그 막연함에서 벗어나 순일하게 화두에 집중할 수 있었다. 한 번 투과하고 나니 선이 무엇인지 알게 되었고 다음은 별로 막힘없이 공부가 진행되었다. 화두는 이렇게 드는 것이라는 백 마디 말보다 한 번 그 경계를 접해 보는 것이 보다 효과적이라는 것이 필자의 체험이다.

비유하면 화두참구는 활쏘기와 같다. 과녁을 향해 화살을 날리고 나서 어떻게 쏘았는지 과녁에는 얼마나 가까이 갔는지 보고 나서 다시 쏘면 처음 쏘았을 때보다 나아질 것이다. 어떤 경계를 나투었을 때 그 경계에 대한 의견을 들으면 다음 단계로 나아가기가 쉬울 것이다. 잘못된 경계에 막혀 나아가지 못하고 맴돌 때 "그 경계는 버려라!"는 그 말 한마디에 망설임 없이 다른 경계를 찾게 될 것이다. 이런 과정을 반복하다 보면 생각하는 폭이 넓어지고 각자 가지고 있던 생각의 범위에서 탈피, 다각적으로 사고하게 된다. 이것이 바로 지혜로 나타난다.

화두점검 과정

오랜만에 소탈한 수행자의 모습에 매료되어 읽은 책이 있다. 현재 고창 선운사 승가 대학장으로 있는 법광法光 스님이 쓴 〈선객〉이란 책이다. 그 책 '화두'라는 제목의 글에서는 송광사 가을 산철 결제 때 처음 화두를 받았던 이야기를 재미있게 써 놓으셨다.

겨우 모기와 한 판 한 뒤로는 몇 가지 일들이 이어졌다. 어느 정도 마음이 정리된 듯하더니 '서울 부산 대구 대전 찍고!' 안 가 본 곳이 없을 정도로 전국을 누볐다. 이어 온갖 불사佛事를 다 해 보았다. 총림 몇 곳은 지은 듯 싶다. 게다가 도인이란 도인도 다 해 보았다. 생각에 생각이 이어지는 것이 끝 가는 데를 모를 지경이었다. 그렇게 꼬박 한 달쯤 되어 산철 결제가 끝나 갈 무렵에 이르러 거짓말처럼 억지로 무엇을 생각하려 해도 더 이상 생각할 것이 없게 되었다. 그제서야 어렴풋이 와 닿는 것이 있었다. '이래서 화두가 있어야 하는구나!'

그리고는 노장 스님을 뵙고 다시 또 '무' 자 화두를 받았는데 한 달 전하고는 느낌이 달랐다고 한다.

나는 문득 선도회 법사인 천주교 서명원 신부의 입실점검 이야기가 떠올랐다. 처음 입실한 그는 법경 법사님 앞에서 서양인 특유의 논리를 전개하며 20분간 쉬지 않고 머릿속에 얽혀 있던 생각들을 쏟아 냈다. 법사는 묵묵히 다 들어 준 다음, 복잡한 머릿속을 매우 효과적으로 비울 수 있는 수식관 요령을 찬찬히 설명해 주었다. 그 다음 주 모임에서는 10분 간 쏟아 냈고, 세 번째 모임에서는 5분간 쏟아 냈고, 네 번째 모임에서는 드디어 30초 동안 쏟아 내더니 더 이상 드릴 말씀이 없다고 고백했다. 화두 입실점검은 화두참구를 하면서 떠오르는 생각들을 쏟아 내는 장이다. 화두에 대한 생각, 즉 그 사람이 살면서 배우고 익혀 습이 된 생각들이 화두참구 중에 떠오르는데, 그것을 뱉어 내고, 뱉어 내고, 뱉어 내어 더 뱉어 낼 것이 없을 때 화두에 대한 궁극적인 경계에 도달하는 것이다.

〈선객〉 '동안거'에는 법석에서 선문답하는 이야기가 나온다. 한 중진 스님이 '한 손바닥으로 나는 소리를 아는가!' 라는 화두를 던졌는데, 한 납자가 앞으로 나아가 "한 손바닥의 도리를 보이겠습니다!" 하더니 그대로 그 스님의 뺨을 후려쳤단다. 이 화두는 선도회 '시작하는 사람들을 위한 화두들'에 세 번째 등장하는 일본의 백은 선사가 제창한 '외짝손소리(척수성隻手聲)' 라는 화두이다. 이 화두를 지도하다 보면 뺨을 때리지는 않지만, 무릎을 친다든지, 바닥을 친다든지, 법사의 한 손을 친다든지 하는 경계를 나투는 과정을 거친다. 그럼 법사는 이렇게 조언할 것이다. "그 경계는 버리시고 다시 참구하십시오!" 조금 더 친절한 법사라면 한 마디 덧붙인다. "말, 문자에 걸렸습니다!"라고. 그럼 그 스님의 뺨을 후려쳤을 때 어떻게 제접해야 했겠는가? 오른 손 왼손 양 뺨을 치며 말했어야 했다.[88] "다시 일러라!" 안타깝게도 그 책에는 뺨 맞은 뒤 이어지는 선문답에 대한 얘기는 없다.

숭산 노사님이 고봉 선사님께 인가 받으신 이야기는 잘 알려져 있다.

"제가 어제 저녁에 삼세제불을 다 죽였기 때문에 송장을 치우고 오는 길 입니다."

"그걸 어떻게 내가 믿을 수 있느냐?"
"예, 제가 어제 송장을 치우다 남은 것이 있어서 여기 가지고 왔습니다." 하면서 오징어와 술병을 꺼내서 드렸다. 스님의 눈이 둥그레졌다.
"그럼 한 잔 따라라."
"잔을 내주십시오." 손을 내놓으셨다.
"그게 스님 손이지 술잔입니까?" 하면서 술병이 깨지도록 장판을 쳤다.
"아, 그놈 고약한 놈인데." 하시더니, 1,700 공안을 물어 나가는데 척척 막힘이 없다. 한 30분쯤 그렇게 묻더니 "아하! 네가 공부를 좀 하기는 했구나. 그럼 내가 마지막으로 한 가지 묻겠다.
"서식야반 반기기파라.(원래는 서식묘아반 반기이파鼠食猫兒飯 飯器已破이다.) 쥐가 고양이 밥을 먹다가 밥그릇이 깨졌다. 이게 무슨 뜻이냐?"
"하늘은 푸르고 물은 흘러갑니다."
"아니다!"
"3 · 3은 9요."
"아니다!"
"오늘은 날씨가 맑습니다."
"아니다!"
"방바닥이 뜨끈뜨끈합니다."
"아니다!"

이건 무엇을 대답해도 아니라는 것이다. 이것은 당연하게 밥이 다 없어졌으니까 다 맑은 것인데 맑은 것은 본 대로 느낀 대로인데 무엇이 틀렸다 하는지 알 수가 없었다. 그러니 부아통이 났다. '춘성 스님도 인정하고, 금봉 스님도 인정했고, 고봉 스님도 이제까지 인정을 하다가 왜 마지막에 아니라고 하느냐?' 하면서 한 10분 묵묵부답하고 있다, 한 생각이 팍 돌아

가는데 '내가 틀렸구나' 하는 것이었다. 선지식이 필요하다는 것이 바로 그때를 두고 말함이었다.[80]

이때 숭산 노사님이 '즉여'의 경계로 대답을 하니까 그만 고봉 스님께서 눈물을 뚝뚝 떨어뜨리면서 스님 손목을 잡고, "네가 꽃이 피었는데, 내가 왜 네 나비 노릇을 못하겠느냐?" 하셨다.

고봉 선사님이 숭산 노사님을 인가하는 아름다운 장면이다. 이렇게 인가는 어떤 경계에 도달했을 때 이루어진다. 즉 '답안'에 접근하여야 한다. 항간에는 '어떻게 화두의 답이 있을 수 있는가?' 라고 의문을 가지는 경우가 있는데 답안이 없으면 경계를 가늠할 수도 없고 인가도 이루어질 수 없다. 이것이 간화선의 본 모습이다.

이 화두는 선도회 '시작하는 사람들을 위한 화두들' 중에 여섯 번째 등장하는 '이천 소가 밥 먹으니 제주 말이 배부르다.'(원래는 회주우끽화懷州牛喫禾 익주마복창益州馬腹脹 즉, 회주라는 곳의 소가 꼴을 먹었는데 익주의 말이 배부르다.는 화두인데, 종달 노사님께서 우리나라 지명으로 바꾸셨다.) 혹은 '김 서방이 술 마시니 이 서방이 취하네!(김공끽주이공취金公喫酒李公醉)'와 본질적으로 같은 화두이다. 물론 점검하는 그 '즉여'의 답 또한 같다.

화두의 경계, '무' 자 화두를 중심으로
〈무문관〉은 '무' 자 화두로 시작한다.

趙州和尙 因僧問, 狗子還有佛性也無. 州云, 無.
조주 스님에게 어느 때 한 승려가 "개에게도 불성이 있습니까? 없습니까?"라고 묻자, "없다!"라고 대답하였다.

이 화두는 너무 유명하여 자세한 설명을 생략하지만, 오조 법연(五祖法演, ?~1104) 선사의 법문에서 최초로 제기되었고, 대혜종고 선사에 의해 간화선의 화두로 만들어졌으며, 무문혜개 선사에 의해 〈무문관〉 1칙으로 편입되면서 간화선 수행체계의 선두자리를 차지하게 되었다. 정성본 스님은 그의 책에서 다음과 같이 '무' 자 화두와 다른 화두들을 구분하고 있다.

> 간화선의 수행체계는 조주의 무자화두 참구와 공안공부라는 두 가지 골격으로 이루어진 방법이라고 할 수 있다. 즉 조주의 '무' 자 공안을 참구하여 번뇌 망념의 중생심에서 각자의 근원적인 본래심을 깨닫는 '무' 자 공안을 참구하는 방편과, 대승불교 경전과 선승들의 어록 등에 전하는 불교사상과 수많은 법문, 선문답 등의 다양한 사례와 판례를 깊이 사유(看)하여 정법의 안목을 체득하고 많은 지혜를 구족하는 공안공부를 병행하는 수행인 것이다.[89]

즉, 제1칙의 조주 '무' 자는 번뇌 망념의 중생심에서 벗어나 불심을 체득하는 견성성불을 위한 공안이고, 제2칙에서 48칙까지는 모범이 되는 사례와 판례들을 깊이 사유하여 정법의 안목을 갖추는 지혜를 터득하기 위한 공안들을 공부할 수 있게 설계되었다는 것이다.

'무' 자 화두의 중요성은 법경 법사님도 말씀하셨는데, 그의 책에서 '무문관은 첫 번째 조주무자가 전부라고 해도 지나친 말이 아니며 나머지 47칙은 모두 이 조주무자를 철저히 투과했는지를 다시 점검하기 위해 있는 것이라 해도 과언이 아니다.' 라고 하셨다. 종달 노사님도 〈선과 과학〉에서 다음과 같이 서술하셨다.

(공안을 보는 때 그것에 체당體當하여야 하는 것이지 이론으로서는 통치 못한다. 다시 말하면 공안의 줄거리의 중심점을 잡아서 그와 한 몸이 되어야 한다.) 사실상 1,700 공안의 중심점은 '무' 하나로 통한다. 진리는 하나이기 때문이다. 그런데 왜 1,700 공안을 내세웠을까. 그것은 우리들의 일상생활이 천 가지 만 가지 차별로 전개되고 있기 때문이다.90)

간단히 말해, '무' 자 화두는 체體이고 다른 화두들은 용用인 것이다. 필자의 경우 처음 참구할 때는 껄끄럽기도 하고 잘 들리지도 않는 참 멋없는 화두라고 생각했었는데, 모든 화두를 투과하고 나니 '무' 자 화두만큼 깔끔하고 군더더기가 없는 화두가 없었다. 왜 '무' 자 화두를 강조하시는지, 왜 종달 노사님이 '간신히 '조주무자'를 얻어 평생을 쓰고도 다 못 쓰고 가노라!' 고 하셨는지 알게 되었다. '무' 자 화두는 처음 화두이자 마지막 화두인 것이다.

그럼 무자 화두의 경계, 즉 해답은 무엇인가? 다 밝힐 수는 없지만 명법 스님의 〈선종과 송대사대부의 예술정신〉 내용과 비교하여 대강 살펴보면 이렇다.

제자가 스승에게 불법의 대의를 물을 때, 그는 자신의 질문에 대한 답을 나름대로 예상한다. 그는 질문을 제기할 때 이미 대답을 한정 짓고 있는 셈이다. 이것은 인간의식의 기재이며 개념적 사고의 결과이다. (중략) 그러므로 스승은 제자를 깨달음으로 이끌기 위해 제자의 이런 기대를 한 발 앞서 깨부순다. 선사들은 그때그때 닥치는 대로 퉁명스럽게 대답한다. 선사의 태도에는 어떠한 진지함도 보이지 않는다.91)

"불성이 있지요?"라는 당연한 듯한 질문에 "없다."라고 대답한다. '있다.'는 예상을 깨면서 '있다.'고 계산된 마음을 죽이도록 의도된 것이다. 그렇다고 위의 글처럼 '닥치는 대로' 대답하는 것은 아니고, 있다(유有, 방행放行, 차별계)의 물음에 대해 없다(무無, 파주把住, 평등계)로 대답한 것이다.92) 그리고 '퉁명스럽게'는 충격을 주기 위한 방편이다.

그것을 이해하지 못한 제자는 당황하게 되고 판단력을 상실하게 된다. 그때까지 가졌던 상식은 무너지고 논리적인 사고는 정지하게 된다.91)

여기서 언어의 역할은 분별적 의식의 활동을 정지시키는 데 있는데, 이는 유, 무의 차별심에서 벗어나게 하여 중도를 드러내기 위한 방법이다.

만약 누가 너희에게 뜻을 물을 경우, 유를 물으면 무로써 대답하고 무를 물으면 유로써 대답하되, 범凡을 물으면 성聖으로써 대답하고 성을 물으면 범으로 대답하여, 두 가지 법이 서로 원인이 되어서 중도의 뜻을 낳게 해야 한다.(《육조대사법보단경六祖大師法寶壇經》)93)

한편 일상의식으로 이해되지 않는 대답 앞에서 제자의 분별의식은 정지하지만 그것은 의식의 정지 상태가 아니다. 종달 노사님은 "선에서 '무'를 주장하는 것이 언제든지 '무'에 머물러 있는 것이 아니다. '유'를 더 철저히 하려고 함이다."라고 설명하셨다.94)

그것은 어떤 각성의 상태이기 때문에 다른 한편으로 거기에서 깊은 의심이 떠오른다. 선어는 의식의 분별작용을 철저하게 타파하는 동시에 의심을 불러일으킨다. 의심은, 의식의 다른 어떤 기능보다도 더 강력하게 의식을 긴장시키는 힘이 있기 때문에, 무의식으로 침몰하거나 분별망상으로 빠지지 않은 채, 마음의 집중상태를 유지시킨다. 그러므로 그것은 단순한 선정의 상태와 달리 의식의 중단을 의미하지 않는다.

의식작용의 중단은, 순간적인 평화와 휴식을 줄 수 있을지 몰라도, 자기의 식의 한계를 철저하게 뚫고 나갈 수는 없다. 그러나 의심은 의식으로서 의식의 부정을 행하기 때문에, 선정에서 나온 후에도 의식은 대상과 주관으로 양분되지 않으며, 일상생활의 모든 행위, 즉 행주좌와行住坐臥 어묵동정語默動靜 가운데 완전한 정신집중을 수행할 수 있다.

이렇게 의식의 완전한 각성을 추구한다는 점에서, '조사선'은 정좌수행과 구별된다.95)

다시 말하면, 의식작용의 중단은 순간적인 평화와 휴식을 줄 수 있을지 몰라도, 깨달음에 이르는 것과는 관계가 없다. 숭산 노사님도 그의 책에서 다음과 같이 충고하셨다.

선은 순간순간 거울처럼 맑은 마음을 유지하는 것이다. 참선수행은 삼매와 관련이 없다. 순간적으로 그것을 경험할 수도 있겠지만 그것에 집착해서는 안 된다.96)

화두 하나를 오래 갖고 있는 경우, 자칫 잘못하면 화두를 참구하는 것이 아니라, 화두는 놓아 버리고 선정삼매에 들어 '무기無記'에 빠지는 경우가 종종 있다. 화두에 의심을 하면서 앉아 있어야지, 편안한 선정에 들어 시간 가는 줄 모르고 앉아 있으면 건강에는 도움이 될지 모르지만 화두 타파에는 별 도움이 되지 않는다. 그리고 순간순간 깨어 있으려면 화두 하나를 입실점검 없이 무심히 들고 있는 것보다는, 입실점검을 해야 한다는 약간의 스트레스를 가지고 화두를 들고, 쥐어짜서 나오는 경계를 그때그때 점검받고, 그러다 화두가 타파되면 통쾌함과 상쾌함으로 보상받는, 그리고 또 그 환희를 맛보려고 또 다른 익숙하지 않은 화두에 도전하는 것이 당근과 채찍의 조화로운 공부 방법이라고 하겠다. 임제종을 송대 가장 유력한 선종 종파로 성장시킨 검증된 방법이기도 하다.

보조지눌 선사는 〈간화결의론〉에서 대혜 선사의 〈서장〉을 인용 '무' 자 화두참구 방법에 대한 '10가지 병통看話十種病 97)을 짚어 놓으셨다. 여기에 구구절절 설명까지 붙인 책들을 많이 보는데, 그것은 단지 말이고 문자일 뿐이다. 아무리 잘 설명한다 해도 '여원착영如猿捉影', 즉 원숭이가 물에 비친 달을 잡으려는 것과 같다. 선도회에서는 '무' 자 화두를 3차에 걸쳐 점검한다. 굳이 정의하자면 '시작하는 사람들을 위한 화두들'에서는 '평등계'의 경계를 참구하고, 〈무문관〉 첫 번째 점검 시에는 '차별계'의 경계를 참구한다. 그리고 〈무문관〉 재독과정에서는 '중도'의 경계를 참구한다. 이렇게 철저히 투과하고 나니 조주 선사의 마음을, 대혜 선사의 마음을 바로 체득하게 되었다.

화두는 왜 참구하는가?

화두참구의 의미나 목적은 사람마다 다양하겠지만 간단히 말하면 깨닫기 위해서다. 선도회 법등 법사님은 '허공 속의 메아리'란 글에서 이렇게 말씀하셨다.

우리들은 대개 부모한테서 몸을 받고부터 지금까지 이것저것 많은 것을 배우고 익혀 왔다. '나'라고 할 때의 나는 내가 지금까지 경험했고, 배워 왔고, 익혀 온 버릇에다 욕망, 감성, 오성이 뒤범벅된 관념의 덩어리를 이르는 말이다. 이 큰 자기 관념에 울타리를 쳐 놓고 바깥세계를 바라보면서 다른 사람의 말이 자기 관념과 일치하면 그 말이 맞는다고 긍정하며 좋아하고, 자기 관념과 어긋나면 그것이 아니라고 부정하며 싫어하고 괴로워한다. (중략) 잘 들여다보면 분노할 자기가 없는데 꿈속의 자기, 허상의 자기를 지키느라 맹목적이다. 이 아상을 어떻게 깨뜨려 볼꼬? 참 자기, 빛나는 자기, 영원한 자아는 어떤 것일까? 이 참 자기를 찾는 공부가 좌선이다.98)

깨달음이란 자기 자신을 알아가는 것이다. 일본 조동종의 개조인 도원道元 선사는 그의 저서인 〈정법안장〉에서 다음과 같이 말한다.

불교를 배운다는 것은 자기를 배우는 것이다. 자신을 배운다고 하는 것은 자기를 잊는 것이다. 자기를 잊는다고 하는 것은 만법에 증證하게 된다는 것이다. 만법에 증하게 된다는 것은 자기의 심신(心身, 몸과 마음) 및 다른 이(他己)의 심신을 탈락脫落시키는 것이다. (도원, '현성공안現性公案' 〈정법안장〉)99)

이 만법이야말로 생명의 근원인 것이며 그 근원과 일체가 되는 것이 '깨달음'인 것이며, 그러기 위해서는 '자기를 잊는 것'이며, 자기의 심신을 탈락시키는 것이라는 것이다. 종달 노사님은 이를 다음과 같이 말씀하셨다.

사물과 한 몸이 되는 때를 말한다. 사물과 한 몸이 되는 때에 사물이라는 것도 없고, 자기 자신도 없어진다.

다른 말로 하면 이것은 자신의 일에 무심히 전념하는 것을 말하는데, 차별심에서 벗어나 각자가 맡은 분야에서 최선을 다하는 것을 말한다고 하겠다. 그런 지극히 평범한 인간 모습과 생활을 그대로 긍정하여, 일상의 생활을 중요하게 여기며 열심히 생활하는 경지, 이것이야말로 깨달음의 세계라고 하겠다.

법경 법사님은 이 경지가 바로 원오극근 선사의 〈원오불과선사어록〉에 나오는 '좌일주칠坐一走七' 100)이라고 하시면서 다음과 같이 정의하셨다.

이는 '이른 아침 잠깐 앉은 힘으로' 늘 있는 그 자리에서 필자가 속한 공동체(가정, 직장, 선도회)의 구성원들과 '함께 더불어' 주어진 일에 차별적인 분별심 없이 온전히 투신하는 것이다.

그리고 선도회, 선도성찰나눔실천회의 취지를, 통찰체험과 나눔 실천으로 구체화하시고, '늘 말씀 드리지만 수레가 제 구실을 하기 위해서는 수레바퀴 두 개가 조화를 이루며 제대로 작동해야만 가능하듯이, 통찰과 나눔은 〈평상심시도〉인 진리 체득과 꿈의 실현을 위한 두 개의 법륜法輪입니다.' 라고 말씀하신다.

화두참구는 화두를 타파하는 데 있고, 화두를 타파하고 나면 화두가 있던 자리에 통찰과 나눔의 일상사를 대입시켜, 참선하는 마음으로 실생활에 뛰어드는 데 있다. 화두참구하듯, 나를 떠나, 모든 집착을 버리고, 무심히 일상사에 몰입하는 것, 그 자리는 나도 없고 너도 없고 세속의 이해득실이 없는 자리다.

결국, 신비, 즉 신통과 묘용이란 다만 우리가 이 자리에 이렇게 있는 것이고, 물 긷고 땔나무 하는 것이며(神通並妙用 運水及搬柴)101), 밭 갈고 주먹밥 먹는 것이다.(種田搏飯喫)102)

성철 스님께서 한국불교의 위상을 높이고 공부하는 분위기를 만드는 등 큰 업적을 이루셨는데103), 삼 배를 하게 하는 등 너무 우월감을 심어 줘 폐단을 많이 남겼다. 당시는 조선 시대 추락한 불교의 위상을 높이는 과정에서 필요하였겠지만, 이제는 그런 열등감에서는 벗어났으니, 당당히 수행의 힘으로 허리를 굽힐 때가 되었다고 생각한다. 삼 배를 하게 하고 밥을 따로 먹는 등 높은 데서 내려와, 같이 밥 먹고 같이 생활할 때가 되었다고 생각한다. 이젠 바른 수행에서 나오는 자비로서 겸손하게 중생들과 얼굴을 맞대야 하지 않을까? 앞서 언급한 〈선객〉을 쓰신 법광 스님을 뵈러 갔더니, 방 밖으로 마중을 나오셔서 맞이하시더니, 방에 들어가셔서는 먼저 절을 하셔서 얼결에 맞절을 할 수 밖에 없었다. 정말 신선한 충격이었고 상쾌한 경험이었다.

달라이 라마는 다음과 같이 말씀하셨다.

깨달음은 서두를 게 아닙니다. 하루하루의 삶 속에서 착하고 건실하고 이기심 없는 삶을 이끌면 저절로 깨달음에 이르게 됩니다. 그러나 우리가 깨달음에 대해 이야기하고 가르침을 이야기하면서도 실행을 등한시하면 깨달음에 이르지 못할 것입니다. 그래서 나의 종교는 한 마디로 압축하면 '친절'이라고 할 수 있습니다. 어떤 교리보다도 지금 만나고 있는 이웃들에게 보다 따뜻한 사랑과 친절을 베풀어 주는 것이 나의 종교입니다.

과감히 말하고 싶다. 승려는 이제 '서비스업'이 되어야 한다. 승려는 중생 때문에 그 존재의 가치와 의미가 있다. 중생의 눈높이에 맞추어 같이 뒹굴고 함께 나누는 보살심의 실천이 진정한 선객의 모습이요, 출가와 재가를 불문하고 수행자가 가야 할 길이라고 생각한다.

운문 선사는 다음과 같이 말씀하셨다.

법화경에 말씀하시길, 이 세상의 모든 언어와 현실 생활이 실상(實相, 본질)과 서로 위배되지 않는다고 했는데, 자, 일러 보라. '비비상천非非想天'에서 지금 몇 사람이나 물러났는가?

운문 선사의 이 물음은 과연 몇 사람이나 소승적인 깨달음의 극치 '비상비비상천非想非非想天'의 경지에서 물러나 현실생활과 본질이 둘이 아닌 진정한 깨달음을 얻기 위하여 이 세상으로 되돌아왔는가?라는 뜻이다.[104]

후기

처음 이 글을 쓰려고 했을 때는 이렇게 까지 종잡을 수 없이 나가게 될 줄은 몰랐다. 이 분야를 전공한 학자도 아니어서 체험한 내용들만 약간의 설명을 붙여 피력하면 되겠지 하고 시작하였는데, 막상 쓰기 시작하니 너무나 방대하고 광범위해서 짧은 시간에 모두 다 섭렵하고 글을 쓸 수는 없었다. 그리고 이 분야에 대해 체계적으로 공부한 적도 없어 맥을 잡기도 쉽지가 않았다. 그래서 되도록 실증을 거쳐 간결하게 쓰고 싶었지만 힘이 미치지 못하였고, 더 많은 공부를 해야 하겠다는 깨달음을 얻었을 뿐이다. 다만 이 글에서 광범위한 선수행을 하면서 가졌던 의문들을 나름대로 풀어 보려고 노력하였고, 그동안 보아 온 책들을 통해 재구성해 보려고 시도하였다고 이해해 주면 좋겠다.

혜강惠岡 최한기崔漢綺는 인간의 인식론적 과정을 추推와 측測 두 단계로 보았다.[105] 추근측원推近測遠, 즉 가까운 것을 미루어 먼 것을 헤아린다는 것인데, 추는 직접경험이고 측은 간접추리로 해석할 수 있다. 인간이 지식을 확충하는 방법이 '추측推測'이고, 추와 측을 반복하는 과정을 배움이라고 할 수 있겠다. 누군가 그랬다. 이전에 알지 못하던 것을 이해하는 것은 아름다운 일이다. 그러나 그 순간 더 많은 새로운 문제들이 생겨난다. 산에 올라 보면 사방이 확 트이고 더 많은 산이 보이는 것과 같다. 황룡사심 선사는 말씀하셨다. 지지일자知之一字 중화지문衆禍之門이라, '지知'라는 한 글자는 모든 재앙의 문이라고.[106]

"그래도 세상은 천의무봉天衣無縫, 흠잡을 데가 없다."

참고한 책과 글

1) 쇼스타인 베블린Thorstein Veblen의 〈유한계급론The Theory of the Leisure Class〉. 인류학자 마빈 해리스Marvin Harris는 〈작은 인간〉에서 타고난 것이 아니고 문화적인 영향 때문이라고 하였다.

2) 일본 최초의 인공위성은 동경대학 우주항공연구소가 1970년 2월 11일에 쏘아올린 '오오스미'이다.

3) 달이 항상 한쪽 면만을 지구로 향하는 이유는 달 내부 물질의 밀도 차이 때문이다. 오래전 달과 지구는 지금보다 가까웠는데, 그때는 달이 달걀 모양을 하고 돌고 있었다. 그런데 달과 지구의 거리가 점점 멀어지면서 달걀 모양이 원형으로 변하였고, 그 과정에서 달 내부의 굳지 않은, 밀도가 큰 암석이, 지구인력 때문에 앞면으로 끌어당겨져 밀도 차이가 생겼다. 이 과정에서 달 내부의 물질들이 표면으로 분출되어 나오면서 크레이터가 생기고 거무스름한 무늬도 만들어진다. 그래서 뒷면에는 무늬가 없다. 달은 지금도 계속 멀어지고 있는데, 인력에 의해 밀도가 큰 한쪽 면만을 오뚝이처럼 지구로 향하고 있다.

4) 우리는 영·정조 시대를 문화부흥기로 보고 있는데, 당시 세계 다른 나라와 비교하면 문화수준이 그리 높지 않았다. 영·정조 시대 (1750~1800), 청은 영국의 차 수입에 따른 은 유입으로 우리와는 비교가 안 될 정도로 전성기를 누리고 있었고, 또 일본은 도쿠가와 이에야스가 에도에 막부를 열어 정국이 안정되었고, 은 생산으로 부를 축적해 가고 있었다. 서구와의 교역도 이루어져 발전을 거듭하고 있었고, 개방적인 일본은 서구 문물을 받아들여 임란을 일으킬 정도로 국력이 이미 우리를 능가하고 있었다. 우리는 유교문명의 중심임을 자처하는 정도였다.

5) 이덕일, 〈침묵과 왜곡 속에 숨겨진 이야기〉, 1996, p.296.

6) 양이침범비전칙 화주화매국 계아만년자손, 병인작신미립 洋夷侵犯非戰則 和主和賣國 戒我萬年子孫, 丙寅作辛未立.

7) 한상길, '개화사상의 형성과 근대불교' 〈동아시아 불교, 근대와의 만남〉, 동국대학교 불교문화연구원 엮음, p.37.

8) 얼마 전 KBS는 '일본, 아시아로 돌아오는가!' 라는 프로그램을 방영하였다. 그럼 일본은 지금까지 아시아에 있지 않았는가? 1854년 서구

열강에 의해서 강제적으로 문을 연 일본은, 서구의 앞선 문명에 놀라 아시아적 가치를 버리고, 탈아입구脫亞入歐를 왜치며 전 국민의 서구화에 힘을 쏟았다. 그렇게 아시아를 벗어나 서구 사회를 지향하던 일본이 왜 아시아로 돌아오는가? 그것은 세계경제의 축이 아시아로 바뀌었기 때문이다.

그리고 최근 일본의 대외무역 구조를 보면 중국과 아시아 시장이 서구를 앞질러 수출액 면에서 미국과 유럽을 압도하고 있다. 아시아 시장이 훨씬 커졌으므로 아시아와의 관계를 중시하지 않을 수 없는 상황이 되었고, 한국과 중국 등 과거사에 얽혀 있는 나라들에게 더 신경을 쓰지 않을 수 없게 되었다는 것이 프로그램의 요지다.

최근 아사히신문은 '주식회사 일본이 망했습니다.' 라는 제하에 '일본 파산' 시나리오를 보도했다. 천문학적 인플레이션 상태에 돌입한 짐바브웨나, 연간 재정 적자가 국내총생산 대비 12.7%를 넘어선 그리스처럼, 일본이 10년 안에 거덜 난다는 내용이다. 지금 일본은 국채 발행액이 나라 전체 연간 수입을 초과하고 있고, 2010년 말에는 중앙정부와 지방자치단체를 망라한 일본 정부 전체의 공적 채무가 949조 엔으로 늘어날 전망이다. 이는 주요 선진국 중에서 유일하게 GDP의 2배(약 1.97배)에 달하는 규모이다. 일본은 인구의 20%가 노인인 노인국가이다. 1위를 달리던 조선업이 우리에게 그 자리를 내준 것도 노동집약적인 조선업을 지탱할 인력이 부족했기 때문이다. 그렇다고 지금까지 일본을 이끌던 자동차나 전자 산업 등 첨단 기술 산업도 어렵기는 마찬가지다. 일본은 전망이 불투명한, 이제는 돌이킬 수 없는 나라로 전락해 가는 중이다. 이삼십 년 전과 비교하면 격세지감을 느낄 정도다.

9) 양사오 문화(앙소문화, Yangshao Culture)는 중국 신석기 시대 말기의 문

화이다. 1921년에 허난 성(河南省) 멘츠 현(澠池縣) 양사오에서 발견되었다. 산시 성(陝西省) 웨이허 강(渭河) 유역, 산시 성(山西省) 서남부와 허난 성 서부의 협장狹長 지대에 주로 분포한다. 홍산 문화(홍산문화, Hung-shan Culture)는 중국 신석기 시대 후기 약 7,000 ~ 8,000년 전의 문화다. 주로 랴오닝 성(遼寧省) 서부 일대에 분포한다. 1935년 랴오닝 성 츠펑 시(赤峯市) 홍산에서 발견되었다.

10) KBS 역사스페셜, '만주대탐사 제5의 문명 요하를 가다', '금나라를 세운 아골타 신라의 후예였다!', '동성왕 피습사건의 전말' 등 참조.

11) 정성본, 〈무문관〉 20칙 참조.

12) 〈천 강에 비친 달〉(숭산행원선사 법어집, 불교통신교육원佛敎通信敎育院 1987). 한편, 정성본 스님의 〈선의 역사와 사상〉에 따르면, 만년에 이르러 굉지정각 선사가 대혜종고 선사를 도와준 것을 계기로 화해하였다고 하는데, 대혜종고 선사의 〈서장〉 내용을 보고 추측하는 것일 뿐, 대혜종고 선사가 특별히 조동종을 비난하지는 않았었다고 한다.

13) 선종에서 발생한 어록語錄, 등록燈錄의 편찬, 송고頌古문학, 경전 읽기 등의 경향을 문자선文字禪이라고 하는데, 문자선은 선이 언어뿐 아니라 경전의 의미와 분리되어 있지 않다는 생각에 토대를 두고 있다. 문자선은 깨달음을 위해 언어를 사용하는 것을 넘어 깨달음의 과정을 자극하기 위해 집합적으로 문자, 언어, 글쓰기를 사용하는 것을 의미한다.

그리고 문자선이 '선종 발전과정에서 발생한 폐해, 특히 불립문자에 의해 초래된 폐해를 극복하려는 시도'였으며, 동시에 사대부들에게 '선사의 지도 아래 선을 배우라.'는 초대이고, 선승들 사이에서는 문자가 법을 전달하는 좋은 기술이라는 공감대의 확산을 의미한다고 말하고 있다. 그러므로 문자선은 깨달음을 향한 관심과 문학적인 성취라는 두 가지 요구를 모두 충족시키므로서 송대 초기 불교계와 사대부 사회의 복잡하고 다양한 요구에 효과적으로 적응하였고 시대적 보편성을 확보하게 된다.(명법, 〈선종과 송대 사대부의 예술정신〉, pp.95~96.)

14) 명법, 앞의 책, pp. 98~103.

15) 한보광, 〈일본선日本禪의 역사歷史〉, pp.91~92.

16) 스님은 일찍이 1700 공안을 참구하다가 '암두밀계처巖頭密啓處'에서 막혀 나아가지 못하였다. 한참 묵묵히 있다가 갑자기 깨닫고는 냉소를 머금고 한마디 하였다. "암두스님이 활을 잘 쏘기는 하나 이슬에 옷 젖는 줄은 몰랐다."(선림고경총서 〈태고록〉).

17) 일본의 보존력은 여러 면에서 탁월하다. 〈대덕사의 선〉, 〈이큐 선사 연구〉 등 일본 예술의 미학연구로 유명한, 존 카터 코벨 여사는 〈일본에 남은 한국 미술〉이라는 책을 썼다. 그녀는 일본미술사를 전공하고 일본 문화를 연구하다 그 본류를 따라 한국 미술사를 연구하게 된 학자이다. 그 책에서 그녀는 일본이 자랑하는 미술품이 알고 보니 한국 것이었고, 일본은 한국 예술품을 보관하는 '박물관'이라고 하였다. 그리고 일본이 아니었으면 대부분의 한국 불교 문화재는 조선시대를 거치면서 사라졌을 것이며, 잦은 전쟁 등으로 소실되었을 것이라는 것이다.

얼마 전 통도사에서 전시가 이루어진 세계에서 가장 큰 고려 불화 '경신사수월관음'도 일본이 아니었으면 지금 다시 볼 수 있었을까? 많은 불교 탱화들이 그렇게 저렇게 사라져 우리나라에는 많이 남아 있지 않는데, 그것은 낡은 후불탱화를 새 것으로 교체하면 낡은 것은 태우는 관습이 있었기 때문이라고 한다. 지금 우리가 우리 문화재를 빌려서나마 볼 수 있게 된 데는, 일본이 때로는 구걸하고 훔치고 하여 애지중지 간직하였기 때문이다. 조선시대에 들어오면서 불교의 모든 인적 물적 자원은 일본으로 건너가고, 우리 불교는 명맥을 잇는데 급급했을 뿐 화석화되고 만다. 우리나라는 교와 선 모두에서 불교 후진국으로 전락하게 된 것이다. 고려 시대 불교는 종교일 뿐만 아니라 문화였다. 그 문화까지도 사라진 것이다.

코벨은 또 다도와 렌가 하이쿠를 통해, 일본 불교의 선 예술을 꽃피운 선승 일휴종순(一休宗純, 이큐, 1394~1481) 선사가 고려에서 일본으로 보내진 한국인 궁녀의 아들이라는 것과 일본 100대 일왕 고코마쓰의 맏아들로 태어난 그가 정치적인 이유로 절에 보내져 선사가 되었다는 사실을 9년 연구 끝에 밝혀내기도 하였다.

18) 선도회 간화선은 중국 당·송대 확립된 임제종 간화선 수행체계에 따라 선종서인 〈무문관〉을 투과해 나간다. 선도회 법사가 되기 위해서는 '시작하는 사람들을 위한 화두들' 10여 개, 〈무문관〉 48개, '마무리하는 사람들을 위한 화두들' 10여개 등 100개 가까운 화두들과 함께 〈벽암록〉 100개의 화두들을 투과해야 한다.

19) 현각 엮음, '10개의 공안' 〈숭산 대선사의 가르침, 선의 나침반 2〉, pp.188~216. 10개의 공안을 마지막 숙제도 풀어야 한다.

20) 법경 법사님은 저서에서 물리학의 양자도약에 비유하여 이 과정을 설명하셨다.

양자도약의 입장에서 보면 1,700 단계의 에너지 상태를 대부분은 한두 단계씩 뛰어넘었지만 열여덟 번은 수십 단계를 단번에 뛰어올라 드디어는 영인 임계 에너지를 뛰어넘어 더 이상 그를 속박할 것이 없는 대자유인의 경지에 올랐다고 볼 수 있을 것이다. (박영재, '양자도약을 통한 돈오와 점수의 이해' 〈두 문을 동시에 투과한다〉)

21) 법경 법사님은 화두에 대한 입실점검이 한 사람 한 사람 독참으로 철저히 비밀리에 이루어지지 않고, 경우에 따라서는 공개적으로 진행하시는 숭산 노사님의 화두점검 방식이 자칫 화두의 생명력을 잃어버릴 수 있다는 점을 우려하는 편지를 보낸 적이 있었는데, 그 편지를 계기로 두 분의 회동이 이루어져 서로의 화두 경계를 비교한 일이 있었다. 이를 계기로 법경 법사님은 선도회 간화선 수행에 대해 확신을 가지게 되셨다고 한다.('숭산 노사와의 만남'〈두 문을 동시에 투과한다〉, p.101, '숭산 노사와의 재회'〈이른 아침 잠깐 앉은 힘으로 온 하루를 부리네〉, p. 65)

선도회 간화선 수행을 마치면 모든 경계가 확연히 드러나 어떤 선문답이라도 그 수준을 가늠할 수 있다. 조계종 큰 스님들의 선문답을 접하면 대부분 선도회 공부에 포함되어 있어 그 경계를 다 알 수 있는데, 혹 비밀리에 전해지는 어떤 경계는 없을까 의심이 들 때도 있다. '선도회 간화선 수행에 대해 확신을 가지게 되셨다'는 위의 말씀은 법경 법사님도 인가를 받으시고 일말의 의심이 남아 있으셨는데, 숭산 노사와의 만남은 그 한 줌의 의심조차 기우였음을 아시는 기회가 되었다는 뜻이다. 그런 의미에서 선도회 후학들에게는 큰 은혜다.

필자는 처음에는 스님들을 만나면 선문답을 시도하려 하였었지만, 지금은 선문답을 기대하지 않는다. 몇 마디 나눠 보면 이내 알 수 있는데, 그런 수행은 하지 않아서 모를 뿐 아니라, 누가 '깨달았다' 더라 하고 남 소개하기에만 바쁘다.

22) 물론 반대의 경우도 있었다. 즉 법경 법사님이 말씀하신 경계를 120%라고 말씀하신 경우다. 이는 법경 법사님의 '숭산 노사와의 재회'〈이른 아침 잠깐 앉은 힘으로 온 하루를 부리네〉에 서술되어 있다.

23) 법경 법사님은 "비유컨대 학문의 세계로 말하자면 종달 이희익

노사님 문하에서 박사학위를 받고 숭산 노사님 문하에서 박사 후 연구원 과정을 마쳤다고 할 수 있다."고 말씀하신다.

24) 한국 불교 역사는 시대적으로, 삼국시대 수용보급기(준비기), 통일신라시대 교학발전기(흥륭기), 고려시대 선교양종흥융기(난숙기), 조선시대 쇠퇴기, 그리고 근현대의 개화 확산기로 나눈다.(노권용, 〈석전영호 대종사의 불교사상과 그 유신운동〉) 이 시대 구분은 선종의 역사와도 대부분 일치한다.

25) 최석환의 〈정중무상평전〉(茶의 세계, 2010)과 변인석의 〈정중 무상대사〉(한국학술정보(주), 2009) 참조. 〈정중무상평전〉에 의하면 저자 최석환은 2001년 8월 무상이 중국 오백나한 중에 한 분임을 밝혀내고, 그해 10월 허베이성 백림선사에 '조주고불선차일미기념비'를 건립하여 마조가 무상의 제자임을 공식화하였다고 한다. 중국 오백나한은 석가모니부터 중국 제공(濟公, 1148~1209)선사까지 인도와 중국 성인들을 망라하고 있는데, 그중 선승은 307위 달마존자와 455위 무상존자 둘뿐이다. 무상공존자無相空尊者는 신라왕자로 알려진 신라승 무상으로 중국 초기 선종을 이끌었을 것으로 보이며 이것이 사실로 밝혀지면 신라 구산선문의 초조가 되는 것이다.

무상 선사 외에 입당 귀화한 선승으로 조안照安, 혜청慧淸, 진각眞覺, 현눌玄訥 등이 기록에 보이는데, 선수행의 여건이 신라보다 당이 좋았기 때문이라고 볼 수 있다.(한기두韓基斗, 〈한국선사상연구韓國禪思想研究〉)

26) 이희익,〈선禪과 한국문화재韓國文化財〉, p.130. 이희익,〈선禪과 과학科學〉, pp. 84~85.

27) 한기두,〈한국선사상연구韓國禪思想研究〉, pp. 14~15, pp. 77~78.

28) 보물 제137호, 지증대사적조탑의 희양산지선대사비명. 희양산문

개산조 지증대사(824~882)의 이름은 도헌道憲이고 자는 지선智詵이다. 지증은 그가 세상을 떠나자 임금이 존경과 애도의 뜻으로 내린 시호이다. 속성은 김씨로 경주사람이었는데 키가 8척에 기골이 장대하고 말소리가 크고 맑아 '참으로 위엄이 있으면서도 사납지 않은 분'이었다고 한다. 지선智詵스님은 신라 헌강왕 5년(879) 경북 문경 희양산 봉암사를 창건하여 구산선문의 하나인 희양산파曦陽山波를 열었다.

최치원의 지증대사비문은 성주사 낭혜화상비, 쌍계사 진감국사비, 경주 숭복사비 등과 함께 이른바 최치원의 사산비명四山碑銘 중의 하나이다. 이 지증대사비에는 신라시대 선종이 유래하는 과정과 지증 대사의 업적을 설명하고 있다.

29) 〈봉암사 지증대사탑비〉의 내용 일부를 인용하면 다음과 같다.

그 후 구도승求道僧의 뱃길 왕래가 이어지고, 나타낸 바의 방편이 진도眞道에 융합하였으니, 그 조상들을 생각하지 않으랴. 진실로 무리가 번성하였도다. 혹 중원에서 득도하고 돌아오지 않거나, 혹 득법得法한 뒤 돌아왔는데, 거두巨頭가 된 사람을 손꼽아 셀 만하다. 중국에 귀화한 사람으로는 정중사靜衆寺의 무상과 상산常山의 혜각慧覺이니, 곧 선보禪譜에서 익주김益州金 진주김鎭州金이라 한 사람이며, 고국에 돌아온 사람은 앞에서 말한 북산北山의 도의道義와 남악南岳의 홍척洪陟, 그리고 조금 내려와서 대안사大安寺의 혜철국사慧徹國師, 혜목산慧目山의 현욱玄昱, 지력문智力聞, 쌍계사雙谿寺의 혜소慧昭, 신흥언新興彦, 용□체湧□體, 진무휴珍無休, 쌍봉사雙峰寺의 도윤道允, 굴산사崛山寺의 범일梵日, 양조국사兩朝國師인 성주사聖住寺의 무염無染 등인데, 보리菩提의 종사宗師로서 덕이 두터워 중생의 아버지가 되고, 도가 높아 왕자의 스승이 되었으니, 옛날에 이른바 "세상의 명예를 구하지 않아도 명예가 나를 따르며,

명성을 피해 달아나도 명성이 나를 좇는다는 것이었다."(남동신, '봉암사 지증대사탑비', 역주 한국고대금석문 Ⅲ, 가락국사적개발연구원, 1992, pp.174~211.)

30) 양종兩宗은 조계종曹溪宗과 천태종天台宗을 말하는데, 오교양종이라는 용어는 고려 중기에서 조선 초기에 이르기까지 〈고려사高麗史〉나 〈조선왕조실록朝鮮王祖實錄〉에 보이고 있다. 오교와 오교양종은 거의 같은 의미로 쓰였다. 그것은 성립종파라고 하기보다 전 불교나 전 불교의 승려, 혹은 불교의 총칭으로 보인다.

조선시대에 들어서면서 많았던 불교 종파들이 타의에 의해서 통합되다 보니 종파뿐 아니라 선교 양종의 구분도 없어져 한국불교를 '통불교'라고 하는데, 그 이면에는 초토화된 한국불교의 현주소를 단적으로 말해준다고 하겠다.

참고로, 오교는 '대각국사묘지명大覺國師墓誌銘'에는 법상종法相宗, 계율종戒律宗, 열반종涅槃宗, 법성종法性宗, 원융종圓融宗으로 되어 있으며, 〈태종실록太宗實錄〉에는 자은종慈恩宗, 총남종摠南宗, 시흥종始興宗, 중도종中道宗, 화엄종華嚴宗으로 되어 있다. '대각국사묘지명'과 〈태종실록〉에 나타난 종조宗祖는 법상종과 자은종은 진표(眞表, 8세기), 계율종과 총남종은 자장(慈藏, 7세기), 열반종과 시흥종은 보덕(普德, 7세기), 법상종과 중도종은 원효(元曉, 617~686), 원융종과 화엄종은 의상(義湘, 625~702)으로 되어 있다.

31) 김영수, '오교양종에 대하여' 진단학보, 〈고달사지 발굴 그리고 전시〉(여주군 향토사료관 발행) 각주 참조.

32) 한기두, 〈한국 선사상 연구〉, 일지사, 1991.

33) 삼문三門은 고려의 유학자 김군수金君綏가 지은 지눌스님의 비문에

등장하는 말로, 성적등지문惺寂等持門, 원돈신해문圓頓信解門, 경절문徑截門을 말한다. 이는 보조선의 수행법으로 돈오점수와 정혜쌍수를 성적등지문이라고 하고, 화엄사상을 도입해 원돈신해문을 세우고, 선지를 내세워 경절문을 세운다는 뜻이다.

34) 이능화의 〈조선불교통사朝鮮佛敎通史〉와 이종익李鐘益의 〈조계중흥론曹溪中興論〉(퇴옹성철退翁性徹, '태고종통론太古宗統論' 〈한국불교의 법맥〉에서 인용).

35) 성철스님 법어집, 〈백일법문百日法門〉, 장경각. 성철 스님은 이 책에서 지눌의 사상이 저작에 따라 달라진 부분을 자세히 분석하셨다.

36) 퇴옹 성철, '태고종통론' 〈한국불교의 법맥〉, 장경각.

37) '불교영상'에서 나온 〈현대 고승열전 평전〉에는 다음과 같이 요약하고 있다.

우리나라 임제종은 양기방회의 양기파와 황룡혜남의 황룡파 중 양기파의 법맥을 이어받았다. 양기파는 대혜종고의 대혜파와 호구소룡의 호구파로 갈라지는데, 그 중 호구파의 법맥을 받아 온 고려 말 나옹을 거쳐 청허를 주류로 내려오다가 한동안 암흑기를 보낸 뒤, 근세 경허(鏡虛, 1849~1912)에 이르러 다시 문풍을 진작시키게 된다.

38) 경허 스님은 스스로 깨달았다고 하셨지만 이후 "나로서 용암 장노의 법을 이어 그 도통을 정리하고, 만화 강사로써 나의 수업사를 삼음이 옳다."하면서 청허의 12대손이며 환성의 8세손이라고 법맥을 정리하셨다.(〈현대 고승열전 평전〉 불교영상, p.15)

39) 서재영, '승려의 입성금지 해제와 근대불교의 전개' 〈동아시아 불

교, 근대와의 만남〉, 동국대학교 불교문화연구원 엮음, p.60.

40) 한상길, '개화사상의 형성과 근대불교' 앞의 책, p. 53.

41) 류승주, '일제의 불교정책과 친일 불교' 앞의 책.

42) 서재영, '승려의 입성금지 해제와 근대불교의 전개' '한국 근대불교의 개막과 자주화의 모색〈동아시아 불교, 근대와의 만남〉, 동국대학교 불교문화연구원 엮음. 강석주 외, 〈불교 근세 백년〉, 민족사, 2002.

43) '승니 도성출입 해금'에 대해 일본 승려 사노의 활약이라는 설과 내무대신 박영효 등 개화파의 영향력 때문이라는 설이 있다. 그리고 해제된 후에도 완전히 철폐된 것은 몇 년 후로 이능화는 단발이 보편화되면서 승려와 일반인들의 구별이 모호해진 이후라고 밝히고 있다. 결국, 불교계의 자주적인 노력의 산물은 아니라는 것이다.

해금은 사노의 건의와 개화파의 결정으로 단행된 것이 아니라 당시 역사적 상황의 변화, 개화파와 연결된 불교계의 자각, 기독교의 팽창에 대한 한일 불교계의 위기의식, 유교적 정치이념의 쇠퇴, 외세에 맞서 불교를 신장시키고자 했던 조정의 의지, 민권의식의 향상 등과 같은 복잡한 인과관계와 맞물려 있는 것이 사실이다.(서재영, '승려의 입성금지 해제와 근대불교의 전개'〈동아시아 불교, 근대와의 만남〉, 동국대학교 불교문화연구원 엮음, p.92).

44) 당시 동북아의 지식인들 사이에는 서구열강에 대항하여, 아시아의 독립을 보존하고 동양의 평화와 질서를 아시아인 스스로 확립하자는 '아시아 연대론'이 대두되고 있었다. 조선과 청 그리고 일본 삼국 중 한 나라가 망하면 다른 나라의 존립도 위태롭기 때문이었다. 종교적으로도 불교라는 종교적 공통성을 지니고 있었기 때문에, 불교 국가가 힘을 합쳐 서구열강과 그들의 기독교에 맞서야 한다는 연대론이 더욱 고조되고

있었다. 천주교와 개신교가 서구 열강을 등에 업고 급속도로 퍼져 나가고 있었기 때문이다.

아시아 연대론은 일본의 침략 야욕으로 꽃을 피우지는 못했지만, 일본불교계의 조선포교는 정치적 목적뿐만 아니라 조선 불교의 발전을 도모한 인도적인 측면도 있었고, 또 서구세력과 기독교에 맞서기 위한 종교적 연대감 때문인 측면도 있었다.(서재영, '한국 근대 불교의 개막과 자주화의 모색' 〈동아시아 불교, 근대와의 만남〉, 동국대학교 불교문화연구원 엮음.)

45) 청담스님도 일본 병고현 송운사에 출가하여 행자생활을 하였다.

46) 조계종은 육조혜능이 주석했던 조계산에서 이름을 따 조계종이라 하였는데, 원래 불교 선종 교종 종파와는 관계없이 이름만 빌려온 태고종, 천태종, 진각종 등과 함께 해방 후 혼란기 때 생긴 종파들이고 그때 등록된 단체이다.(김용옥, 〈나는 불교를 이렇게 본다〉, 1989.)

47) 충본극기沖本克己, 〈새롭게 쓴 선종사〉, p.279.

48) 이희익, 〈선과 한국문화재〉, p.29.

49) 가마쿠라 시대(Kamakura, 겸창시대鎌倉時代)는 1192년에 일본의 미나모토노 요리토모(源賴朝)가 가마쿠라에 막부를 세운 때부터 1333년 호조 다카도키(北條高時)가 멸망할 때까지 무인 집권이 시행되었던 시기를 말한다.

50) 미나모토노 요리토모(源賴朝, 1147년 5월 9일 ~ 1199년 2월 9일)는 일본 헤이안 시대(平安時代) 말기, 가마쿠라 시대 초기의 무장으로, 가마쿠라 막부를 개창한 초대 쇼군(將軍)이다. 헤이(平) 씨를 멸한 후 무가 정권을 확립하였다.

51) 검선일여劍禪一如나 다선일미茶禪一味라는 일본식의 표현으로 나타

난다.

52) 한보광, 〈일본선의 역사〉, pp.117~118.

53) 관장管長은 불교나 신도神道에서 한 종파의 우두머리, 종정宗正을 말함. 관장은 우리나라 총림의 방장보다는 규모가 크지만 조계종 종정보다는 작은 규모다. 종정을 종파의 우두머리라고 정의했듯이 일본의 경우 임제종 14개 파를 각각 주관하는 대본산 사찰의 우두머리를 종정이라고도 한다.

54) 무로마치 막부의 3대 쇼군 아시카가 요시미쓰(足利義滿)는 비록 나이는 젊었지만 막부의 기반을 공고히 해야겠다는 야심이 대단한 사람이었다. 그는 막부 세력을 위협할 정도로 강력한 다이묘들을 견제하는 한편 천황을 잘 조종, 그 힘을 이용해 자신의 지지기반을 굳게 다졌다. 의만은 유력한 다이묘들을 예의 주시하면서 위험하다고 생각되는 다이묘들을 차례로 토벌했다. 그중에서도 서부에서 방대한 영토와 재력을 갖고 있던, 한반도에서 도래한 집단인 대내(大內, 오우치)가의 대내의홍(大內義弘, 오우치 요시히로, 1356~1399)의 세력을 토벌하기 위해 호시탐탐 기회만 엿보고 있던 차였다.

결국 11월 29일부터 1월까지 의만의 군대와 의홍의 군대가 사카이에서 치열한 공방전을 벌였고, 결과는 의홍이 화살에 맞아 죽음으로써 의홍의 패배로 끝나고 말았다. 이것이 응영應永(오에이노)의 난이다.

묘심사 6세인 졸당종박拙堂宗朴은 평소 의홍의 귀의를 받아 서로 인연이 깊었는데, 반란 중에 졸당종박이 의홍의 진중을 방문하였다는 혐의를 받아, 반란이 진압된 후 졸당종박은 유폐되고 묘심사는 용운사로 이름이 바뀌었으며, 사원의 토지는 몰수되었다.(한보광, 〈일본선의 역사〉, p.153.)

55) 한보광, 앞의 책, pp.110~111.

56) 죽내도웅竹內道雄,〈日本의 禪〉, p.183.

57) 앞의 책, p. 196.

58) 명법,〈선종과 송대 사대부의 예술정신〉, p. 75.

59) 북조시종(北条時宗 호조 도키무네, 1251~1284)은 가마쿠라 막부 제8대 싯켄(執權, 쇼군의 섭정)이다. 5대 싯켄 호조 도키요리의 적장자로 태어나 불과 17세의 나이로 싯켄에 취임하였다. 그의 재임 기간 동안 몽골 제국의 공격을 2번이나 받았다. 내속來屬을 요구하는 원나라에 대하여 시종은 강경 대처하여 1274년 원의 침공을 격퇴하였고, 1281년 원의 재침도 방어하였다.

60) 북조시종은 해안에 성을 쌓고 필사의 공방을 벌여 몽고군의 상륙을 저지함과 동시에 밤낮을 가리지 않고 작은 배들을 이용해 몽고군을 괴롭힌다. 우리는 신풍神風, 즉 태풍이 불어 몽고군이 스스로 무너진 것으로 알고 있는데, 태풍 이전에 오륙십 일 동안 몽고군의 상륙을 막아 함선에만 머물게 함으로서 이미 질병으로 3,000여 명의 병사를 잃은 상태였다고 한다. 몽골의 침입은 근대 이전에 일본 열도를 위협했던 유일한 침략행위였다.(죽내도웅竹內道雄,〈日本의 禪〉, p.151)

61) 충본극기,〈새롭게 쓴 선종사〉, p.295.

62) 한보광,〈일본선의 역사〉, pp.301~302.

63) 앞의 책, pp.304.

64) 현존하는 가장 오래된 고려대장경 인쇄본도 일본 오타니대학 도서관이 소장하고 있다.

65) 스즈키 다이세쓰는 일본 북부 이시카와 현 가네자와 시에서 태어났다. 본명은 스즈키 데이타로(鈴木貞太郎)이다. 와세다대학교의 전신인 도

쿄전문대학교에서 공부하고 가마쿠라 엔카쿠사(圓覺寺)에서 참선하였다. 참선하던 중 견성 체험을 하여 샤쿠슈엔(釋宗演) 노사로부터 다이세쓰大拙라는 법명을 받았다.

66) 18세기 이후 한국불교는 의례불교에 대한 비판과 함께 의례요집儀禮要集의 새로운 정비가 몇 차례 이루어졌다. 그 대표적인 의식집으로 〈범음집梵音集〉, 〈작법구감作法龜鑑〉, 〈동음집同音集〉, 〈일판집一判集〉 등이 있다. 그리고 근대에 와서 안진호安震湖 스님이 1931년 〈석문의범釋門儀範〉을 편찬하였는데, 이 〈석문의범〉이 곧 현행 한국 불교의 '의식儀式'이다. 석문의범은 상하 2편으로 나누어져 있는데, 상편은 예경禮敬・축원祝願・송주誦呪・재공齋供・각소各疏 5장이고, 하편은 각청各請・시식施食・배송拜送・점안點眼・이운移運・수계受戒・다비茶毘・제반諸般・방생放生・지송持誦・간례簡禮・가곡歌曲・신비神秘 등 13장으로 편성되어 있다.(마성, 〈부처님 마을〉 제59호, 1990년 9월호.) 이 책이 나오기 전까지는 염불조차 통일되어 있지 않았다고 한다.

67) 한상길, '한국 근대 불교의 대중화와 석문의범' 〈동아시아 불교, 근대와의 만남〉, 동국대학교 불교문화연구원 엮음, 2008.

68) 현각 엮음, '10개의 공안' 〈숭산 대선사의 가르침, 선의 나침반 2〉, pp.188~216. 10개의 공안을 투과하고 마지막 숙제도 풀어야 한다.

69) 시중에 나와 있는 책과 법문 테이프, 시디를 통해 필자가 보고 듣고 한 내용들은 〈달마가 서쪽에서 온 까닭은?(홍법원)〉, 〈현대 고승인물 평전(불교영상)〉, 대원 문재현 선문답집, 〈앞뜰에 국화꽃 곱고 북산에 첫눈 희다〉, 김정휴, 〈백척간두에서 무슨 절망이 있으랴〉, 조오현, 〈선문선답〉, 석명정 〈茶 이야기 禪 이야기〉, 이은윤, 〈큰 바위 짊어지고 어디들 가시는가〉, 윤청광 〈고승열전〉과 테이프 및 시디 그리고 숭산 선사 법어

집 〈천 강에 비친 달〉과 진제 선사 법어집 〈돌사람 크게 웃네〉 등이다. 요사이 책과 동영상 등에 등장하는 화두들에 대한 소개도 이 범주를 크게 벗어나지 않는다.

70) 〈천 강에 비친 달〉(숭산행원선사 법어집, 불교통신교육원, 1987), 〈中國佛敎聖地巡禮記〉(불교통신대학, 1985), 〈선의 나침반〉(한국의 달마 숭산대선사, 보림사, 1984/현각 엮음, 허문명 역, 열림원, 2001), 〈부처님께 재를 털면〉(스티븐미첼, 고려원, 1990/여시아문, 1999), 〈허공의 뼈를 타고〉(이덕인 최윤정 역, 예하, 1991), 〈세계일화〉(숭산행원문도회, 2000), 〈산은 푸르고 물은 흘러간다〉(불교영상회보사, 1994), 〈世界佛敎巡廻布敎記〉(불교통신교육원, 1990), 〈오직 모를 뿐〉(현각, 은석준 역 대원정사/물병자리, 1987), 〈바람이냐 깃발이냐〉(법보출판사, 1993), 〈온 세상은 한 송이 꽃〉(숭산 선사 공안집, 현암사, 2001), 〈오직 할 뿐〉(무량,무심, 물병자리, 2001), 〈22인의 증언을 통해 본 근현대 불교사〉(선우도량, 2002) 등.

71) 문인유창門人維昌의 '행장' 및 이색의 '비명'(선림고경총서 〈태고록〉)

72) 이종찬, 〈한국불가 시문학사론〉, 1993.

73) '무비공'이란 경허 선사의 오도송에서 기인한다. 호열자가 창궐하는 마을에서 삶과 죽음의 근본문제에 부딪힌 경허선사는, 발길을 되돌려 동학사로 돌아와 학인들을 해산시키고 강원을 철폐한다. 그리고 당나라 때 영운지근 선사가 "여하시불법대의如何是佛法大意, 즉 어떤 것이 불법의 대의입니까?"라는 질문에 답하신 "여사미거 마사도래", 즉 나귀의 일이 끝나기도 전에 말의 일이 닥쳐온다는 화두를 잡고 선당禪堂 삼조연하三條椽下에 홀로 앉아 용맹정진에 들어가신다. 3개월이 지난 어느 날 학명

도일學明道―이라는 절의 스님이 아랫마을에 내려갔다가 이 처사를 만나 잠시 다담茶談을 나누게 되는데, 이 처사의 말이,

"스님! 요즘은 어떻게 공부하십니까?"

"그저 경이나 읽고 염불하며 가람 수호하는 것이 일과랍니다."

"스님! 그렇게 공부하다 소가 되면 어쩌려고요."

"그럼 어떻게 하면 소가 되지 않을까요?"

"소가 되더라도 고삐를 꿸 콧구멍이 없으면 되지요."라고 대답한다.

학명은 '무비공, 고삐를 꿸 콧구멍이 없는 소'가 무슨 뜻인지 알 수가 없었다. 절에 돌아와서 대중들에게 물어도 누구도 대답을 못했다. 그러다 시자가 경허에게 묻게 되는데, 이때 '무비공'이라는 말에 선사는 활연대오하게 된다. 그리고 오도송을 부른다.

忽聞人語無鼻孔 홀연히 고삐 꿸 콧구멍이 없다는 소리에,

頓覺三千是我家 문득 깨달으니 삼천대천 세계가 내 집이네!

六月燕巖山下路 유월 연암산 아랫길에,

野人無事太平歌 일 없는 농부가 태평가를 부르네.

인터넷을 검색해 보니 '무비공'에 대한 해석을 글자 그대로 '콧구멍이 없는 소'로 보고, '들이쉰 숨을 내뱉지 못하거나 내쉰 숨을 다시 들이쉬지 못한 순간 생사는 갈라지고 만다. 숨구멍에 생사의 갈림길이 있다. 그런데 콧구멍이 없다는 것이다. 일순간 경허의 숨이 턱 막혀 버렸을 것이다.'라는 식으로 황당하게 해석해 놓은 것이 대부분이었는데, 콧구멍이 없으면 이미 코(鼻)가 아니다. 따라서 굳이 바르게 풀어보자면 '무비공'이란 '코에 쇠코뚜레를 꿸 구멍이 없는 소'라는 뜻으로, 쇠코뚜레가 없는 소가 되면 '대자유소'로 유유자적할 것이라는 뜻으로 해석해야 할 것이다.

74) 〈달마가 서쪽에서 온 까닭은?(홍법원)〉과 〈현대 고승인물 평전(불교영상)〉에서 경허, 만공선사 편 참조.

75) 선도회 카페(선도회 영하산방cafe.daum.net/younghasanbang) 토론방, '화두는 하나만 참구하라는데······.' 참조. 그런 의미에서 한국 조계종은 임제종보다는 조동종에 가깝다.

76) 사실 필자도 그랬다. 참고로 이에 대한 폐해는 중국 선종 초기에도 있었던 것 같다. 혜능의 제자 가운데 유명한 남악회양南岳懷讓 선사가 반야사般若寺에서 선풍禪風을 크게 날리고 있었는데, 하루는 회양 문하에 도일道一이라는 승려가 찾아왔다. 도일은 절에 와서는 아무 말 없이 경도 보지 않고, 법을 묻지도 않고, 홀로 좌선만 하고 있었다.

회양이 그 모습을 보다가 도일에게 물었다.

"좌선을 해서 무얼 하려느냐?"

"부처가 되려고 합니다."

회양은 더 이상 묻지 않고 벽돌 하나를 가져다가 도일의 앞에서 묵묵히 갈기 시작하였다.

"스님! 무얼 하시려고 벽돌을 갈고 계십니까?"

"거울을 만들려고 한다네."

"벽돌을 간다고 거울이 됩니까?"

"벽돌을 갈아서 거울이 될 수 없다면, 좌선을 한다고 부처가 된다고 하던가?"

"그럼 어떻게 해야 합니까?"

"수레가 앞으로 가지 않으면, 수레를 때려야 하느냐, 소를 때려야 하느냐?"

도일은 답을 하지 못했다. 회양은 다시 말을 이었다.

"네가 좌선을 배우려 한다면, 선은 앉거나 눕는 데에 있지 않다. 부처를 배우려 한다면, 부처 또한 결코 불변의 형상을 갖고 있지 않다. 좌상坐相에 집착하면 불교의 이치를 통달할 수 없다. 좌불坐佛은 바로 부처를 죽이는 것이다. 좌선에 집착하여 취하고 버림이 있으면 결코 깨달을 수가 없다!"

77) 정성본, '간화선 수행과 공안 공부公案工夫'〈무문관〉, p.387.

78) 안수정등 화두는 빈두로돌라사위우타연왕설법경賓頭盧突羅爲優陀延王說法經에서 빈두로돌라사 존자가 우타연왕을 위하여 다음과 같이 설한데서 유래한다.

"대왕이여, 옛날 어떤 사람이 광야를 헤매고 있었습니다. 그때 크고 사나운 코끼리를 만나 쫓기게 되었습니다. 미친 듯이 달렸으나 의지할 곳이 없었습니다. 마침 언덕 위에 있는 우물을 발견하고는 곧 나무뿌리를 잡고 우물 속으로 들어가 숨었습니다. 그런데 그가 매달려 있는 나무뿌리를 흰 쥐와 검은 쥐가 번갈아 가며 이빨로 갉고 있었습니다. 그리고 우물의 네 벽에는 네 마리 독사가 있어 그 사람을 물려고 하였습니다. 또 이 우물 밑에는 큰 독룡毒龍이 있었습니다. 그는 옆에 있는 네 마리 독사와 아래 있는 독룡이 무서워서 떨고 있었습니다. 그런데 그가 매달려 있는 나무뿌리는 곧 뽑힐 듯이 흔들리고 그때 나무에 매달려 있는 벌집에서 꿀 세 방울이 그의 입속으로 떨어졌습니다. 그때 나무가 움직여 벌집을 무너뜨렸습니다. 벌들이 날아와서 그 사람을 쏘았습니다. 게다가 들에 불이 일어나 그가 매달려 있는 나무를 태웠습니다. 대왕이여, 광야는 생사를 비유하며, 떨어질 자는 범부凡夫를 비유하며, 코끼리는 무상無常을 비유하며, 언덕 위의 우물은 사람의 몸을, 나무뿌리는 사람의 목숨을 비유합니다. 흰 쥐와

검은 쥐는 밤과 낮을 비유하고 (그 쥐들이) 나무뿌리를 갉는 것은 (사람의 목숨이) 순간순간 줄어드는 것을 비유합니다. 네 마리 독사는 사대四大를, 꿀은 오욕五欲을 비유하며, 그를 쏜 뭇 벌들은 나쁜 생각과 견해를 비유한 것입니다. 또 들불이 타는 것은 늙음을 비유하고, 아래 있는 독룡은 죽음을 비유한 것입니다."

79) 선문답의 견해 즉 경계를 숭산 노사님은 네 가지로 분류하였는데 (숭산 노사님의 제자는 서양 사람들이 많은 탓인지 매우 분석적이다. 명쾌하고 신선하다.), 즉 '무여無如', '일여一如', '여여如如', '즉여卽如'가 그것이다. '무여'는 생각 이전의 세계, 본체이므로 개구즉착開口卽錯이라, 입을 열면 그르치니 가만히 있는 것이고, '일여'는 주객이 일체요, 본성이 동체이므로 그것을 입을 열지 않고 나타내는 것이며, '여여'는 보고 듣는 것이 모두 진리요, 본체 아님이 없음을 나타내는 것이요, '즉여'는 그 진리를 어떻게 쓰느냐 하는 대기대용大機大用, 즉 올바른 행동과 생활을 나타낸다. 예를 들어, 연필과 책을 들고 "연필과 책이 같은가 다른가?"라고 물었을 때, '무여'는 입을 열면 그르치니 가만히 있는 것, 양구良久하는 것이고, '일여'는 일체가 동체이니 할이나 방 혹은 손가락을 드는 것이고, '여여'는 연필은 황색, 책은 푸른색이라 답하는 것이고, '즉여'는 연필로 글을 쓰고 책을 읽어 행동으로 나타내는 것이다. 상황에 따라 다르겠지만 '즉여'가 바른 경계이다.

한때 성철 스님은 '산은 산이요 물은 물이다.'란 말을 유행시킨 적이 있는데, 이에 대해 숭산 노사님은 '산은 푸르고 물은 흘러간다.'라고 하였다. 산은 산이요 물은 물이요가 진리이긴 하지만 여기서 멈추면 순전히 형이상학적인 진리로 남을 수밖에 없고, 한걸음 더 나아가는 것이 필요하다. 그것이 진리의 올바른 '기능'이라는 것이다. 어떻게 이 진리를 통해 나와 중생, 이 세계를 연결시킬 것인가, 이 진리가 우리의 삶에 어떻게 기능할 수 있는가 하는 문제이고 그것이 '실용'이라는 것이다.

80) 숭산행원선사 법어집, 〈천 강에 비친 달〉.
81) 근일 선사 공부담(월간 법회와 설법), 여기에는 이어 다음과 같이 점검이 이어진다.

"그럼 내 다른 것 하나 묻지. 네가 이것만 답하면 확철대오로 인정해 준다."
옛날에 보살이 도인이라. 큰 스님 될 것 같은 한 스님을 토굴을 지어서 한 10년간 시봉했는데, 10년이 되는 어느 날 딸을 시켜서 시험을 했어. 딸에게 가서 스님을 보듬고 교태를 부리면서 스님에게 '이럴 때 경계가 어떠합니까?' 하고 물으라고 했다. 딸이 시키는 대로 하니 스님이 '고목에 한암하니 한기가 돈다.' 즉, '마른 나무에 찬 바위가 의지하니 한기가 돈다.'라고 답했다. 이를 어머님에게 그대로 전하니 보살이 토굴에 가서 스님의 멱살을 잡고 '이 흉악한 놈을 내가 10년 동안 밥을 먹였구나. 에이 도적놈 나가거라.' 하며 끄집어내고 불을 확 질러버렸다.
"그런데 왜 쫓았느냐?"
"지극히 그 스님을 위해서 쫓았습니다."
"그래 어찌하면 안 쫓겨나겠느냐, 너 같으면 어찌하겠느냐?"
"부지런한 해가 동쪽에 뜨니 벌 나비가 춤을 춥니다!"
"그래 그 말하고 고목에 한암하니 한기가 돈다는 말하고 같느냐, 다르냐?"
"천리현격입니다."

"틀리단 말이제?"

"예!"

"너 아직 덜 되었구나. 너 서울 가려면 아직 멀었어. 아직 수원밖에 못 갔다. 네가 더 열심히 하면 네가 내 은혜를 못 갚을 것이다."

이 경계에 대한 논의도 '근일 선사 공부담'이란 제목으로 선도회 카페 토론방에 공개되어 있다.

82) '활안 스님의 내가 만난 선지식, 법시사 편집장 이희익 대선사' (현대불교신문, 2009. 08. 19.)

83) 대어와 별어의 준말로, 대어란 상대가 대답을 못할 때 질문한 쪽에서 대신 답하는 것이고, 상대방의 대답이 신통치 못할 때 별도의 답을 질문한 쪽에서 하는 것.

84) 대혜종고 선사가 〈벽암록〉을 태워 버린 일은, 송고를 통한 공안선의 이해와 관계가 있지만, 공안집과 그에 따른 모범답안의 존재를 은유적으로 보여 주는 사건이라고 할 수 있겠다. 이는 문자의 병폐를 보여 준다거나, 문자가 깨닫는 것과는 무관함을 보여 준다거나 등으로 이해되어서는 안 된다. 그보다도 먼저 대혜종고 선사는 최소한 그 책에 대해 달통할 정도로 학문에 뛰어났었다는 것을 염두에 두어야 하겠다. 굳이 비교하자면, 〈벽암록〉은 〈무문관〉보다 먼저 결집되었으나 아직 간화선이 자리 잡기 전이어서 그런지 공안의 소개에 그치고 있다. 즉 직설적이어서 사례나 판례 학습에 도움이 될 뿐 선수행 교과서로는 부족하다는 것이 필자의 견해이다.

85) 오조법연 선사의 제자이며, 〈벽암록〉의 저자인 원오극근 선사는 그가 지은 〈벽암록〉 100칙에 '조주무자' 화두를 포함시키지 않았다. 따

라서 오조법연 선사에 의해 새롭게 제창된 '조주무자' 공안을 중심으로 한, 간화선 수행 체계는 대를 걸러 원오극근 선사의 제자인 대혜종고 선사에 이르러 확립되게 되었는데, 이 과정은 '무' 자 공안을 20회 이상 언급한, 주로 사대부들과 귀양지에서 16년 동안 서신 교류한 내용이 담긴 대혜 선사의 〈서장書狀〉을 통해 잘 엿볼 수 있다. (중략) 따라서 〈조주록〉에서 앞부분만을 취해 '조주무자' 화두를 새롭게 제창한 법연 선사의 손자 제자인 대혜종고 선사가 주로 재가在家의 사대부들과 교류하면서 이들을 위해 새롭게 공안선의 참구 방법과 수행 체계를 확립했으며, 훗날 무문혜개 선사도 이런 흐름을 따라 〈무문관〉 제1칙의 본칙을 통해 이 '조주무자' 공안을 완결하며 간화선 수행체계를 완성한 것이다.(박영재, '간화선 수행체계의 확립'〈두 문을 동시에 투과한다〉, pp.320~322.)

86) 명법, 〈선종과 송대 사대부의 예술정신〉, p.18.

87) 삼요란 고봉원묘 선사가 〈선요禪要〉에서 주장한 화두공부하는 사람이 갖춰야 할 세 가지 요소, 즉 대신심大信心, 대분심大憤心, 대의심大疑心을 말한다.(고봉원묘 원저, 전재강 역주, '十六 示衆'〈선요〉, 운주사, 2006)

88) 양 䑛이라 하면 거친 행동에 대한 경책의 의미도 있겠지만, 그보다도 깊은 뜻이 있다. 일종의 힌트다.

89) 정성본, '무문관에 대하여'〈무문관〉, p.361.

90) 이희익, 〈선과 과학〉, p.62.

91) 명법, 〈선종과 송대 사대부의 예술정신〉, pp.125~126.

92) 사실 무자 화두의 경계에 대해 평등계니 차별계니 구분 짓기는 어렵다. 경계란 진공묘유眞空妙有, 있으면서도 없고 없으면서도 있는 것이기 때문이다. 그러나 마냥 모호할 수는 없어 정의해 보았다.

종달 노사님은 저서 〈선과 과학〉에서 차별과 평등에 대해 다음과 같이 기술하셨다.

차별 즉 평등으로서 마치 물을 여의어 파도가 없고 파도를 여의어 물이 없는 것과 같이, 차별을 여읜 평등이 없고 평등을 여읜 차별이 없다. 즉, 차별 그대로가 평등이고 평등 그대로가 차별인 것이다.

93) 若有人問汝義 問有將無對 問無將有對 問凡以聖對 問聖以凡對 二法相因 生中道義, 〈육조대사법보단경〉, 해설은 〈선종과 송대 사대부의 예술정신〉(pp.121~122)에서 인용.
94) 이희익, 〈선과 과학〉, p.50.
95) 명법, 〈선종과 송대 사대부의 예술정신〉, pp.127~128.
96) 현각 엮음, 〈숭산 대선사의 가르침, 선의 나침반 2〉, p.193.
97) 열 가지 병통이란, 있다 · 없다로 이해하지 말라, 이치로 이해하지 말라, 분별의식으로 헤아리거나 알아맞히려 하지 말라, 눈썹을 움직이거나 눈을 깜빡거리는 것에 알음알이를 두지 말라, 말과 글의 틀로 살림살이를 짓지 말라, 아무 일 없는 속에 빠져 있지 말라, 화두를 들어 일으키는 곳을 향하여 알려고 하지 말라, 문자를 끌어와 증거 삼지 말라, 유무를 초월한 참된 무가 있다는 생각을 짓지 말라, 마음을 가지고 깨달음을 기다리지 말라 등이다.
98) 정경문, 〈허공 속의 메아리〉, 박영재 엮음, 〈이른 아침 잠깐 앉은 힘으로 온 하루를 부리네〉에서 인용.
99) 죽내도웅竹內道雄, 〈日本의 禪〉, p.64. 참고로 구모이 쇼젠 저서 〈붓다와의 대화〉에는 다음과 같이 번역되었다.

불교를 배운다는 것은 자신을 배우는 것이다. 자신을 배운다는 것은 자기를 잊는 것이다. 자기를 잊는다는 것은 만법(환경세계)을 깨닫는(실증)것이다. 만법을 깨닫는다는 것은 자신의 몸과 마음, 혹은 다른 이의 몸과 마음을 방하착(脫落)하는 것이다.

100) 좌일주칠, 이 선어의 뜻을 글자 그대로 유추하면, 우리가 잠자는 시간은 대개 6시간에서 8시간 정도이므로 깨어 있는 시간은 16시간 정도이다. 이 깨어 있는 시간의 1/8은 2시간이므로 2시간 정도 좌선하고 7/8인 나머지 14시간은 하루 주어진 일과에 100% 뛰어든다는 뜻이다. (박영재 엮음, 〈이른 아침 잠깐 앉은 힘으로 온 하루를 부리네〉)

101) 대혜종고 선사의 어록 〈서장〉에 나오는 방 거사의 게송에서 비롯되었다. 방 거사는 마조 선사의 유일한 재가 제자로 선의 황금시대인 8세기 중반에서 9세기 초까지 당대 마조 선사나 석두 선사가 선풍을 날리던 시대를 살았다.

日用事無別 일상생활에서 일어나는 일은 차별이 없다.
唯吾自偶諧 오직 내 스스로 짝하고 어울릴 일이다.
頭頭非取捨 하는 일마다 취하거나 버리지 아니하면,
處處勿張乖 가는 곳마다 베풀고 어긋나지 아니하는데,
朱紫誰爲號 높은 벼슬을 누가 귀하다고 하겠는가?
丘山絕點埃 저 산도 한 점의 티끌에 불과한 것을.
神通並妙用 신통과 묘용은,
運水及搬柴 물 긷고 땔나무 해 올 줄 아는 것일세.

102) 〈종용록從容錄〉 12칙 지장종전地藏種田(지장이 밭에 씨를 뿌리다) 본칙에 나온다.

〈從容錄〉 12則 地藏種田

지장이 수산주修山主에게 묻되, "어디서 왔는가?"
수산이 대답하되, "남방에서 왔습니다."
지장이 다시 묻되, "요즘 남방의 불법은 어떠하던가?"
수산주가 대답하되, "헤아리려 해도 끝이 없습니다."
지장이 다시 이르되 "내가 여기에서 밭에 씨 뿌리고 주먹밥을 쥐어 먹는 것만이야 하겠는가?" 하니,
수산주가 말하되, "삼계는 어찌하시겠습니까?"
지장이 되묻되 "그대는 무엇을 삼계라 하는가?" 하였다.

103) 2008년 불교계에서는, 성철(1911~1993) 스님께서 깨달음의 근거로 제시한 '오매일여寤寐一如'에 대한 논쟁이 벌어진 적이 있었다. 물론 지금도 진행형이다. 시작은 윤창화 씨(도서출판 민족사 대표)가 '운암 김성숙 기념사업회'에서 열린 월요불교포럼에서 '오매일여는 가능한가?, 오매일여의 진실과 오해'란 주제로 발표한 내용이 발단이 되었다.
발표에서 윤창화 씨는 '화두참구 상태가 오매일여가 돼야 한다는 것 자체가 분별망상'이고, '그렇게 오도된 데는 성철 스님의 견해가 주된 역할을 했다.'고 주장하면서 '이는 오직 성철 스님의 견해일 뿐 역대 선승 가운데 그 누구도 오매일여를 이런 식으로 단정적으로 표현한 선승은 없다.'고 하였다. 특히 원오극근 선사나 간화선을 주창한 대혜종고 선사도 부질없이 오매일여에 대해 분별하지 말라 했다고 하면서, 오매일여寤寐一如는 글자 뜻 그대로 '오와 매는 하나다.'라는 '본질적으로 깨달음과 깨닫지 못함 또는 꿈과 현실을 분별하지 말 것을 강조한 것으로 화두참

구의 상태와는 무관하다.'라는 내용 때문이었다.('오매일여는 과연 가능한가?, 오매일여의 진실과 곡해', 불교평론 36호 2008년 10월 10일자 참조)

　이에 대해 성철선사상연구원 연학실장 원충 스님이 불교계 언론인 주간 '법보신문'에, '윤씨가 〈몽산어록〉 등 기본적인 자료해석부터 오류를 범하고 있다.'고 비판하면서, '성철 스님의 목적은 오매일여에 있는 것이 아니라, 깨달음의 세계에 바로 들어가게 하려는 데 있다.'고 반론을 실었고(7월 15일), 윤창화 씨 역시 같은 신문에 '오매일여는 엄격히 말하면 성철선에서 수행·깨달음의 척도이지, 간화선의 기준점이나 척도는 아니다.'라며 재반론(7월18일)을 게재하였다. 이에 금강대 안성두 교수는 '선이나 선어록에서의 모든 화두는 하나의 구체적 상황에서의 스승과 제자 사이의 일회적 사건'인데 '성철선이 강조하는 오매일여는 제자들이 실질적인 노력을 통해 깨달음을 향해 가도록 요구하는 것'이고, '교육적이고 따라서 일회적인 선의 정신에 부합되는 것'이라고 재재반론을 하는 등 논쟁이 뜨거웠다.(경향신문 2008년 7월 28일자)

　필자도 '오매일여'에 대해 오랫동안 의문을 가지고 있었는데, 결론은 어떠한 방법으로 깨달았느냐, 그리고 어떻게 그 깨달음을 전할 것이냐는 문제로 귀결된다고 하겠다. 깨달은 사람이 어떠한 방법을 통해 깨달았으면, 그 방법을 들어 깨달음을 말할 수밖에 없고, 또 그 방법으로 깨달음을 전할 수밖에 없다는 것이다.

　이를 위해서는 오해와 곡해의 두 관문을 통과해야 하는데, 그 하나는 수행과정을 어떻게 보편적으로 모두가 이해할 수 있게 설명하느냐이고, 또 하나는 그것을 표출하는 과정에서 끌어다 쓴 언어의 의도된 뜻과 그 해석 간의 간격이다. 이에 대해서는 우선 이 각주의 설명이 대답이 될 수 있을 것이고, 다음 이 글 전체가 대답이 될 수 있을 것이다.

참고로, 구체적으로 묻지는 않았지만, '오매일여'에 대해 지나가듯이 물으니, 법경 법사님은 "이 말에 걸리면 분별심이 하나 더 붙게 됩니다."라고 가볍게 넘기셨고(스스로 체득해 보면 자명하다고 하신 것 같다.), 법등 법사님은 "오매일여 하십니까?"라는 물음에 "안으로는 부족한 것이 없고 밖으로는 구하는 것이 없다."고 말씀하셨다. 본래 아무것도 없는데 무엇이 있다고 하면 그만큼 진리에서는 멀어지리라.

104) 원오극근 저 석지현 역주 해설 〈벽암록〉 33칙.

105) 혜강 최한기(1803~1875)는 조선후기 실학자이자 과학사상가로 황해도 개성 출신이다. 1825년 진사시험에 급제했으나 관직에 나가지 않고 중국에서 발행한 책들을 수입, 이를 바탕으로 과학을 연구하고 글을 쓰는데 평생을 보냈다. 조선후기의 새로운 학술정보 및 서양에 많은 관심을 가지고, 기학을 유교적 질서를 대체할 사상으로 보았다. 저서로는 기측체의氣測體義, 기학氣學, 인정, 농정회요農政會要, 육해법, 심기도설 등 20여 종 120여 권의 책이 지금까지 전한다.

최한기의 〈추측록推測錄〉은 최한기가 사고로 추리하여 만유의 진리를 파악하는 방법을 밝힌 책이다. 헌종 2년(1836)에 6권 3책으로 간행되었다.

繼天而成之爲性 率性而習之爲推 因推而量之爲測 推測之門 自古蒸民 所共由之大道也, 하늘을 계승하여 이루어진 것이 성性이고, 이 성에 통솔되어 익히는 것이 추推며, 추로 인하여 양을 재는 것이 측測이다. 추측推測의 문은 예부터 모든 사람들이 함께 말미암는 대도大道이다.(〈추측록〉서문은 이렇게 시작한다.)

106) 황룡사심(黃龍死心, 1043~1114) 선사는 지지일자知之一字 중화지문衆禍

之門이라, '지'라는 한 글자는 모든 재앙의 문이라 하였고, 하택신회(荷澤神會, 684~758) 선사는 지지일자知之一字 중묘지문야衆妙之門也라. '지'라는 한 글자는 모든 오묘함의 문이라 하였다. 이 두 가지 표현에 대해 논의가 분분한 것 같은데 필자에게는 둘 다 같은 말로 들린다.

　단, 선적禪的으로는 같다고 하면 그릇치고, 蛇飮水成毒 牛飮水成乳, 뱀이 물을 마시면 독이 되고 소가 물을 마시면 우유가 된다고 하겠다. 보조지눌의 계초심학인문에 나오는 말씀이다.(해석은 〈불교의 주역·노장 해석〉(금장태 지음, 서울대학교출판부, 2007, p.263)을 따랐다.)

9. 〈禪 속에 약동하는 인생〉에 대한 일고찰

아래 글은 목동모임 이상호 선생께서 종달 노사님의 저서 가운데 본인이 여러 차례 정독하며 간화선 수행에 크게 도움을 받은 〈선 속에 약동하는 인생〉에 대해 소감문을 써 보겠다는 뜻을 밝혀 원래는 〈선 속에 약동하는 인생〉에 관한 머리글 바로 뒤에 게재할 예정이었으나 매우 상세하게 이 책의 진가를 기술하고 있어 엮은이가 아래와 같은 제목으로 적당하다고 판단되는 이 위치에 게재하게 되었음을 밝힌다.

〈禪 속에 약동하는 인생〉에 대한 일고찰

이상호/서강대학교 종교학과 박사과정

선禪은 실천실수를 통하여 본래면목을 구명하는 것이다. 이 책은 붓다로부터 전승되어 온 정통적인 선사상에 입각하여 간화선을 중심으로 다루고 있다. 특히 그 주요 수행법인 좌선과 호흡법에 대하여 그 핵심 사상과 구체적인 방법을 상세히 설명하고 있으므로 이 책의 내용을 따라서 하나씩 실천해 나가다 보면 자연스럽게 좌선을 몸에 익힐 수 있도록 하였다. 특히 중요한 부분은 반복하여 설명하고 있으므로 자연스럽게 마음에 새길 수 있도록 하였다.

비록 전통적인 선어록禪語錄의 다양한 전문 용어들이 많이 보이기도 하지만, 기본적으로 전문 수행자뿐만 아니라 일반인들도 쉽게 이해할 수 있도록 현대적인 언어로 풀어 쓰고 있다.

또한 간화선 혹은 좌선이라고 하면 일단 어렵고, 딱딱하고, 고통스러운 수행법이라고 생각하는 편견을 벗어나 일반 재가자들이 일상생활 속에서 좌선의 참된 뜻을 알고 실천할 수 있도록 배려하고 있으며, 전통적인 간화선 수행이 일부 전문 수행자들만 행할 수 있다는 오해를 여지없이 깨뜨린다. 즉, 일상생활 속의 참선수행에 대한 길을 제시하고 있다. 중요한 것은 바른 스승을 찾아서 꾸준히 쉬지 않고 노력하는 것이다

간화선 수행법은 호흡법을 수반하는 좌선과 공안참구, 그리고 입실하여 참문하고 점검받는 것으로 요약할 수 있다. 그 과정과 방법을 상세히 소개하는 것이 이 책의 일관적인 흐름이다. 특히 다른 간화선 관련 서적과 비교되는 특징이 있는데, 호흡법에 많은 장을 할애하고 있다는 점이다. 호흡법에 따른 생리적 현상의 과학적 근거를 제시하면서 육체와 정신의 조화로운 수행법을 여러 차례 소개하는데, 이는 저자인 종달 노사님의 오랜 좌선 경험에서 실제 체험적으로 검증된 것이라고 충분히 짐작할 수 있는 바, 매우 과학적이고 합리적으로 좌선법이 소개되고 있다.

또 한 가지의 특징은 견성·공안·참구법 등에 대해서 전통적인 수행법에 입각하여 현대적인 개념으로 알기 쉬우면서도 매우 독특하게 정의하고 있다. 사실 이 책대로만 한다면 간화선은 전혀 어려운 것이 아니다. 단지 실참實參에서 공안을 뚫고 헤쳐 나가야 할 과제가 남아 있을 뿐이다.

따라서 이 책은 현대판 간화선 교과서라고 할 만하다. 간화선 수행에 필요한 모든 요소를 항목별로 분류하여 전반적으로 파악할 수 있도록 서

술되어 있다. 엄격한 의미에서 학문적인 서적은 아니지만, 다양하고 정확한 전거典據를 들면서, 수십 년간 간화선 지도 경험의 풍부한 경륜을 담고 있기에 참으로 배울 것이 많은, 보기 드문 책이다. 따라서 한 번 보고 말 것이 아니라 여러 번 재독하면서 선수행의 전체 지도를 머릿속에 그려 둔다면 실제로 바른 스승을 만나 간화선 수행의 지도를 받게 될 때 큰 도움이 될 것이다.

지금 현재 나와 있는 간화선 관련 서적들만 해도 대체로 옛 선사들의 어록을 통하여 진리의 경지를 펼치거나 혹은 선종禪宗의 역사적 맥락 속에서 간화선 사상을 대상화시켜서 연구한 학문적인 글들은 많지만, 이 책처럼 실참실수實參實修를 행할 때 가져야 할 전반적인 지식과 중요한 핵심, 그리고 구체적인 방법들을 일목요연하게 기술하고 있는 것은 찾아보기 어렵다. 단순히 진리의 세계를 설명하는 것이 아니라, 그 진리의 세계에 도달하기 위하여 필요한 수단과 방편들을 자세히 밝히고 있으므로 결국 진리체험의 방법을 가르치고 있다. 아마도 이 책이 저술되기 전이나 그 이후인 지금까지도 이에 필적할 만한 저술은 거의 없을 것이다.

부분적으로 반복되는 내용들이 있으나, 그것은 이 책의 단점이라기보다는 그것을 빠뜨리지 않고 거듭 읽다 보면 어느새 자신도 모르게 간화선 수행의 핵심과 어떻게 수행해야 할지를 가늠할 수 있는, 정확한 수행법을 마음속 깊이 새길 수 있게 하는 장점이 된다.

궁극적으로 간화선 수행은 실천실수實踐實修가 바탕이 되어야 하기에 이 책만으로는 간화선을 다 안다고 할 수는 없다. 그러나 그 실천실수에 앞서 어디로 어떻게 가야 하는지를 잘 알려 주는 간화선의 지도 혹은 나침반이 될 수 있다는 점은 분명하다.

저자이신 종달 이희익 노사님은 송나라 당시 임제종의 정통 수행법을 몸소 익히시고, 그 법맥을 이어받으신 간화선의 종사宗師이시니, 그 분의 한마디 한마디에 모두 약동하는 생명력이 깃들어 있음을 느낄 수 있을 것이다.

〈선 속에 약동하는 인생〉이라는 책 제목을 통해서도 알 수 있듯이, 그 분의 삶은 오직 선 속에서 일생을 보내셨고, 그 분의 인생자체가 곧 선이었음을 몸소 보여 주셨기에 선과 일상생활의 삶이 결코 분리되어 있지 않음을 이 책을 통하여 충분히 확인할 수 있다.

이 책 내용 중에는 간간이 현재 한국의 간화선 수행법과 비교해 놓은 부분이 있는데 이 책의 저술 당시뿐만 아니라 지금 현재에도 여전히 적용 가능한 통찰이 엿보인다. 현재 우리나라에서는 간화선에 대한 관심이 매우 높아지고 있으며, 더불어 간화선의 체계적인 수행법에 대한 관심과 함께 간화선의 국제화를 위하여 무던히 노력하고 있는데, 이 책은 매우 도움이 될 것이라고 생각한다.

전체적인 구성은 총 10장으로 되어 있고, 끝부분에 부록으로 좌선법회의 용어와 출·재가 선객들의 일화를 소개한다. 전부 10장으로 되어 있지만, 크게 두 부분으로 나눌 수 있다. 제1장에서 제6장까지는 선 입문자를 위하여 전반적인 선사상에 대한 고찰과 선의 실천실수實踐實修에 필요한 호흡법 및 좌선수행의 방법 등에 대하여 중점적으로 상세히 설명하고 있다. 제7장부터 제10장까지는 간화선과 관련된 부분이 강조된다. 여러 전거를 들어 공안公案에 대하여 다각적으로 조명하고, 간화선 사상 및 수행 방법 등에 대하여 상세히 일러 주고 있다.

다음에서 구체적으로 간화선 관련 핵심 몇 장을 골라 그 내용을 간략히 요약하여 소개한다.

禪의 本旨(제3장)

평소 사물에 대하여 명료하고 확실한 이해를 얻으려면 반드시 개인적 경험이 필요하며, 이 경험에 최대의 힘을 기울이는 것이 禪이다. 좌포 위에 앉아서 또는 실내室內에서 스승의 점검을 받으며 천칠백 공안을 보아 나가는 것도 이 경험을 얻기 위함이다. 이 공안을 볼 때에 이론으로서는 통하지 않으므로 반드시 그것에 체당體當하여야 한다. 다시 말하면 공안의 줄거리의 중심점을 잡아서 그와 한 몸이 되어야 한다는 것이다. 사실상 천칠백 공안의 중심점은 '무無' 하나로 통한다. 진리는 하나이기 때문이다. 그런데 그 많은 공안을 내세우는 것은 바로 우리들의 일상생활이 천 가지, 만 가지 차별로 전개되고 있기 때문이다.

석가세존께서 새벽별이 반짝이는 것을 보고 깨쳤다함은 곧 사상事象을 사상대로 보았다는 뜻이므로 결국 깨친다는 것은 마음을 하나로 뭉쳐 그 하나라는 것도 없는 경지에서 사상事象을 본다는 것을 말한다. 이것은 곧 만상을 부정해서 그 부정을 다시 부정함으로써 긍정이 된다는 말과 같다. 이를 위한 가장 빠른 방법이 마음속에 '무' 자를 새기고 틈 날 때마다 끊임없이 '무' 자!, '무' 자!, '무' 자! 하는 것이다. 즉 '무' 자에 전 정신을 집중시키고, 집중할 때 '무無'라는 자도 없으려니와 나 자신도 없어진다. 그것은 곧 사물과 늘 한 몸이 되어 그 사물에 대해 충실해진다는 말이며, 긍정과 부정의 대우對偶를 돌파하여 진정으로 자유로운 생활을 영위하는 것이다.

그러므로 단적으로 말하자면, 선은 사물과 한 몸이 되는 훈련이라고 한다. 그 한 몸은 또한 절대적 긍정이다. 절대적 긍정은 긍정과 부정과의 대우를 피하는 것이 아니고 한 걸음 나아가서 반대되는 것과 완전히 일치되는 방법을 발견하는 것이다. 이것은 곧 차별 즉 평등, 현상 즉 본체를 말한다. 그래서 차별 즉 평등으로서 마치 물을 여의고 파도가 없으며 파도를 여의고 물이 없는 것과 같이, 차별을 여읜 평등이 없고, 평등을 여읜 차별이 없다. 차별 그대로가 평등이고 평등 그대로가 차별이다.

'부처를 만나면 부처를 죽이고 조사를 만나면 조사를 죽인다.' 는 말도 부처를 만나면 부처와 한 몸 되고 조사를 만나면 조사와 한 몸이 된다는 것을 뜻한다. 우리들 일상생활에서 어느 하나도 사물과 한 몸이 되지 않는 일이라곤 없다. 다만 범부로서는 그를 인득認得 못할 따름이다. 결국 인득하면 부처이고, 인득 못하면 범부이다.

禪의 體認(제4장)

선은 사물과 한 몸 되는 데 주력한다고 했는데, 그것은 주관과 객관을 초월한 평등의 입장이다. 초월한 입장에서는 불타佛陀 아닌 것이라고는 하나도 없다. 따라서 선이 목적하는 바는 '불타'에 있다. 그런데 이 평등의 세계는 차별을 여읜 평등의 세계가 아니다. 차별 즉 평등의 세계다. 그러므로 자기 맡은 바 그 일에 충실하여 다른 것을 돌보지 않고 정진하면 된다. 이 말은 일상생활에 반영하는 것에 관한 것인데, 이 경지에 이르려면 선을 통하는 것이 가장 가까운 길이다. 선에는 공안을 사용하는 방법이 있으며, 그 수는 천칠백여 가지에 이른다. 그중에서도 제일 먼저 보는 것이 '무' 자다. 이것도 종파에 따라서 다르다. 하나의 공안에 온 마음을 집중시켜 가면서 천칠백여 공안을 섭렵한다. 비록 공안의 숫자는 많지만 그 원리는 같다. 그 수는 〈경덕전등록景德傳燈錄〉에 천칠백 한 사람의 행리行履가 수록되어 있는 데서 나온 것이다. 그러므로 공안이 이 숫자에 한하는 것은 아니다. 우리들 일상생활 가운데 공안이 아닌 것이 없다. 참선자參禪者들을 위하여 공정公定의 법칙 즉 고덕古德 스님들이 인정한 이법理法이라는 의미에서 공公이고 이법에 따라 정진하면 반드시 선지禪旨에 이를 수 있다는 뜻에서 안案이라고 한다.

한편 '장소의 논리와 호응의 원리'란 말이 있다. 즉 세계는 우리를 부르고, 역사는 우리를 부르고, 사회는 우리를 부른다. 그에 대하여 우리는 정당하게 처세한다. 역사에 대답하고, 사회에 대답하고, 세계에 대답하는 우리의 행위가 충국사의 부름에 대현이가 대답한 "예!"이다. 대현이 "예!" 하고 대답할 때 그와 하나가 되면 "예!"가 없어진다. 이런 경우를 만법귀일萬法歸一이라고도 하고 초월이라고도 한다. 부처님의 중생제도라는 것도 요要는 만유의 장소場所를 얻게 함에 지나지 않는다. 즉 버드나무는 푸르고, 꽃은 붉고, 하늘은 높고, 땅은 낮고, 산은 치솟고, 물은 흐르고 하는 것이 모두 장소를 얻는 것이 된다. 부처님이 "아난아!" 하고 부르니 아난은 "예!" 하고 대답한 것이 호응의 원리다.

선종禪宗의 종지를 규명하기 위하여 공안을 들어야 하고, 그 공안과 한 몸이 된 때를 견성見性·각오覺悟라고도 하며, 깨침이라고도 한다. 매사에 이런 경지라면 사회생활에 적극성을 지니게 된다. 따라서 주어진 공안을 들고 간단없이 참구參究할 일이다. 그 비결은 흥미를 붙이는 것이다. 애쓴 보람으로 인가認可를 받으면 그 기분이란 말로 설명하기 어렵다. 소위 법열法悅을 느낀다. 이 재미로 공안을 하나하나 봐 나가는 동안 자연히 법리法理도 체득되어 끊을 수 없는 입장에 서게 된다. 그리하여 자유자재한 멋쟁이가 된다.

요要는 떠오르는 잡념 망상을 하복부의 힘으로 해소시켜라 한다. 그러니까 우선 하복부의 힘을 길러야 하며, 그 방법으로 수식관을 사용한다. 이것이 어느 정도 익숙해지면 소위 법열을 느끼게 되고, 그 경지를 경천

동지라고 표현한다.

佛祖正傳의 坐禪(제6장)

이 장에서는 우선 원시불교 사상의 근간인 팔정도八正道, 십이인연十二因緣, 사제四諦, 중도中道 등과 좌선수행법의 관계를 설명한다.

팔정도는 실천이 관건이므로 이 실천을 위하여 좌선수행이 필요하다. 십이인연은 현상의 세계가 원인·결과의 상의상존相依相存의 관계에 있는 것을 말하는데, 만약 우리들 자신이 과거의 원인에 구속되고 결정되어 있어서 그로부터 한 걸음도 벗어날 수 없다면 위 팔정도를 실천할 수도 없게 될 것이다. 그러므로 이 원인·결과의 관계에 속박되지 않고 살 수 있는 초월이 필요하며 이 초월은 좌선수행을 통하여 사상四象과 하나가 되는 것이다.

사제는 팔정도와 같은 이상理想과 십이인연과 같은 현실의 인과론을 모두 아울러 다시 현실적인 실천에 의하여 현실 문제를 해결하는 것이다. 다시 말하면 배가 고프면 먹고 고단하면 자는 이 사실이 인간생활에 있어서 가장 중요한 일이라는 것이다. 그러한 이치는 좌선수행을 통하여 체득할 수 있다.

중도는 과거와 미래 사이의 중간, 이상과 인과 관계의 중간에 살고 있는 현재의 순간을 인득認得하고 이 순간을 일보일보一步一步 착실하게 살아가는 것이 중요하며 이를 위하여 좌선수행에 힘쓰는 것이다.

석가세존도 우리와 같이 처음에는 범부凡夫였으나, 그 범부의 때를 활짝 벗어 버릴 수 있는 묘술妙術을 얻어서 대성인大聖人을 이루었다. 이 묘술을 자수용삼매自受用三昧라고 한다. 자수용삼매를 손에 넣을 수 있는 길은 단좌참선端坐三昧, 소위 좌선이다. 그러나 좌선은 깨침에 이르는 인연 여부와는 관계가 없다. 다시 말하면 좌선은 깨치기 위하여 정진하는 것이 아니다. 왜냐하면 우리는 사실상 이미 깨치고 있기 때문이다. 무엇이 깨치고 있는 것인가 하면 배고프면 먹고, 곤하면 자는 것이 그것이다. 불법은 이외에 다른 별다른 것이 없다. 그런데 이를 정말로 수용收用하려면 좌선을 해야 한다.

禪의 公案(제7장)

이 책의 가장 많은 분량을 차지하고 있는 것이 공안과 관련된 이 장이고, 그 다음이 좌선 실수에 관련된 제6장이다. 그만큼 이 책은 좌선과 공안을 중심으로 하는 간화선 수행법을 중점적으로 다루고 있음을 알 수 있다.

불교의 총부總府인 선은 불교의 시작과 함께 그 기원을 같이함은 두말할 필요도 없다. 그러나 공안의 성립은 훨씬 후대에 중국에 와서 형성된 것이다. 선종禪宗의 개조로 추존하고 있는 달마 시대부터 5조홍인(五祖弘忍, 594~674)에 이르기까지도 좌선을 중점적으로 닦고 따로 공안公案으로 학인을 접득하는 데 쓰지는 않았다고 한다. 주로 제자 쪽에서 의심나는 점들에 대해 여쭙고 이에 대해 스승의 지시를 받는 정도였다.(현재 우리나라에서 이 방법을 쓰고 있는 줄로 알고 있다.) 그러다가 육조혜능(六祖慧能, 638~713) 대사에 이르러 선종의 획기적 발달과 함께 제자에 대한 접득接得 수단으로 공안과 비슷한 것을 주어서 그를 참구케 했지만 후대에 와서 쓰인 공안과는 다르다. 그러므로 우선 〈육조단경〉을 재독 음미하기를 권한다.

공안은 옛날 선종의 조사스님들이 정定한 법문法文으로서 오늘에 이르러서도 그 법문에 의하여 때에 응하고 중생의 기연機緣에 촉촉觸하여 자유자재로 제시하는 공법公法으로 이 말은 황벽(?~850) 선사 때부터 쓰인 듯하다.

〈경덕전등록〉에 따르면 공안은 1,701개가 있다고 알려져 있는데, 그 자체의 원리 원칙에 있어서는 모두 같지만, 그를 내놓은 사람의 도력道力· 지식知識· 성품性品· 자질資質· 환경 그리고 활용 면에 있어서 각각 다르다. 이 말은 즉 우리들의 일상생활이 모두 공안이라고 해도 지나친 말이 아니다. 이 공안은 부정과 긍정, 그리고 다시 총합적 입장에서 수시로 그 두 태도를 운용하는 방면이 있다. 그와 같은 모순 혹은 불합리도 돌보지 않고 이를 연속해 나가는 사이에 우리들의 부분적이고 단편적인 지식이 자연히 통일되어 본능과 이성이 융합되고 소극성과 적극성이 조화를 이루어 천진天眞한 생명의 빛이 나타나는데, 이를 견성見性이라고 한다. 이 견성은 시비是非· 선악善惡· 미오迷悟· 범성凡聖 그리고 극락과 지옥· 번뇌와 보리, 생사와 열반 등 모든 분별적 견해를 일소하여 '본래무일물本來無一物'이라는 경지에 이르러야 비로소 성취할 수 있다. 그 심경에 이르도록 가부좌 틀고 하복부에 힘을 주면서 공안의 해결에 전력을 다하여 노력하는 것이 좌선수행으로, 수행하면 반드시 성취할 수 있다는 신념을 굳게 가지고 소오小悟에 만족하지 말고 중단 없이 꾸준히 계속하면 성공할 수 있다. 이때 공안에 대한 의심 또는 의단이 가장 선행조건이다. 의심하면서 악전고투하다 공안을 타파하게 되면서 새로운 생명이 약동할 때 바로 그것이 '깨침'이다.

그런데 〈선가귀감〉에 참선은 모름지기 삼요三要를 갖추라고 했다. 대신근大信根 대분지大憤志 대의정大疑情인데, 어느 하나가 부족해도 솥(鼎)의 한 다리가 부러진 것과 같아서 폐물이 되고 만다고 한다. 그중에서도 선의 특색은 대의정에 있다. 망연히 12시간이고 24시간이고 좌선한다면서 앉아 보았자 별 수 없는 일이다. 그 시간에 쭉 의심을 일으키고 앉았는가 하는 것이 문제다. 이것이 쉽지가 않다. 그래서 스승으로부터 지도를 받아야 한다.

한편 본참本參 화두를 들고 망념 망상과 싸우고, 졸음과 싸우고 동정위순動靜違順과 싸우고 시비증애是非憎愛와 싸워 그를 이겨 나가야 하는 것이 화두라고 할 때, 조주의 '무' 자나 '공수파서두空手把鋤頭' 라든가 '동산수상행東山水上行' 등에 국한할 것이 아니고 자신이 의문되는 점을 곧 화두로 삼으면 된다. 이것은 참학參學의 용심用心에 대하여 말하는 것이다. 즉 농사짓는 사람은 괭이질을 화두로 삼고 장사하는 사람은 장사하는 데 열중하면 선지禪旨에 충분히 계합된다. 그러므로 전문적으로 출가한 승려가 아닌 일반 사람은 자기 맡은 직업에 충실하여 다른 것을 돌보지 않을 때가 진정한 참학임을 알면 된다.

사실 사람은 근본 문제에 있어서는 가르치지 않아도 스스로 참취參就하게끔 되어 있으므로 선은 어디까지나 스스로 참취하는 것을 귀하게 여긴다. 그래서 '수처작주 입처개진隨處作主 立處皆眞' 이라는 말을 흔히 쓴다. 즉 무얼 하든 간에 그와 한 몸이 되는 것을 뜻한다.

公案과 參禪(제8장)

공안의 성립은 〈벽암록〉 서문에 '공안은 당나라 때 창하여 송나라 때 성盛하다.' 라고 한 것과 같이 당나라 때 선승들이 학인을 지도할 때 임기응변으로 활작략活作略하여 제자를 깨침에로 개발케 했다. 그 후 점차 옛 어른들이 개오開悟하게 된 기연機緣, 여러 언행言行을 들어서 그것을 제자들에게 주어 그 본뜻을 참구하도록 하여 같은 경계에 이르게끔 하는 풍조가 일어났는데, 송나라에 와서는 착어(著語 제자공안을 본 경계에 句를 붙이는 것) 혹은 비판을 붙이고 그것을 집대성하여 제자들에게 공부케 함으로써 개오開悟의 수단으로 삼기에 이르렀다.

공안을 담고 있는 〈무문관〉에 의하면, 참선은 조주의 '무' 자로 시작되어 '무' 자로 끝을 맺는다고 해서 지나친 말이 아니다. 만약 '무' 자에 철저했다면 초관初關이니 말후末後니 말할 필요가 없다.

한편 〈수능엄경〉에 의하면 초심자의 경계를 벗어나 한 걸음 나아갈 때, 참문參問할 스승에 대한 문제가 있다. 즉 자기의 소증所証을 증명하기 위하여 명사明師에 참參할 필요가 있다. 참선參禪이라는 것도 스승으로부터 주어진 공안에 대하여 참문하고, 스스로 단좌공부端坐工夫하고 혹은 문답상량問答相量 하는 것 즉, 참사문법參師問法을 말한다. 이때 사제지간은 참선 중 항상 일체가 되지 않으면 안 된다. 사제의 심의기心意氣가 일치하지 않으면 참선변도參禪辯道는 성립되지 않으며, 사제가 서로 손잡고 상구보리하화중생上求菩提下化衆生의 원願에 채찍질하여 정진하지 않으면 안 된다. 스승은 수행자가 먼 길로 드는 것을 막아 준다. 그렇다고 해서 가까운 길을 가르쳐 주는 것은 아니다. 예를 들어 '무' 자 공안을 들면 만상이 눈앞에 전개되어 있는 것을 '무'로 처리하도록 한다. 학인이 '무' 자의 경계를 가지고 스승에게 입실할 때, 맞으면 허許하고 다음 공안을 주고, 맞지 않으면 2년이고 3년이고 되풀이해야 한다. 이때 참선은 중단을 극히 꺼린다. 일단 초발심으로 시작하였으면 대사료필大事了畢할 때까지 방심하지 않고 꾸준히 계속해야 하는 것이 참선이다. 마치 우물물을 풀 때 한 바가지 두 바가지 쉬지 않고 푸면 급기야는 바닥이 난다. 이때를 궁즉통窮卽通이라고 표현한다.

默照와 看話의 발달(제9장)

좌선공부는 묵조선과 간화선의 둘로 크게 나눈다. 그러나 그 목적은 깨침에 있으며, 다만 그 방법이 다를 뿐이다. 묵조선이 정定을 주로 함에 대하여 간화선은 혜慧에 특히 중점을 두고 있다. 그러나 육조혜능이 말한 바와 같이 본래 정定과 혜慧는 불이不二다.

간화선의 발달은 오조법연(五祖法演, 1024~1104) 선사에 이르러 그 윤곽이 확실해지고, 원오극근(圓悟克勤, 1063~1125) 선사를 거쳐 대혜 선사에 의하여 기초가 확립되었다. 대혜 선사는 〈대혜서〉에서 말하기를, 정좌靜坐할 때는 일주一炷의 향을 사르고 정좌하되, 혼침昏沈과 도거掉擧를 특히 주의하면서 다만 '구자무불성狗子無佛性'의 화話를 들라고 한다.

간화선은 옛어른의 화두(공안)를 보이는 선이라는 의미로 공안을 스승이 주어서 제자에게 보이게 함으로써 제자의 심경心境에 일전기一轉機를 주어 대오의 묘경에 이르도록 유도한다. 이 공안에는 세 가지의 중요한 역할이 있다. 첫째는 공안에 의하여 자기의 망상을 모두 제거하는 일이다. 예를 들어 '무' 자에 참參하면 무자삼매無字三昧가 되어 내외타성일편內外打成一片의 심경에 도달하여 망상잡념이 없어진다. 내외타성일편이란 '무' 자와 한 몸이 되어 '무' 자도 없고 자기 자신도 없어지는 것을 뜻한다. 즉 전 우주가 없어지는 것이다. 둘째는 공안에 향하여 대의단大疑團을 일으킨다. 대혜 선사가 말한 바와 같이 '조주가 무엇 때문에 무라고 대답했을까?' 이에 대하여 세밀하게 참구하여 철골철수徹骨徹髓 의단을 집주集注하는 일이다. 크게 의심을 일으켜 '무' 자와 하나가 되어서 딴 생각을 할 여지가 없을 때 발을 구르며 희열을 느끼게 된다. 이 희열을 선에서는 법열法悅이라고 한다. 또 한 가지는 천칠백여 가지의 공안을 내놓은 사람의 도력道力을 비판할 수가 있고, 다음은 변도(辨道 : 도업을 성취하는 것)하는 데 큰 도움이 된다.

禪의 문답과 깨침(제10장)

선의 특징 중 하나가 대개 일문일답一問一答으로 끝내는 문답問答이다. 이 문답은 대화와 다르고 지적知的이거나 논리적 혹은 해석적인 것이 아니다. 또 계몽적인 것도 아니고 교훈적인 것도 아니다. 소위 '체당體當'이다. 체당이란 몸소 부딪힌다는 말이다. 그리하여 무언가 적극적으로 사람의 마음속 깊이 뚫고 들어가는 데가 있지 않나 생각된다. 때로는 아무런 기변奇變이 없는 일상생활 그대로 표현한다. 그것은 긍정적인 대사실이라는 것이 일상생활과 동떨어져 있지 않다는 것을 의미한다. 그래서 '평상심시도平常心是道'라고 한다. 배고 고프면 먹고, 졸리면 자고, 목마르면 물을 마시는 일상생활 속의 평상심이 선의 작용이다. 그런데 사실은 이 평상심을 제대로 알기까지는 상당한 고행이 필요하다.

선의 진수는 인생 및 세계에 관하여 새로운 관점을 얻으려고 하는 데 있다. 다시 말하면 선의 내면적 생활에 돌입하려면 일상생활을 지배하고 있는 생각에 대하여 크게 전환하지 않으면 안 된다. 새로운 견지見地를 열어서 그로부터 사물을 보면 지금까지의 그 사물이 한층 더 생생하고 깊고 무게가 있어 만족을 준다고 한다. 새로운 관점이란 오늘날까지의 자기를 전면적으로 뜯어 고친다는 것을 뜻한다. 이러한 관점을 얻는다는 것은 사실상 인간으로서는 일생동안 최대의 정신적 경험이 아닐 수 없다. 이와 같이 인생 및 세계 전체에 대하여 이때까지의 입장을 완전히 뒤엎고 새로운 관점을 얻는 것을 선에서 '깨침'이라고 한다.

선은 묵묵히 내성內省하여 자아自我, 즉 자기의 본성(진리)을 발견하는 데 주력할 일이다. 사실 인간은 선천적으로는 진짜 그 당체다. 그런데 세속 때가 묻기 시작하면서부터 가짜로 전환한다. 이 세속의 때를 벗기면 소위 '견성'에 이른다. '견성에 이르는 길은 선 외에 다른 길은 없다.'는 것을 강조해 둔다.

군더더기 : 종달 이희익 노사 입적 20주기 기념집에 수록되는 이 글에 대해 엮은이(居士 法境)의 견해로는, 이상호 거사께서 종달 노사님의 〈선 속에 약동하는 인생〉에 대해 철저히 분석하여 그 진가를 있는 그대로 잘 드러내고 있어서 더 부언할 이야기가 없다. 다만 맨 마지막에 나오는 '견성에 이르는 길은 선 외에 다른 길은 없다.'라는 구절에서 '선'은 '종교와 종파를 초월해 각자 자기의 수행 전통에 따라 지속적으로 자기성찰하게 되면 깊은 통찰체험으로 이어지며, 누구나 이 통찰체험을 바탕으로 수처작주隨處作主하며 죽는 날까지 저절로 나눔 실천적 삶을 살아가게 된다.'라는 뜻으로 새기면 된다.

저술에 관해 마무리하는 글

앞에서 '선서禪書의 저술著述'이란 제목으로 다룬 글을 통해 종달 노사께서 지으신 저서들은 모두 선공부하는 데 반드시 구비해야 할 요긴한 내용을 담고 있으며, 노사께서 입적하시기 전, 직접 엮은이에게 언젠가는 수행자들로 하여금 쉽게 접할 수 있도록 저서 모두를 전집으로 발간해야 한다고 말씀하신 적이 있다. 따라서 엮은이는 장기적으로 선도회 법사들과 전집간행위원회를 구성해 노사 입적 30주년 기념사업의 일환으로 전집 간행을 추진할 계획으로 있다.

물론 노사께서 저술할 당시의 세로쓰기 및 문체는 21세기를 살아가는 현대인들에게 보다 친근하게 느껴질 수 있도록 문체를 다듬고 가로쓰기로 바꿀 것이며, 특히 거의 말년의 저작 가운데 하나이며 〈무문관〉과 쌍벽을 이루는 선수행자의 필독서인 〈벽암록〉의 경우는 매우 쇠약해진 노구를 돌보지 않으면서 저술한 저서라 손볼 곳이 꽤 많아 노사의 선지禪늴는 손상시키지 않으면서도 대폭적인 손질을 해 다시 세상에 내놓을 예정이다. 아울러 노사께서 이들 저서에서는 다루지 않았지만 일생 동안 이곳저곳에 기고한 옥고들을 발굴 정리해 역시 기회가 닿는 대로 출간할 예정이다.

한편 제천모임 법사이신 전원 거사께서 두루 여러 문헌들을 참고하며 나름대로 깊이 숙고하시고 정리한, 간화선 수행자로서 우리 모두 깊이 성찰해 봐야 할 '선도회 간화선 읽기'과 이상호 거사께서 '〈선 속에 약동하는 인생〉에 대한 일고찰'이란 옥고를 보내오셨기에 이 3부에 함께 게재하였다.

마무리하는 글

엮은이는 스승이셨던 종달 노사로부터 인가를 받을 무렵 선도회 법사직과 본업인 교수직이 둘이 아니라는 것을 온몸으로 체득하면서 '삶과 수행이 둘이 아님(生修不二)'을 철저히 자각하게 되었다. 즉, 늘 있는 그 자리에서 필자가 속한 공동체의 구성원들(가족, 교수, 학생, 선도회 문하생 등 모든 이웃)과 '함께 더불어' 주어진 일(주중 근무시간에는 교육과 연구, 주말의 자유 시간에는 참선지도 및 가장으로서 할 일)에 거의 100% 전념할 수 있게 되었다. 그 결과 좌선을 통해 길러진 아랫배의 힘을 바탕으로, 교수직에 재직해 오고 있는 지난 27여 년 동안, 엮은이가 학자적인 소양이 뛰어나서가 아니라 동료 연구원들과의 원만한 공동연구를 통해 SCI 등재 국외 저명학술지에 150여 편의 논문을 게재했으며, 아울러 박사학위 수여 제자도 13명 배출하였다. 한편 1990년 종달 노사 입적 이후 선도회의 지도법사직을 수행(1990년 6월부터 지금까지 목동모임, 1994년 3월부터 10년간 서강모임, 2004년 3월부터 3년간 잠실모임 및 2009년부터 지금까지 인사동모임 법사직 수행)하면서 문하생들을 꾸준히 지도해 온 결과 간화선 수행을 지도할 수 있는 필자와 똑같은 자격을 갖춘 법사도 12명 배출하였다. 결혼 29년 동안 지금껏 권태기라는 것도 모르고 아내와 함께 가정(평등한 부부 수행공동체)도 원만히 잘 꾸려오고 있는 등 선도회 법사들과 함께 종교와 종파를 초월해 천주교 신부까지 참가하는 선도회의 참선법회를 활성화하면서 종달 노사의 '있는 그 자리에서의 재가선 가풍在家禪 家風'을 힘차게 이어가고 있다.

끝으로 지금까지 제1부에서는 엮은이가 종달 노사님의 일대기를 중심으로 한 선도회의 성립과정, 선도회 간화선풍의 핵심요체인 종달 노사의 가르침, 그리고 선도회 법사들과 더불어 행한 지난 10여 년간의 선도회의 활동을 언론 자료들을 중심으로 집필하였고, 제2부에서는 삶과 수행이 둘이 아님을 온몸을 내던져 나투면서 간화선풍看話禪風을 일으키고 있는 선도회 법사들의 글과 현재 점검을 받으며 수행 중인 선도회 문하생들이 간화선 수행을 통해 현 시점에서 각자가 뼈에 사무치도록 몸소 체득하고 느낀 점들을 모은 글들을 다루었고, 그리고 제3부에서는 종달 노사께서 일생 동안 혼신의 힘을 다해 저술한, 좌선공부하는 데 가장 요긴한 저서 16권과 노사의 수행 가풍이 담긴 노사 입적 10주기를 기념해 출간한 〈이른 아침 잠깐 앉은 힘으로 온 하루를 부리네〉, '선도회 간화선 읽기' 및 '〈선 속에 약동하는 인생〉에 대한 일고찰'을 함께 다루었다.

전체적으로 이 책은 바르게 간화선 수행을 지속했을 때 재가와 승가 및 남녀노소를 불문하고 누구나 체득할 수 있는 가능한 모든 상황을 진솔하게 있는 그대로 드러내고 있다. 따라서 오래 수행했으나 별 진전이 없는 분들이나 새로 선가에 입문하고자 하는 다양한 직업에 종사하고 있는 분들 모두에게 각자의 수행의 현 위치를 잘 파악할 수 있게 하며, 이를 바탕으로 앞으로 어떻게 나아가야 할지를 분명하게 알 수 있게 하는 데 좋은 이정표가 되리라 확신한다.

물론 이런 견해가 비록 엮은이와 선도회 법사 및 문하생들에게는 매우 효과적이었다고는 하나 결코 모두에게 최상의 길이라고는 생각하지 않는다. '대도무문 천차유로大道無門 千差有路'란 선어禪語처럼, 비단 참선뿐만 아니라 간경, 염불 등 바르게 수행하는 길은 헤아릴 수 없이 많다.

부디 이 졸고拙稿를 접하는 모든 분들이 쏜살같이 흐르는 세월 속에 허송세월하지 말고, 각자 나름대로 최선의 선택을 통해 코드가 맞는 좋은 스승의 점검을 받으며, 각자의 본래면목을 있는 그대로 드러내는 깊은 통찰체험을 바탕으로 확고부동한 인생관을 확립함과 동시에 함께 나눔 실천의 삶을 죽는 날까지 지속적으로 살아가기를 간절히 바라며 이 글을 마치고자 한다.

엮은이 法境 합장

부록

선도회 법사단 및 사무소
스승을 보내며 부른 노래
宗達 老師 入寂 20주기 기념 제문

선도회 법사단 및 사무소

법사단

현재 선도회 회원 가운데 〈무문관〉 점검을 마치고 성찰실천을 지도할 수 있는 18명의 법사들로 구성되어 있으며 그 명단은 다음과 같다.

지도법사 : 法境 박영재

법   사 : 鐵心 이창훈 法藏 권영두 法燈 정경문 法性 조주호
             慧頂 김인경 慧峰 김승진 慧淵 한갑수 慧雲 윤희운
             智川 홍치원 天欽 박성호 天堡 박형상 玄岩 심상호
             智觀 조성환 天秀 박창환 天達 서명원 電元 조영준
             智初 이영배

1. 본회 사무소

158-058 서울특별시 양천구 목3동 956번지 목동 롯데캐슬위너 106동 1703호
(강서구보건소 정류장 하차 후 큰 길 건너 맞은편 주택가 내)
연락처 : 02-2648-1090, 017-750-4252

2. 분사무소(지부)

(1) 서울특별시분사무소(지부)

110-091 서울특별시 종로구 행촌동 210-189호

연락처 : 011-384-4722

팩스 : 02-703-5823

웹페이지 : http://cafe.daum.net/younghasanbang

이메일 : whan333@yahoo.co.kr

목동모임(선도회 고참 회원들을 위한 모임)

서울특별시 양천구 목동 956번지 목동롯데개슬위너 106동 1703호

법   사: 법경 박영재 (이메일: seondopk@gmail.com)

연락처 : 017-750-4252

일   시 : 매달 둘째, 넷째 토요일 오전 7시 30분

(1월은 1박2일 철야정진, 8월은 3박 4일 수련회, 2월은 방학)

성북모임

서울특별시 성북구 성북2동 283번지 성나사

법   사 : 법등 정경문 (이메일: budjkm@hanmail.net)

연락처 : 011-749-3143

일   시 : 매주 일요일 오후 2시

(1월은 1박 2일 철야정진, 8월은 3박 4일 수련회)

독립문모임

서울특별시 종로구 행촌동 210-189호

법   사 : 법장 권영두

연락처 : 011-384-4722

일   시 : 상시 개별 지도

(1월은 1박 2일 철야정진, 8월은 3박 4일 수련회)

신촌제1모임(서강대학교)

법   사 : 천흠 박성호 (이메일: shpark@sogang.ac.kr)

연락처 : 02-705-8415

일   시 : 매주 화요일 오전 7시

(1월은 1박 2일 철야정진, 8월은 3박 4일 수련회, 2월과 7월은 방학)

신촌제2모임(서강대학교)

법   사 : 천보 박형상 (이메일: hspark@sogang.ac.kr)

연락처 : 02-705-8475

일   시 : 매주 수요일 오후 5시 30분

(1월은 1박 2일 철야정진, 8월은 3박 4일 수련회, 2월과 7월은 방학)

신촌제3모임(외국인을 위한 영어법회-서강대학교)

법   사 : 천달 서명원 (이메일: senecber@sogang.ac.kr)

연락처 : 02-705-8351

일   시 : 매주 금요일 오전 6시

(1월은 1박 2일 철야정진, 8월은 3박 4일 수련회, 2월과 7월은 방학)

인사동모임(언론 출판 문화인 대상)

서울특별시 종로구 관훈동 177번지 대형빌딩 303호 02-732-8788

법　사 : 법경 박영재 (이메일: seondopk@gmail.com)

연락처 : 010-8210-8701

일　시 : 매달 첫째, 셋째 금요일 오후 7시 30분

(1월은 1박 2일 철야정진, 8월은 3박 4일 수련회, 2월과 7월은 방학)

대원정사모임(능인선원 지원)

법　사 : 철심 이창훈

연락처 : 010-8234-5588

일　시 : 연락처로 문의 바람

(2) 인천광역시분사무소(지부)

인천광역시 남구 법원로 48번지 인천지방법원 (25평)

인천모임

법　사 : 지천 홍치원 (이메일: hongcw56@hanmail.net)

연락처 : 032-861-3900, 011-741-0132

일　시 : 매주 화요일 오후 6시 30분

(1월은 1박 2일 철야정진, 8월은 3박 4일 수련회)

(3) 충청북도분사무소(지부)

충청북도 제천시 수산면 상천리 97번지

수련장 : 영하산방 80평

제천모임

법   사 : 전원 조영준 (이메일: youngcho@hanmail.net)

연락처 : 043-653-0445, 016-413-4157

일   시 : 매주 일요일 오후 3시

(1월은 1박 2일 철야정진, 8월은 3박 4일 수련회)

(4) 전라남도분사무소(지부)

전라남도 담양군 대덕면 장삼리 197-3번지

수련장: 청와헌 100평

광주 · 전남모임

법   사 : 혜정 김인경 (이메일: inngim@naver.com, ig824@hanmail.net)

연락처 : 011-619-1346

일   시 : 매주 토요일 오전 9시 30분

(1월은 1박 2일 철야정진, 8월은 3박 4일 수련회)

기타 소모임

퇴계원모임

경기도 남양주시 오남읍 오남리 두산아파트 102동 1407호

법   사 : 혜연 한갑수

연락처 : 010-5506-0486

일   시 : 상시 개별 지도

(1월은 1박 2일 철야정진, 8월은 3박 4일 수련회)

(5) 대구광역시, 부산광역시, 경기도, 강원도에 분사무소(지부) 설치 예정

참고로 현재 수시로 점검이 가능한
양평모임(法師: 通方正谷 禪師, jindam111@hanmail.net),
영천모임(副法師: 電惺 금주연 居士, kumzoo@kornet.net)
이 시험 운영 중에 있다.

*모든 문의 사항은 (사)선도회 사무총장 천수(017-750-4252) 거사께 문의하시기 바란다.

스승을 보내며 부른 노래

종달 이희익 노사님 입적 20주기에 붙임

〈낭송〉
노사께서 남긴 말씀 정신 차려 되새기니
귀의삼사 입실점검 좌일주칠 세 요소라
도반들과 제창하며 오늘에 다다르니
삶과 수행 둘 아님을 온몸으로 통찰했네

〈다함께〉
고부헌 종달 이희익 노사는
우리들 가슴 속에 영원할 것이며
노사께서 일으키신 간화선풍은
만고에 드높으리라

宗達 老師 入寂 20주기 기념 제문

辜負軒 宗達 李喜益 老師님!

선도회는 2010년 6월 6일 노사님 입적 20주기를 맞이하여 특별한 제사를 드리게 되었음을 아뢰고자 합니다. 특히, 올해 드리는 이 제사는 문화체육관광부로부터 작년 8월 14일 (사)선도성찰나눔실천회(이하 줄여서 선도회)로 인가를 받아, 노사님의 유훈인 동시에 문하생들의 염원이었던, 남녀노소를 불문하고 모두를 위한 看話禪 수행 활성화 방안의 필연적 과정인 선도회의 사단법인화 문제를 매듭짓고 맞이하는 첫 번째 제사이기 때문입니다.

이제 높아진 위상에 걸맞게 선도회 문하생 일동은 노사님께서 1963년 1월 18일 당시 조계종 종정이셨던 효봉 선사로부터 조계종 교무부 포교사 임명장을 받으시면서 조계사에서 재가자들을 위한 전법을 시작하신 이래 한평생 혼신의 힘을 다해 제창하신 〈無門關〉을 자기성찰 수행을 위한 나침반으로 삼고, 일상의 삶 속에서 지속적인 坐禪수행을 통해 체득한 깊은 통찰체험을 바탕으로, 각자 자기 믿음 안에서 宗敎와 宗派를 초월하는 동시에 국가와 민족을 초월해 지구촌이 안고 있는 제반 문제들을 '隨處作主 立處皆眞'인 禪수행 전통의 시각에서 조망하고 새로운 방향을 제시하며, 지구촌에 자기성찰 문화 정착과 나눔실천 문화를 진작시킬 것을 서원하며, 입적 10주기와 20주기 기념집의 헌정 및 삼가 맑은 차로 공손히 제사를 모시고자 합니다.

아울러 생전에 노사님께서는 조계종 종정을 지내셨던 서암 노사님과 교류하셨었는데, 그 인가 제자이신 通方正谷 선사께서 선도회의 점검시스템에 크게 공감하시고 대를 이어 저와 긴밀히 교류하시면서 지난 3월 23일부터 정곡사에서 참선불교학교를 여셨는데, 이는 실질적으로 통방 선사께서 선도회 법사단에 합류하시면서 선도회 양평지부 모임을 새롭게 시작하신 것임을 아뢰고자 합니다.

또한 그동안 禪道會 法師 여러분들께서 애쓰신 결과 2010년 1월 이후 새로이 독립문모임(法師 法藏)에서 智警 居士, 신촌제3모임(法師 天達)에서 覺勇 居士, 제천모임(法師 電元)에서 無震 居士를 배출하게 됐음을 아룀과 동시에 이 분들을 포함해 선도회 문하생 모두가 初心을 유지하며 이 生에 반드시 공부를 마치고, 있는 그 자리에서 선도회 家風을 널리 선양할 것임을 증명하고자 합니다.

禪道會 門下生 一同과 함께
2010년 6월 6일 弟子 法境 합장

삶과 수행은
둘이 아니네 生修不二

초판 1쇄 인쇄 2010년 6월 1일
초판 1쇄 발행 2010년 6월 6일

엮은이 박영재
그린이 서광일
펴낸이 마혜숙
펴낸곳 도서출판 본북

주소   서울시 종로구 관훈동 177 대형빌딩 303호
전화   02-732-8788 | 팩스 02-732-8786
이메일   bonbook711@gmail.com
출판등록 2008년 12월 1일 제 300-2008-119호

ⓒ 2010 by 박영재
ISBN 978-89-962082-3-5 03220

엮은이의 인세는 전액 (사)선도성찰나눔실천회의 '통찰과 나눔' 활동을 위해 쓰여집니다.

책값은 뒤표지에 있습니다.
잘못 만들어진 책은 구입하신 서점에서 교환해 드립니다.